·通用经济系列教材·

Entrepreneurship

创业学

饶扬德　刘万元　邓辅玉　编著

中国人民大学出版社
·北京·

出版说明

随着经济全球化的不断深入，中国经济走上了高速发展的通道，获得了前所未有的发展。越来越多的人认识到，要想真正融入现代社会，无论是什么专业背景、从事何种工作，学习经济类课程对工作都非常有帮助。顺应这一形势，我国大部分高等院校也开始重视经济类课程的教学和经济类课程的普及。一方面，越来越多的经济类课程成为高校非经济专业选修的热门课程；另一方面，许多理工科学生把经济类专业当作第二学位来学习。但是，现有的经济类教材大部分在内容上都有一定的深度，对初涉经济学的学生来说有一定的难度，适合的教材较少。鉴于这种情况，我们组织编写了这套“通用经济系列教材”。本套教材在组织编写上，遵循了以下原则：

第一，所列课程均为经济类的基础课程，能够适应不同专业学生的普及学习。

第二，教材在编写上力求简明、通俗，篇幅适中，重视基础知识和基本原理的讲解。

第三，在内容上尽量减少纯理论的阐述、证明等，增加一些实际案例、专栏、开篇案例导读之类的东西，使教材的可读性更强，内容更易于理解。

我们秉承中国人民大学出版社“出教材学术精品，育人文社科英才”的宗旨，紧跟时代脉搏，不断推出精品，提升教材的质量，为中国高等教育和实践水平的提升做出贡献。我们希望广大读者的建议和鞭策能够促使我们不断对本套丛书进行改进和完善，以更好地服务读者。

中国人民大学出版社

前　言

推进大众创业、万众创新，是发展的动力之源，也是富民之道、公平之计、强国之策，对于推动经济结构调整、打造发展新引擎、增强发展新动力、走创新驱动发展道路具有重要意义，是稳增长、扩就业、激发亿万群众智慧和创造力，促进社会纵向流动、公平正义的重大举措。

推进大众创业、万众创新，是扩大就业、实现富民之道的根本举措。我国有超过 13 亿人口、9 亿多劳动力，每年高校毕业生、农村转移劳动力、城镇就业困难人员、退役军人数量较大，人力资源转化为人力资本的潜力巨大，但就业总量压力较大，结构性矛盾凸显。推进大众创业、万众创新，就是要通过转变政府职能、建设服务型政府，营造公平竞争的创业环境，使有梦想、有意愿、有能力的科技人员、高校毕业生、农民工、退役军人、失业人员等各类市场创业主体“如鱼得水”，通过创业增加收入，让更多的人富起来，促进收入分配结构调整，实现创新支持创业、创业带动就业的良性互动发展。

而创业教育是一种普及性教育，甚至是一种国民素质教育，因为 30 多年来的中国经济增长靠的就是中国人的创业精神，此后中国的富民强国之路仍然需要这种精神。人人进取、人人尝试、人人创业，应该是中国人的基础文化，大学生作为社会精英更应当仁不让。创业教育是增强创业意愿，提高创业能力，促发创业活动的催化剂，也是构建就业教育体系的重要组成部分。

2010 年 5 月，教育部颁布《关于大力推进高等学校创新创业教育和大学生自主创业工作的意见》，明确提出把创新创业教育纳入专业教育和文化素质教育教学计划和学分体系。2011 年 5 月，国务院下发的通知中再次予以强调。这预示着我国的创业教育将进入一个新的发展阶段。实施创业教育不仅是解决大学生就业问题的一个现实而有效的办法，也是推进我国经济建设发展的驱动力，具有重大的意义。

本书力图从实战应用的角度出发，除对创业学的基本概念、基本理论作必要的论述之外，更侧重其实战应用性的阐述。全书共分为十一章，结合当代大学生特点，系统介绍了在全球化、信息化和网络化发展的新环境条件下，如何进行创业准备、创业机会分析、创业资源获取与整合、创业团队组建与管理、创业计划制订、新创企业的商业模式设计、创业融资、新创企业的成立、新创企业的生存、新创企业的成长等内容。目的是让学生通晓成功创业者的各项战略、战术。

本书没有把创业理论的探讨放在主要位置，而是侧重于创业实践应用理论方面的阐述，把创业学的基本理论与创业实践结合在一起，站在实践应用的角度较为详实地介绍了创业学的基本理论、创业的一般流程。本书在创业学核心内容的论述中避免生硬的说教，而是附以大量能启迪创业者的经典案例、成功经验，便于读者对于创业理论有一个生动、感性的理解，是一本从管理层面提供给创业者的比较系统的具有启蒙价值和实战价值的理论联系实践的教材，只要能比较深刻地理解本书内容，对创业实务是非常有帮助的。

任何一部好的作品都不可能是一个人的成果。本书在编写过程中，结合了作者多年的教学经验和一定的研究成果，借鉴了许多中外相关研究成果，参阅了大量国内外书籍、教材和相关杂志，从中吸取了一些相关内容。其中包括南开大学张玉利主编的《创业管理》、清华大学雷家骕主编的《企业成长管理学》、大连理工大学王国红和唐丽艳主编的《创业与企业成长》、布鲁斯·R·巴林格和R·杜安·爱尔兰著的《创业管理：成功创建新企业》、巴隆等著的《创业管理：基于过程的观点》、杰弗里·康沃尔著的《步步为营》以及亚历山大·奥斯特瓦德等著的《商业模式新生代》，在此一并向他们表示感谢。

本书由饶扬德、刘万元、邓辅玉担任主编，其中第1、3、4、7、11章由饶扬德编写，第2、5、6章由刘万元编写，第8、9、10章由邓辅玉编写，全书由重庆工商大学管理学院饶扬德教授负责统稿。在编写过程中，重庆工商大学管理学院院长梅洪常教授、管理学院副院长王兰教授、经济管理实验中心副主任周莉教授以及重庆工商大学教务处等有关部门领导给予了大力支持，研究生单玉婷、王经飞同学在收集并整理资料的过程中做了大量的工作，重庆工商大学管理学院刘洋老师、汪荣敏老师、桂银香老师、陆嘉老师，以及经济管理实验中心张永智老师、张梁平老师和朱艳平老师提供了许多帮助并提出了许多宝贵的意见，在此一并表示感谢。

限于作者的学识与知识水平，书中难免有误，敬请国内外同行和广大读者批评指正，本人不胜感激。

饶扬德

2015年9月于重庆

目　录

第 1 章 创业概述

创业不只是创造企业的财富，创业的核心在于创建那种服务社会并使社会进步的新企业。

——理查德·多尔夫

核心问题

什么是创业？
创业活动主要做什么？
创业发生在哪里？
创业存在哪些类型？
创业的本质是什么？

学习目标

了解创业活动的特殊性
挖掘创业活动的本质
了解创业活动的一般过程
产生创业激情

引例

大学生张红瑜的创业故事

在其他人还在以“同学”相称的时候，1989 年出生的张红瑜已经习惯被同学们称为“老板”了。这位南方翻译学院的大四学生和他的本科同学们所创办的“重庆大师兄科技有限公司”于2014年6月8日正式挂牌，注册资金30万元。同时，大师兄创业平台正式成立，张红瑜计划将它打造成一个创业和就业服务的第一平台。

张红瑜出生在彭水县鹿鸣乡，家境困难，从小就养成了吃苦耐劳的精神。从7岁开始，自己就趁着上学前或放学后，上山去采大脚菌、药材，卖给收购的商户。从头到尾父母都没有参与，就连谈价格都由当时7岁的张红瑜独自面对。

15岁过后，张红瑜跟着父母来到主城，为了省钱买教辅书，他想到了团购的办法。当时同学都是单独买资料，书店折扣最多8折或9折，后来他去跟老板谈，从9折谈到6折，老板还免费送他一套教辅书。高中毕业的第二天，别人享受着暑期，他却与老板谈合作，带着教辅资料开始创业，收获人生第一桶金……

大学一年级，张红瑜卖教辅资料、电脑耗材。为取得客户的信任，他每天早上6点半起床赶到客户办公室擦办公桌、拖地。“一年下来，卖了3万册教辅资料。有时候一天搬运1 500多公斤教辅资料，爬坡上坎，跑得脚都开裂流血，长了一层厚厚的老茧。”张红瑜回忆，除了卖教辅，他还开过超市、搞过快递，卖过移动电话卡和电脑器材。

大二那年，他到另一个学校看朋友，发现一个身高约1.76米的同学，睡觉时因为被子短了，弯腰驼背像一只虾。随后，张红瑜在多个学校进行调研，发现很多学校给学生提供的被子，不是太短就是太薄，花色也不好看，根本不适合现在的“90后”。于是，张红瑜决定自己设计，为大学生量身定做床上用品，并立即飞往江苏采购原材料、找企业加工。江苏是世界著名家纺城，产品花色、样式和质量都不错。被子生产出来后，张红瑜开始在多所高校找学生兼职，负责销售。张红瑜说，产品只要存在掉色等质量问题，4年内包退，2013年卖了近5 000套。

在卖被子的同时，张红瑜发现大学生有很大的旅游需求。“现在做的主要是大木花谷、黑山谷、川西等重庆及周边几条旅游线路。”张红瑜说，旅游线路和被子市场进一步开发后，预计公司2014年营业额将突破千万元。

目前，大师兄科技有限公司的服务范围覆盖大学城、沙坪坝区、南岸区和九龙坡区等十多个区域、30多所大学。张红瑜已与1.2万余名在校大学生“员工”签订了劳动合同。这些学生平均年龄20岁左右，来自西政、重大、川外、南方翻译学院等重庆的30多所高校。

“我们分了三个等级。第一级是高层管理，第二级是校园队长，第三级是校园队员。近30人任职管理层，拿工资。其余的校园队员和队长以提成为主，流动性比较大。”张红瑜说。

“一方面，他们可以参与到我们现在的项目中来，另一方面，他们也可以自己找项目，我们一起来做。”张红瑜说，他们一开始只是同年级几个同学一起做，后来在网上经营时结识了越来越多的人，最终形成了现在这个有1.2万名在校大学生的网络。

“随着业务范围扩大，公司将提供两万个兼职和实习岗位。”张红瑜说，还将为100名优秀学生提供奖学金。

“创业是艰苦的，尤其是大学生，没有经验，成功率很低。”张红瑜说，自己创业时，非常希望能有人指导，提供机会。现在，他希望“大师兄创业平台”担当起这个重任，让不怕苦、有创业激情的同学们不仅在校内能赚钱，还能积累经验，大学毕业后可以自己创业，或找到理想的工作。

“我们的远景是，将‘大师兄创业平台’打造成中国大学生以创业带动创业和就业服务的第一平台。”张红瑜说，2014 年，“大师兄创业平台”的销售额预计达到 1 000 万元，可为重庆大学生提供 2 万个兼职岗位；到 2017 年，“大师兄创业平台”可为西南片区大学生提供 10 万个兼职或实习岗位。

虽然这个平台刚刚成立，但它却吸引了包括陶然居董事长严琦等十余名导师参与。“这些创业导师所属的企业都非常愿意为我们大学生提供就业机会。”张红瑜说。

“导师们会定期去高校做创业沙龙演讲，如果项目审核通过，导师们会进行对口辅导，甚至可以建立双方的合作。”张红瑜说，此外多家企业家俱乐部也会提供适合大学生的创业项目。

资料来源：根据 http://cqrbepaper. cqnews. net/cqrb/html/2014－06/10/content_1750205. htm 和 http://cqcbepaper. cqnews. net/cqcb/html/2014－06/09/content_1750046. htm 整理。

思考与讨论

1. 什么是创业？创业需要哪些重要的资源？
2. 创业活动要经历哪几大过程？
3. 列举你身边朋友或亲戚的创业实例，说明他们为什么成功或失败？
4. 未来你打算创业吗？为什么？

张红瑜只是目前这个创业型社会众多创业者中的一个成功缩影。目前，世界各地的人们均对创业抱有浓厚的兴趣。许多人将创业视为具有吸引力的职业生涯之路。

曾经有位成功的创业者对创业做过一个精彩的诠释，他说：“当有人问我是否喜欢做生意的时候，我会这样回答他——生意多于麻烦的时候，我喜欢做生意；麻烦多于生意的时候，我就会质疑做这件事情的必要性了。做生意会给我带来良好的感觉，让我了解自己的能力。创建一个成功的企业不仅要承担财务上的风险，更要承担精神上的风险。当经历了从最初的惶恐到创建企业进而创业成功这个过程后，那种成就感是无法言表的。”也就是说，对于一个真正的创业者，创业过程不但充满了激情、艰辛、挫折、忧虑、痛苦和徘徊，而且还需要付出坚定、坚持不懈的努力，当然，渐进的成功也将带来无穷的欢乐与分享不尽的幸福。

上面关于创业的感受是否和你想象中的一样呢？创业学是一个崭新的研究领域。调查表明，学习创业学的人更加倾向于创建属于自己的企业，这个比例是没有学习过创业学的人的 3～4 倍，并且这些创业者也将获得更多的经济回报。想要更加清晰地认识创业学这一领域，就要了解创业的内涵以及它的特性，明确创业活动过程，理解创业在经济发展中的重要作用。

1.1　创业的内涵

1.1.1　什么是创业？

创业是长期且普遍存在的社会现象和人类活动，只是人们在很长一段时间里并不知道史蒂文森教授认为：创业是不拘泥于当前资源条件的限制对机会的追寻，组合不同的资源以利用和开发机会并创造价值的过程。

上述定义容易使创业概念泛化，即容易把一般的经营活动都纳入创业的范畴。创业本身也是经营活动，创业活动普遍存在于各种组织和个人活动中，创业活动侧重经营活动的前段，在机会导向的程度、创新的强度、创造价值及对社会的贡献等多方面表现得更加突出。

综合以上观点，本书认为创业是创业者发现和识别商业机会并通过资源整合、创建新企业来创造新颖的产品或服务，实现其潜在价值并取得竞争优势的过程。

1.1.2 创业活动的特殊性

创业至少有两层含义。一层含义是活动，主要指创业者及其团队为孕育和创建新企业或新事业而采取的行动，扩展开来，可以包括新企业的生存和初期发展。另一层含义是精神，也可以叫做企业家精神，主要指创业者及其团队在开展创业活动中所表现出来的抱负、执着、坚韧不拔、创新等品质以及一些相对独特的技能。

创业活动本身属于商业活动范畴，也是一种普遍存在的社会现象。人们经常从精神层面谈论创业活动，一个重要的原因是创业这种商业活动具有较强的特殊性。①

1. 创业活动较强地依赖创业者及其团队成员的个人能力

管理学科产生的主要驱动力量是集体活动的存在和需求，管理的研究对象主要是组织活动。大公司和相对规范的经营管理工作需要靠组织的力量来完成。创业活动不同，特别是初期的创业活动更多地依靠个人的力量和智慧。长期以来，一种普遍存在的认识是：创业成败主要取决于创业者的个人禀赋，一些客观事实也印证了这一点。柳传志之于联想、比尔·盖茨之于微软等，都是如此。尽管这样的创业会给企业发展带来一些问题，但创业者对创业活动的重要甚至是决定性作用是客观存在的，而且今后很长一段时间都将会如此。目前，学术界争论甚至驳斥创业成败取决于创业者天赋的论断，不是否定创业者的作用，而是关心创业者所具有的技能是否是天生的，能否学习和后天培养。

2. 创业活动是创业者在资源高度约束的情况下开展的商业活动

大多数创业者都经历了“白手起家”的过程，如果一个人拥有丰富的资源，也许就失去了创业的动力。其实，从区域情况看，也具有这样的特点，创业活动活跃的地区往往不是资源丰富、交通便捷的地区，创业活跃的温州恰恰资源贫瘠、交通不便。为什么？原因是多方面的。创业经常是变不可能为可能，大家都认为不可能，自然也就不愿意提供资源给创业者，个人和单一的组织所拥有的资源总是有限的，创业者在创业初期所能筹措到的资源也是有限的，不得不白手起家。由于资源的限制和约束，创业者经常要寻找那些不需要大量资源投入的机会开展创业活动，结果是大多数创业活动的注册资本都不是很高，甚至很少资金就可以启动。创业活动的这一特点会带来完全不同的结果：有的创业者因为资源约束干脆形成了自力更生的个性和习惯，长期不向银行贷款并引以为豪，极大地束缚了事业的发展；有的创业者为了摆脱资源约束的困境，积极寻求资源获取渠道和整合手段的创新，探索出创造性整合资源的新机制，成为创业成功的重要保证。

① 参见张玉利：《创业管理》，北京，机械工业出版社，2014。

3. 创业活动是在高度不确定性的环境中开展的商业活动

启动于 30 多年前的改革开放本身就是典型的创业活动。回顾改革开放历程，"摸着石头过河"、"不管黑猫白猫，捉到老鼠就是好猫"这两句话给人们的印象最为深刻。许多微观层面的创业活动也是这样开展的。为什么要这样做，而不是按照明确的目标有计划地开展创业活动？因为创业者面对具有高度不确定性的环境。

市场变化大是中国创业环境方面的重要特征。市场变化大意味着更多的创业机会，但是，创业活动也可能面临更大的风险和不确定性。从统计上看，我国创业者的创业能力低于全球创业观察项目（GEM）的均值水平，创业者普遍缺乏创办新企业的经验，缺乏创业管理的知识和经验，在商机把握和资源组织方面能力不够强等。这些短板导致创业者把握不好创业机会，不能及时对市场变化做出反应，创业容易失败，进而加剧了创业企业的不确定性。

不确定性是客观存在，也和主观认识有关。同样的市场环境条件，有长期生产经营经验的企业会认为市场比较成熟，容易掌控；而进入市场的新手可能会觉得无所适从。面对不确定的环境，成功的创业者通常要积极地承担风险而不是设法规避风险，他们利用而不是规避偶然事件，快速行动、善于学习、注重合作和联盟以应对不确定性环境。大公司在研究战略时会考虑 5 年甚至更长的目标，对创业者来说，一年的想法也许就是真正意义上的战略。

创业者的决策不同于既有企业的管理决策。既有企业的市场是已经存在的，并且有现成的资源、顾客、供应及销售网络等，而创业者在这些方面几乎都要白手起家。弗吉尼亚大学副教授 Sara D. Sarasvathy 博士①的研究成果对了解创业活动的特殊性很有帮助（见表 1—1）：

表 1—1　　创业活动的行为逻辑

	既有企业或通常的行为逻辑	创业活动的行为逻辑
对未来的认识	预测：把未来看作是过去的延续，可以进行有效的预测	创造：未来是人们主动行动的某种偶然结果，预测是不重要的，人们要做的是如何创造未来
行为的原因	应该：以利益最大化为标准，通过分析决定应该做什么	能够：做你能够做的，而不是根据预测的结果去做你应该做的
采取行动的出发点	目标：从总目标开始，总目标决定了子目标，子目标决定了要采取哪些行动	手段：从现有的手段开始，设想能够利用这些手段采取什么行动，实现什么目标；这些子目标最终结合起来构成总目标
行动路径的选择	既定承诺：根据对既定目标的承诺来选择行动的路径	偶然性：选择现在的路径是为了使以后能出现更多更好的路径，因此路径可能随时变换
对风险的态度	预期的回报：更关心预期回报的大小，寻求能使利益最大化的机会，而不是降低风险	可承受的损失：在可承受的范围内采取行动，不去冒超出自己承受能力的风险

① Sarasvathy 目前在弗吉尼亚大学达顿商学院任教，她于 1998 年获得博士学位，其导师是 1978 年诺贝尔经济学奖得主赫伯特·西蒙教授。Sarasvathy 是创业认知研究领域的杰出学者，提出了用于解释新企业和新市场创造的 Effectuation 理论，引起了众多创业学者的兴趣。

续前表

	既有企业或通常的行为逻辑	创业活动的行为逻辑
对其他公司的态度	竞争：强调竞争关系，根据需要对顾客和供应商承担有限的责任	伙伴：强调合作，与顾客、供应商甚至潜在的竞争者共同创造未来的市场

资料来源：Read, S., and Sarasvathy, S. D. Knowing What to Do and Doing What You Know: Effectuation as a Form of Entrepreneurial Expertise [J]. *Journal of Private Equity*, 2005, 9 (1): 45-62.

1.1.3 发明、创新与创业

发明是一个技术上的概念，其结果是发现一件新事物；创新则主要是一种经济术语，是将新事物、新思想付诸实践的过程。美国小企业管理局对创新定义如下："创新是一种过程，这一过程始于发明成果，重点是对发明的利用和开发，结果是向市场推出新的产品或服务。"正如熊彼特所说，只要发明还没有得到实际上的应用，那么经济上就是不起作用的。无论是科学发明还是技术发明，在发明未能转化为商品之前，发明只是一个新观念、新设想，在它们没有转化为新装置、新产品、新的工艺系统之前，不能创造任何经济价值。他还认为："作为企业家职能而要付诸实际的创新，也不一定必然是任何一种发明。"因此，可以说发明是创新的必要条件之一，但不是充分条件。也就是说，创新与发明之间并不存在某种必然的联系。创新过程可以开始于发明，比如将某种发明运用于生产过程中，或将某种新的资源与现有的资源组合到一起，以便达到创新的预期目的。同时，创新过程也可以根本不依赖于哪种特定的发明，而只是对目前的活动进行新的组合，同样也能达到创新的目标。

创新和发明虽有一定的联系，但仍有本质的区别。首先，创新是一个经济学范畴的概念，必须有收益。如果根据新的思想能够生产出新的产品，虽然产品很新颖，若不能应用，没有收益，这可以说是发明创造，但不是严格意义上的创新。第二，发明创造是绝对的概念，而创新则是相对的概念。例如，发明创造申请专利时，先要考虑自己是不是第一个做的，若别人已经做过，你就不可能再申请专利了。它在"首创"或"第一"的问题上是绝对的。创新是一个相对的概念，它不必像申请专利那样事先要查清是不是"第一"或"首创"，是不是人家已经第一个做过了。创新有一个相对的范围，不必先考虑在部门、系统内过去有没有人做过，只需了解做的程度如何，我们做了以后有哪些进步，同时这个进步的收益如何，这就是创新。第三，发明创造既有促进社会发展的积极发明创造，也有阻碍社会发展的消极"发明创造"；而创新必须是促进社会发展的积极创造。如计算机的发展是积极创造，而电脑算命、计算机病毒则是消极创造；核科学和技术的发展是积极创造，而核武器的发展则是消极创造；生物和化学科学的发展是积极创造，而生化武器、毒品提炼技术则是消极创造。但是，创新则不同，没有人会将伪科学或假冒伪劣称为技术创新。第四，发明创造强调是首创，也可以是全盘否定后的全新创造；创新则更强调是永无止境的更新，它一般并不是对原有事物的全盘否定，而通常是在辩证的否定中螺旋上升。综上所述，创新与发明创造的概念，在一定意义上说有本质区别，但在"创新"(innovation) 和"创造"(creation) 的字义解释和内涵的把握上又难以有严格的界定，学术界对此问题众说纷纭，难以取得一致的看法。我们认为：无论是创新还是发明创造所遇到的问题，对其加以解决的思维方法都是相通的。"创新与发明"的能力既源于天赋，更来自于后天的教育培养，来自于通过各种形式的启发和引导等。

对于源于科技发明的技术创新来说，发明仅仅是创新过程中的一个环节。换句话说，创新是人类创造活动的一种，其本质就是创造。创造在不同的领域有不同的习惯叫法，如科学领域中的创造习惯称为“发明”或“发现”；体育竞赛中的创造习惯称为“破纪录”；文学艺术领域的创造习惯称为“创作”；技术领域中的创造习惯称为“革新”；等等。

“创新”学派对创业的定义为：创业是实现创新的过程，而创新是创业的本质和手段。虽然该学派的观点过于强调创新和创业的内在联系。但是，创新（innovation）是创造新事物的过程，是创业过程的核心，包括产品和服务创新、技术创新、市场创新，也包括制度创新、方式方法创新、组织创新等。成功的创业毫无疑问是非常重视创新的。英特尔公司开发了CPU，极大地加快了计算机的计算速度；微软开发了Windows操作平台，极大地方便了计算机的使用者，改变了计算机只能由少数人操作的状况；苹果公司（Apple）能一代接着一代地开发出创新产品。每个成功的创业者都非常注重创新，他们可能开发出新的产品和服务，也可能找到新的商业模式，也可能探索出新的制度和管理方式，从而获得成功。著名经济学家熊彼特曾经把创新作为创业者与创业精神的重要特征，管理大师德鲁克于1985年出版的名著《创新与创业精神》也将创新与创业精神放在一起进行讨论，可以看到两者紧密相关、很难隔离。

瑞典管理学家Kaj Mickos（2004）则认为，“创业不是创新，创新也不是创业。创业可能涉及创新，或者并不涉及；创新可能涉及创业，或者并不涉及创业。”结合实际，我们很容易就可以发现，Mickos的主张更为客观。创业是关于创造新的商业，而创新可能是在市场中应用一种发明。创业强调企业从何而来、人们为什么创建新的商业、商业是如何被创造的等。创业比创新更加明确地强调顾客导向，强调创造价值和财富。具有技术背景的创业者们常常对自己的产品很自豪，经常沾沾自喜地强调产品的技术性能如何好，对顾客不喜欢自己的产品感到不理解。他们更像一位工程师，他们喜欢发明新东西，而忽视顾客的需求，他们不会从顾客的角度、从价值创造的角度创新。

创业与创新之间并不是完全等同的概念，有些创业活动主要是在模仿甚至复制别人的产品和服务以及经营模式，自身并没有什么创新，但也是在创业。这样的例子很多，例如，开餐馆、摆地摊、开超市等。创业更侧重财富创造，更加关注市场和顾客。创业更加注重商业化过程，可以表现为创新，并使之商业化，也可以表现为模仿并商业化。当然，基于创新的创业活动更容易形成独特的竞争优势，也更有可能为顾客创造和带来新的价值，进而实现更好更快的成长。

创业本质上要求创造或认识到新事物的一个商业用途。新的商业用途可以采取许多不同的形式，但是仅仅发明一项新技术、新产品或服务，或产生一个新创意，这都是不够的。许多发明从来都没有形成实际产品，其根本原因在于它们没有提供商业价值（或者，没有人想到它们可市场化的用途），不能成为有利可图的新企业的基础。我们认为创业来自于可被称为“得到灵感者”与“普通事物”之间的结合，他们识别到人们愿意拥有或使用的新事物的机会，并积极采取行动将机会转变成可行的、有利可图的企业。也就是说，创业的本质是变化的经济、技术和社会条件所产生的机会与能够将具有潜在价值的机会同价值不大的机会区别开来并积极利用这些有价值机会的具有创业精神的人的结合，即创造。

短例

一个著名的发明家

迪安·卡门（Dean Kamen）是过去30年间最著名的发明家之一，他拥有150多项专利。他的发明广泛应用于婴儿护理、糖尿病患者胰岛素注射、轮椅的改进等诸多方面。2001年卡门发明了新型交通工具赛格威（Segway）：一种电动踏板车。这种踏板车内部配有回旋装置，保证了车体的高稳固性和平衡性。车上没有制动、引擎、油门、排挡等装置，所以简洁轻便。使用者只需身体前倾，电动车就会前进；身体后倾时，电动车就会后退。发明者称赛格威可以在冰地、雪地甚至岩石上行驶。该发明的市场目标定位于仓库工作人员、邮局工作人员，最后发展到都市居民。这项发明到底具有多大的重要性？时间会给我们答案。

1.2 创业的类型

随着创业的活跃，创业活动的类型也呈现多样化的趋势。了解创业类型，比较不同类型的创业活动，有助于更好地理解创业活动。

1.2.1 基于创业动机的分类

沃特曼（Wortman，1986）从动机的角度将创业划分为"推动"型创业和"拉动"型创业。推动型创业是指创业者对当前的现状不满，并受到了一些非创业者特征的因素的推动而从事创业的行为。拉动型创业是指创业者在"新创一个企业的想法"以及"开始一个新企业活动"的吸引下，由于创业者自身的个人特质和商业机会本身的吸引而产生的创业行为。

全球创业观察（GEM，2001）最先提出了生存型创业和机会型创业的概念，这一概念的提出是建立在前人学者对推动型创业和拉动型创业的研究基础之上的。在GEM（2002）报告中雷诺兹（Reynolds）等人指出，生存型创业（necessity-push entrepreneurship）被定义为创业行为出于没有其他更好的职业选择，即不得不参与创业活动来解决其所面临的困难。机会型创业（opportunity-pull entrepreneurship）被定义为创业行为的动机出于个人追求现有的商业机会并实现其机会价值的强烈愿望。

《全球创业观察2002中国报告》指出，中国每100人中就有12.3人在创业，这些人的年龄集中在18岁和64岁之间。以往我们所熟知的学生休学创业、海归派回国创业、公务员下海创业等均是机会型创业，因为发现创业有吸引力，更能实现自我价值，发挥自我能力。这类人在调查中占40%，而60%的创业者则是因为没有适合他们的其他工作，为了生存而进行创业活动，属于生存型创业。换句话说，这些创业者仅仅为了生计奔波。不少下岗职工的创业行为也属于这种类型。报告还显示，我国的创业活动类型与全球创业活动类型以机会型创业为主的状况相反，可能与中国还是发展中国家有关，或者与转型期下岗再就业人数增多的社会现实有关。GEM 报告告诉我们，要更好地发挥创业对经济的推动作用，我们不仅要鼓励开展创业活动，更要设法改变创业活动结构，提升机会型创业的比例。

1.2.2　基于创业主体的分类

Smith（1967）通过对调查数据的分析，发现样本企业创业的类型是可以被划分出来的，他根据分析结果将创业类型划分为：脚踏实地的创业（craftsman entrepreneurship）和机会主义的创业（opportunistic entrepreneurship）。并认为在脚踏实地的创业中，创业者在处理社会环境问题时能力较弱，而且在时间导向上会受到制约；而在机会主义的创业中，创业者受教育和培训的范围比较广泛，社会感知以及对未来的定位较高。

Smith & Miner（1983）认为不同类型的创业者所创造的新企业属于不同的类型，而且它们在后续的企业成长管理方式上也是不同的。根据创业活动主体的差异，创业活动可以分为个体创业和公司创业。Morris & Kuratko（2002）的研究对个体创业和公司创业作了较深入的比较。个体创业主要指不依托于某一特定组织而开展的创业活动，而公司创业主要指由已有组织发起的组织创造、更新与创新活动。虽然在创业本质上，个体创业和公司创业有许多共同点，但是由于初始资源禀赋不同、组织形态不同、战略目标不同等，在创业的风险承担、成果收获、创业环境、创业成长等方面存在很大的差异，两者的主要差异点如表 1—2 所示。

表 1—2　　个体创业和公司创业的主要差异点

个体创业	公司创业
创业者承担风险	公司承担风险，而不是与个体相关的生涯风险
创业者拥有商业概念	公司拥有概念，特别是与商业概念有关的知识产权
创业者拥有全部或大部分事业	创业者或许拥有公司的权益，可能只是很小一部分
从理论上而言，对创业者的潜在回报是无限的	在公司内部，创业者所能获得的潜在回报是有限的
个体的一次失误可能意味着生涯失败	公司具有更多的容错空间，能够吸纳失败
受外部环境波动的影响较大	受外部环境波动的影响较小
创业者具有相对独立性	公司内部的创业者更多受团队的制约
在过程、试验和方向的改变上具有灵活性	公司内部的规则、程序和官僚体系会阻碍创业者的策略调整
决策迅速	决策周期长
低保障	高保障
缺乏安全网	有一系列安全网
在创业主意上，可以沟通的人少	在创业主意上，可以沟通的人多
至少在初期阶段，存在有限的规模经济和范围经济	能够很快地达到规模经济和范围经济
严重的资源局限性	在各种资源的占有上都有优势

资料来源：Morris M.，Kuratko D. *Corporate Entrepreneurship*. Harcourt College Publishers，2002：63.

1.2.3 基于新创企业成立方式的分类

根据新创企业成立的方式不同划分创业的类型，将有助于创业者关注创业的各种方式，也有助于提高创业活动的成功率。本书根据新创企业的不同成立方式，把创业活动分为三种基本类型，即独立创业、衍生创业和企业内创业。

1. 独立创业

独立创业是指创业者个人或创业团队白手起家进行创业。独立创业可能基于各种原因，如发现了很好的商业机会；独立性强不愿受别人管制；失去工作或找不到工作；对大组织的官僚作风和个人前途感到无望；受其他人创业成功的影响等。独立创业获得成功的例子不胜枚举，许多赫赫有名的企业家都是白手起家的。

独立创业的生涯充满挑战和刺激，你的想象力和能力可以得到最大程度的发挥，不会受到单位中官僚主义的压制和摧残；你可以自由地施展才能和实现抱负，而不会有人对你指手画脚和发号施令。但是，独立创业的难度和风险较大，因为创业者往往缺乏足够的资源、经验和支持。资源需要费尽周折地去获取，经验需要在成功与失败的实践中积累，来自各方面的支持十分有限。在独立创业的企业中，有一部分成功了，带来了成功的喜悦和成就感的满足，而一部分却夭折了或增长缓慢，带来失败的打击和挫折感。创业失败既有外部原因，如经济衰退、竞争加剧等，也有内部原因，如财务负担过重、没有足够的现金流、缺乏经验、创业者团队的矛盾与冲突、陷入法律纠纷等。创业失败的一个普遍原因是对自己开发的新产品或提供的服务以及进入的新领域缺乏了解，一旦遇到挫折和打击就束手无策，停滞不前：或者一开始很容易的成功使得创业者盲目乐观，变得自大和过于自信，认为自己无所不能，使得企业迅速扩张，超出创业者的管理能力，导致管理失控，产品和服务质量下降，亏损加大，企业陷入危机之中。

2. 衍生创业

从广义上讲，凡是从已有组织（企业、大学或科研机构）中产生的企业都可以称为衍生企业。具体来说，衍生创业是指在现有组织中工作的个体或团队，脱离其所服务的组织，凭借在过去工作中积累的经验和资源，独立开展创业活动的创业行为，见图1—1。

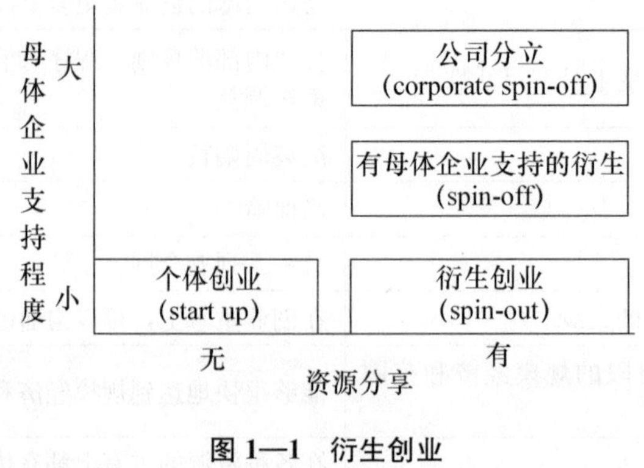

图 1—1 衍生创业

资料来源：Koster S. Spin-off Firms and Individual Start-ups. Are They Really Different?. The 44th ERSA Conference，2004，August 25-29.

长期以来，衍生创业行为经常发生。1955 年，晶体管之父、诺贝尔物理学奖获得者肖克利博士，离开贝尔实验室回到老家圣克拉拉谷。这里，无论是气候还是环境，看上去都是开办晶体管工厂的风水宝地。肖克利在硅谷了望山安营扎寨，建立了肖克利实验室股份有限公司。他在人气旺盛的美国东岸发布招聘信息。美国电子研究领域精英们的应聘信纷纷涌来。他聘用了八位杰出人才。这是从未有过的伟大天才的集合，所有的人都在 30 岁以下，正处于才能喷涌的顶峰。大伙都是慕名而来，摩拳擦掌要干一番大事业。但是，1957 年，肖克利半导体实验室的八位最杰出的精英因不满肖克利的唯我独尊而集体辞职，创办了仙童半导体公司。之后，仙童半导体公司利用半导体技术优势，在短时间内便成为硅谷成长最快的公司，一举成为美国半导体行业的旗舰。然而，好景不长，由于受公司大股东传统经营方式的束缚，包括“八叛逆”在内的涌进仙童的精英人才，又纷纷出走，自立门户、自行创业。可以说，仙童成为半导体技术人才的孵化器，一批批人才从仙童跳槽，在硅谷附近创办了众多衍生企业，其中有英特尔、高级微型仪器公司、国民半导体公司以及美国超微设备公司等知名的大公司。一时间，个人创业成为硅谷的潮流，苹果公司创始人乔布斯形象地比喻：“仙童半导体公司就像成熟了的蒲公英，你一吹它，这种创业精神的种子就随风四处飘扬了。”在国内，牛根生离开伊利公司创建蒙牛，李一男离开华为公司创建港湾网络，都已经成为很著名的案例。

母体脱离的成功与否与创业者筹集资金和组建团队的能力密切相关。寻求资金支持是母体脱离的创业者面临的最大挑战之一，因为离开资金支持，创业活动难以起步和开展，创业者必须在筹集资金以及运用资金方面具有创造力。因为母体脱离的创业者往往只是某一个方面的专家，最常见的是技术专家或营销高手，他们缺乏其他方面的管理技能，这就需要组建一个高效的创业团队，来各尽其职、各显其能地进行创业活动。团队成员往往来自以前共事的同一个企业，基于以前建立的友谊、对商业机会的共识或对原组织的不满。

3. 企业内创业

企业内创业是指在大企业内部创业。现在的大企业已经不是创业热潮中的旁观者和被动的应对者，甚至一些知名的大公司也在积极地寻找和追逐新的、有发展前景的创意和商业机会，这些工作需要内部创业者去完成。

1.2.4　基于初始条件的分类

创业者往往是在资源较匮乏的情况下开展创业活动的，因此，研究创业活动的初始条件对于分析创业活动的特点，预测创业活动的发展演变规律，具有十分重要的意义。在这方面，芝加哥大学中小企业创业课程客座教授阿玛尔·毕海德（Amar V. Bhide）的研究工作特别具有影响力。

阿玛尔·毕海德教授曾在哈佛商学院讲授创业课程，为了整理出清晰的教学计划，他带领学生对 1996 年进入美国 Inc. 500（《公司》杂志评选出的成长速度最快的 500 家企业排名）的企业进行了深入访谈，并于 2000 年出版了专著《新企业的起源与演变》。[①] 在该书中，他从不确定性和投资两个维度构建了一个投资、不确定性与利润的动态模型，

① 参见阿玛尔·毕海德：《新企业的起源与演进》，北京，中国人民大学出版社，2004。

见图 1—2。

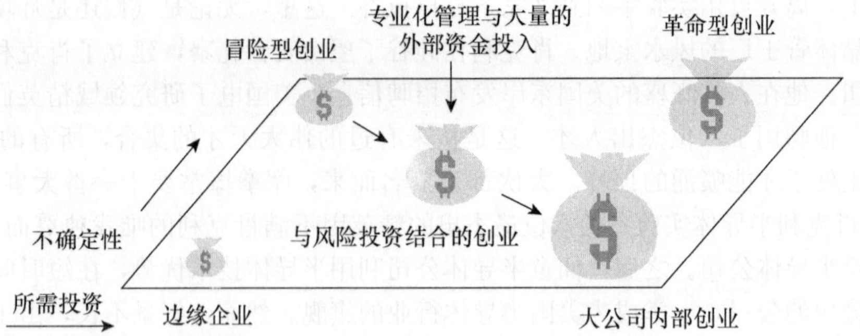

图 1—2　投资—不确定性—利润动态模型

注：钱袋的大小＝潜在的利润。

他强调创业并不单纯指企业家或创业团队创建新的企业，大企业同样有创业行为。在这个模型中，毕海德教授将原创性的创业概括为 5 种类型，分别是边缘企业（marginal businesses）、冒险型创业（promising start-ups）、与风险投资结合的创业（VC-backed start-ups）、大公司内部创业（corporate initiatives）和革命型创业（revolutionary ventures）。

毕海德教授运用经济学的基本知识，结合大量的实际调查资料，对不同类型的创业活动做了深入而形象的对比，见表 1—3。

表 1—3　不同创业类型的对比

因素	冒险型创业	与风险投资结合的创业	大公司内部创业	革命型创业
创业的有利因素	创业的机会成本低 技术进步等因素使得创业机会增加	有竞争力的管理团队 清晰的创业计划	拥有大量的资金 创新绩效直接影响晋升 市场调研能力强 对 R&D 的大量投资	无与伦比的创业计划 财富与创业精神集于一身
创业的不利因素	缺乏信用，难以从外部筹措资金 缺乏技术管理和创业经验	尽力避免不确定性 追求短期快速成长 市场机会有限 资源的限制	企业的控制系统不鼓励创新精神 缺乏对不确定性机会的识别和把握能力	大量的资金需求 大量的前期投资
获取资源	固定成本低 竞争不是很激烈	个人的信誉 股票及多样化的鼓励措施	良好的信誉和承诺 资源提供者的转移成本低	富有野心的创业计划
吸引顾客的途径	上门销售和服务 了解顾客的真正需求 全力满足顾客需要	目标市场清晰	信誉、广告宣传 关于质量服务等多方面的承诺	集中全力吸引少数大顾客
成功的基本因素	企业家及其团队的智慧 面对面的销售技巧	企业家团队的创业计划和专业化管理能力	组织能力、跨部门的协调及团队精神	创业者的超强能力 确保成功的创业计划

续前表

因素	冒险型创业	与风险投资结合的创业	大公司内部创业	革命型创业
创业的特点	关注不确定性程度高但投资需求少的市场机会	关注不确定性程度低、广阔而且发展快速的市场和新的产品或技术	关注少量的经过认真评估的有丰厚利润的市场机会，回避不确定性程度大的市场利基	技术或生产经营过程方面实现巨大创新，向顾客提供超额价值的产品或服务

资料来源：Bhide，A V. *The Origin and Evolution of New Businesses*. Oxford University Press，2003.

1.2.5　基于创业效果的分类

根据创业效果对创业进行分类也是一种常见的分类形式，这样的分类有助于创业者关注创业活动效果，提升创业活动质量，也有助于提高创业活动的成功率。在这方面，克里斯汀和戴维森的分类更具有代表性。

克里斯汀等人依照创业对市场和个人的影响程度，把创业分为四种基本类型（如图 1—3 所示），即复制型创业、模仿型创业、安家型创业和冒险型创业。①

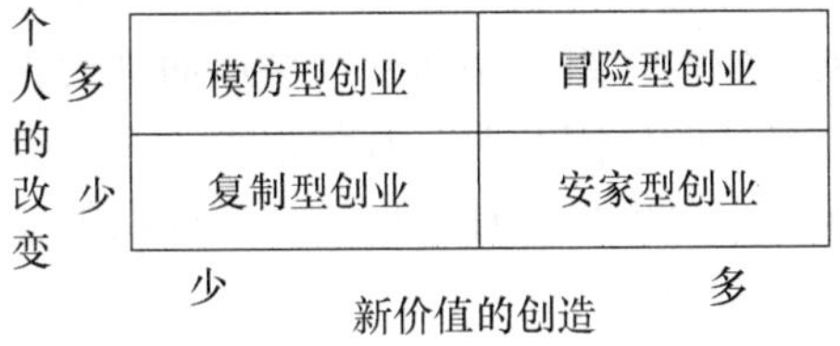

图 1—3　基于价值创造的创业分类

（1）复制型创业。

这种创业模式是在现有经营模式基础上的简单复制，对个人的改变很少，新创造的价值也很少。例如，张三原先担任人人乐超市的经理，后来离职，独自创建了一家与人人乐超市相似的新超市，且新超市的经营风格与离职前那家公司也基本相同。现实中这种复制型创业的例子特别多，且由于前期生产经营经验的累积而使得新组建公司成功的可能性很高。不过，这种类型的创业给社会创造的价值不多，创新程度比较低，也缺乏创业精神的内涵，复制型创业并不是创业管理研究的主流。

（2）模仿型创业。

模仿型创业虽然也很少给顾客带来新创造的价值，创新程度并不是很高，但对创业者本身命运的改变还是较大的。例如，某一文化传播公司的经理辞职后，模仿别人新组建一家软件开发公司。相对来说，这种创业具有较高的不确定性，学习过程较长，经营失败的可能性也比较大。不过，如果是那些具有创业精神的创业者，只要能够得到专门化的系统培训，注意把握市场进入契机，创业成功的可能性还是比较大的。

（3）安家型创业。

在安家型创业模式下，创业者个人命运的改变并不大，所从事的仍旧是原来熟悉的工

① Christian，B.，and P. A. Julien. Defining the Field of Research in Entrepreneurship [J]. *Journal of Business Review*，2001，16 (2)：165-180.

作，但是创业者的确不断地在为市场创造新的价值，为消费者带来实惠。例如，企业内部的研发团队在开发完成一项新产品后，该企业围绕该新产品成立一家分公司，而该研究开发团队继续在该公司开发另一种新产品项目。安家型创业所强调的是个人创业精神最大限度的实现，而并不对原有组织结构进行重新设计和调整。

（4）冒险型创业。

冒险型创业模式将极大地改变创业者的个人命运，从事一项全新的产品（服务）经营，个人前途的不确定性很大，创新程度也很高，同时，由于是创造新价值的活动，因此将面临较高的失败可能性。尽管如此，因为这种创业预期的报酬较高，对那些充满创业精神的人来说仍富有诱惑力。但是，只有创业者具备高超的能力、适当的创业时机、合理的创业方案、科学的创业管理，才可能获得成功。

P. Davidson 等（2001）基于创业效果在组织层面和社会层面的产出对创业进行了分类[①]，见图 1—4。组织层面和社会层面都是负的创业行为属于失败的创业，如破产了的环境污染企业。组织层面为负而社会层面为正的创业行为属于催化剂式创业，可以说催化剂式创业是牺牲一个人幸福千万家。例如万燕 VCD 的创业虽然失败，但催化出了中国一个巨大的新兴产业。组织层面为正而社会层面为负的创业行为属于重新分配式创业，比如目前国内钢铁行业的低水平重复建设。组织层面和社会层面都为正的创业行为属于成功的创业，比如星巴克开创了一个全新的休闲产业，戴尔带来了一种全新的经营模式等，取得了企业、消费者和社会等层面的多赢效果。社会应该赞赏成功的创业，而重新分配式创业不可避免，同时催化剂式创业更需鼓励。

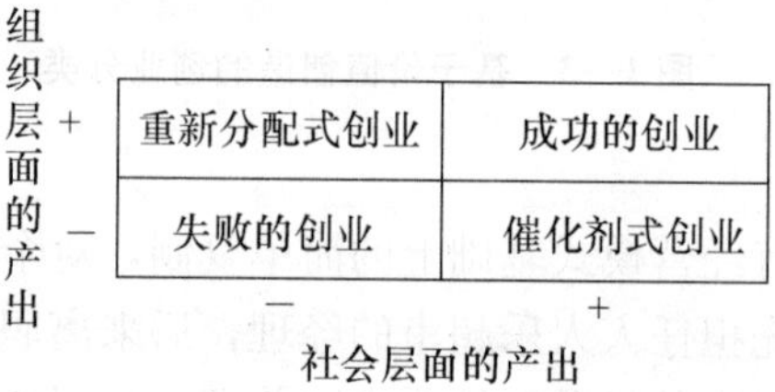

图 1—4　基于创业效果的创业分类

除了上述分类之外，还有当今社会兴起的很普遍的一种创业类型，即网络创业（也称互联网创业），简单地说，是指借用互联网作为平台进行创业的行为。目前学术界关于网络创业的研究还不多，但我们身边的例子却已经非常之多。在国内，享有“网络牛仔商人”称号的马云可谓家喻户晓，早在 2003 年，阿里巴巴服务的商家就已经达到 240 万户，即使马云在睡梦中，阿里巴巴每天也有 100 万元的收入。马云认为互联网像一个无穷的宝藏等待人们前去发掘，就像传说故事中阿里巴巴用咒语打开的那个山洞，据说这就是阿里巴巴名称的来源。

网络的价值是极其巨大的，网络中的虚拟世界与现实中的真实世界同样是丰富多彩的。人们利用互联网作为平台形成了巨大的市场，有市场当然就有机会，也就有更多的创业行为。而且，由于互联网具有传播时效性强、互动性强、不受空间地理等自然条件限制

① Davidson P, Wiklund J. Levels of Analysis in Entrepreneurship Research: Current Research Practice and Suggestions for the Future [J]. *Entrepreneurship Theory and Practice*, 2001, Summer, 25 (4): 81-99.

等特点，而成为创业者关注的重要平台。

创业活动作为一种普遍的社会现象，普遍存在于人类社会经济活动之中。随着环境的复杂多变，创业活动的种类也越来越多，难以全部列举。了解创业活动的类型，有助于我们把握创业活动的本质和关键要素，掌握不同类型创业活动的特殊性，例如，专业技术背景出身的创业者往往会高估产品和技术的优势而低估市场的风险。因此，对创业适当地分类，了解创业活动类型，对研究和实践创业都具有非常重要的意义。

短例

舒尔茨和星巴克

霍华德·舒尔茨对意大利咖啡店有很深、很好的体验和印象，于是他于 1986 年在西雅图开办了自己的首家咖啡店——II Giornale。店内演出意大利喜剧以吸引顾客。最初，舒尔茨的咖啡店和意大利的咖啡店风格一样，不设座位，不提供脱脂牛奶。但是后来舒尔茨发现顾客希望咖啡店里能有椅子、沙发等座位，于是他立刻做出调整，菜单上也很快出现了脱脂牛奶。舒尔茨没有单纯地模仿意大利咖啡店，而是根据西雅图当地的情况不断调整、变化经营方式。

直接复制固然是模仿的最好方法，但重要的是，要掌握被模仿者的内部经营管理实质，而通常这些本质上的事物很难复制。比如，优秀企业的领导者拥有独特的技能和才干，这些是很难被复制的。

新业务建立并正常运转起来后，企业可利用客户评论调整自身业务流程以适合当地条件。舒尔茨很喜欢自己在意大利咖啡店的体验，但是为了满足西雅图顾客的需要，他最终调整了自己的经营方式，创建了一个很成功的体系。6 个月后他又在西雅图开设了第二分店，1987 年在温哥华开设了第三家。到 1987 年 8 月，舒尔茨在投资人的帮助下买下了星巴克的所有店铺及咖啡烘烤设备，然后合并了 II Giornale 和星巴克，仍命名为星巴克。截至 2004 年，星巴克在全世界共开设了 5 000 多家分店，年收入 50 亿美元。

1.3 创业三要素和创业过程

有两个问题对理解创业非常有帮助：一个问题是什么对创业活动非常重要？另一个问题是创业要做什么？前者涉及的是创业的关键要素，后者涉及的是创业活动过程。

1.3.1 蒂蒙斯的创业要素模型

杰弗里·蒂蒙斯（Jeffry A. Timmons）① 是创业教育的先驱，有“创业教育之父”的美誉。他在长期的研究教育工作中提炼出了创业要素模型，被称为蒂蒙斯创业要素模型，见图 1—5。

① 杰弗里·蒂蒙斯，科尔盖特大学文学士，哈佛大学商学院工商管理硕士、工商管理博士。有“创业教育之父”之称，于 2008 年 4 月 8 日逝世，享年 66 岁。

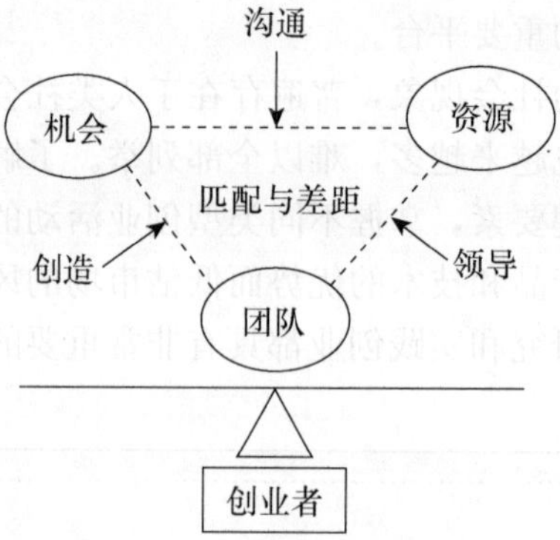

图 1—5　蒂蒙斯创业要素模型

资料来源：杰弗里·蒂蒙斯、小斯蒂芬·斯皮内利著：《创业学》，北京，人民邮电出版社，2005。

深入理解蒂蒙斯的创业要素模型，应主要从以下三个方面着手：

第一，该模型高度提炼出创业的关键要素：机会、资源、创业者及其创业团队，这三个要素是任何创业活动都不可或缺的。没有机会，创业活动就成了盲目的行动，根本谈不上创造价值；机会是普遍存在的，没有创业者识别和开发机会，创业活动也不可能发生，创业者是创业过程的主导者；合适的创业者把握住合适的机会，还需要资源，没有资源，机会就无法被开发和利用。资源是创业成功的必要保证。创业过程始于创业机会，而不是钱、战略、网络、团队或商业计划。开始创业时，商业机会比资金、团队的才干和能力及适应的资源更重要。创业前期，机会的发掘与选择最为关键，创业初期的重点则在于创业团队的组建，当新企业顺利启动后，才会增加对资源的需求。

第二，该模型突出了要素之间匹配的思想，创业过程是机会、团队和资源三个要素匹配和平衡的结果，这对创业来说十分重要。对创业来说，不论是机会还是团队或者资源，都没有好和坏之分，重要的是匹配和平衡，机会与创业者之间要匹配，机会与资源之间也需要匹配，机会、创业者、资源之间的平衡和协调是创业成功的基本保证，这些道理很简单但确实很重要。处于模型底部的创业者或创业团队要善于配置和平衡，借此推进创业过程，他们必须参与的核心过程是：对商机的理性分析和把握，对风险的认识和规避，对资源的最合理的利用和配置，对工作团队适应性的分析和认识。

第三，该模型具有动态特征。创业过程是一个连续不断的寻求平衡的动态行为组合。在三个要素中绝对的平衡是不存在的，但企业要保持发展，必须追求一种动态的平衡。保持平衡的观念展望企业未来时，创业者必须思考的问题是：目前的团队是否能领导公司未来的成长、资源状况，及下一阶段成功面临的陷阱。这些问题在不同的阶段以不同的形式出现，涉及企业的可持续发展。随着创业过程的展开，其重点也相应发生变化，创业过程实际上是在三个因素相互之间作用，由不平衡向平衡方向发展的过程。成功的创业活动必须要能将机会、创业者（创业团队）和资源三者做出最适当的搭配，并且也要随着事业发展而做出动态的平衡。

总之，创业者或创业团队必须在推进业务的过程中，在模糊和不确定的动态的创业环境下具有创造性地捕捉机会、整合资源和构建战略、解决问题的能力，要勤奋工作、敢于牺牲。创业者在创业过程中的情绪就像一个杂技表演者，一边要在平衡木上跳上跳下，保持平衡，一边要在动荡的处境中进行各式各样的表演。

1.3.2　创业活动过程

研究创业，需要剖析创业过程中所包含的活动和行为，这也是大多数创业管理教材均从过程的角度展开的主要原因。

创业过程包含的活动和行为较多，从阶段性活动来看，可分为机会识别和机会开发两大阶段，并可进一步细分为以下六个方面。

1. 产生创业动机

创业活动的主体是创业者，创业活动首先取决于个人是否决定成为创业者。当然，不少人是因为看到了创业机会，由于潜在收益和实现自我价值的诱惑，激发了创业动机，进而成为一名创业者或创业团队成员。一个人能否成为创业者，直接受以下四方面因素的影响。

一是创业机会。有价值的创业机会及其涌现会形成巨大的利益驱动，促使更多的人创业。社会经济转型、技术进步、解决现实中诸多问题等多方面的因素在使创业机会涌现的同时，也降低了创业门槛，进而促进创业浪潮的高涨。

二是社会环境。事实上，每个人都具有创业精神，但其创业精神的强度不同，强度的大小有遗传的成分，更受到环境的影响。温州人的创业动机就要强烈得多，其中环境起到了很大的作用，成功的创业者受到普遍的尊敬，人们可以随时与创业者接触，自然就培育了更多的创业者。这种情况在公司内部也是如此，勇于变革、创新的创业文化氛围会培养出更多的变革型领导者，通用电气公司就是典型的例子。

三是个人特质。国外留学或工作的经历不仅使得创业者在一定程度上受国外创业文化的渲染、熏陶，进而对于激发创业激情和坚定创业信念具有重要作用；而且，国外与国内生活与工作环境的对比也容易使“海归”萌发富有价值的创业想法和发现相应的创业机会，更加可能将国外先进的商业模式、技术或产品引进国内进行本土创业。敢于并善于冒险的人更倾向于自己创业、更易产生创业动机。

四是创业的机会成本。创业者创业的机会成本一般较低。也就是说，如果不创业而从事其他工作，他们获得的收入和需求的满足程度会比自己创业低。有稳定工作的高收入群体创业的比较少，是因为他们不会丢掉收入相对丰厚而且稳定的工作去冒创业失败的风险。创业者的机会成本往往是他们的时间和劳动的投入。比较起来，那些在国有企业有较高职位和稳定收入的人“下海”创业，似乎机会成本很高，但凭借他们的能力和经验，即使创业不成功，也不会有太大的损失，他们还可以谋求稳定的工作，实际的机会成本并不高。

随着社会保障体系的建立和健全，以及产权体制改革的深化，因为体制差别形成的原有特殊利益会逐渐减少，结果会进一步降低创业成本，激发人们的创业动机。

2. 识别创业机会

创业因机会而存在，而机会是具有时间性的有利情况。机会具有很强的时效性，甚至转瞬即逝，一旦被别人把握住也就不存在了。而机会又总是存在的，一种需求被满足，另一种需求又会产生；一类机会消失了，另一类机会又会产生。大多数机会都不是显而易见的，需要去发现和挖掘。如果显而易见，总会有人开发，有利因素很快就不存在了。有价值的机会并不是每个人都能发现，某些人能够发现而其他人却不能。

识别创业机会是创业过程的核心，也是创业管理的关键环节。为了识别到机会，创业者可能需要多交朋友并经常与朋友交流沟通，这样做有助于创业者更广泛地获取信息。创业者可能还需要细心观察，从以往的工作和周边的事物中发现问题，看到机会。对于自认为看到的机会，创业者需要对机会进行评估，判断机会的价值。

3. 整合资源

人、财、物是任何生产经营单位都要具备的基本生产要素，创业活动也是如此。对打算创业并识别到创业机会的创业者来说，要想成就一番事业，就要组建团队，招聘核心员工，凝聚一批志同道合的人。创业者所需要整合的另一种基本的也是十分重要的资源就是资金，在创业过程中被称为创业融资。创业活动是创业者在资源匮乏的情况下开展的具有创造性的工作，势必面临很大的不确定性，在很多情况下，创业者自身对事业的未来发展也不清楚。在这样的情况下，外部组织和个体当然不敢轻易给予投资。所以不少创业者在创业初期乃至新企业成长的很长一段时间里，把主要的精力都投入到融资的努力中。这里要特别强调的是社会关系网络资源，也就是通常所说的人脉关系对创业来说是非常重要的资源。拥有丰富的社会关系网络资源的人，将比那些拥有少量社会关系网络的人得到更多机会和创意。

整合资源是创业者开发机会的重要手段。强调整合资源，是因为创业者可以直接控制的可用资源少，许多成功的创业者都有过白手起家的经历。对创业者来说，整合资源往往意味着整合外部的资源、别人掌握控制的资源，来实现自己的创业理想。整合资源主要从以下两个层面着手。一是在战略思维的层面上，资源整合是系统论的思维方式，即通过组织和协调把企业内部彼此分离的职能，把企业外部既参与共同的使命又拥有独立经济利益的合作伙伴整合成一个为客户服务的系统，取得 1＋1＞2 的效果。二是在战术选择的层面上，资源整合就是优化配置的决策，即根据新创企业的发展战略和市场需求对有关的资源进行重新配置，以突显新创企业的核心竞争能力，并寻求资源配置与客户需求的最佳结合点。目的就是要通过组织制度安排和管理运作协调来增强新创企业的竞争优势。

4. 创建新企业或新事业

新企业的创建和新事业的诞生是衡量创业者创业行为的直接标志，有人甚至直接将是否创建了新企业作为个人是不是创业者的衡量标准。创建新企业有不少事情要做，包括公司制度设计、企业注册、经营地址的选择、确定进入市场的途径等。有时甚至要在是创建新企业还是收购现有企业等进入市场的不同途径之间进行选择。这些工作也是开创新事业、公司内部创业活动时需要思考的。对公司内部创业活动来说，可能没有公司制度设计问题，但同样要设计奖惩机制，甚至需要制定利益分配原则；可能没有企业注册问题，但同样要有资金投入及预算控制机制等问题。创业初期迫于生存的压力，也由于对未来发展无法准确预期，创业者往往容易忽视这部分工作，结果给以后的发展带来许多问题。

5. 实现机会价值

创业者整合资源、创建新企业的目的是实现机会价值，并通过实现机会价值来实现自己的创业目标。这显然是创业过程中的重要环节，许多创业管理教材把这一阶段的工作具体陈述为新企业的生存与成长。

表面来看，与有多年经营历史的现存企业相比，创业者新创建的企业没有什么本质区别，都是要做好生产销售等类似的工作，但实际上差异还是巨大的。对已存在的企业来说，其销售工作的核心任务也许是注重品牌价值，维护好老顾客，提升顾客的忠诚度。而对新创建的企业来说，也要考虑品牌价值等问题，但首要的任务则是如何争取到第一位顾客，如何从竞争对手那里把顾客争取过来，这意味着新企业要为顾客创造更大的价值，也可能意味着要为获得同样的收益付出更大的代价和成本。

确保新创建的企业生存是创业者必须面对的挑战，但创业者不能仅仅考虑生存，同时还需要考虑成长，不成长就无法生存得更长远，在激烈竞争的环境中尤其如此。企业成长存在内在的基本规律。创业者需要了解企业成长的一般规律，选取新创企业成长的途径，预见企业不同成长阶段可能面临的管理问题，采取有效的措施予以防范和解决，使机会价值得到充分的实现，同时不断地开发新的机会，把企业做大、做强、做活、做长。

6. 收获回报

追求回报是创业活动的主要目的，不求回报是做人的美德，但对开展创业活动的创业者来说，这样的美德是不值得提倡的。对回报的追求有助于强化创业者对事业的执着。对创业者来说，创业是获取回报的手段和途径，是一种载体，而不是目的本身。回报可能是多种多样的，对回报的满意程度在很大程度上取决于创业者的创业动机。调查发现，多数创业者的创业动机首先是自己当老板，然后才是追求利润和财富，对这些人来说，当老板的感受就是回报。对以追求财富为主要动机的创业者来说，把自己创建的企业在短期内培养成为一家快速成长企业，并成功上市，可能是获取回报的理想途径。

现实中，创业者随着创业活动的持续会对自己创建的企业甚至经营的产品融入越来越多的情感，甚至将其视为生命的一部分，淡化甚至忘却了对回报的追求，结果可能是不仅没有收获回报反而阻碍了企业的健康发展。在调查中发现，有的企业初期发展得很好，进入了快速成长阶段，需要更多的资金发展，也有不少投资者表示愿意投资，但创业者却因为担心自己创办的企业被别人控制而失去了不少发展的机会。这样的例子很普遍。

1.4　创业、就业与经济发展

没有任何经济领域的活动像创业这么重要并充满活力和创造力，在社会的各个领域和几乎世界上所有的成熟经济体都已充分感觉到创业者及其创业所带来的影响，作为将市场机会转变为商业行动的关键途径，创业正在演绎着财富、技术与就业的奇迹。

西方充分竞争市场理论已对创业活动有很多肯定和强调。创业活动带来技术创新和组织突破，是经济发展的主要动力；创业活动带来了新的产品、服务和物质财富；创业活动创造了大量就业机会；创业活动使社会收入的分配更趋公平；创业活动所推出的新产品和服务使人们生活更舒适，提高了工作效率，并且使得休闲娱乐的方式更为多元化，这是创业活动最直接的效应。事实上，创业活动对社会的影响远不止于此，创业活动影响着社会发展的方方面面。

1.4.1 创业与就业

全球创业观察是由百森商学院与伦敦商学院主持的联合研究项目，追踪包括美国在内的80多个经济体的创业情况。在2010年的全球创业观察报告中，有59个经济体超过17.5万人接受了调查。2010年的全球创业观察报告显示，在所分析的经济体中，约1.1亿18～64岁的人积极参与了创业。另外，有1.4亿人正在运营他们在不到3年半前建立的企业。两者合计约有2.5亿人参与了GEM定义的早期阶段创业活动。在这些创业者中，约有6 300万人在未来五年内计划至少招聘5位员工，而其中2 700万人在未来五年内期望创造20个以上的工作机会。这显示了创业活动对世界就业增长的贡献。

创业的急剧增长已经成为不断变革的经济系统的核心。同时，与其他经济领域相比，有更多的人在中小企业和新创企业中工作。著名管理学家彼得·德鲁克（Peter Drucker）认为，创业型就业是美国经济发展的主要动力之一，是美国就业政策成功的核心。

在美国，小企业和新创企业雇员人数的增长远比其他企业雇员人数的增长迅速，而且这种趋势仍在日益加剧。据资料显示，美国的创业热潮始于20世纪后半期。在20世纪60年代，大约有1/4的已就业人员为《财富》500强公司工作，每年产生大约20万家各类新企业；到20世纪70年代中期，新增企业数字增至原来的3倍；自20世纪80年代以来，平均每年有60万个新商业公司诞生，不到两成的具有快速成长特征的新兴企业贡献了90%以上的新职位，其中近1/3为高新技术企业；1980年，在《财富》500强公司工作的人员比例降为1/5；而到了20世纪90年代，急速下降为1/14；到1997年，美国1/3的家庭（相当于37%或3 500万人）在新企业或正创立的企业就职。大量研究都证实了这样的结论：平均雇员少于100人的小企业创造了美国经济中的大多数新就业机会，当之无愧地成为了美国社会就业净增加的重要基础。

目前，就业已成为制约我国经济发展的关键问题，尤其是近些年来高校毕业生的就业难更成为全民关注的问题，而鼓励创业则是缓解就业压力、带动就业增长的重要措施。

我国自“九五”以来，在国有和集体企业下岗分流、减员增效的大背景下，国有单位和城镇集体单位的就业空间明显缩小，外资企业和港澳台企业就业数量基本稳定，只有私营企业和个体经济就业持续增长。据统计，1995—1999年，城镇国有单位就业减少2 000多万人，城镇集体单位就业减少1 000多万人，外商投资企业就业增加不到100万人，而私营企业和个体经济就业增加约为1 500万人，成为就业的主要渠道。这些私营企业大多是在1989—1999年这一时期创立的。可见，创业对解决就业问题的作用十分明显。

在我国，市场发育尚需完善，有效供给和有效需求都不充分，经济结构需要调整。我国有大量的农村剩余劳动力、下岗工人和机关分流人员，以及每年大量的高校毕业生，这些人需要工作，就业压力大，任务艰巨。完全依靠政府和现有的企业及其他组织根本无法解决这些人的就业问题，唯一的出路就是大力倡导以创业型就业为主导的多种就业形式，并创造适宜的创业条件，在就业方针和就业政策方面需要解放思想。时间证明，高新技术产业可以增加就业机会。原因有两个方面：一是高新技术产业对就业的带动系数大；二是信息产业属于知识密集型与劳动密集型相结合的产业，特别是信息服务业中的信息编码化工作需要大量的劳动力。

总的来说，我国的创业空间是很大的，如果能选好切入点，创业不但有广阔的舞台，而且能为解决我国社会经济问题做出较大的贡献。

1.4.2　创业与经济发展

创业是促进经济增长、提高人均产出和形成新的社会结构及经济结构的重要动力。创业活动是一种以创新为基础的各种要素的组合的经济活动，它对推动技术进步、技术创新和制度创新有着特殊的贡献。据有关资料统计，新创小企业对技术创新所作的人均贡献是大企业的三倍之多，若就高技术中小企业而言，则每位科技人员对技术创新所作的贡献就更大了。第二次世界大战以后，科学技术带动经济发展的作用日益增大，以科技的新发展创办企业，实现创新，造就了一大批高技术企业家，微软、英特尔就是其中成长为高技术大公司的杰出代表，同时支持这些大公司创新的，是千千万万个信息产业中的中小型公司。这些大公司的研究与开发，绝大多数是通过合同方式由中小技术公司来承担的。按照美国的划分标准，员工人数少于 500 人的小企业解决了 53%的私营企业的员工就业问题，贡献了 47%的销售额以及私营企业 GDP 的 51%，所有新发明中的 67%是由小企业创造的。美国工业界常常把老牌大公司称为“大象”，而把规模在 10 万美元以下、年销售额至少增长 20%的快速成长的新兴中小企业称为“瞪羚”，意为规模不大但有快而强的成长能力。强劲的创业活动与变革和竞争紧密联系，大量创业企业的出现正持续改变着美国的市场结构，在推动技术变革和生产力增长的创新中起着至关重要的作用。

步入知识经济时代以来，创业更成为世界经济发展的关键动力。知识经济的基本特征是知识型企业大量出现，并在经济活动中起着越来越重要的作用。在知识经济条件下，计算机网络等通信手段更加发达，知识的生产、传播、转移加快，人们将更广泛、更及时地实现知识、信息、资源共享。因为信息流动性加大，整个社会的交易成本降低，使中小企业作用加大，创业更加容易，新创企业为社会经济活动提供大量的新鲜血液，创业成为知识经济时代技术创新的主要实现形式。

不仅是新创企业的创业活动对经济增长发挥着积极的作用，随着许多成熟企业投资和企业内部创业的活化，成熟企业内部的创业活动也日益成为经济增长的推动器。3M 公司，这个最具创新精神的古老企业，企业内部的创业活动每年为公司创造 30%以上的营业收入。苹果公司，这个曾经濒临危机的公司，利用公司内部创造的 iPod+iTunes 这一新型商业模式获得了新生，并将另一个老牌企业索尼公司逼入困境。

中国的许多成熟企业也通过投资企业内部或外部的创业活动获得了增长。与新中国同时诞生的华润公司，是新中国设立在中国香港的一个贸易窗口企业。1992 年华润公司通过注资永达利成立“华润创业”，拉开了公司内部创业的序幕。通过近 10 年的努力，最终完成了一个由贸易企业向大型企业集团的转变，成为地产、啤酒和零售三个产业中的国内龙头企业。如出一辙的是，先前以粮油贸易为主业的中粮集团，通过公司内部的创业活动，转而成为一家集贸易、实业、金融、信息、服务和科研为一体的大型企业集团。成功地完成了内部创业的中粮集团，横跨农产品、食品、酒店、地产等众多领域，自 1994 年以来，一直名列美国《财富》杂志全球企业 500 强。通过各种形式鼓励公司内部创业，使公司获得新的增长，已成为诸多成熟企业增长的有效方式，也是成熟企业推动经济增长的一个重要途径。

中国目前正处在一个创业时代，科学技术的高速发展与广泛应用为科技型创业活动提供了广阔的空间。大量科技型中小企业的诞生与发展，在推动科技成果转化和高技术产业的发展，振兴区域经济和培育新的经济增长点等方面都起着极为重要的作用。

通过创业可以实现人生价值、创造社会财富、推动历史进步。21世纪是新经济的时代，以创新、创业、发展为主题的理念强烈地震撼着我们，昭示着这是一个充满竞争和挑战的时代，这是一个激情燃烧的时代，它给想象和个性的张扬以更多的空间，激励着我们前进！

在创业浪潮不断高涨的社会大环境下，创业已不仅仅是在校大学生的一个热门话题，而且成为许多“天之骄子”的梦想。怎样才能让自己的创业梦想实现，目前已成为全社会普遍关注的问题。创业是一个美好的彩虹梦，这是社会给予勇于挑战自我的人的礼物。选择创业就意味着选择了一条不同常人的道路。

本章要点

创业是不拘泥于当前资源条件的限制对机会的追寻，将不同的资源组合以利用和开发机会并创造价值的过程。创业是长期且普遍存在的社会现象。创业本身也是经营活动，创业活动普遍存在于各种组织和个人活动中，创业活动侧重经营活动的前端，在机会导向的程度、创新的强度、创造价值及对社会的贡献等多方面表现得更加突出。与创新相比，创业更加明确地强调顾客导向，强调创造价值和财富。

创业活动实质上就是识别机会，开发和利用机会，实现机会价值的过程。创业是富有创业精神的创业者与机会结合并创造价值的活动，是创造。

对创业活动进行分类有助于了解创业活动的特殊性，总结和提炼关键要素，把握创业的本质。

创业过程包含的活动和行为较多，从阶段性活动来看，可分为机会识别和机会开发两大阶段，并可进一步细分为产生创业动机、识别创业机会、整合资源、创建新企业或新事业、实现机会价值以及收获回报等六个过程。

重要概念

创业　创业精神　创业企业家　新创企业　创业过程　创业活动　催化剂式创业　生产型创业　机会型创业　不确定环境　复制创业　模仿创业　创新　重新分配式创业

思考练习

1. 为什么要研究和学习创业？

2. 创业与创新的关系是什么？

3. 创业过程包括哪些活动？

4. 创业过程包括不少具体的活动，但创业者从识别到创业机会到创建新企业的时间一般都很短，为什么？

5. 说说基于互联网技术形成的网络平台对创业活动可能产生的影响。

6. 为什么要对创业活动进行分类？

7. 结合本章介绍的创业分类，你还可以说出哪些创业类型？在众多的创业活动中你喜欢哪种或哪些类型的创业，为什么？

8. 创业研究从关注创业者特质转向关注创业活动和行为，这种转变有什么意义？

本章案例

返乡大学生创业变“虾王”

比起夏日里水库的宁静，田地里却是格外热闹。在双河街道金佛社区九组的千佛水库坝下的田埂上，总能看见一个年轻人来回忙碌，他便是返乡创业的大学生周廷海，在他脚下的37亩田地里，“安家”了一群龙虾，它们不仅是周廷海的创业之源，也是他希望和奋斗的力量。

放弃高薪走上养虾路

白天戴着遮阳帽，穿梭在养殖基地，观察鱼和虾的生长情况，搭配饲料，调节水质；晚上拿着手电筒，在池边巡塘，这就是从事水产养殖的周廷海的生活。

26岁的周廷海，中等个子，戴着眼镜，文质彬彬，怎么看也不像从事水产养殖这种脏活累活的人，但是骨子里那股不服输的精神让他走上了这条创业之路。

周廷海大学时在重庆科技学院学习冶金工程，毕业之后，凭着他优越的条件在成渝钒钛科技有限公司谋得一份令人羡慕的工作。

生活中，周廷海和朋友相约吃夜宵，夜宵中的龙虾是他的最爱，爱屋及乌，空余时，周廷海便在网上阅览与龙虾有关的资料，他在无意间得知，虽然湖北、江苏一带养殖龙虾的比较多，然而西南地区处于龙虾养殖的“真空带”，养殖前景广阔。

工作一年后，周廷海感觉朝九晚五的生活与自己的理想相距甚远，他毅然放弃了稳定的工作，于2013年3月走上养虾路。

初次养殖以失败告终

要想创业，谈何容易，经验、资金不足都是周廷海创业之路的绊脚石。他四处奔走筹集资金，磕磕绊绊地成为龙虾养殖户。

刚开始走上养殖道路，周廷海眼里的世界总是太小，匆匆投入38万元，承包了37.5亩土地，仅凭着对未来的美好向往和满腔热情，周廷海开始做起了等着小龙虾长成商品虾上市的美梦。

现实是残酷的，由于对环境的不熟悉以及养殖技术的缺乏，仅仅半个月，周廷海的小龙虾数量便开始每晚剧减，总体损失近八成。

看着大量的虾苗死亡，周廷海只能干着急，因为缺乏相关养殖技术，根本无从寻找原因。创业之路在短短一个多月后宣告夭折。

是继续，还是放弃？心有不甘的周廷海勇敢地选择了继续，可创业之初，几乎倾尽所有，资金成为摆在他面前最大的难题。

一家人到处想办法，东拼西凑、化零为整，最终凑到了8万元，让他从头再来。

技术养殖赚第一桶金

“现在养了一年零三个月，本来二十几万就可以办起来，我花了四十几万，走了不少弯路。”周廷海数着日子养殖龙虾，一步一步摸索着前行。

2013年5月下旬，再次上阵的他吸取经验教训，并没有匆匆地开始养殖，而是做起了职业捕虾人，养殖田里的虾苗基本是他在田间捕捉的，这样能够尽早地适应环境。

他购买小龙虾养殖方面的书籍，自学养殖技术，通过网络获取更多的小龙虾养殖的技术资料。在这一过程中，周廷海总结出一套适合自己的养殖技术——仿野生养殖技术，小龙虾养殖的关键因素（养草、造底、改底）要做得一丝不苟。渐渐地，养殖田里的龙虾数量不断增加。

几个月后，周廷海的虾长势十分不错，他估算着，再等一个半月，第一批虾就可上市，赚得第一桶金。

可事与愿违，他永远记得2013年7月2日那天，大雨磅礴，水库里的水通过水渠溢出，使地势低处水流成河，养殖田连成一片。周廷海守在田边，26个小时不眠不休也无力回天，一夜之间损失近半。庆幸的是，精养池地势较高，未受影响，周廷海鼓起勇气，整治池子之后再次养殖。

功夫不负有心人，2014年年初，周廷海的龙虾开始上市，中虾可卖到22元/公斤，大虾36元/公斤。

“去年一年比较累，今年轻松了不少，龙虾一般3个月成熟，自我繁殖能力强，只要不下大雨，日子就相对比较轻松了。”周廷海告诉记者，现在的养殖田亩产量可达175公斤虾，商品虾今年预计产量达2吨左右。

“希望早点拥有一家自己的龙虾餐饮品牌店。”谈到以后的规划时，周廷海与其他养殖户不同，他没有谈到要扩大规模，成为区域龙头，而是走供销一体的品牌之路。

资料来源：根据 http://www.shuichan.cc/news_view-195227.html 整理。

思考题：

1. 结合本章案例分析周廷海是如何识别创业机会的。
2. 周廷海的创业精神在创业中是如何被挖掘并起到关键作用的？
3. 是什么样的原因使周廷海成为一名成功的创业者？

第2章 创业者

核心问题

创业者是一类特殊的人群吗？他们有什么特征？
为什么要成为创业者？
创业者需要具备什么能力和素质？
创业者为何要承担社会责任？

学习目标

分析创业者的创业动机及其对创业活动的影响
分析归纳创业者的独特技能、素质和特征
归纳创业者的社会伦理和社会责任

引例

重庆男大学生网上卖包子

网上发帖找顾客，晚上亲自送包子。2008年春季开学初，西南大学两男生在校内开了家包子铺给同学们提供夜宵，1小时竟然卖光2 000个包子。老板李铭智昨日算了笔账，除去成本，店里竟然日赚150多元，10天下来赚了近1 500元。

室友挨饿萌生创业想法

李铭智是西南大学工商管理专业大二学生，去年他就有了创业的想法：晚上课程很多，大家回到寝室后都叫饿，而食堂又关门了，附近的小吃街又远，室友宁可挨饿也不愿意去外面吃。

“为什么不把夜宵直接送到寝室里呢?”小李萌生了做夜宵卖包子的想法。

上学期，他晚上在附近小吃街购买包子，然后送货到宿舍楼卖给想用夜宵的同学们，一个月下来竟然赚到1 500元。这学期一开学，尝到甜头的小李不再当“二道贩子”，而是和同班的卿应盆一起在附近租了一间店面，当起了包子店的老板。

网上发帖推销包子

“虽然才开业10天，但是每次做的2 000个包子不到1小时就一抢而空了。”李铭智说。

“现在我的包子根本不愁卖。”小李表示。为了让包子更加畅销，他还在校园网上发帖子，来推广自己的包子和各类餐饮。小李经营的包子分为酱肉、菜包、豆沙包等，预订包子的人也相当多。“我们的包子是用最好的精肉做的。”谈起自己的包子，小李十分兴奋。记者看见，小李的帖子10分钟内就有102次的点击率，顾客们回帖把自己所需包子的种类、送包子的时间等写清楚，小李便把客户的资料一一记录，晚上想吃包子的同学便可以等候美味的夜宵了。

建立外卖包子QQ群

小李还把包子店的电话号码公布在网上，大家只需拨个电话，就可享受送货上门服务。这种方便的订夜宵方式得到了很多学生的喜爱。

“如果不预约，很可能包子还没有到自己的宿舍楼就已经卖光了。”小李说，每天晚上9点送货时，他让雇来的同学到寝室送货上门。3个包子1元钱的价格，也让很多同学乐意接受。每次他们送货的时候，很多之前没有预订包子的同学也来照顾生意，包子的销路很好。小李透露，接下来他还公布专门的外卖包子QQ群，这样可以更方便大家预订。

资料来源：根据 http://news.sohu.com/20080307/n255576350.shtml 整理。

思考与讨论

1. 你认为李铭智是在创业吗？创业者应具备哪些素质特征？
2. 该案例给你哪些启发？

你认为李铭智是创业者吗？成为创业者的条件有哪些？创业者应该具备什么样的素质和特征？你认为你适合创业吗？为什么？要回答这些问题，我们需要清楚谁是创业者，创业者与非创业者以及创业者与职业经理人等的区别是什么。

2.1 创业者概述

2.1.1 创业者的含义

理解创业者的含义就有必要与企业家的概念联系起来。有人认为，尽管对企业家有各种各样的定义，但是它们之间有一个共同之处——就是讨论了企业家的某种行为，包括首创精神，组织或重组社会的、经济的机制以将资源转化为可获得的利益，承受风险或失败等。其实，这里面包括的首创、组织、获利、承担风险等，都与创业息息相关。所以，要想从定义上严格区分二者，是一件非常困难的事情。

同样，要想把“entrepreneur”一词准确地译成中文也绝非易事。举一个例子，德鲁克的名著 *Innovation and Entrepreneurship* 一书，最初的中文译本为《创业精神与创新》，后来又有另一个中文译本，书名为《创新与企业家精神》。

按照本书对创业的理解，我们不妨将创业者定义为“创建企业的先锋”。这一定义具有两层含义，即“创建企业”和“创业先锋”。

第一，创业者是企业的创始者。虽然创业者可以理解为事业的创造者，创业也可以理解为包括企业在内的事业创造，但是，任何事业不可能单独地存在于经营体或组织之外。现实生活中的企业实际上就是一个由意志主体、行为主体和经营对象组成的管理存在，所以事业与企业是密不可分的。创业者也可以理解为企业的创始者。

第二，创业者必须是创业先锋。德鲁克认为，创业的实质在于创新，创业者的实质在于企业家精神。他举了一个例子来说明这个问题。一对夫妇在某个城市的郊区开一家熟食店或墨西哥餐厅，当然他们要承担一定的风险，但是，如果他们只是延续前人已经成熟的经营模式，那么这种活动不能称为“创业”，这对夫妇也不是“创业者”。因为在德鲁克看来，这样的活动既没有创新，也没有创造新的价值。

2.1.2　创业者的特征

学术界研究创业者的心理特征，发现创业者的心理特征比天生特质重要得多，心理特征或素质在一定程度上可以改变和培养。亚瑟·布鲁克斯（2009）认为创业者区别于一般人的特征表现为以下六个方面。①

（1）创新。既然创新是创业精神的本质所在，创业者趋向于那些具有创新精神的人就不足为奇了。换句话说，他们发明新的方法迎接不同的挑战。

（2）成就导向。创业者几乎无一例外都是目标导向型的，他们很自然地设定个人目标并且确保成长以完成这些目标。

（3）独立。创业者是出了名的独立自主。他们大多数都高度地自我依赖，并且许多人都很自然地偏向于独立工作来完成目标。

（4）掌控命运的意识。创业者很少把他们自己看做是环境的受害者，而是自己掌控自己的命运。这可能是由于他们具有把消极的环境看做是机会而不是威胁的趋向。

（5）低风险厌恶。虽然没有证据证明任何理性人（包括创业者）为了风险带来的利益而去寻找风险，但是有证据表明创业者对风险有更多的包容性，并且在找到方法降低风险方面更具有创造性。

（6）对不确定性的包容。创业者总是比其他人对待动态变化的且不是特别明确的情况更加适应。

2.1.3　创业者的分类

创业活动涉及经济领域的各个行业，在不同行业中进行创业，对创业者的要求也不尽相同，而且，创业者的创业动机也是千差万别的。了解创业者的类型，有助于我们更好地

① 参见亚瑟·布鲁克斯：《社会创业》，北京，机械工业出版社，2009。

理解创业者的内涵，掌握不同类型创业者的特征。对创业者进行适当的分类，对我们研究和实践创业都具有非常重要的意义。以下分别从不同角度和标准对创业者进行了分类。

1. 按照创业者的人格特质划分

美国心理学家约翰·麦纳（John B. Miner）对100位事业有成的创业者进行了长达七年的跟踪调查，通过问卷调查和访谈，麦纳发现这些成功的创业者具有共同的人格特质，根据这些特质的不同，麦纳将创业者分为四种类型，即创意无限型、成就上瘾型、超级主管型和推销高手型，并且指出不同类型的创业者具有不同的成就路径。所谓的成就路径也就是创业者获得成功必须具备的条件。

（1）创意无限型创业者。

这类创业者的人格特质包括五个方面，即：热爱创新；富有创意；相信新产品的研发对企业经营战略的执行十分重要；聪明过人；希望避免风险。这类创业者的成就路径是：要有成为专家的足够知识；要有创新和将构想付诸实践的自由；要有取得所需要的五项特质的技巧。

（2）成就上瘾型创业者。

这类创业者的人格特质为：必须拥有成就；渴望回馈；喜欢拟订计划及设计；具有强烈的进取心；对组织忠诚；相信以己之力可以改变生活；相信工作上应该由自己设定目标，不能受制于他人。相应的成就路径为：精力充沛；勤奋好学；有策划能力；能随机应变；善于解决问题等。

（3）超级主管型创业者。

此类创业者的人格特质包括：期望成为企业中的领导人物；具有决断力；对集权持肯定态度；喜好与他人竞争；期望享有权力；渴望能够出人头地。相应的成就路径有两条：一是管理自己的员工，但前提是企业的规模足够大，并且已经形成一定的组织结构；二是有效利用组织外部的资源，即使客户踊跃购买企业的产品。

（4）推销高手型创业者。

这类创业者的人格特质为：善于观察和体恤他人的感受；喜欢帮助他人；相信社会互动很重要；善于与他人发展良好的关系；坚信销售技巧和策略对执行公司经营战略十分重要。此类创业者的成就路径有：学会如何推销；对销售工作相当坚持而执着；提供足够的支援以处理好企业经营的其他层面。

2. 按照创业主体划分

罗天虎等人认为，创业者可以按照创业主体划分为勤奋型、智慧型、关系型、机会型和冒险型等五种类型。

（1）勤奋型创业者。

勤奋型创业者比较常见，他们主要靠自己的勤奋努力来发现机会、取得成就。被誉为“香港超人”的李嘉诚，在22岁时创建了自己的公司——长江塑胶厂，此前他做过镀锌铁桶和塑胶产品的推销员。李嘉诚的人生准则是“勤能补拙”。在企业初创期，李嘉诚依然保持推销员时代的老作风。每天一大早就外出推销和采购，总是在客户上班之前赶到。他从来不坐出租车，距离远就坐巴士，距离近就靠双脚走。中午还要赶回工厂检查工人上午的工作，与工人一起吃一顿没有餐桌的午餐。李嘉诚可以称得上勤奋型创业者的代表。

(2) 智慧型创业者。

这类创业者依靠自己的聪明才智获得创业的成功。戴尔因为戴尔计算机成为世界知名的创业家，但是他的创业在少年时代就开始了。据说在16岁的时候，他找到了一份《休斯敦邮报》征订的工作。当时，他就将征订对象锁定在新婚夫妇身上。于是，戴尔从法院工作的朋友那里获得了新婚夫妇的名单，之后，就给这些新婚夫妇寄去了富有个性的征订函。于是，订单如雪片般飞来。在开学后的一次课程中，老师要求填写模拟的纳税表格，戴尔填上了18 000美元，开始，老师以为戴尔填错了，要求他重填。但是，当得知戴尔并没有弄错时，这位老师惊讶不已。她不敢相信，一个中学生比自己挣得还多!

(3) 关系型创业者。

关系也是创业过程中一种重要的资源，关系型创业者就是依靠各种社会关系和人际关系获得成功。由于新创企业在创业初期缺乏各种资源，更没有建立起信誉。所以，关系就显得非常重要。如果能够在合理合法的范围内利用各种社会关系和社会资源，就有可能成为成功的创业者。

(4) 机会型创业者。

这类创业者的特点在于能够敏锐地捕捉机会，并最终取得创业的成功。搜狐的创始人张朝阳之所以获得成功，关键在于把握住了机会。他1986年毕业于清华大学物理系，之后赴美留学。尽管他很幸运地获得了麻省理工学院亚太区中国联络官的职位，但在他认准中国互联网的潜力巨大之后，毅然回国创业。

(5) 冒险型创业者。

这类创业者主要是依靠自己的胆略和抵御风险的能力获得成功。在中国知名的创业家中，史玉柱是冒险型创业者的一个典型。据说，他在推出保健产品之后，意识到需要进行广告宣传。但当时公司账上的现金已经不足以支付一次广告的费用，史玉柱利用刊登和付费之间的“时间差”刊登了广告。之后，史玉柱的公司立即收到了一份订单，从而解了他的燃眉之急。

除了上述分类外，《科学投资》研究了国内上千家创业者案例，发现国内创业者可以分为生存型创业者、主动型创业者和变现型创业者三大类型。其中生存型创业者大多为下岗职工、失去土地或因为种种原因不愿困守乡村的农民，以及刚刚毕业找不到工作的大学生等。这类创业者占中国创业者总数的90%，其中许多人是“逼上梁山”，为了谋生混口饭吃。主动型创业者有盲目型和冷静型两种，其中盲目型创业者大多同时是博彩爱好者，喜欢赌博，而不太喜欢总结成功的概率；冷静型创业者是创业者中的精英，他们谋定而后动，不打无准备之仗，或者是掌握资源，或者是掌握技术，一旦行动，成功概率通常比较高。变现型创业者是在原来工作单位聚拢了大量资源的人，在机会适当的时候离开母体企业开办公司，实际是将过去的资源（包括人际关系等）变现，将无形资源变现为有形的货币。当然，创业者的种类越来越多，也难以全部列举。因此，对创业者适当地分类，了解创业者类型，对研究和实践创业有着十分重要的意义。

2.1.4 创业者的创业动机

新创企业生成的具体原因有很多种，也很复杂，在创业初期尤其如此。对于创业者而言，包括为生活所迫，出于维持生存的目的；为利益而动，出于发财致富的经济目的；为了使自己摆脱官僚组织的监管和约束，获取独立性的目的；为自己打工，在家办公，弹性工作制，出于追求满意的生活和工作方式的目的；锻炼自己的能力，提升自己的素质，挖掘自身的潜力，获取地位和成功，出于实现个人人生价值的目的；帮助他人，回馈社会，出于经纶济世的目的等，不一而足。全球创业观察研究区别了被调查者开创新企业的动机，是为了利用有吸引力的机会、渴望独立、希望增加收入，还是因为缺乏职业前景。高收入国家中的创业者，从事创业活动多数出于机会、独立和增加收入等原因。而低收入国家中的创业者，主要因为缺乏传统就业机会而倾向于创业。每个创业者在不同时期的创业动机都可能有所不同，所以只能对创业动机的大体类型加以总结，每个创业者的具体动机还需要结合具体情况加以具体分析。

1. 创业动机的类型

人们为什么要创办企业以及创业者与非创业者（或创业失败的人）有哪些，这一问题与创业者的动机密不可分。虽然对创业者心理特征的研究还没能得出一致的结果，但认识心理因素在创业过程中的作用还是很重要的。

人们选择创业的意向多种多样，调查发现，基本的创业动机有三个。

一是做自己的老板，这是最常见的原因。然而，这并不意味着创业者与他人难以共同工作，或他们难以接受领导权威。实际上，许多具有强烈事业心的创业者厌倦了为别人打工的生活，他们通常有着要拥有一家属于自己的企业的执着梦想，或是因为他们在传统的工作中变得很沮丧。在这种情况下，就会导致那些怀揣梦想的员工带着未实现的创意离开企业，开创属于自己的事业，以实现自我价值和远大的理想抱负。

二是追求自己的创意。有些人天生机敏，当他们认识到新产品或服务创意时，他们就渴望看到这些创意得到实现。事实上，现存企业往往会因为各种各样的原因无法使这些创意转化为产品和服务。在既有企业环境下进行创新的公司创业者，常常具有使创意变为现实的意念。然而，已建企业经常阻碍创新。当这种情况发生时，雇员常带着未实现的创意离开企业。因为他们对创意的激情和承诺，一些雇员会决定离开雇用他们的企业，开创他们自己的企业并将其作为实现自己创意的途径。这种事件发展过程也可发生在企业以外的背景条件下。例如，有些人通过爱好、休闲活动或日常生活，认识到市场中有未被提供的产品或服务需求。如果创意非常可行且能够支撑一个企业，他们就会付出大量时间和精力去将创意转变为一家兼职经营或全职经营的企业。

三是获取财务回报。巨大的商业机会和利润诱惑着创业者投身创业活动，许多成功的创业者的实践，也为其树立了典范。但是，这种动机与前两种动机相比明显是次要的，它也常常不能达到所宣称的那种目的。像戴尔电脑公司的迈克尔·戴尔（Michael Dell）、雅虎的杨致远（Jerry Yang）、太阳微系统公司（Sun Microsystems）的斯科特·麦克尼利（Scott McNealy）等人，他们从创建企业中获得了数以亿万计的收入，但这些人坚持认为金钱并非其主要动机。网景公司（Netscape）的创建者马克·安德森（Marc Andreessen）说，“（金钱）不是激励因素，只是我获得成功的指标。”有些创业者甚至回答，如果与创业相关的财务回报伴随着失去对自己企业的控制，那么只能说是喜忧参半。理查德·布兰森在卖掉维京唱片公司（Virgin Records）后写道，“（交易完成之后）我记得自己走在街上，哭了起来。眼泪……顺着面颊悄然而下。那时我拥有一张10亿美元的支票……如果你那时看到我，你会认为我发疯了。10亿美元啊！”对布兰森来说，10亿美元不只是金钱——它是创建企业并看到自己的创意获得成功所带来的激动和快乐。

2. 创业动机的影响因素

从影响创业动机形成的直接原因看，依据马斯洛的需求层次理论，从动机的角度我们可以将创业划分为“推动”型创业和“拉动”型创业两大类（Wortman，1986）。当人的某一层次需求得到相对满足后，较高层次的需求才会成为主导需求，并最终形成优势动机，成为推动行为的主要动力。创业者的需求层次不同，由此产生的创业动机也存在差异。机会拉动型创业者的需求层次比生存推动型创业者高，其创业动机受自我实现需求的推动，因为他们大多没有生活压力，具备一定的知识、经验和能力，敢于承担风险，并相信能通过创业活动实现自己的价值；生存推动型创业者则处于生理需求或安全需求等较低的需求层次，生活压力是其处于生理或安全需求的根本原因。由此可见，不同的需求层次决定了不同的创业动机，从而影响了创业者的行为过程与行为结果。

从影响创业动机形成的间接原因看，创业者的需求层次还受诸多具有长远意义的宏观因素的影响。一是经济发展。一般而言，经济活跃期也是创业踊跃期，因为经济发展客观上导致市场机遇较多，创业机会也就多。反之，创业的踊跃又会促进经济的发展。当今世界之所以掀起全球范围内的创业大潮，当今中国之所以吹响自主创业的号角，正是因为当今世界和当今中国正处于重视发展经济、经济也得到发展的时期，特别是目前我们既面临着下岗、失业等挑战，又面临着许多机遇，这正是造就创业英雄的时代。从社会宏观环境来说，创业是创业者对时代潮流的顺应。二是社会保障。高水平的社会保障可以提高人们的需求层次，由于需求层次决定创业动机，从而可以得出：社会保障越高，机会拉动型创业者精神指数就越高；社会保障越低，生存推动型创业者精神指数就越高。三是收入水平。创业者作为理性个体，短期内的收入变化不会对创业者的需求层次产生显著作用，长期内收入变化必然导致创业者需求层次的变化，长期内收入水平提高有利于创业者需求层次的提高，反之下降。四是人口统计特征。人口统计特征是创业者自身特点的整体体现，主要表现为创业者群体的受教育水平、经验和经历等因素。由于人口统计特征的差异，相同的外部要素对创业者个体的作用产生不同的结果，从而形成了同一国家或同一地区创业者需求层次的多样性和创业者创业动机的差异。

2.2　创业者的素质和能力

2.2.1　什么人适合创业?

1. 创业的人是敢于并善于冒风险的人

“企业家”一词本身就有冒险的意思。敢冒风险才能创业。幸运喜欢光顾勇敢的人。在我们身边，许多相当成功的人并不一定是因为他比你“会”做，更重要的是他比你“敢”做。世界上没有万无一失的成功之路，动态的市场总带有很大的随机性，各种组合要素往往变幻莫测，难以捉摸。所以，要想在波涛汹涌的商海中自由遨游，非得有冒险的勇气不可。甚至有人认为，成功的主要因素便是冒险，创业必须学会正视冒险，并把它视为致富的重要心理条件。

2. 创业的人是要付诸行动的人

万事开头难，要干成一件事，第一步总是困难重重，让人难以下决心。但如果你鼓足勇气开始做了，就会发现做一件事最大的障碍，往往是自己的内心缺乏行动的勇气。只要你迈出第一步，然后一步步走下去，就会逐渐靠近你的目标，走上成功之路。也就是说，创业成功的一个重要的素质就是有较强的行动力。

一开始你会觉得坚持这种态度很不容易，但最终你会发现这种态度会成为你实现个人价值最重要的组成部分。而当你体验到勇于行动给你在工作和生活上带来的帮助时，你就会一如既往地用这种态度做事。创业者要想取得成功，就要拿出现在就动手去做的勇气和干劲，养成以积极心态做事的习惯。

3. 创业的人是充满自信的人

卓别林有一句名言："人必须相信自己，这是成功的秘诀。"自信的真正含义是：自信不是在我们得到之后才相信自己能得到，而是在我们未得到之前就相信自己一定能够得到的一种信念。没有自信的人，什么事情都做不成，更不用说创业。自信，不仅是相信自己有能力有价值，同时也正视自己的缺点和毛病。只有自信，遇事时才能掌握正确的思维方式，才能有自己独到的见解，这样，想要干一番事业才能成功，如若不然，事业就无从谈起了。摒弃自卑，找回自信，你才能在追求中完善。

4. 创业的人是意志力很强的人

拿破仑曾有一句至理名言："人生的光荣不在永不失败，而在于能够屡仆屡起。"所以说，成功的人不是从未被击倒过，而是在被击倒后，还能够积极地向成功之路不断迈进。跌倒了再爬起来，这才是能够实现自我的人生态度。通常人们被困难击败的主要原因就是他们自认为可以被打败。而克服困难一个最大的诀窍，也就是要学会相信他们可以击败困难。创业是一个艰辛的过程，势必会遭遇很多意想不到的困难和挫折。要想达到成功创业的目的，就要有面对困难、克服困难、战胜困难的勇气、决心和毅力，否则，失败只是早晚的事情。

5. 创业的人是忍耐力很强的人

一个出色的创业者和一个业绩平平的创业者的根本区别就在于谁对工作更有耐心。耐心是和客观环境比耐力，也在与竞争对手比耐力，你有耐心，就不会输。若因不耐心而半途放弃，那么你就先输了，很多在职场竞赛中落后的创业者都是因为不耐心，而并非是因为智慧和能力不如人。

6. 创业的人是诚信度很高的人

诚信是企业的根，如果没有根，也就没有了生命。对中国内地 100 名顶级企业家的调查结果显示，中国企业家认为诚信是最重要的品质，财富的第一品质是诚信。许多创业者在经销时，往往为了眼前的利润，不惜对客户采用欺瞒和哄骗等手段，而忽略了"诚信是成功的法宝"这一经营原则，最终信誉不再，客户丢失，企业陷入恶性循环，最终倒闭。所以，无论何时都要守信，商业如此，做人也是如此。对于新创企业而言，诚信是衡量新创企业含金量的标准，诚信度越高，新创企业的含金量越高。

7. 创业的人是富有创业激情的人

激情是创业者的助推力。激情是世界上最大的财富，它的潜在价值远远超过金钱和权势。它能让你的身心健康，头脑充实。有了激情，就能创造属于自己的奇迹。激情是飞翔的翅膀，留住了激情，也就留住了一切。你对创业投入的热情越多，决心越大，创业实践获得的效率就越高。当你抱有这样的热情时，创业就不再是一件苦差事，创业就变成一种乐趣，就会有许多人愿意跟随你来做你所喜欢的事。

2.2.2　创业能力

创业能力是一个非常复杂的概念，是决定创业成败的关键因素。目前，学术界对创业能力还没有一个较为完善的定义。Shane（2003）认为机会探索和开发能力是创业企业最重要的能力。Timmons（1999）指出，能否探索到正确的创业机会，并通过充分的开发使之成为一个成功的企业是新创企业应当具备的最重要能力之一。Alvareza & Busenitzb（2001）认为创业能力本身是一种资源的重新整合。Jarillo（1989）认为，创业能力就是整合外部资源的能力和愿景，经过创业者的转化，使外部资源成为组织资源的一部分，再通过机会搜索和风险承担，以竞争优势为导向，将资源进行创造性的整合，最终创造出新价值，实现创业目标。一般而言，创业能力包括以下五个维度。

（1）机会识别能力。

我国相关的政策、社会和经济环境为我们提供了较为充足的创业条件，但是创业不仅需要外在的完善的客观条件，还需要创业者有着清醒的认识和足够的能力，辨别出创业机会且发掘出其中的价值，这样才能创造利润，创业才能成功。发掘和把握创业机会的能力需要自身知识结构、性格特征、认知能力等各个方面素质的综合。

（2）资源整合利用能力。

资源整合利用能力是在整个创业过程中，新创企业识别、获取、配置构建组合资源以及运用资源的一种动态能力。一般而言，可以从资源识别能力、资源获取能力、资源配置能力以及资源运用能力四方面来衡量。整合各种资源构建其能力体系，并通过企业间的学习完善企业能力是一种重要的企业价值创造形式。在如今的经济环境下，企业的竞争优势不仅来源于独特的资源，而且来源于配置这些资源的方式。相同的资源，不同的创业者利用的效果是不相同的，这说明其整合利用资源的能力有差别。因此，对新创企业而言，要关注资源整合的全部过程，不断提高资源识别、获取、配置以及利用能力，从而提高创业生存和成长绩效。

（3）组织管理能力。

组织管理能力是指管理者按照既定目标任务和决策要求，灵活地运用各种方法，把各种力量合理地组织和有效地协调起来，统筹安排，保证领导决策顺利实施的能力。具体而言主要包括：一是总揽全局的能力。在考虑问题、作出决策时，要眼观天下，胸怀全局，要有广阔的视野，能够统筹全局，善于掌握和驾驭全局的发展规律。既能从事业工作的大局出发，又能结合自己单位的具体实际。总揽全局就是能把本单位事物的各个方面联系起来，从各种联系中把握事物本质，形成整体性的决策，保证整个领导活动有序地进行。二是多谋善断的能力。“多谋”就是要多出主意、多出点子。“善断”就是要有战略头脑，能够在错综复杂的情况下正确、果敢地决定问题。能用创造性的思维方式看待事物；能通过多种方案的对比，选择最佳方案；能当机立断；不是谋而不断，优柔寡断，也不是轻率鲁莽，马虎从事，而是对看准的问题果断决策。三是扬长避短的能力。要多看各人的长处、优势，看每个成员能干什么，在分工授权时从各人的长处考虑，巧妙地调节领导集团中性格不同、志趣不同、风格各异、思路不一的状况，以达到相互弥补、协调一致，形成合力，从而保证领导集团的智力劳动得到高水平发挥。四是果断指挥的能力，即在组织指挥中体现出来的一种随机决断能力。能根据总的决策目标尽快提出切实可行的阶段性方案；能够根据工作任务的要求和下属的不同特长，分派任务、布置工作，最大限度地调动下属的积极性，发挥整体效能。不仅能随时解决决策过程中出现的各种问题，而且能够追踪原来的决策目标进行不断调整和修改，这要求领导者必须具有随机决断的能力。五是处理突发事件的能力。在处理突发事件时，不能惊慌失措，要临危不惧，处乱不惊，顶住压力，冷静思考，谨慎果断地决策。在理智的基础上迅速查明事件的真正原因，准确地弄清事件的性质、趋势及发展后果，在此基础上提出解决办法。能在现场根据情况决策，其决策要留有余地。

（4）关系能力。

关系能力是指妥善处理组织内外关系的能力，包括与周围环境建立广泛联系和对外界信息的吸收、转化能力，以及正确处理周围关系的能力。它决定了能否建立个体对个体或个体对群体的良好互动关系。关系能力由以下六个方面的内容构成：一是人际感受能力。即对他人的感情、动机、需要、思想等内心活动和心理状态的感知能力，以及对自己言行影响他人程度的感受能力。二是人事记忆力。即记忆交往对象的个体特征，以及交往情景、交往内容的能力。三是人际理解力。即理解他人的思想、感情与行为的能力。四是人际想象力。即从对方的地位、处境、立场思考问题，评价对方行为的能力。五是风度和表达力。这是人际交往的外在表现，指与人交际的举止、做派、谈吐、风度，以及真挚、友善、富于感染力的情感表达，是较高人际交往能力的表现。六是合作能力与协调能力。是企业团队合作的必要能力。要用积极、肯定、支持、建设性的眼光看待周围的人们，善于发现并赞美别人的优点，必要时适当恭维一下，愉快接受别人的批评和建议。当被触伤感情后，仍能心平气和地交往。触伤他人感情后，能及时向人道歉。当有人不同意你的观点、见解时，不必强迫他人接受或感到烦恼。自己有错时，要勇敢地承认自己的错误。在交谈时让别人把话讲完再表达你的意见。别人讲话时留神倾听。

（5）应变能力。

应变能力是指在外界事物发生改变时所做出的反应，可能是本能的，也可能是经过大量思考过程后所做出的决策。应变能力是创业者应具有的基本能力之一。创业者要能审时度势，随机应变；在变动中辨明方向，持之以恒；能在变化中产生应对的创意和策略；能够在复杂的环境中沉着应对，而不是紧张和莽撞从事。无论情景是多么的窘迫和险恶，创业者也不能盲目应对，要冷静思考；情况发生了变化，要迅速做出新的判断，灵活机智地选择出适应新情况的新应变方法，使自己始终保持应变的主动。

此外，创业能力还包括创业者制定和实施新创企业的战略能力，控制无时不在的内心冲突的能力，发现因果关系的能力等。

短例

帕梅拉和 AgraQuest 公司

帕梅拉·马罗内（Pamela Marrone）在康涅狄格州一个叫金岭伍斯的小镇上长大，这里每隔几年就会有成群的吉普赛毛虫蛾雨点般密集地飞来飞去，它们在枫树、橡胶树上大量产卵，孵化的幼虫蚕食树叶，严重威胁植物的生长，是当地的一大害虫。有一次，为了清除这种害虫，帕梅拉的父亲不顾其有机园艺的原则，对树木喷洒了大量氨基甲酸酯类农药。

第二天，帕梅拉在地上发现很多蜜蜂、瓢虫、甲壳虫、铃木等益虫的尸体，它们吃了被农药毒死的毛虫蛾幼虫，继而中毒死亡。农药虽然能够杀死毛虫蛾幼虫，却同样危害了这些益虫。所以，帕梅拉从小就觉得自己应该消灭害虫、保护益虫。她从那时起就希望通过一个办法解决所有的问题，使农场主不再通过农药而是用“以虫制虫”的方法防治病虫害，获得好收成。

帕梅拉在康奈尔大学学习昆虫学（研究昆虫的外形和习性），然后进入北卡罗来纳州立大学继续深造，并于 1983 年获得博士学位。然后她进入位于圣路易斯的孟山都公司（Monsanto），并在该公司新成立的病虫害防治中心担任领导工作，一干就是七年。在这里，她进一步掌握了技术和创业方面的技能，对病虫害的自然控制法做出了重大贡献。1990 年她被丹麦的诺和诺德公司（Novo Nordisk）聘用，授权她在加利福尼亚州戴维斯地区建立子公司，取名为 Entotech。

Entotech 公司的目标是生产一种天然产品，保护植物不受病虫害困扰，同时对人、动物、益虫和土壤也没有副作用。但在 1995 年，雅培公司收购了 Entotech，在雅培的投资和帮助下，帕梅拉创建了她自己的公司。该公司的目标是找到自然防治病虫害的新方法，在商业上获得成功，这就是后来世界著名的 AgraQuest 公司。帕梅拉拥有兴趣、热情、能力和技术，并且发现了适当的机会。

2.2.3　创业者素质和能力的训练和培养

大量事实表明创业者具有先天素质，并可以在后天被塑造得更好，某些态度、行为和能力可以通过经验和学习得到，并被开发、实践或提炼出来。一般而言，创业者素质和能力的训练和培养有以下几种途径。

1. 责任心的培养

承担责任是创业者具备的第一要素。有了责任承诺（承诺是指对过去所做努力的坚持），创业者可以克服难以想象的障碍，并且可以弥补其他缺点。责任感通常意味着个人牺牲。衡量创业者的责任承诺有以下三个方面：是否把自己净资产的一大部分投资于企业；是否愿意接受较少的薪水；在生活方式和家庭上是否做出较大牺牲。

一个有责任心的人会有很多的追随者，因为他有明确的目标，可以不食言，也可以承担很多的责任，追随者跟随他，可以与他一起实现自己的人生价值。很多人问我，如何建立和维护一个团队，我的回答是将你的责任心表现出来，就会有人跟你走。刘备如果不在黄表下大发誓言——“大丈夫如何”，就不会有桃园三结义，更不会有三分天下。所以，责任心不仅是一种素质，也是一种表现。善于表达责任心并且用行动证明自己是有责任心的人，就会成就事业。

一个有责任心的人，会有很多朋友，就会拥有丰富的社会关系网络资源，如果你有责任心，那么人们对你的评价总会是好的。同时因为评价需要时间证明，而责任心更需要长时间的考察，长久的朋友不再是利益交往的伙伴，更不是酒肉朋友，而是一些志同道合的知己。

责任心的培养可以通过以下方面完成：

第一，分组完成任务。缺少责任心的人会受到同伴的批评。

第二，从责任心的角度评价商业案例中成功人士的商业判断。

第三，界定责任，检查是否按时、按要求完成。

第四，树立有责任心的榜样，并给予较大激励。

2. 机警的培养

曾经有人做过一个实验，在幼儿园，老师将蛋糕放在小朋友们面前，让小朋友们坐好，并说："你们等一会儿，老师出去一下，回来以后我们一起分蛋糕。"然后老师就走到教室外面观察小朋友的行为。有的小孩听话地坐在自己的座位上等着老师回来，有的小孩则跑出去用手抓了一些蛋糕吃。观察的老师故意在外面弄出一些声响，好像是老师要回来的样子，这时有的小孩立即回到座位，另一些小孩则干脆不管声音的大小，一直在那只顾自己吃。30 年后对这些小孩进行追踪调查，发现那些听话的孩子大部分成了平庸的人，最好的情况是成为白领。而那些只顾吃，不管外面声响的孩子大部分成了贪官。最为成功的是那些跑过去吃，却在外面有声响以后就跑回自己座位上的孩子，有的成为商业领袖，有的则成为政治明星。实验的结果使得成长心理学家必须给出一个解释，为什么会出现这种差异？或者说，什么样的孩子更容易获得成功？成长心理学家由此提炼了一个概念，叫"机警"，它是指抓住机会、善于利用机会，同时又能够时时刻刻警惕危险的出现，避免被危险毁灭的素质。后来成为贪官的孩子只具有抓住机会的素质，而不具有防范失败的素质；而老实听话的孩子，连识别和利用机会的素质都欠缺，更不用说机警。

机警有助于创业是因为识别机会是创业的源头。在创业过程中，锁定业务过程是一个不断发现和寻找机会的过程，这需要敏感、敏锐、具有较强洞察力的眼光，而创业者时时刻刻都受到竞争者、需求者、政府、自然环境以及公众的约束，一旦出现错误就可能会发生灭顶之灾。

机警从字面上可以看成是机敏、警觉，机敏是抓住机会，警觉则是发现隐患。这是一进一退的中和，也是一种辩证思维，是不同方向的能力的统一。在讲到素质取代能力时，这个例子一定不要忘记，因为素质往往表现为对不同问题的判断能力和解决问题方法的选择，是一种自然本能。

培养机警素质主要依靠自我训练，以下方法可供借鉴：

第一，分析周围的成功人士如何利用机会和资源。机警在很大程度上是一种经验的积累，比如驾驶汽车时需要注意的东西是需要长期经验积累的。听取成功者在关键时刻的判断和选择上的经历，会增加自己的间接经验。阅读名人传记，听成功人士讲座都能起到这种作用。

第二，留意变化。刻意地留意变化，将每天看到的有意义的现象加以记载，注意差别，以此推断趋势和发现机会。

第三，发现其他人没有注意到的细节、偶然的因素和现象。

第四，谈话、讨论、听讲座以及观看影视作品。这可以用于课堂训练，通过观察学生间的差异进行比较、点评，教育学生提高观察力，鼓励学生自我训练。

第五，量变到质变的判断训练。机警并不是什么都关心，也不是大惊小怪，更不是漠不关心，而是一种对量变到质变的把控能力。失去机会往往不是看不到机会，而是认为量变没有达到质变；而投资失败的原因却往往是误以为量变达到了质变。

3. 视野培养

在动物世界中，有一种非常有趣的动物，它长得很高，却很安静，因为它是草食动物，与肉食动物相比，它是弱者，所以它选择了静而远的生存之道，它就是长颈鹿。创业者可能是外弱内强之人，想获得生存和成长，他们的生存之道就是低调而目光远大。所以，有大视野者往往是未来的主宰者，虽然现在他们可能是弱者，但将来他们会成长为强者。

什么是大视野？大视野等同于大格局，而大格局思维是创业者必备的素质。它包含以下几个方面。第一，知道很多的事情，而不仅是眼前很少的事情，并将这些事情放在自己的知识背景中，用于判断和决策。这样的人秉承开卷有益的思想去学习，涉猎广泛。第二，以天下为己任，用天下资源，为天下人服务。有一位企业家在 20 世纪 60 年代预见新闻纸会在 20 年后出现短缺，为此，他在 20 世纪 60 年代就开始准备。他考察了世界上所有木本植物，看哪种植物最适合做新闻用纸，最后选择了现在大家广为所知的桉树，然后又在全世界寻找什么地方最适宜种植这种树，最后决定在巴西的亚马孙河流域种植很大一片桉树。果然，到了 20 世纪 80 年代新闻用纸非常紧张，而他种植的桉树为世界解决了一大难题。这是用天下资源，为天下人服务的例子。第三，大视野是谋求做大事、图谋最大的需要，它能帮助创业者寻找最根本的机会，解决最根本的问题。

大视野是一种素质，如同长颈鹿一样，它一抬头就看得比其他动物远，就能够找到比其他草食动物更多的机会（食物）。这种素质不会让创业者拘泥于眼前，更不会囿于现实，而是要找到具有全球意义的市场、机会和资源。

有大视野的人，多有资源运筹的能力。把很多资源作为考虑的对象并不是一件轻松的事情。将很多资源整合在一起，为自己设定的目标组合出最有益的资源，这是一种运筹能力。有人说，在华容道让关羽放走曹操，是诸葛亮给关羽一个人情。这种说法是小视野，从诸葛亮三分天下的论述看，保留北方的曹操是为了自己的发展，是在利用曹操使刘备集团得以成长。赤壁之战时用火攻打败曹操，使三家形成均势，给自己留下足够的空间和时间来发展，是基于多种资源的充分利用。

有大视野之人，也多是积极之人，因为他们不会被具体事物所羁绊，更不会因为困难而变得消极。这种人这里不行，就到那里，认为办法总比问题多。这样的人，没有什么困难可以让他停止，他会一直前进。因为他有很多办法，也看到很多资源可以让自己成长，成就事业。

如何训练自己的大视野呢？

第一，对所有事物好奇。

第二，利用所有可能的机会学习，有时间就与人交流，博览群书。

第三，与人讨论，培养自己将知识转化为判断（智慧）的习惯。

第四，跳出眼前的事物看世界。

4. 控制力的培养

一方面，如果不敢冒险，不敢创新，不敢为人先，就难以获得风险得益。所以，有勇气就是要在没有人做的情况下，自己敢于先做，这样的人才能够创业。不论看起来多么平常的项目都会有风险。胆量是创业者的基本素质。另一方面，如果冒险就可能会出现危机，在经济危机中情况较差的企业，究其原因都是因为过度扩张、过度冒险。所以，保守者经常会更容易度过危机，在危机中安然无恙，甚至找到新的发展机遇。

作为创业之人，最好是将不怕与怕结合起来，有三个方面的结合：

第一，时间上的结合。先不怕，再怕。为什么先不怕？因为在创业初期，创业者什么也没有，只有胆量超过别人，他需要看到机会便立即动手；获得的利润稳定到可以做很多事业的时候，他需要的不再是冒险，而是持久获得收益。

第二，意识上的结合。即居安思危，以时时小心为底线，敢于打拼，但时刻注意可能遇到的危险。把"怕"字放在底线上，把"敢"字放在头顶上，先敢而后怕，敢中有怕。不能因为"怕"而失去了"敢"，更不能因为"敢"而忘记了"怕"。这种结合是一种非常重要的素质，因为它是矛盾的，需要相机抉择，要懂得什么时候应该以哪种意识为主。

第三，方法上的结合。它与通常财务上讲的风险组合类似，即让自己的项目有高风险，也有低风险的；目标上也应该分为探索性目标，和为了维持企业的目标；收益上则分为短期收益和长期收益。将求利与求名结合，将实物投入与非实物投入结合。

不同的创业者风险偏向不同，他们应该选择的组合肯定不同，每一种组合都有很成功的例子。低风险、持续低利润起步的世界知名企业有之，高风险、高利润的冒险创业型企业也有之。但是总体而言，前者更多，它们是通过精细、节约让自己成长起来的。所以，创业者还是要以怕为主，以不怕为辅，而不是走向反面。

5. 领导力的培养

成功的创业者不需要凭借正式权力（多为组织授予的权力）就能向别人施加影响，这就是领导力。他们善于化解冲突，懂得什么时候以理服人，什么时候以情感人，什么时候该做出妥协，什么时候应寸步不让。为成功经营企业，创业者必须学会与许多角色，包括客户、供应商、资金援助者、债权人、合伙人，以及内部员工等相处。由于不同的角色在目标上常有冲突，创业者要成为一个调停者、磋商者而非独裁者。培养领导力主要从以下几个方面着手。

第一，多实践，积累隐性知识。

隐性知识又称默会知识，是指未能被人的意识清楚把握，因而也无法用语言或其他形式加以表述，尚处于缄默状态的知识。与之相对应的是显性知识。一是真知源自实践。隐性知识是"我们在做某事的行动中拥有的知识"。因此，只有亲自参与实践，广泛接触第一线的实践者，才能形成并掌握隐性知识。二是跟着高人、名师。中国古代教育历来主张拜师学艺、私相传授。如杰克·韦尔奇认为个人成长进步的第三条经验就是"找寻导师"。他认为，"与其他的体育运动一样，商业界也有自己的运动员、自己的语言历史、规则、对手和独特的韵律。"因此，"人们总是希望找到一个合适的导师，以帮助自己前进。"

第二，多反思，总结管理经验。

心理学家通过研究后认为，过程回忆、情景模拟、内省是隐性知识显性化的三种途径。内省这一概念很好理解。古人一直有"吾日三省吾身"的说法。所有高明的领导者都十分重视事后的总结反思。孔子论"好学"。任何一个人如果通过不断地内省反思，同样的错误不犯第二遍，真正做到了"不贰过"，便可以超凡入圣了。反思可以用概念进行，也可以用意象进行，通过意象进行反思也就是过程回忆。内省和过程回忆都是当事人对实际发生过的情景进行事后总结，而情景模拟则不同，是指臆造出一个典型事件，设想一下自己应该如何处理，借此将与处理此类事件有关的隐性知识激发出来。

第三，多学习，构建知识体系。

心理学有关记忆的研究表明，掌握知识的关键是构建起完整、合理的知识体系。我们认为，以实际管理中普遍存在的基本问题为框架，将与此有关的各种观点、经验加以汇集，一一比较，融会贯通，然后分别存放，或许是构建管理学知识体系的好办法。

第四，多思考，形成管理哲学。

当代哲学思潮中也有许多对管理者有价值的东西。如语言哲学中的“家族相似”、“视域共融”等。

第五，多创新，锤炼领导艺术。

领导力的最高层次是领导艺术。像任何艺术一样，领导艺术的生命在于创新。实践总是走在理论的前面，实际管理工作中有无数新情况、新问题。要想取得较满意的管理效果，就必须综合运用各种能力，进行创新。

总之，要直接参加管理实践，加强对管理理论及管理哲学的学习，在运用理论解决实际问题的实践中不断总结、积累，将隐性知识显性化，管理经验理论化，理论思考哲学化，综合创新艺术化。这就是提高领导力的途径。

短例

俞敏洪：学生时代能为创业做什么准备

三天票房收入上亿的春春励志片《中国合伙人》讲述了以俞敏洪、徐小平和王强三个人为蓝本在新东方共同奋斗的成功创业故事。在创业大潮迅猛来袭之际，新东方集团董事长俞敏洪却给北京大学的学子们泼了一盆冷水。

“不要以为创业是一件容易的事，我们这些创业成功的人总会跟大家谈论创业成功的美妙和好处，这就像一个谈恋爱成功的人告诉你，谈恋爱不难，而当你亲自尝试时，却被每一个女人打一个耳光。成功者总是善于讲自己成功的故事，所以想给创业者泼泼凉水！想要创业成功还是要先打好基础。”俞敏洪在“中国创业者 2014 峰会”上这样说。

“不少学生问我，怎么样创业成功，怎么样迅速地做起市场，却很少有学生问我，当年在北大我是怎样读书的，是怎样参加学生活动的。这说明学生的关注点已经不在读书这件事情上了。”在俞敏洪看来，想要在未来创业，并不一定在学生时代就去创业。读书、交友才是大学时期最重要的事情。读书获得了创业的知识基础，而交友能学会人与人之间的相处，学会宽容，学会大度，学会欣赏。

“在大学，学生要有 5～10 本书反复读，不管是专业书籍还是思想性的书籍。读到最后，把书里的思想变成自己的，并且能用自己的语言说出来，这样的读书才算是‘入味’了。”俞敏洪说，他在北大上学时，曾经因肺结核在医院里住了一年。在这一年里，他读了整整 200 本书，写了 200 多首诗歌，背了上万个英语单词。“这直接奠定了我在中国成为一流英语词汇老师的基础。”

在他看来，上大学第二件重要的事是交友。“大学交友的核心内容是要学会与人相处，中国的大学宿舍里住6个人，这对学生是极其有益的。如果一个人大学四年能和宿舍里的同学相处得非常好，就培养了一辈子与人相处的能力，也培养了做生意的能力。因为做生意就是与人相处。”这些同宿舍的同学很有可能也是未来创业的伙伴。

俞敏洪将创业的要素概括为四个方面。第一是情商，第二是突破思维，第三是商业判断，第四是长久能力。

“情商主要体现在三个方面：一是被人充分相信的能力，二是关注别人感受的能力，三是让利于公的能力。三者结合起来就叫团队能力，因为只有这三种能力才能将团队成员比较长久地凝聚起来。”

第二是突破思维。在风险可控的情况下，要勇于尝试。“舍得”，有舍才有得。做事时，要随时问自己，有没有更好的办法。没有事情是不能做得更好的！“有一位企业家，从小不喜欢学习，但是喜欢把家里的东西拆了装、装了拆。后来家里买了一辆摩托车，他又拆了装、装了拆。一般人就到此为止了，但是他想，既然我做这个这么熟练，就开一家修理厂吧，一年也能赚个几十万元。”这个人最后不只开了修理厂，而且开始生产摩托车、汽车。

第三是商业判断。做任何事情一定不要贪大，要做到小而精、小而美。要专注现在、关注未来，不要现在没做好，就开始探讨未来的模式。“想可以想得长远，但是做事情一定要从小而美入手。然后是做事情一定要不断和成功者或有经验的人去探讨。因为这些过来人对你会有方向上的帮助，只要方向正确了，就有可能将事情做长久。”

第四要做长久的事情。一个有人品的人、一个有气度的人、一个有责任心的人、一个有高度的人，是一定可以将事情做得又长久又好的，就算他做的事情不是最大的，但是也会做成对国家、对人民最有好处的事情！

2.3 创业者与职业经理人

根据谢恩（Shane）和维卡塔拉曼（Venkataraman）[①] 的解释，作为一个商业领域，创业致力于理解创造新事物（新产品或服务、新市场、新生产过程或原材料、组织现有技术的新方法）的机会是如何出现并被特定个体所发现或创造的，这些人如何运用各种方法去利用或开发它们，然后产生各种结果。这群人就是创业者。职业经理人是被雇用来控制、组织、指导整个业务活动或整个组织，或部分业务活动或组织的某一部分。

现实中，人们常常能记住创业者的姓名，对谁是职业经理人却并不怎么关心。例如，我们知道马云是阿里巴巴的创建者，而多数人并不知晓为其运作企业的职业经理人；我们知道联想创始人柳传志的很多故事，但并不清楚哪些人在他的背后运营整个联想集团。创业者与职业经理人有什么区别呢？

① Shane, S., Venkataraman, S. The Promise of Entrepreneurship as a Field of Research [J]. *Academy of Management Review*, 2000, 25 (1): 217-226.

通过观察可以很容易地识别出创业者与职业经理人的区别：创业者是为自己打工，职业经理人是为他人打工；创业者是打江山的，是所有权拥有者，职业经理人是坐江山的，是开拓、增值等目标的执行人；创业者拥有的是资本，职业经理人拥有的是知本（知识资本）；创业者需要面对企业内部整个价值链的所有环节，需要超强的领导能力，而职业经理人可能只需要某一特定岗位上的技术或创意等，面对的是被分割出来的企业价值链的某一环节；创业者进行创业是不断试错的过程，而职业经理人试错的机会远远小于创业者；创业者把企业当作人生来经营，而职业经理人把企业当成产品来经营；创业者很自然地将公司当作自己真正的家，职业经理人加班再晚还是会将公司与家严格区分开来；对创业者来讲，赚到的每一分钱都是自己的，职业经理人不会认为一分钱的利润对公司有多重要；创业者养成的习惯是凡事亲力亲为，职业经理人的习惯就是尽量把工作布置给下属……中山大学毛蕴诗教授专门研究了企业家与职业经理人的特征，见表2—1。①

表2—1　　创业者与职业经理人的区别

特征变量	创业者	职业经理人
雇用关系①	雇用者	被雇用者
创业与否②	创业者（与所控制资源无关）	企业内创业
出资与否①	出资或继承出资	不出资
承担企业风险①	承担企业风险	与本人雇用契约有关的风险
所有权与控制权①	同时拥有	无所有权，有一定的控制权
担任企业主管与否①	担任	不一定担任
创新功能②	更强调	强调

注：①表示可以直接识别；②表示需要进一步识别。

创业者和职业经理人最重要的区别在于，创业者从事的是开拓性的工作，关心企业的价值（当前和未来），通过他们的创业活动，实现了从无到有；职业经理人则侧重于经营性活动，关心企业的利润（阶段性经营成果的体现），按照程序、制度开展工作，他们将少变多。创业者发现机会，创造新事物，而职业经理人在维持现状的基础上，保持事物的持续和演进。其次，创业者承担财务风险，而职业经理人则不会也不可能承担此类风险。

2.4　社会责任与创业伦理道德

2.4.1　企业的社会责任

企业的社会责任是构建和谐社会的一种基本思想，包括保障员工权利、保证产品质量安全和保护环境、对社区贡献等诸多方面的内容。1895年，世界上第一本社会学杂志——

① 参见毛蕴诗：《企业家与职业经理人特征识别模型》，载《学术研究》，2003（4）。

《美国社会学杂志》的创刊号上刊登了美国社会学界的著名学者阿尔比恩·斯莫尔（Albion W. Small）关于“不仅仅是公共办事处，私人企业也应该为公众所信任”的呼吁，这篇论文的发表标志着企业社会责任观念的萌芽。1924 年，美国学者 Oliversheldon 最早提出了“企业社会责任”的概念。到目前为止，国际社会对企业社会责任的理解还不统一，而且各种定义的差异性很大。戴维斯（Keith Davis）和布卢姆斯特朗（Robert L. Bloodstream）认为：“企业的社会责任是指企业在谋求利益的同时，对维护和增加整个社会福利方面所承担的义务。”麦克格尔（Joseph W. McGuire）认为：“企业的社会责任的宗旨意味着企业不仅仅要有经济和法律义务，而且对社会负有超过这些义务以外的某些责任。”

博文（H. R. Bowen）将企业的社会责任定义为：“企业家按社会的目标和价值向相关政策靠拢，做出相应的决策，采取合理的具体行动的义务。”其代表作是 1953 年出版的《企业家的社会责任》（*Social Responsibility of the Businessman*）一书。该理论的主要观点是：企业被各种利益相关者，包括股东、员工、消费者、社区、各级政府、各种商务伙伴和其他利益者所环绕。企业除了要为股东赚取合理利润外，也应为各利益相关者履行其应负的社会责任。利润最大化只是企业的第二位目标，而不是第一位目标。随着时代的发展，社会对企业的期望和要求在不断变化，同时企业也日益依赖于社会。因此，企业已经不只是对股东负责的经济实体，而是应该承担一定社会责任的社会组织。一般来说，企业应当承担的社会责任主要包括以下内容：

1. 对股东的责任

企业对股东的社会责任主要是保障股东的所有者权益，尽量让股东了解公司的有关经营信息，然后不断地去调整和完善企业经营的方法，为他们提供不断增长的收益和报酬等。

2. 对债权人的责任

企业对债权人的社会责任主要是要按照有关合同的要求，按时还本付息，尽可能地保证债权人的借贷安全，保证在资本增值及保值的基础上实现他们合理的收益。另外，企业还应该向债权人提供真实的经营信息、财务状况信息和投资信息。

3. 对员工的责任

企业与员工之间最基本的关系就是建立在契约基础上的经济关系。由于社会大环境的不断变化和发展，国家以及各个用人单位已经开始重视人力资本。因而，最大可能地满足企业员工的利益需求已经成为企业的一项重要任务。企业对员工的主要责任体现为对员工承担的道德责任，给员工安排合理的培训机会而且为员工提供一些合理的报酬和相应的福利。

4. 对消费者的责任

社会成员购买了企业的产品就成为企业的消费者。在市场经济条件下，消费者既是决定生产的关键，又是决定一个企业生死存亡的关键。所以充分保护消费者的合法权益和承担对消费者相应的社会责任是企业可持续发展和社会经济健康发展的必备条件。所以，企业如果能自觉承担对消费者的责任不仅可以增强企业的可持续发展能力，而且有助于提高企业在公众心目中的形象，也是赚取企业增加价值的远期经营方略之一。因为消费者是企业产品的购买者和使用者，其购买商品的目的是为了满足自己的某些需求，故企业所提供产品的质量、价格、品种等因素在很大程度上决定了消费者的生活水平，因此，企业对消费者最主要也是最基本的责任是向消费者提供健康安全可靠的产品。

5. 对政府和社区的责任

世界著名的管理大师哈罗德·孔茨（Harold Koontz）和海因茨·韦里克（Heinz Weihrich）在《管理学》一书中揭示了企业与社区的关系，他们认为："企业必须同其所在的社会环境相联系，企业不仅要积极参加社区的活动，而且要及时作出对社会环境变化的反应。"政府是企业重要的利益相关者之一，在不同的制度背景下，企业和政府的关系不同，企业承担对政府责任的方式和内容也是会随着制度背景的变化而略显不同的。在现代市场经济环境下，政府由以前的直接控制和计划的安排转变为协调、监督和服务的关系。因此，企业要自觉遵守国家的各项法律法规，按照国家有关法律规定缴纳税款，不得非法避税和逃税。企业与政府建立良好的关系，有利于提高企业自身对社会环境和政策环境的适应能力。而企业与社区之间如同鱼水关系，二者是相互制约和相互影响的。企业的生产经营活动对周围社区居民的影响也是多方面的：①企业积极主动地参与社区的建设活动，利用自身的技术优势和产品优势扶持社区的文化教育事业，吸收社区更多人员就业，不仅能为社区建设做出贡献，而且能为企业的发展打下良好的基础。②企业应积极承担其他公益性事业的社会责任，如向教育机构提供奖学金或其他项目的捐款，从而使企业与社区形成一种良性互动，获得一个良好的外部发展环境。③企业在追求自身利润最大化和股东利益最大化的过程中，对生态环境保护和社会可持续发展承担了一定的社会责任。

6. 对供应商的责任

市场经济本就是一种契约经济，诚实守信是最基本的内涵。所以，遵守信用和商业契约、各自履行好自身的责任和义务并督促其共同和谐发展是企业对供应商最基本的社会责任。企业与供应商之间以互相信任为基础的长期协作关系，正在不断地取代传统以价格为主要因素的竞争性市场交易关系。

加拿大不列颠哥伦比亚大学尚德商学院院长、创业学教授莫佐克非常强调社会责任对于一个创业者的重要性，"没有人能脱离社会、脱离社区而取得成功。但遗憾的是，现在有相当数量的年轻企业家，认为自己的责任只是使股东利益最大化，除此之外别无他物。这真是大错特错了。""每个人都对环境负有不可推卸的责任，有孩子的人可能更有体会，谁希望让自己的孩子生活在一个污染日益严重的环境之中呢？环境问题是公司需要关注的。此外，世界上最贫困的人们的生活、整个世界的发展趋势等，都是不容忽视的。"

企业社会责任问题日益受到各国政府和民众的广泛关注。《中华人民共和国公司法》第 5 条明确要求，公司从事经营活动必须"承担社会责任"，公司理应对其劳动者、债权人、供应商、消费者、公司所在地的居民、自然环境和资源、国家安全和社会的全面发展承担一定的责任。修订后的《中华人民共和国公司法》不仅将强化企业社会责任理念列入总则条款，而且在分则中设计了一套充分强化企业社会责任的具体制度。可见，企业社会责任在我国具有法律地位。在我国，强化企业的社会责任是一个紧迫的现实问题，是入世后中国企业提高国际竞争力面临的一项新的挑战。我国新创企业在创建伊始就应清楚地认识到承担企业的社会责任是人类文明进步的标志。劳工权益保护不仅是西方国家的要求，也是现代企业的历史使命，符合我国《劳动法》等许多现行法规的要求。创业者应该积极参与和关注企业社会责任，把社会责任的理念付诸实实在在的行动。创业者在企业的日常经营管理过程中，不仅要对股东负责、对债权人负责、对员工负责，还要对客户、供应商负责，对自然环境负责，对社会经济的可持续发展负责。

专栏 **企业社会责任四层次框架**①

社会学家卡罗尔在20世纪70年代后期提出了企业社会责任的四层次框架。最基本的层次也是企业首要的责任是经济责任，包括为股东提供投资回报，为员工创造工作机会并提供合理报酬，进行技术创新、扩大销售等。但企业的经营活动应当在法律要求的框架下进行，应遵守法律法规，法律责任是企业应承担的第二层责任。虽然经济责任和法律责任都包含了伦理规范要求，但社会还是期望企业遵守法律明文规定要求之外的伦理规范，包括尊重他人、维护员工权益、避免对社会造成伤害、做正确的事情等，伦理责任是企业应承担的第三层责任。第四层也是最高一层责任是企业自行裁判的责任，这完全是一种自愿履行的责任，社会期望、法律规范甚至伦理规范并没有对企业提出明确的要求，企业拥有自主判断和选择权来决定具体的企业活动，例如慈善捐助、支持当地社区发展和帮助妇女儿童残疾人等弱势群体。

2.4.2 创业伦理道德

“君子爱财，取之有道”，创业者在创造财富的过程中一定要遵守伦理道德，这是创业能够成功并持续发展的关键。管理学意义上的伦理一般也被称为商业伦理，是指组织处理与外界关系，处理内部成员之间权利和义务的规则，以及在决策过程中所体现的人与人之间的关系和所应用的价值观念。即商业伦理是企业以合法手段从事经营时，所应遵守的道德规范，是关于企业公平竞争、互惠互利、协同合作、个人品德、后天修养、市场营销策略、社会责任、消费者及员工道德修养等多方面的行为准则。

商业伦理作为企业参与市场竞争的一种道德规范和自我约束，对整个经济秩序的良好运行起着十分重要的作用。随着企业自主经营意识的增强，越来越多的企业开始重视自身的伦理建设，争取以更好的形象在竞争中取得优势。但同时，也有许多企业并未意识到这一点，企业伦理问题仍然是当前经济生活中一个非常现实、非常突出的问题，其潜在的危害性是很大的：第一，企业伦理状况差是当前影响企业经营和经济健康运行的一个突出矛盾，这也是造成经济运行质量不高，风险增加的原因；第二，市场经济是信用经济，而企业信用状况差是我国市场经济发展的一个薄弱环节；第三，企业伦理建设是制约我国企业参与国际竞争的严重障碍；第四，不重视伦理建设，是造成经济犯罪的重要根源。

对创业者而言，创建一个属于自己的企业，势必要进入市场竞争的圈子，相应地，也得遵守相同的道德规范和自我约束。这对于新创企业的发展起到十分重要的作用。当一个创业者成长为一个企业家时，他会越来越重视自己在社会中的形象，并开始重视自身的伦

① Carroll, A. B. A Three-Dimensional Conceptual Model of Corporate Performance [J]. *The Academy of Management Review*, 1979, (4): 497-505.

理道德水平和自己企业的伦理建设。然而，有的创业者为片面追求商业成功而牺牲道德价值观。例如，有的创业者延迟偿付厂商和其他债权人的账款，拖欠员工工资。有些创业者常常是在未经他人允许和同意的情况下，侵占他人的资源来弥补自身资源的不足。这些行为会因为违背相关法律规定和市场经济原则而受到惩罚，如果创业者有意这样做，首先是不道德，而且有悖商业伦理。时间长了，人们会认为这样的创业者诚信有问题，吃亏的还是创业者自身。

创业过程本身就是一种道德行为，创业者的价值追求不仅是经济上的，还应该包括道德上的，创业行为应该是符合道德原则、遵守社会伦理规范的。毕竟，没有哪个企业愿意和一个臭名在外、不讲诚信的公司进行合作。而创业者作为在某一领域里的相关从业人员，也是职业人，创业者的各种行为应该符合其所在职业领域里的道德规范要求，而且要被职业领域里的善恶、荣辱标准所衡量，要接受职业规范的约束与评价。只有遵守社会伦理道德规范，新创企业的创业活动才能得以顺利进行并实现长远发展。

本章要点

创业者改变世界。

成功的创业者在心理特质和个人技能方面存在共性。

人们选择成为创业者并开创自己的企业一般有三个基本原因。

创业动机的形成受诸多直接因素和间接因素的影响。

创业者素质和能力的训练和培养的途径。

创业者要履行社会责任。

创业者要遵守社会伦理和道德规范。

重要概念

创业者　创业动机　创业技能　创业能力　社会责任　创业伦理

思考练习

1. 如何理解创业者？
2. 为什么要成为创业者？
3. 影响创业动机的因素有哪些？
4. 影响创业者成长的企业模式和驱动因素有哪些？
5. 创业者创业应当遵循哪些创业伦理和社会责任？
6. 通过本章的学习，你可否列举并比较一些创业者创业的不同动机？
7. 通过本章的学习，你认为大学生创业需要培养哪些技能？
8. 你想成为一名创业者吗？为什么？

案例分析

一位创业者的创业心得

我是贾群博，2005年毕业于天津轻工职业技术学院机电一体化技术专业，目前在天津创办"天津市一一机电配件有限公司"。该公司是一家电梯、汽车、化工设备配件生产、加工类股份制企业，公司现有员工13人，拥有冲床、剪板机等加工设备20多台，建筑面积650平方米，总资产110万元，月产值100万元。

"千难万险脚下踩，啥也难不倒咱！只要你的心中有情有爱，风里走、雨里钻，刀山火海也敢探。活出个样来给自己看！苦辣酸咸全咽下，啥也难不倒咱！只要你的心中有情有爱，天也蓝、地也宽，再苦、再累心也甜！"这首歌的词作者应该是一位历经磨难而最终走向成功的先行者。我没有想过要成为李嘉诚，也不奢望成为比尔·盖茨，只想努力做好我自己！

创业历程

创业是一个艰苦卓绝的过程，但是关键要看自己是怎样一种自我定位，以何种心态去面对。我能取得这一点点成功，要真心感谢学校给予我知识和信心，社会给予我创业的优良环境以及父母的全力支持；学校的教育使我掌握了相当的专业知识，使我的创业有了基础，就业办老师的持续鼓励更使我信心百倍，坦然面对困难。大学期间学校不仅注重专业知识的传授，更专注于对学生就业尤其是自主创业的引导和支持；宽松而优良的政策给我的成长提供了必要的社会环境，尤其是近几年来国家和政府制定了一系列鼓励大学生自主创业的政策更增强了我一路前行的信心和社会责任感。

2005年毕业后，学校就业办领导和老师在充分分析我的个人情况和能力的前提下，推荐我到沧州国华有限公司天津办事处实习——做业务员，在这里我所学的专业知识得到了锻炼，社会阅历进一步增加，更重要的是使我懂得做事、干企业必须以诚信为本！2005年底结束实习后，我进入天津市中环华祥电子有限公司担任业务部主管一职。其间，基于当前的社会形势和自己的经历，我进一步认识到，若想给国家、给社会做更大的贡献，若想有更好的个人发展，就必须创办自己的企业。鉴于我国当年338万高校毕业生及其他社会剩余劳动力的就业压力，我想凭借自己的能力更应该做点什么！于是，我开始策划并筹办自己的公司，基于自己所学的机电专业，我毅然选择了机电配套生产行业，并于2006年3月和朋友一起创办了天津市冀鹏工贸有限公司（后改名为天津市一一机电配件有限公司），入股5万元，购置冲床三台，总投资30万元，为LG（天津）电子有限公司提供配套和服务。经历短短一年多的时间，公司刚要理顺，实现收支平衡，LG内部突然发生重大调整，订单顿然终止，致使我公司其他股东纷纷退股，公司面临崩溃。性格倔强的我决不甘心就此放弃，"我必须对我的企业、我的梦想负责，更要对员工负责，坚持是唯一的选择"，这是我的座右铭。

因此我开始了"二次"创业。在家人和朋友的帮助下我于2007年6月买下了其他股东的所有股份。当时既没有合作搭档又没有任何订单，同时周转资金也陷入紧缺。厂房房租要交，员工工资要开，很困难！然而祸不单行，就在此时公司又被自称四川某公司的团伙骗走了借来的仅有的用来周转的2万元钱，我几乎完全陷入了绝望。跑客户为了省饭费，我从来不在外面买任何东西吃，经常是一天只吃一顿饭，胃痛得受不了时，总是告诫自己：坚持一下会好的；为了省一块钱的公交费，在时间允许的情况下常常一走就是十几甚至几十里路；几十公斤的东西，常常一扛就是半天。因为挣不到钱，所以不能饿；因为挣不到钱，所以不知道累。此时正值我妻子怀孕期间，别家娇妻都是大瓶小罐的补这补那，而她每天都等菜市场闭市时去买1块钱甚至5毛钱一堆的“破烂蔬菜”，咸菜是餐桌上必不可少的，半年不曾尝过肉的滋味。几次我惭愧得潸然泪下，妻子总是安慰我：“创业初期都是很困难的，咱们没有流浪街头就已经不错了（依靠父亲微薄的工资结余来维持生活），我相信咱们将来会有好日子的。”付出就要努力，选择创业就要坚持下去。企业要发展就要不懈努力，企业要做大，没有一帮人的齐心协力是不可能实现的，一旦这些人走到一块产生的凝聚力是可想而知的，产生的社会效益是不可估量的，在大家共同的努力以及新客户的扶持下，2008年公司实现了收支平衡。

形势再变，做人的原则不能变，做事的态度不能变，在2009年全球经济危机中，我公司非但没有亏损，反而偿清了之前的债务并略有结余，公司购置了约40万元的设备，我和妻子也拥有了自己的房子和代步车子。2010年，随着全球尤其是中国经济的回暖，公司的客户和订单进一步增多，公司加大了对技工和管理人才的引进，招聘技工5名，并以股权诚聘我的大学同窗专门负责企业的内部管理，这对于企业来说无疑也是一种人才的战略储备，一方面给公司的进一步发展奠定人力基础，另一方面作为企业经营者，必须高瞻远瞩，把自己从具体的“岗位”工作中解脱出来，走出去才能看清外面的世界，才能发现更多、更好的机会。另外公司又购置设备数台，至此，公司拥有冲床、剪板机等加工设备20多台，总资产110万元左右。目前公司已确认订单产值600多万元，预计全年产值1 000万元左右，实现利税100万元左右。公司计划力争在2011年产值和利税增长50%～100%，构建属于自己的厂房1 200～1 500平方米，安排就业人员50人。

创业的成功与否取决于一点——心态，保持一个良好的心态，一切困难都迎刃而解。说完我到目前的创业历程，再谈一下我的一些感想。

成功感悟

凡事自有其始终，再顺利再艰难终归都要结束，只要我们平和、坦然地去面对，用心尽力去把握，不给自己留有遗憾，就是无悔了。

1. 成功创业经验之一，找准恰当的切入点。

在就业形势不稳定的形势下，创业对我们大学生来讲也是一种很好的就业机会。创办企业不是头脑发热的事，必须以一定的专业角度审视自己和外围环境，最好联系自己的专业或实习实践的行业，找寻到自己技能和社会的需求，看准市场，找准恰当的切入点，成功的机会才会更大。我的创业成功正是抓住所学专业，通过毕业实践后积累到的丰富经验而取得的。

2. 成功创业经验之二，学会用技能管理企业。

经营企业不是过家家，不要允许自己随便使小性子，甚至在最着急的时候都要保持冷静，去寻求和探讨解决的方法，在员工面前要充分树立自己的人格魅力和光辉形象，让员工钦佩的领导才是好领导，才能调动员工的积极性和主观能动性。不要只去发现员工的缺点，那样将无人可用；要看到每位员工的优点并时常鼓励，这样人人皆可为我所用，并促进员工的长期稳定。

知人善任，还必须善用，给部下充分的锻炼和发挥空间，前提是告诉他们原则是什么。出现问题要善于引导，少加指责，告诉他们：你应该怎么做会好些。但有时还要看是什么样的员工，他们适合什么样的管理方法，针对不同员工需采用不同的管理方法，即要研究不同员工的心理，采用适合他在本企业环境中的个性化管理方法。作为企业经营者，必须高瞻远瞩，把自己从具体的“岗位”工作中解脱出来，走出去才能看清外面的世界，才能发现更多的更好的机会。“解放思想”不仅是社会主义建设中的原则，也是企业人的经营原则，必须突破条条框框，突破专业，突破行业，突破自己意识中固有的一些东西，不断地刷新环境、刷新自己，永远跟得上时代步伐，以全新的思维形象给员工看，让员工永远佩服你的深度、敬仰你的高度，但没有距离感。

如何赢得客户的敬重和赏识，是赢得业务和信任的关键。与不同的人必须采用不同的表现形式。以一颗虔诚的心去面对所有，说话、办事要谨慎，不了解或不太懂的要善于聆听，不懂的行业不要洽谈相关业务，做事之前，自己首先应做好充分的了解和思考，尽可能多地为客户着想，不要轻易被客户的问题所难倒，这样才能让客户有安全感，从心里感觉把相应项目交给你是可靠的，可以放心的。对于长者，要让他赏识你是个有前途的人，从而愿意与你合作；对于幼者，要让他看到你的高度和深度，从而希望与你合作。还要根据不同性格、不同背景、不同喜好等采用复合或交叉策略。

大家都知道一个问题，那就是现代人都越来越现实，很多时候让他人得到金钱或物质上的实惠远比其他激励措施要奏效，然而，同样的奖赏或许会起到截然不同的效果，也不一定奖励的数量多奏效也多，还要讲求奖励的方法，例如，一般员工都适合小额频奖，让他们心理上始终有被重视的感觉，从而总是很积极地工作；而另一些人则喜欢足额一次到位。就像多数人喜欢啃排骨，而也有人喜欢吃大肉一样。

做企业若想又快又好地发展，最重要的取向就是国家和地方的政策。紧跟政策走，可以少走好多弯路，且容易做大做强，因为政策引导着需求，需求就是市场。对于我们小企业，为避免鸡蛋与石头的相撞，要善于发现夹缝中的机会，学会在夹缝中成长发展。有时热门行业并不一定是适合我们的行业，传统行业往往给我们留有更多机会。不善于分析问题并找出自己企业所存在真正问题的企业不是好企业，找出问题不积极去解决的企业更是不被看好。必须不断地发现当前存在的问题，及时、正确地改善问题，在总结和改进中不断成长，才能使企业持久保持活力、长盛不衰。

做企业，不是做人情。企业内只有同事和员工，没有家人和亲人的概念，工作上只有好坏，然后是嘉奖或批评，没有包容和怜悯。好人不等同于优秀，企业需要的是优秀的人而绝非所谓的“好人”。作为企业人必须有企业人的精神，言出必行，行则必严。永远不要只听下属是怎么说的，一定要看他们是怎么做的、做些什么。把学习“理论”的任务留给耳朵，而鉴定的任务必须要用眼睛来做！

资本市场是人才角逐展示身手的大好舞台，若想进入资本市场并立足其中，自己必须首先适应资本市场——把自己变得头脑清醒。一切按市场规律办事而不要妄图操作市场，除非你已是该行业的老大，否则就没有资格谈条件，适应是唯一的出路，而抱怨只是在说明自己的无能，应该寻找之所以无能的原因，进而去改进才有成功的可能。

3. 成功创业经验之三，坚持不懈就会成功。

办好企业还要综合分析自己所处的综合环境，看短、中、长期自己做什么最合适，怎么做最经济，从而对自己的方向和战略、战术进行及时的调整。但是，一旦看准一个方向，就要坚持走下去，相信没有不行的行业，只有不行的企业。也就是说，多数情况下需要做的是战略战术上的调整。

时常给自己一些时间来沉淀自己，让心灵做个深呼吸，像微风吹过湖面，梳理一下凌乱的思路，时刻保持清醒来驾驭好企业的走向，走向成功。

思考题：

1. 结合本章案例分析创业者应具备哪些素质和特征？
2. 你从该案例中得到哪些启示？

第3章
创意及创业机会

核心问题

什么是创业机会？
创业机会来自哪里？
如何才能更容易地识别出创业机会？
如何判断机会的价值？
是不是所有的机会都适合个体创业者？

学习目标

掌握机会识别和判断的基本方法
把握判断适合个体创业者的机会特性
透视机会识别过程
了解创业机会评价的目的和方法
提升机会识别能力的途径

引例

闪雅洁与“零钱包”APP

2014年“创青春”全国大学生创业大赛在武汉落幕，重庆工商大学组织的以闪雅洁为队长的创业团队研发的手机应用APP——“零钱包零碎时间价值管理的移动互联网应用”，荣获移动互联网创业专项赛金奖，不但获得1万元奖励，还有公司当场给予这个团队10万元风险投资基金。

谈到“零钱包”APP的创意来源，闪雅洁说，大二期间她曾到山西老家一家公司做兼职，岗位是市场调查。“公司给每个调查员一支录音笔、一叠问卷，我们就去找人做问卷。并不是随便抓到一个人就符合调查要求，必须是符合问卷内容的群体，这就涉及一个筛选问题。”

在一般情况下，走在大街上的人是没有多余时间、也不愿意来填写调查问卷的，这时候公司就会准备一些小礼物送给做了问卷调查的人。“我们总共有9个人做问卷调查，按照这个调查流程，每个人一天下来最多能完成十余份，9个人加起来也才近百份，效率相当低。”闪雅洁说，更费力的是在做完调查问卷后，还要对问卷进行筛选总结分类，这无疑又增加了调查的统计难度。

“对于公司来说，完成一项调查需要耗费这么大的财力、物力和人力，且效率低下，促使我有了‘零钱包’这个灵感——我希望能设计出这样一个平台，既满足企业调查的需求，也能让被调查者尝到甜头。”

“相对于工作和学习等这类比较固定的完整时间外，很多人还有大量的零碎时间，在零碎时间里玩玩游戏、看看视频、逛逛淘宝、聊聊QQ……时间就这样白白流走了。‘零钱包’APP则可以把零碎时间利用起来创造财富，最简单的做法就是在有零碎时间时，在‘零钱包’APP上看一个广告视频，或者做一项问卷调查，就能轻松赚取现金奖励，转入支付宝账户。这样，自己的时间打发了，钱也赚到了，一举多得，何乐而不为呢?”重庆工商大学艺术学院大四学生闪雅洁说。

有了“零钱包”的创意后，闪雅洁就组织了几个同学一起准备。他们面临的首要问题就是如何完善这个项目。

首先，他们用几天时间写出了一个40页左右的策划书。“我们都不是学计算机的，大家只能先去请教老师和学长，然后自己动手制作APP。最开始的APP版本很简单，只有两个页面。”闪雅洁说。

产品的目标客户是谁?什么样的企业愿意拿钱出来在“零钱包”上发布任务?这是他们在项目策划中需要解决的关键问题。闪雅洁把目标锁定在需要了解客户体验的企业上，这些企业愿意发布问卷等调查类任务。但如果光是这个项目，“零钱包”的内容又显得太单一。

“在一次比赛中，有评委建议，我们的项目中可以融合房屋租赁类等版块，这样版块的内容才能更丰富，才会有更广泛的营销渠道。我们听取了这位老师的建议，在详细了解房屋租赁的相关事项后，把与房屋租赁相关的投资、营销结合起来，添加到了项目当中。”闪雅洁说。

完善了项目本身的问题，下一步就是吸引投资人，把策划变成现实……

资料来源：根据 http://cq.sina.com.cn/news/s/2014-11-14/detail-icczmvum9865184.shtml（《重庆晚报》，2014-11-14）整理。

思考与讨论

1. 闪雅洁是如何发现创业机会的?
2. 如果是你，你如何利用案例中的创业机会?

媒体常报道大部分新企业都失败了。这并非全部事实。十分之九的企业会在前几年失败，是夸大其词。根据美国小企业管理局经济学家布赖恩·海德（Brian Head）的研究，新创企业在4年之后，有50%仍在开业，33%失败了，而17%的企业虽然关闭，所有者却认为是成功的。尽管这些数据令人振奋，33%的新创企业失败也表明，仅有创建、运营新企业的动机是不够的；动机必须与可行的商业创意、良好的商业模式和有效的执行力相配合，才能使成功的可能性最大化。而引例中闪雅洁似乎是在不经意中发现了机会，是不是她的运气太好了？为什么她看到了机会？闪雅洁是如何判断机会的价值的？这些问题都涉及机会的识别与评价。

3.1 新创意的产生

创意活动是创业的开端。一个好的创意像一颗优质的种子，是创业成功的前提条件。在创意过程中，创业者用创造性思维摸索出许多新的知识，开发出各种新的产品，促进了人类社会的进步和发展。

3.1.1 创意与创意思维

创意是对传统的叛逆，是打破常规的哲学，是破旧立新的创造与毁灭的循环，是一种闪光的震撼，是思想库、智囊团的能量释放，是思维碰撞、智慧对接。简而言之，创意就是具有新颖性和创造性的想法、构思等。一个伟大的创意是成功的开始。在你的知识、经验积累到一定程度时，在你对某些行业有了深刻的理解后，也许你会有一个绝妙的好主意。

创意是创造性思维的产物，是现实世界中并不存在而仅存在于头脑思维中的东西。"创意思维"就是大脑构造创意的过程。人们在创意构思中所进行的思维活动就是创意思维，它是与常规性思维相对的一种非逻辑思维方式。创意思维是人们在已有知识的基础上，从某种事实中寻找新关系，找出新答案的思维活动，常以"一闪念"的形式出现，并往往使人们的创造活动进入到一个质的转折点。创意思维存在着顿悟、直觉和灵感。赫伯特·西蒙对三者分别给出了自己的定义，其中，顿悟是指通过理解和洞察了解情境的能力或行为；直觉是不经有意识的推理而了解事物的能力或行为；灵感则是创意思维过程中认识飞跃的心理现象，是一种最佳的、暂时的创造状态，顿悟和直觉都是灵感思维的表现，不过直觉是一种快速、敏感的顿悟，而顿悟则往往需要经历一段时间的失败和徘徊。

创意思维具有独创性、跳跃性、多向性、联想性、综合性等主要特征。①独创性，就是对事物有独特的分析方式和独到见解。这种独创性体现在学习过程中能打破思维定式，摆脱传统习惯的束缚，在面对客观事物知识中的定义、法则、思考方式、解题方法等时，能发出不同的声音，甚至包括科学中的适度怀疑。也就是说，与众不同，前所未有。②跳跃性，一方面是指在常规的思维进程中，省略某些步骤，从而加大思维的跨度；另一方面是指人们从逻辑思维的"中断"到思维的"飞跃"的思维质变过程。这种思维跳跃性不是天上掉馅饼的巧合，它来源于创业者长期知识的积累。③多向性，是指在思考问题的时候参照不同方向的情况，从正向、反向等构成的立体思维方式出发。④联想性，是指面临一种情境时，思维可立即向纵向方向发展；在观察事物的过程中，思维能立刻做出判断并且有根据地预设它的对立面，即由此及彼，从外到内，从现象看本质，举一反三，融会贯通。⑤综合性，是指多种思维方式的综合，综合中有创新。即统筹大观、全方位思考、对已知事物加以辩证分析，这种思维方式方法纷呈、观念方案层出不穷，择优选取。思维在这个过程中能够起到调节内部与外部、局部与整体之间的关系，在繁杂的信息中汲取有价值的信息并进行高度概括与提炼。

归根结底，创意思维就是以非习惯的方式来思考问题，就是看到与别人所见相同的东西，而想出与别人所思不同的东西。

短例

用曲别针敲开求婚的大门

1840年，有一个叫亨特的法国青年爱上了一个中产阶级家庭的姑娘玛格瑞特。他诚恳地上门求婚，请求玛格瑞特的父亲把女儿嫁给他。但是，玛格瑞特的父亲不想让自己的女儿嫁给这个穷小子，于是答复他说："如果你在10天内能够赚到1 000美元，我就同意你们两人的婚事。"

亨特回到家后，陷入了深深的苦闷中，1 000美元对于他来说简直是一个天文数字。为了不失去心爱的玛格瑞特，也为了争一口气，让玛格瑞特的父亲不再看不起自己，亨特废寝忘食地寻找目标，并绞尽脑汁地尝试。爱情和自尊的力量使得他很快选准了目标：人们在欢庆的场合，都习惯用大头针在衣服的前襟上别一朵花。可是大头针很不安全，经常把人的手或身体扎破，有时还会脱落。于是，亨特产生了灵感："如果将铁丝多折几道，再把口做成可以封住的，不就有了既方便又安全的戴花别针了吗?"他剪下2米左右的铁丝反复试验，终于设计出了现代使用的曲别针雏形。大功告成后，亨特飞奔到专利局，申请了专利。

很快，一位消息灵通的制造商向亨特询价："转让这个发明专利要多少钱?"

一心只想把玛格瑞特娶到手，亨特毫不犹豫地回答："1 000美元。"

一拍即合，制造商当场就和他达成交易。

亨特拿着1 000美元的支票跑到玛格瑞特家，玛格瑞特的父亲听完亨特讲述的赚钱经过后，先是笑了一下，随即骂道："你这个笨蛋!"原来他是嫌亨特太老实、太性急，因为这样的发明至少能值10万美元以上。但亨特还是用曲别针敲开了紧闭着的求婚之门，最终被获准和自己心爱的人结婚了。

在结婚的庆典上，朋友们请亨特说一说求婚的体会，他说出了赢得掌声并使岳父刮目相看的话："这个世界对善于思考的人来说是喜剧，对不善于思考的人来说则是悲剧。只有善于思考的人，才是力大无穷的人。地球上最神奇、最瑰丽的花朵，就是思考。"

3.1.2　创意与点子

创意很难说存在绝对意义上的好与坏，但具有价值潜力的创意一般具有以下几个基本特征。

（1）新颖性。创业的本质是创新，创业指向的想法首先应具有新颖性。这里的新颖性可以是新的技术和新的解决方案，可以是差异化的解决办法，也可以是更好的措施。另外，新颖性还意味着一定程度的领先性，不少创业者在选择创业机会时关注国家政策优先支持的领域，寻找领先性的项目。不具有新颖性的想法不仅将来不会吸引投资者和消费者，对创业者本人都不会有激励作用。大多数想法只是想想而已，并不会付诸行动。新颖性还可以加大模仿的难度。

（2）真实性。有价值的创意绝对不会是空想，而要有现实意义，具有实用价值。首先，创意要可实现，简单的判断标准是能够开发出可以把握机会的产品或服务，而且市场上存在对产品或服务的真实需求，或可以找到让潜在的消费者接受产品或服务的方法。

（3）价值性。创意的价值特征是根本，好的创意要能给消费者带来真正的价值。创意的价值要靠市场检验。好的创意需要经过市场测试。

创意与点子的不同之处在于创意具有创业指向。经过细致的分析，打算创业的人在产生创意后，会很快甚至同时就会把创意发展成为可以在市场上进行检验的商业概念。

商业概念（business concept）既体现了顾客正在经历的同时也是创业者试图解决的种种问题，也体现了解决问题所带来的顾客利益和获取利益所采取的手段。这种利益是顾客认可并愿意为此支付的价值。下面关于高尔夫球的例子就是一个商业概念。帮助球手把打丢的球找回来是一个创意，容易把球打丢是实际存在的问题，有人试图要解决这个问题，在高尔夫球内安置一个电子小标签，开发手持装置搜索打丢的球是解决问题的手段。商业概念的核心是产品，广义的产品定义包含了把普通人变成顾客的所有价值来源。顾客在与企业的互动中体验到的任何事与物，都应该被认定为公司的产品，无论是杂货店、电子商务咨询网站、咨询顾问服务，还是非营利社会服务机构，都概莫能外。当然，产品本身并不是目的，目的是解决顾客的问题。

3.1.3 新创意的产生方法

创意的产生和创业机会的识别是一个复杂、微妙的过程。创造力是产生好创意的基础。人们通常认为创意来源于偶尔的灵感，但事实上，创意也可以被创造出来。这正是托马斯·爱迪生所说的“创新的天才来自于1%的灵感加上99%的汗水”的真正内涵。因此，创业者可以通过人为的努力来提高创造力。当然，在这一过程中必须要借助科学有效的方法。一般而言，产生新创意的方法主要有以下几种。

1. 怀疑否定法

怀疑是对现存事物的质疑，是敢于和善于发现问题，提出问题。怀疑是创新的源泉，是社会前进的不竭动力。从一定意义上讲，没有怀疑就没有人类的文明进步，没有怀疑就没有科学技术日新月异的发展。对于事物的已有认识，我们必须通过怀疑来促使自己不懈思考以否定认识中的错误方面，打破已有认识的牢笼让真理的翅膀自由飞翔。如果人们盲目地接受教条和“常识”，不敢挑战权威和迷信，那么科学是不可能发展的。现代科学的诞生正是发扬怀疑精神的结果：既要怀疑人人信奉的教条和迷信，也要挑战古代科学的权威。

怀疑是一定知识积累的反映，即怀疑也有其产生的历程，怀疑源于对社会惯常出现的事物的困惑。有了怀疑，就不怕找不到新的思路和创意。盼盼集团现在是全国最大的防盗门生产企业，在转产防盗门之前，它生产钢板保险柜，销路也不错。可是集团领导意识到保险柜市场很快会饱和，继续生产将很难有出路。出路在哪里？正当领导百思不得其解时，附近一居民家被盗，原因是盗贼轻易撬开房门，实施了盗窃行为。在许多居民对失主深表同情，大骂小偷之际，盼盼集团领导心中却豁然一亮——转产防盗门。

2. 联想思维法

联想是由某一事物想到另一事物而产生认识的心理过程，即由所感知或所思的事物、概念或现象的刺激而想到与之有关的其他事物、概念或现象的思维过程，是人们在头脑中把一事物与另一事物联系起来，将关于一事物的思想或表象，转移到另一事物上去，并由此形成创造构想或方案，是人头脑中记忆和想象联系的纽带。由人们对事物的记忆而引发出思维的联想，记忆的许多片段通过联想形式进行衔接，转换为新的想法。联想思维主要有以下几种类型：①接近联想。是指时间上或空间上的接近都可能引起不同事物之间的联想。比如，当你遇到大学老师时，就可能联想到他过去讲课的情景。②相似联想。是指由外形、性质、意义上的相似引起的联想。如由照片联想到本人等。③对比联想。是指由事物间完全对立或存在某种差异而引起的联想。其突出的特征就是背逆性、挑战性、批判性。④因果联想。是指由于两个事物存在因果关系而引起的联想。这种联想往往是双向的，既可以由起因想到结果，也可以由结果想到起因。

爱因斯坦说："想象力比知识更重要，因为知识是有限的，而想象力概括着世界上的一切，推动着进步，并且是知识进化的源泉。"美国工程师斯潘塞在做雷达起振实验时，发现口袋里的巧克力融化了，原来是雷达电波造成的，由此，他联想到用雷达电波来加热食品，进而发明了微波炉。

短例

维可牢纽扣的诞生

当瑞士科学家乔治散步通过田野时，他发现在衣服上有一些带刺果实。他注意到，这些刺有很小的倒钩，所以能附着在衣服的纤维线上。通过类比，他认为能够创造出具备类似微小塑料钩系统的有用方法，以便将物体彼此连接起来——维可牢纽扣从此诞生了！

3. 小组聚焦法

小组聚焦法自1950年创立以来就被人们广泛使用。具体而言，小组聚焦法是由主持人带领一群人聚在一起进行公开深入的讨论，用不局限于主持人提问的方式来征得与会者的反应，主持人则以直接或间接的方式来集中该小组的讨论主题。一般地，小组由8～14个人组成，每个成员都会接受其他小组成员的评论，以刺激其创造性地产生新产品的创意。例如，有一家美国公司对女用拖鞋市场感兴趣，它就召集了12位来自波士顿地区具有各种社会经济背景的女士组成一个小组，并通过小组聚焦法获得了关于女士拖鞋的新产品创意。她们提出的新产品概念是"提供像旧鞋一样温暖又感觉舒适的拖鞋"。这个产品概念被开发为新产品，并取得了市场销售的成功，而且其广告词也是根据小组成员的讨论确定的。除了产生新的产品创意以外，小组聚焦法也可以用于对产品构思和概念进行筛选。通过一定的程序，可以得到更加定量化的分析结果，因此，小组聚焦法是产生新产品创意的一种有效的方法。

4. 头脑风暴法

头脑风暴法是一种激发个人创造性思维的方法，它采用会议的形式，引导每个参加会议的人围绕某个中心议题，广开思路，激发灵感，毫无顾忌地发表独立见解，并在短时间内从与会者中获得大量观点。尽管从小组中产生的大多数创意并没有被进一步开发，但有时也会产生很好的创意。当头脑风暴法相对集中于某个特定的产品或市场时，出现好创意的几率将会更大。

使用头脑风暴法时应遵守以下几个原则：①小组内任何成员都不允许批评，也不能有负面讨论；②鼓励随心所欲，创意越疯狂越好；③希望产生大量创意，创意数量越多，产生好创意的可能性就越大；④鼓励对构思进行组合和改进，可以在其他创意的基础上形成新创意；⑤头脑风暴法的过程应该是有趣的，没有人主导或禁止讨论。

3.2 创业机会及其来源

3.2.1 创业机会的内涵

创意并不等于创业机会。一个创意可以通过多种方法产生，甚至产生于半夜做梦时的一个灵感，它可以是异想天开的，漫无边际的，甚至可以不十分注意其实现的可能性，创意远比好的创业机会要多得多。一个好的创意仅仅是一个好的创业工具，而将创意转化为良好的创业机会却是一项非常艰巨的工作。大多数创业者对创意都很敏感，也很兴奋，然而，一个很好的创意未必就是一个很好的创业机会，尽管在大多数情况下，创业机会源于创意。创业机会必然是实实在在的，能够作为企业发展的基础，这就是创意和创业机会之间最重要的差别。

发现和创造机会，进而利用创业机会是创业过程中的核心部分。创业过程离不开机会，二者密不可分。而创业机会是客观存在的，总是存在于那些能够以高于产品价值进行出售的新材料、新服务、新产品或者组织结构当中。关于创业机会的界定，很多学者都提出了不同观点。

Kirzner（1997）认为创业机会可能是一种没有被明确定义的市场需求，或者是未得到或正在被利用的资源和能力。Hulbert 等（1997）认为机会实际上是一种亟待满足的市场需求，这种潜在的市场需求如此旺盛，因而对于创业者来说，实现该需求的商业活动相当有利可图。Shane Veknatarmana（2000）认为创业机会是新的产品、服务、稀有材料和组织方法被引进并以一种高于其生产成本的价格出售的那些情形。机会本身是客观现象，然而它们并非随时被每个人所感知，由于自身对机会敏感的异质性，有些人可能比他人更容易识别或开发特定的机会。Eckhardt & Shanel（2003）把创业机会定义为一种情境，其中新产品、新服务、原材料、市场组织方法能够以创新的方式来重新整合。

Ardichvili，Cardozo & Ray（2003）认为机会是随着时间逐渐形成和被开发的，它们开始可能仅仅是个简单的概念，逐渐被创业者有意识地开发。一些人比另一些人更容易识别或开发创业机会可能是由于个体基因组成、背景和经验的不同，或者是由于他们所拥有的信息数量和种类的不同而形成的。

南开大学商学院张玉利教授等（2014）认为创业机会是预期能够产生价值的清晰的目的—手段组合。目的是计划服务的市场或要满足的顾客需求，解决顾客意识到和没有意识到的实际问题，让人们生活得更好，这是价值来源的根本，表现为最终产品或服务；手段是指服务市场或满足需求的方式，表现为用来提供最终产品或服务的价值创造活动的流程或体系。

综合学者的讨论以及创业实践的考察，我们认为创业机会是指具有较强吸引力的、较为持久的有利于创业的未来商业机会，创业者据此可以为客户或终端用户提供有价值的产品或服务，并同时使创业者自身获益。

短例

乔布斯和苹果

史蒂夫·乔布斯中途退学进入 Atari 公司设计电子游戏，在这里他遇到了电脑天才史蒂夫·沃兹尼艾克。两人曾一起在惠普实习，沃兹尼艾克邀请乔布斯加入他的电脑俱乐部。沃兹尼艾克也是从加州大学伯克利分校中途退学的，一直热衷于制作电子设备。乔布斯说服了沃兹尼艾克和他从事个人电脑的研发工作。乔布斯看到了机会，而沃兹尼艾克拥有这方面的电子技术，两个人珠联璧合。

乔布斯和沃兹尼艾克制造出了他们的第一台个人电脑，取名为 Apple I，于 1976 年推向市场，售价 666 美元。Apple I 是世界上第一台单主板计算机，首年就创下了 774 000 美元的可喜销售纪录。第二年，乔布斯和沃兹尼艾克又制造了改进型的 Apple II。

有价值的创意是否适合创业，首先与机会的性质有关系。有的机会让现存的企业开发更合适，有的机会则有利于新企业。美国凯斯西储大学的斯科特·谢恩教授多年来致力于创业机会的研究，他在和另外一位创业研究学者罗伯特·巴隆合作出版的《创业管理：基于过程的观点》一书中，比较详细地论述了分别适合既有企业和新企业的机会。

斯科特·谢恩与罗伯特·巴隆认为，成功创建新企业的过程中面临的困难之一是，经营现存企业的人也想从机会开发中获益。因此，创业者不仅必须识别和开发有价值的机会以创建新企业，而且还必须面对来自既有企业的竞争。研究者指出，尽管现存企业的创建者和管理者也想从机会中获益，但创业者还是能够识别和开发机会的，主要原因是某些机会有利于既有企业，而其他机会却有利于新企业，如表 3—1 所示。

表 3—1　　有些机会比其他机会更适合创业

机会的特点	有利于谁	理由	例子
非常依赖于信誉	现存企业	人们更愿意从他们了解和信任的企业那里购买产品	珠宝商店
具有很强的学习曲线效应	现存企业	现存企业能够沿着学习曲线移动，更善于生产和销售产品	汽车制造商

续前表

机会的特点	有利于谁	理由	例子
需要大量资本	现存企业	现存企业可以使用已有现金流来生产新产品或服务	喷气式飞机制造商
要求规模经济	现存企业	当规模经济存在时，随着生产数量的增加，生产产品或服务的平均成本下降	钢厂
在市场营销和分销方面需要互补性资产	现存企业	满足顾客需求的能力经常要求获得零售分销渠道	跑鞋生产商
依赖于对产品的逐步改进	现存企业	同复制其产品或服务的新企业相比，现存企业能够更容易和更便宜地对产品进行逐步改进	DVD播放器制造商
利用能力破坏型创新	新企业	现存企业的经验、资产和流程受到威胁	以生物技术为基础的计算机生产商
不满足现存企业的主流顾客的需求	新企业	现存企业关注于服务它们的主流顾客，而不愿意引入不能满足那些顾客需求的产品或服务	计算机软驱制造商
建立在独立创新的基础上	新企业	新企业能够独立创新而不必复制现存企业的整个系统	药品生产商
存在于人力资本当中	新企业	拥有知识的人能够生产出满足顾客需求的产品或服务	厨师

资料来源：罗伯特·巴隆、斯科特·谢恩：《创业管理：基于过程的观点》，北京，机械工业出版社，2005。

事实上，大部分机会都有利于现存企业，或者说现存企业更容易发现机会。当现存企业经营一段时间后，就能够建立一些相对于新企业的优势。比如，现存企业在生产经营过程中具有学习曲线效应。学习曲线效应指的是随着从事某项工作时间的延长，成本会降低、质量会提高，熟能生巧就是这个道理。有调查显示，大部分创业机会来自于创业以前工作中想法的复制或完善。另外，既有企业能够拿出一部分利润投入研究与开发工作，有更多的资源支持机会的开发，还会因为已经建立起的声誉而更易获得顾客和供应商的信任。

创业者需要开发新企业善于开发（或者说适合个人开发）的机会。而且，这种优势必须足够大，以抵消既有企业所拥有的优势。创业者经常关注既有企业特别是大企业不愿意做或做不好的事情，关注利基市场就是创业者经常采取的策略。利基市场容量有限，利润相对薄，大企业人多成本高，效率也经常会因规模大而降低，开发利基市场不仅没有优势反而会造成局部亏损。当然，创业者并不仅仅等待大企业留下的空间创业，也可以积极开发那些对自己有利的机会。熊彼特教授早就发现创业者更擅长“创造性破坏”，他们抓住某些重大变革所带来的机会，创造出新的经营模式，给既存企业带来巨大的冲击。数码相机对胶卷的冲击就是典型的例子。

3.2.2 创业机会窗口

创业依赖商机，机会是成功的基石。某个机会能否为创业者带来期望的利润，既取决于该机会有多大的起始市场规模、市场成长率、前景市场和利己性，又取决于创业者能否适时起步，及时抓住这个机会。

国外有学者认为，特定的机会仅存在于一定的时段内。美国学者 Timmons J. A. 称其为创业的“机会窗口”。在他看来，机会存在或产生于现实的时间之中，所谓“机会窗口”，即特定创业机会存在于市场之中有一定的时间跨度，创业者在适当的时段实施创业才有望获得相应的投资回报，否则就可能血本无归。当然，特定机会的时间跨度越大，成长性越好，机会窗口才会越大，创业者才有可能抓住这个机会。

Timmons J. A. 曾给出了“机会窗口”的直观描述（如图 3—1）。他认为一般而言，随着时间的变化，在机会展现的不同阶段，市场会以不同的速度增长，并且随着市场的迅速扩大，往往会出现越来越多的机会点。但是当市场变得更大且趋于稳定时，对创业者而言，市场条件就不那么有利了。因而，当一个市场开始变得足够大，并显示出强劲的增长势头时（如图 3—1 中所示的第 5 年），机会窗口就打开了；而当市场趋于成熟时（如图 3—1 中所示的第 15 年），机会窗口就开始关闭了。

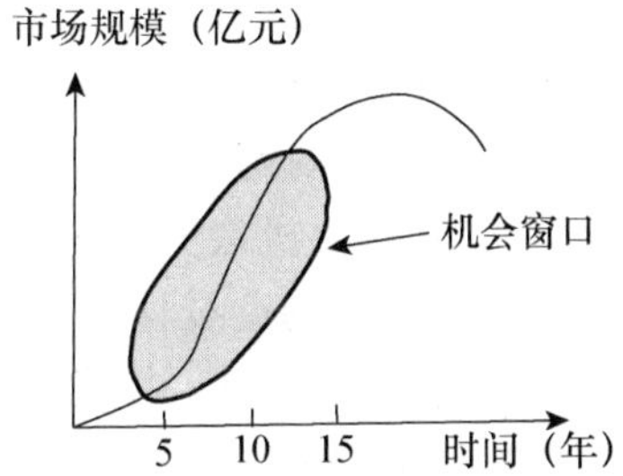

图 3—1　创业的机会窗口

图 3—1 中的曲线是一条典型的产品或产业市场生命周期曲线，可以用来描述众多行业的增长模式。微型计算机和软件、移动电话和生物工程等新兴产业的增长均呈现上述趋势。例如，中国在 1995 年前后开始有了移动电话服务，那个时候移动电话通常称为“大哥大”，但当时移动电话行业增长速度比较缓慢，“大哥大”还没有普及，进入 21 世纪后，移动电话行业保持着相当快的增长速度，此时创业者进入这个行业就可能有利可图。

Timmons J. A. 认为“机会”仅存在于特定的“窗口”，机会窗口敞开的时间长短对于创业者能否成功创业至关重要。期盼成功的创业者必须在别人还没有醒悟过来时就努力抓住机会，瞄准窗口，一头扎进去大展身手。如果等到机会窗口接近关闭的时候再去创业，留给创业者的余地将十分有限，创业企业也将很难盈利，更难成长起来。例如，第一个搜索引擎雅虎在 1995 年进入市场，然后市场迅速成长，Lycos、Excite、AlteVista 及其他搜索引擎加入进来。谷歌在 1998 年利用高级搜索技术进入这个市场。此后引擎市场已经成熟，机会窗口实质上已经关闭了。现在，新创建的搜索引擎企业要想获得成功非常困难，除非它有异常丰富的资本支持并能够超越已有竞争对手的明显优势。

3.2.3　创业机会的来源

关于创业机会的来源，学术界还没有统一的认识，主要存在两种观点。一种是发现观。该观点认为创业机会是一种已经存在的客观现象，它独立于环境之中并等待被创业者去发现。这种观点的学者将创业机会看作是由于市场中的外生冲击所创造的，即现有的市场会产生创业机会（Kirzner，1973），我们每个人都有发现创业机会的可能性。换言之，对于创业机会来说，它的存在与创业者的“搜索”过程是无关的，即创业机会的存在与否与创业者的搜索行为毫无关系。之所以出现了“有人识别出创业机会而其他人没有发现”，这是因为创业者自身具备了他人所不具备的警觉性和经验知识，这些因素促使创业者在机会搜寻过程中更加具备优势。Kirzner（1979）的观点很好地支持了这一论述。他认为正是创业者自身具备的高“警觉性”特点，使他们更加善于发现市场中的信息，从而捕捉到市场中出现的商机，即市场中产品或者服务存在的空缺，从而发现了创业机会。发现观视角认为机会是客观存在的，之所以部分人能先于他人觉察机会的主要原因是因为个体之间存在着差异（Murphy，1996）。

另一种是创造观。该观点则是将创业机会看作是创业者自身的一种能力体现，即创业机会是由创业者创造的（Sarasvathy，2001），而不是存在于已有市场之中。在创业者创造出机会之前，并不清楚创业机会与市场之间的关联（Baker & Nelson，2005）。相对于发现观中认为机会产生于市场的客观现象而言，创造观更加强调创业行为的突出作用，创造观认为，创业者主要是通过自身的努力主动创造出机会，对机会加以利用（Bhide，1999）。针对创造观而言，发现创业机会并不能脱离创业者而独立存在，也就是说机会只因创业者的主动行动而存在。在创造过程中，创业者按照自己的最初信念行事，同时观察市场的反应。随着信息的不断累积，与机会相关的信念等也会发生改变。因此，创造观视角的学者们将机会的来源认为是创业者通过观察市场的反应，利用自身的资源创造产生的。

我国学者林嵩等（2006）的观点进一步印证了他们的观点，他认为创业机会的特征包含市场和产品自身两方面。从市场供给方面来说，新技术、新工艺的发明会对现有的市场供给的产品或者服务的成本造成冲击，从而新的市场出现。从市场需求方面来说，由于社会发展可能会导致人们需求方式的改变，具有警觉性的创业者会从中发现具有潜在价值的商机。从这两个方面的分析发现，对于创业机会的来源而言，市场、技术或者政策变化都会产生机会。也就是说创业机会的来源并不是固定不变的，而是存在多种方式。

综上所述，本书认为对于创业者和创业企业来说，创业机会的来源主要包括三个方面。首先，市场自身所带来的机会，这主要包括市场的供给和需求产生变化形成创业机会，也就是说创业者发现市场供给与需求之间的结构性缺陷，从而促使其发现机会。同时，由于市场中信息不对称的存在会造成差异化的价格。创业者可以充分利用信息造成的差异化价格来创造价值，形成创业机会（陈震红和董俊武，2005）。其次，技术创新带来的创业机会。从产品或者服务自身考虑，技术的新变化会为创业者带来新的商机与创业机会。也就是说针对某一领域的创新技术可以代替旧的技术，并且从价值方面考虑其也优于已有的技术。那么对于创业者来说，就会出现新的创业机会。此外，实现新功能的新技术的出现，以及“技术势差”引发的“技术转移与扩散”等也同样给创业者带来创业机会。最后是社会、经济和政治等宏观环境的变化带来的创业机会。这主要包括政府政策发生变化，如产业结构的调整，政府对于某一行业的政策性扶持，政治因素、规章制度的变动等，这些政策性变化会导致相关资源的使用成本和收益发生变动。创业者可以利用这些变化创造出更多有价值的机会。

3.2.4 创业机会的分类

1. 显性机会和隐性机会

从创业机会的显性程度进行分类。Smith等（2009）在对机会类型进行划分的过程中引入了显性知识与隐性知识的概念，他们根据机会的显性程度将创业机会划分为显性机会和隐性机会两类。显性机会指的是一种能够被很好的记录，并且可以清楚地进行描述和交流的，有利于追求利润的行为。同时，这种可以被清楚地记载和描述的机会一般会出现在市场未饱和的情形下。这种机会的关注重点是对现有的产品/服务、原材料或者组织方式等进行适度的改进或者是模仿。隐性机会则是指记录困难并且没有清楚地记录或者描述和记载的追逐利润的行为。这种类型机会的不清晰性特征则更加可能是存在于市场开发很少或者先前不存在的市场中。对于这类机会来说，创业过程中主要关注的是产品/服务、原材料或组织方式等方面进行创新或者大范围的改进。通过这种分类，我们可以在一定程度上对机会识别的两种争论性观点进行解释，即越显性的机会越有可能被创业者通过有目的性和体系性的搜索方式而发现，而越隐性的机会更有可能被具有丰富的相关知识的创业者所识别。

2. 识别型、发现型和创造型机会

根据目的—手段关系的明确程度，南开大学商学院张玉利教授等将创业机会划分为识别型（目的—手段关系明确）、发现型（目的—手段关系有一方不明确）和创造型（目的—手段均不明确）三种类型（见图3—2）。

手段 \ 目标	明确	不明确
明确	识别型机会	发现型机会
不明确	发现型机会	创造型机会

图3—2 根据目的—手段关系明确程度的机会分类

识别型机会是指在市场中目的与手段关系明确时，创业者可通过目的—手段关系的联结来辨识机会。供求之间出现矛盾或冲突或不能有效地满足需求促使创业者能够辨别出价值潜力大的机会并合理利用之。实际上，在现阶段识别型机会大多被创业者所发掘，明确的供求关系不对等的现象已经不很常见，所以说对于识别型机会来讲，创业者面对的困难是要么市场供求双方的匹配性被其他竞争者所占据从而使自身陷入困难，产生竞争压力，要么便是创业者根本无法满足市场的供需匹配要求。可见，常见的问题型机会大都属于这一类型。于是，在此机会识别情景下，公司的创业者均基于价格和需求上存在的不对称而开展创业活动，信息不对称和对市场知识缺乏了解成为此类创业机会产生的重要基础。

发现型机会则指当目的或手段任意一方的状况未知、不明确时等待创业者去发掘机会。这时，需要创业者依靠自身的创业经验、创业资源和创业网络来开发识别这种机会。此种机会一般要求创业者具备高素质的创业能力和水平，并且能够比其他行业内的竞争对手提前发掘机会。这一类机会，要么是创业者意识到市场上存在某种未被满足的需求，然后尝试寻找某种供给（产品或服务）来满足这一需求；要么是一项技术被开发出来，但尚未有具体明确的商业化产品/服务出现，需要创业者不断尝试开拓市场、挖掘出市场机会，如激光技术出现后数十年才真正为人们所用。

创造型机会指的是，目的和手段皆不明确，因此创业者要比他人更具先见之明，才能创造出有价值的市场机会。此时市场进入的壁垒极高，创业成功的难度极大。创业者要比其他竞争对手具备更加高水平的洞察力和创造力，运用远见来联结市场供给与需求，运用智慧来开发目的与手段，从而才能获取成功。可见，创造型机会一般是创业者通过主动性的行动，创造和开发出一种新产品或服务，并随之创造出对应的市场需求得以产生、形成和开发的。此类情况下的机会并非源于既有产业或市场中存在的竞争不完备性，而是来自于创业者主动地创造过程。所开发出来的机会越新颖，通过创业行动和市场互动创造出来的知识、产品和服务则会越有竞争力。创造型机会不源于当下某个产业或市场的需求和供给，在事前，即机会被开发和利用之前，我们是无法知晓这种联系是否真的存在，创造型机会往往无法为人所知所想。但这种机会通常可以创造出新的目的—手段关系，将能为创业者带来巨大的利润。在未来，创造型机会将占据主导地位，成为推动我国经济社会发展的新兴力量。

在商业实践中，识别型、发现型和创造型三种类型的创业机会可能同时存在。一般来说，识别型机会多半处于供需尚未均衡的市场，这类机会不需要挖掘市场机会，也不需要创造一种新的实现目的的手段，创新程度较低，这类机会并不需要太繁杂的辨别过程，反而强调拥有较多的资源，从而可以较快进入市场获利。把握创造型机会则非常困难，它依赖于新的目的—手段关系，而创业者拥有的专业技术、信息、资源规模往往都相当有限，更需要创业者的创造性资源整合与敏锐的洞察力，同时还必须承担巨大的风险。发现型机会最为常见，也是目前大多数创业研究的对象。

3. 问题型、趋势型和组合型机会

进一步分析目的—手段组合，依据目的的性质，南开大学商学院张玉利教授等将机会分为问题型机会、趋势型机会和组合型机会三种类型。所谓问题型机会，指的是由现实中存在的未被解决的问题所产生的一类机会。问题型机会在人们的日常生活中和企业实践中大量存在。比如，消费者的不便、顾客的抱怨、大量的退货、商品多样化带来的质量问题、无法买到称心如意的商品、服务不到位、退款环境不完善等。问题型机会便潜存于这些抱怨与不满意中，等待商家的识别和发现。在这些问题的解决过程中，会存在着价值或大或小的创业机会，需要用心发掘。随着计算机的技术迅猛发展，产生了计算机病毒等一系列问题，解决这些问题就是机会。一般人看到的是问题，而创业者看到的是机会。

趋势型机会，就是在变化中看到未来的发展方向，预测到将来的潜力和机会。这种机会一般容易产生在时代变迁、环境动荡的时期。在这种环境下，各种新的变革不断出现，但往往不被多数人认可和接受，一般处于萌发阶段。创业者一旦能够及早地发现并把握这类机会，就有可能成为未来趋势的先行者和领导者。趋势型机会一般出现在经济变革、政治变革、人口变化、社会制度变革、文化习俗变革等多个方面，一旦被人们所认可，它产生的影响将是持久的，带来的利益也是巨大的。

组合型机会，就是将现有的两项以上的技术、产品、服务等因素进行合理运用和组合，创造出新用途与新价值而获得的创业机会。这种机会类型好比“嫁接”，对已经存在的多种因素重新组合，往往能实现与过去功能大不相同或者效果倍增的局面（1+1>2）。

4. 模仿型、改进型和突破型机会

从目的—手段组合的手段角度分析，南开大学商学院张玉利教授等亦将机会分为模仿型、改进型、突破型机会。这种分类比较容易理解，事例也很多。较多生存型创业活动采取的是模仿性的行为，模仿他人的成功模式，满足当地顾客的需求；改进型机会又多类似于“山寨”行为，这些行为也多类似于改进式创新；突破型机会则属于突破性创新范围，这种创新性机会使机会的价值有着飞跃式增长。电子手表相对于机械手表、触摸屏手机相对于非触摸屏手机、数码相机相对于胶卷成像等则属于突破性创新，甚至可以说是“创造性的破坏”。美国学者熊彼特是近些年来对突破性创新研究成果最广泛且最具影响的代表人物，其对实践的影响也很大。

3.3 创业机会识别

3.3.1 识别创业机会的影响因素

机会识别是指察觉有利润的新业务或新产品和服务可能性的过程。也就是说，机会直到被识别出来，才真正被得到。创意的产生基于合适的人和合适的环境。为什么某些人比其他人更擅长识别机会？布鲁斯·R·巴林格和R·杜安·爱尔兰认为识别创业机会的影响因素主要有以下四类。

（1）先前经验。特定产业的先前经验有助于创业者识别出创业机会。例如，对《公司》500强企业创建者的调查报告显示，43%的被调查者是在同一产业内企业工作期间，获得他们的新企业创意的。这个发现与美国独立企业联盟（National Federation of Independent Business）的研究相一致。对于这种情况，人们给出了一些解释。在某个行业工作，个人更可能识别出未被满足的利基市场。个人也更可能建立起产业内的社会联系网络，从而提供引发机会的洞见。

另一方面，创业经验也非常重要，一旦创办过企业，创业者就很容易发现新的创业机会。这被称为“走廊原理”，它是指创业者一旦创建企业，他就开始了一段旅程，在这段旅程中，通向创业机会的“走廊”将变得清晰可见。这个原理提供的见解是，某个人一旦投身于某个产业创业，将比那些从产业外观察的人更容易看到产业内的新机会。张玉利（2014）认为，创业者创业前所担任过管理职位的多样性越高、行业经验相关性越强，往往能收获越优越的企业绩效。相对于创新性较低的机会而言，创新性较强的机会更多地被经验多样性高的创业者所识别和开发。

（2）认知因素。有些人认为，创业者有“第六感”，使他们能看到别人错过的机会。这种第六感称为创业警觉，被正式定义为不必周密调查便可觉察事物的能力。多数创业者以这种观点看待自己，认为他们比别人更“警觉”。警觉在很大程度上是一种习得性的技能；拥有某个领域更多知识的人，倾向于比其他人对该领域内的机会更警觉。例如，一位计算机工程师就比一位律师对计算机产业内的机会和需求更警觉。有些研究人员认为，警觉不仅是观察周边事物比较敏锐，还包括个体头脑中的意识行为。例如，有位学者认为，机会发现者（即创业者）与未发现者之间最重要的差别在于他们对市场的相对评价；换句话说，创业者可能比其他人更擅长估计市场规模并推断可能的含义。

（3）社会关系网络。社会关系网络包括个人的人际社会网络及个人作为成员与社会团体和组织所建立起来的稳定的联系，即个人的社会网络和组织的社会网络。个人社会关系网络的深度和广度影响着机会识别。建立了大量社会与专家联系网络的人，比那些拥有少量网络的人容易得到更多机会和创意。前者将导致新企业创建。一项对 65 家初创企业的调查发现，半数创建者报告说他们通过社会联系获得了他们的商业创意。一项类似的研究考察了独立创业者（独自识别出商业创意的创业者）与网络型创业者（通过社会联系识别商业创意的创业者）之间的差别，发现网络型创业者比独立创业者能够识别出多得多的机会，但他们不太可能将自己描述为特别警觉或有创造性的人。

在社会关系网络中，按照关系的亲疏远近，我们可以大致将各种关系划分为强关系与弱关系。强关系以频繁相互作用为特色，形成于配偶、亲戚、密友和同事之间；弱关系以不频繁相互作用为特色，偶然形成于熟人、一般朋友之间。研究显示，相对于强关系而言，创业者通过弱关系更可能获得新的商业创意，因为强关系主要形成于具有相似意识的个人之间，从而倾向于强化个人已有的见识与观念。另一方面，在弱关系中，个人之间的意识往往存在着较大差异，因此某个人可能会对其他人说一些能激发全新创意的事情。例如，一位电工向餐馆老板解释他如何解决了一个商业问题。当听到这种解决办法后，餐馆老板可能会说："我是绝对不可能从本企业或本产业内的人那里听到这种解决方案的。这种见解对我来说是全新的，有助于我解决自己的问题。"

（4）创造性。创造性是产生新奇或有用创意的过程。从某种程度上讲，机会识别是一个创造过程，是不断反复的创造性思维过程。在听到更多趣闻轶事的基础上，你会很容易就看出创造性包含在许多产品、服务和业务的形成过程中。

3.3.2 识别创业机会的核心：信息获取与分析

机会的存在是由于像技术、产业结构、社会和人口趋势以及政治和制度等方面的信息发生了改变。这说明获取信息以及相应的信息处理能力是识别创业机会的关键所在。例如，有些人最早知道某项技术发明可能是因为他们在产生这项发明的研究实验室里工作的缘故。在他人了解这项技术之前先行获得这些信息，可以使人们在提供和销售新的产品方面比其他人做出更优的决策。为此，斯科特·谢恩与罗伯特·巴隆认为，一些人比其他人更有可能识别机会，因为：①他们能够获取别人难以接触到的有价值信息；②他们具备优越的信息处理能力。①

1. 获取别人难以接触到的有价值信息

特定个体能够以多种方式获得有助于识别机会的有用信息。其中有几个因素很重要，成功的创业者往往正是利用这些因素来识别有价值的机会。

首先，特定个体处于社会网络中更有利的位置。由于信息总是通过人们的社会关系纽带进行传播，所以，在社会网络中占据有利位置能使某人获得其他人无法获取的信息。经验告诉我们，他人是有价值的信息源，而且他们提供的信息经常是以其他方式不能轻易获

① 参见罗伯特·巴隆、斯科特·谢恩：《创业管理：基于过程的观点》，北京，机械工业出版社，2005。

取的。朋友和熟人常常会告诉你一些有用信息，比如几个月之后一家店面将空出来，或者发明一项新技术之类，而这些信息你在其他地方是听不到的。如果你正好拥有这条人际关系纽带而其他人没有，那么你就能获得别人无法获得的信息。如果你处于轮型沟通网络的正中间，相比其他人，你将获得更多更有价值的信息。因此，对于能提供创业机会的那些关键变革的信息源，拥有强有力的社会纽带的人们通常能够获得他人无法获得的信息。

其次，个体的生活或工作圈子使他们比他人更接近能提供创业机会的变革的信息。对于创办高科技企业而言，从事研究开发和市场营销等工作将更可能获取那些能提供创业机会的变革信息。研究开发工作提供了关于新发明、新技术等信息，而这种新发明、新技术能为新企业的创立提供机会。市场营销工作能提供关于顾客偏好或者未被满足的顾客需求方面的信息，因此，这些工作是非常有益的，市场营销工作将人们投入到信息流中，帮助人们了解创办新企业的机会。

但这并不是说其他工作不能使人们获取关于创业机会的信息，虽然市场营销和研究开发工作一般来说为人们提供了更多的信息，但实际上恰当的信息依赖于机会的本质。例如，一个会计可能发现了开办一家财会软件公司的机会，因为他在一家公司的财务部门工作，而不是在市场营销或者研究开发部门工作。但是，一般来说，研究开发工作和市场营销工作比其他工作能提供更多的关于创业机会的信息。

在某些特殊情况下，有些人能够获得那些他人无法获得的关于提供创业机会的变革信息，也可能是因为他们注意搜索这些信息。发现机会的人往往是那些积极寻找它们的人。他们不会“坐等机会掉到膝盖上”，而是尽力寻找机会——通常是在别人忽略的地方。例如，许多大学中的生物技术研究者们目前正在寻找癌症的治疗方法。他们知道，如果他们找到了治疗癌症的某种方法，他们就可以利用这个机会创办一家企业。实际上，他们正在寻找创业机会源。

最后，有些人可能因为具有创业警觉，从而获取别人看到了却没有引起注意，或者注意到了却没有引起触动的信息。最早使用警觉这一术语来解释创业机会识别的是奥地利经济学家柯兹纳（Kirzner），他先后在1979年和1955年从两个角度给出了定义：“①一种注意到迄今尚未发掘的市场机会的能力；②一种激发人们大胆构想未来的倾向性。”他认为任何一个被创业者所甄别的机会都来源于其对环境中有关客体、事件和行为方式等信息的高度敏感性和关注倾向。创业警觉不仅仅是一种先天禀赋，也是个体多年实践中学习积累和沉淀出的认知特质，是一种复合的有机能力。敏锐的洞察力和机会意识是形成创业警觉的认知前提，洞察力通过选择性编码、选择性联合、选择性比较，充分调动认知资源和知识储备，比较以往的决策情境和新的决策情境，形成机会意识。在偏好、资源和生产条件不断变化的经济系统中，创业警觉能引发一系列连续的发现过程，使经济系统从非均衡向均衡状态演变。

2. 具备优越的信息处理能力

然而，获取别人难以接触到的有价值信息并非机会识别的全部。能识别机会的创业者不仅要拥有比别人更多的信息，更要善于利用这些信息。在此基础上，创业者还必须具备优越的信息处理能力，能够看到信息背后的商业价值和含义，从而发现创业机会。以发明数字手表技术的瑞士手表制造商为例，这些手表制造商们并不知道如何利用该项技术生产手表，于是就将这项技术卖给了日本公司，而日本公司懂得如何使之商业化生产和销售，于是迅速崛起并对瑞士手表业形成了巨大的冲击。

优越的信息处理能力依赖于良好的知识储备、乐观的心态和敏锐的洞察力。

良好的知识储备使人们具有组织和利用信息的能力。拥有更丰富、整合得更好的知识储备能够帮助创业者识别出更多更有价值的创业机会。例如，他们在记忆中拥有更多关于市场以及如何满足市场需求的信息。这就提高了他们解释和利用新信息的能力，因为他们不仅掌握了可资处理的更多信息，而且信息本身也已得到很好的组织。毕竟，如果信息不存在或未被很好地组织，那么扩展信息或以新方式联结信息就会很困难。识别到机会的人被发现有更丰富、组织更好的信息储备。因此，他们更能觉察到机会，而其他人往往会错过机会，也就不足为怪了。前面提到的走廊原理就是对知识储备影响创业机会识别的最好诠释，个体一旦有过创业经历，或者在特定产业内有着资深的工作经历和阅历，就会拥有更丰富、整合得更好的知识储备，从而更容易发现与工作相关的创业机会，这一点已经得到了大多数研究的证实。

保持乐观的心态能帮助个体锤炼信息处理能力，因为乐观的心态能使个体首先看到的是信息中蕴涵的机会，而不是风险。因为个体不能确定新的产品是否能被创造出来，人们是否愿意购买这种产品，或者竞争对手是否会通过模仿创业者的新产品或新服务来争夺收益，所以蕴涵新产品和新服务的机会具有高度的不确定性。这意味着，识别创业机会要求创业者更愿意看到充满着不确定性的机会中的潜力，而不是因看到不确定性和风险而止步不前。

更为重要的是，乐观的心态还是创造力的源泉。成功的创业者看起来比其他人更能想出办法，利用他们所收集到的关于创业机会的信息，这有可能缘于他们的创造力。创造力提高了人们综合信息的能力，也促进了人们领会提供给他们的信息模式的能力。因此，成功的创业者从关于新技术、市场需求以及行业结构的不同信息片段中识别模式，并根据这些信息形成新产品和新服务的概念，而这些信息却常常被那些相对来说不那么具有创造力的人所忽略，牛仔裤发明者李维斯的案例就很能说明这一点。

短例

李维斯的创造性思维

大家都知道牛仔裤的发明人是美国的李维斯。当初他跟着一大批人去西部淘金，途中一条大河拦住了去路，许多人感到愤怒，但李维斯却说："棒极了！"他设法租了一条船给想过河的人摆渡，因而赚了不少钱。不久，摆渡的生意被人抢走了，李维斯又说："棒极了！"因为采矿出汗很多，饮用水十分紧张，于是别人采矿他卖水，又赚了不少钱。后来卖水的生意又被抢走了，李维斯又说："棒极了"，因为采矿时工人跪在地上，裤子的膝盖部分特别容易磨破，而矿区里却有许多被人抛弃的帆布帐篷，李维斯就把这些旧帐篷收集起来洗干净，做成裤子销售，这些裤子销量很好，"牛仔裤"就是这样诞生的。李维斯将问题当作机会，最终实现了致富梦想，得益于他有一种乐观、开朗的积极心态。

敏锐的洞察力是提高信息处理能力的催化剂。所谓洞察力，就是深层次分析、解决问题及把握大局和未来发展趋势的能力。在当今信息泛滥的时代，我们所缺乏的往往不是信息，而是见解和洞察力。围棋大师吴清源 1991 年曾对小林光一讲过一句话："你要是不能在看不清的地方看出东西来，你就不能成为真正的名人。”将这句话应用到创业者身上也是适用的。拥有洞察力，创业者就可以在别人看不到的地方看到无形事物和事物的无形价值，就可以看见现状是微不足道的趋势性的东西，就能根据事情的苗头，感知事物的发展趋势，预测和把握企业发展的方向。

资料来源：张玉利：《创业管理》，北京，机械工业出版社，2014。

3.3.3 识别创业机会的方法

识别创业机会有观察趋势、解决问题和发现市场空隙三种方法。一旦你理解了每种方法的含义，就更可能找到适合每种方法的创业机会。

1. 观察趋势

识别机会的第一种方法是，观察趋势并研究它们如何创造可追求的机会。创业者追随的最重要趋势有经济趋势、社会趋势、技术进步、政治活动与制度变革。创业者或潜在创业者了解这些领域内的变革非常重要。Become. com 的创建者迈克尔·杨（Michael Yang）佐证了这种观点。他认为，敏锐的观察技能与引领变革潮流的意愿，是成功创业者的关键特征。

人们观察环境趋势识别新创意时，要谨记两条劝诫。第一，区分趋势与时尚，这至关重要。新企业一般没有资源使其迅速地利用时尚潮流。第二，尽管我们单独讨论每种趋势，但它们是相互关联的，在构想新商业创意时应该同时考虑多种趋势。例如，苹果公司的 iPhone 如此流行，就是同时受益于多种趋势的结合，包括青少年可支配收入增多（经济趋势）、移动人口增加（社会趋势）、电子产品持续微型化（技术趋势）。如果任何一种趋势不存在，iPhone 就不会这么成功。

（1）技术变革。

技术进步经常与经济、社会变化相结合，共同创造市场机会。在很多情况下，技术并非识别商业机会的关键。真正的关键是要识别出技术如何被用来满足人们基本的或变化的需求。例如，蜂窝电话诞生是一项技术成就，却是由日益增加的移动人口所促成的。他们发现随时随地与同事、顾客、朋友和家人保持联系具有很多优势。同样，许多电子商务网站堪称技术奇迹，允许顾客订购产品、付款、选择交货速度等。然而，技术不足以使电子商务具有如此吸引力。人们在线购物的最终原因是，人们太忙了，更愿意在空闲时间购物，而不是受制于传统的购物时间和商店地址。

技术进步的另一方面在于，技术一旦创造出来，新产品经常又会促进技术进步。例如，苹果 iPod 和 iPhone 的发明，孕育出生产 iPod 与 iPhone 配件的完整产业。水中听公司（H2OAudio）是一家由 4 位圣迭戈州立大学学生创办的企业，专门为 iPod 和 iPhone 生产防水套。这些防水套使 iPod 用户在进行游泳、冲浪、滑雪等运动时，照样能倾听音乐。市场上有各种各样的 iPod 配件。据估计，每花 3 美元在 iPod 上，就至少有 1 美元用于购买配件。

（2）政治活动和制度变革。

政治和制度变革也为机会提供了基础。它意味着革除过去的禁区和障碍，或者将价值从经济因素的一部分转移到另一部分，或者创造了更大的新价值。新法律出台为创业者创建企业提供了机会，以帮助其他企业、个人和政府部门遵守这些法律。比如，环境保护和治理政策出台，会将那些污染严重、对环境破坏厉害的企业资源，转移到保护人类环境的创业机会上来。专利技术的严格执行，使得价值通过专利费用的形式转移到拥有专利的大公司，并使得那些缺乏核心技术的企业从品牌企业沦为加工厂，或破产倒闭。又如，全球政治不稳与恐怖主义威胁导致许多企业变得更有安全意识。这些企业需要新的产品和服务来保护它们的有形资产和知识产权，也保护它们的顾客和员工。

（3）社会力量。

理解社会力量对趋势的影响以及它们如何影响新产品、服务和业务创意，是机会识别的基本组成部分。通常情况下，产品或服务存在的原因主要是满足了社会需求而不是产品满足的表面需求。例如，快餐店的增长不是因为人们喜欢快餐，而是因为人们太忙，没有时间亲自做饭。

社会趋势的变化，改变了人们和企业的行为方式和设定优先顺序方式。这些变化也影响到产品或服务如何制造和销售。下面列出一些影响个体行为和优先顺序设定的当前社会趋势：

- 对健康食品、绿色食品的兴趣逐渐增长；
- 重视能源的可替代形式；
- 家庭与工作模式；
- 人口老龄化；
- 产业全球化；
- 人口流动性增加；
- 对医疗保健与健身的日益关注；
- 计算机和互联网的增长。

每种趋势都提供了新商业创意的推动力。例如，人们日益重视能源的可替代形式，孕育了太阳能、生物质能等商业创意。世界各地日益重视绿色产品，是触发新商业创意的另一社会趋势。新创企业，专门生产环境友好型可替代的纤维和织物，比如利用竹子、谷物甚至回收的蟹壳生产纱条。

趋势就是通过改变人们的偏好和创造以前并不存在的需求来创造机会。比如，西方国家的情人节、母亲节、圣诞节等诸多节日，越来越渗透到中国人的生活中，并逐步成为年轻一代追求的时尚，因而创造和将要创造许多新的创业机会。社会与人口结构变化也经常表现为市场需求的变化，新兴国家的兴起、消费结构和消费者结构变化、对物质产品的非物质需求的变化等，都值得关注。

（4）经济力量。

理解经济趋势，有助于确定新商业机会出现的适宜领域或回避领域。当经济发展强劲时，人们有更多金钱消费，愿意购买任何能提升生活质量的产品或服务。当经济发展低迷时，人们不仅缺乏金钱消费，而且不愿意耗费已有财富，生怕经济形势变得更差——因为经济不振他们可能失去工作。然而，经济低迷却给那些帮助消费者节约开支的初创企业提供了商业机会。

在研究经济力量如何影响机会时，人们评价谁有钱消费、消费什么是很重要的。如今，年轻人拥有更多现金和可支配收入，这将引发更多诸如手机游戏、名牌服装、时髦消费品等新业务和产品或服务的机会。了解经济趋势，有助于识别创业回避的领域。例如，由于燃油价格高，当前就不适合创建依靠化石能源的企业，如航空公司或运输企业。

短例

拉塞尔·西蒙斯让说唱音乐流行

20世纪80年代后期，拉塞尔·西蒙斯在纽约城市大学主办了说唱音乐会。尽管在那时，说唱音乐被认为是一种短暂的流行时尚，但西蒙斯确实非常喜爱这种流行音乐。即使大多数唱片公司的管理者认为，说唱音乐过一两年就会过时，但西蒙斯认为这是一个创业机会。他组建了Def Jam唱片公司，并以5 000美元聘请同伴里克·鲁宾（Rick Rubin）。在不到一年的时间里，他们通过Run DMC和LL CoolJ制作了多张打击乐唱片，西蒙斯也成为该领域中地位显赫的人物。

西蒙斯抓住了自己感知的机会，因为他觉得如果自己知道有10个人渴望购买自己的产品或服务，那么，当有更多人了解到这个产品或服务时，将有1 000万人购买这个产品或服务。西蒙斯是幸运的，他对于说唱音乐潜在流行趋势的把握是正确的，但他也可能是错的。机会感知可能存在问题，你对某些东西很感兴趣，但是这些东西并不能吸引足够多的消费者以维持企业生存。

西蒙斯热爱说唱音乐，希望其他人也像他一样热爱说唱音乐。这是一个内部因素——他的热情使他能够全身心地、放弃任何休息时间投入工作，以实现自己的梦想。那个时候的音乐迷已经对摇滚音乐有些厌倦，希望找到新的声音，而说唱音乐借此成功地实现了音乐迷需求的转换。说唱音乐带来了大量财富。

2. 解决问题

识别机会的第二种方法是，意识到问题并找出解决办法。这些问题可通过观察日常生活中面临的挑战，或通过更简单的途径如直觉、运气或巧合被辨认出来。现实中，有许多问题需要解决，每一个待解决的问题都是一个被精巧掩饰的机会。例如，由于纸杯太烫，索伦森发明了隔热杯套，并创建了一家生产企业。自创建以来，公司已销售出10亿多个杯套。

技术进步经常给不会使用新技术的人带来问题。例如，有些老年人发现普通的手机很难使用——按键太小，文字看不清楚，在嘈杂环境中难以听清通话对方的声音。为了解决这些问题，现在很多手机厂商专门为老年用户设计手机。这些手机的特点是具有大字体、大按键、一键FM直放、手电筒、SOS键、智能朗读、来电报号（报名）、音乐播放等功能。

有些商业创意产生于新兴趋势中遇到的问题。例如，开发杀毒软件，使计算机摆脱病毒侵袭；开发防火墙软件保障计算机系统的安全，使其免受黑客或未授权用户的攻击。这些公司利用了新技术引入市场时涌现出来的问题。

短例

陈宝华与美先科调味品

2000年底，刚刚进入不惑之年的陈宝华下岗了。下岗后，陈宝华在家做起了全职太太。2002年春节的一天，陈宝华和丈夫去妈妈家拜年。晚餐是妈妈做的，鸡鸭鱼肉满满一桌。在用餐过程中，在餐桌上出现了一个让大家尴尬的问题：餐桌上有好几道菜的味道怪怪的，原来母亲在做菜的时候把盐和味精搞混了。陈宝华说："母亲那时候已经70多岁了，为了准备这顿饭，从早上开始忙了一整天，我们吃出味道不对也不好说。"

回家后，陈宝华和丈夫骆恩震说起这件事情，感慨不已。"现在的盐外形非常精细，与一般的味精没有太大的差别。"如何解决盐和味精容易混淆的问题呢，陈宝华开始思考："是不是可以发明一种味精和盐的合成品，这样的调味品可以让烹调变得更简单。"陈宝华的想法得到了丈夫的支持。

陈宝华的丈夫骆恩震是学习食品化工出身。由于告别专业已经多年，一切要从头开始。经过200多次大大小小的试验，盐、味精和鸡精三合一的"美先科调味品"研发终于获得成功。美先科调味品经过炖、煮、炸、炒等多种烹饪方式的实验，其味道鲜美、使用很方便。2004年初，陈宝华拿到了国家专利证书。

产品问世了，专利也有了，陈宝华夫妻酝酿着投产打开市场。2004年9月30日陈宝华夫妻创办的美先科调味餐厅开业了，餐厅装修和设计非常有特色：餐厅装修以橘黄色为主色调，给人一种明净亮堂的感觉，厨房的所有调味品都采用美先科调味品，墙壁四周均有美先科调味品展示品，餐厅本身就是公司的一个兼有产品展示的销售部。该餐厅一边做餐饮，一边做产品销售，但主题都是围绕美先科调味品。

3. 发现市场空隙

识别机会的第三种方法是发现市场空隙。许多新产品出现，就是因为消费者需要但无法在特定地方买到或市场根本不存在。这种情况部分是由于大型零售商导致的，如沃尔玛、永辉超市、人人乐。它们主要依靠价格竞争，向主流消费者提供最普遍的物品。尽管这种方式允许大型零售商获取规模经济，但也留下许多市场空隙。这也是服装专卖店、专门商店存在的原因，这些企业愿意销售那些大型零售商不能大批量销售的商品。

市场的产品空隙意味着潜在可行的商业机会。2000年，提斯·瑟沃罗意识到，市场上没有专门为女性制作的吉他。为了填补这个空隙，她创建了戴西摇滚吉他公司（Daisy Rock Guitars)，专门为女性生产吉他乐器。戴西摇滚吉他时尚漂亮，拥有女性似的名字(例如，苹果粉、彩虹光、红珍珠)，体现适合女性体格与手掌纤小的设计特征。

当人们无法找到所需的产品或服务而变得沮丧，并意识到其他人深有同感时，市场空隙就会被识别出来。这种情况在洛纳·凯特勒（Lorna Ketler）与巴布·威尔金斯（Barb Wilkins）创业时就发挥了作用，他们因没法找到合适的特号时尚服装而感到郁闷。因此，他们创建了无畏商店（Bodacious)，专门销售时髦有趣的合身特号服装。凯特勒与威尔金斯的经历表明，通过填补特定顾客群的市场空隙，商业机会将多么令人瞩目。

产生新创意的相关技巧是选取一种现存的产品或服务，然后瞄准一个完全不同的目标市场而创造出新的产品品种。这种办法实质上包含了创造市场空隙并填补空隙。流行帽游戏公司（PopCap Games）就是这方面的例子，它创造出电子游戏业中被称为"随意游戏"的新品种。这类游戏随意而轻松，也不眩目或充满激动情节，适合那些忙碌一天想要放松的人们。现在，公司超过90％的顾客是25岁以上的女性玩家，这完全不同于主流游戏制造商关注的青年男性市场。

不过，新企业必须谨慎对待的事情是，如果企业宣称利用环境趋势、解决问题或填补市场空隙，那么它就必须实现所做的承诺。如果最初用户发现新创企业名不副实，他们会很快抛弃它。

短例

Clearly Canadian 公司：当你未能交付承诺，何事会发生

Clearly Canadian 公司于 20 世纪 90 年代早期在市场引入果味瓶装水产品。它期望借助人们对健康日益重视的环境趋势获得成功。公司将其产品定位于软饮料如可口可乐、百事可乐等的健康替代品。产品的瓶子、标签和包装，都支持饮料纯净新鲜的产品概念。具有新鲜浓郁香味的加拿大水果，是 Clearly Canadian 公司最初 6 种口味饮料的基础。加拿大原产地激起人们对清澈湖泊、原始山峦、奔涌激流、广袤平原的想象。人们很容易就认为购买、饮用 Clearly Canadian 公司的饮料对身体有益。

但是，随着 Clearly Canadian 公司饮料的销售范围不断扩展，消费者开始注意标签上的细小文字。结果证明，Clearly Canadian 公司的饮料并不比当时的软饮料更健康。它的瓶装水含有 160 卡路里热量，与一瓶百事可乐的热量值相同。实际情况是，Clearly Canadian 公司为了使水变得香甜艳丽，使用了软饮料公司也在使用的人造香精、甜味剂和保鲜剂。顾客很快就流失了，寻找更合乎健康标准的替代饮品。后来，Clearly Canadian 公司重新调整了饮料组成的配方，研发出一种比普通软饮料更健康的替代品。但是，它在健康瓶装水市场从来没能获得很大吸引力。

Clearly Canadian 公司得到的教训很简单却非常深刻。利用环境潮流、解决问题或填补市场空隙，需要付出比访谈、营销调研更多的努力。企业必须实实在在交付某种承诺才能取得成功。

3.3.4　创业机会识别过程

布鲁斯·R·巴林格和 R·杜安·爱尔兰等提出了基于创造（creativity based）的机会识别过程模型，认为机会识别过程可分为准备、孵化、洞察、评价及阐述等五个阶段，如图 3—3 所示。如果在某个阶段，某个人停顿下来或没有足够的信息使识别过程继续下去，他的最佳选择就是返回到准备阶段，以便在继续前进之前获得更多知识和经验。下面依次介绍这五个阶段。

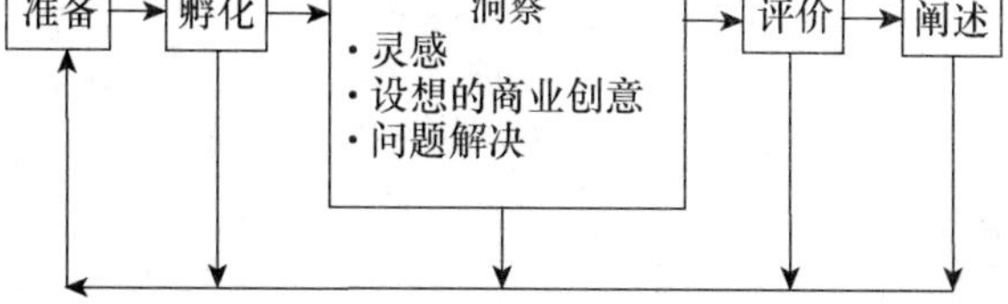

图 3—3　产生创造性创意的五个阶段

（1）准备阶段。准备阶段需要创业者积累机会识别过程中的背景、经验和知识。正如运动员必须练习才能变得优秀一样，创业者需要经验以识别机会。研究发现，50%～90%

的初创企业创意来自于个人的先前工作经验。

（2）孵化阶段。孵化是指创业者的创新构思活动（contemplation），这一阶段是需要创业者仔细考虑创意或思考问题的阶段，这一阶段也是创业者对事情进行深思熟虑的时期。比如构思一个商业设想或者一个具体的现实问题。有时，孵化是有意识的行为。有时，它是无意识的行为并出现在人们从事其他活动时。

（3）洞察阶段。是指创造终于在瞬间突变或涌现出来。集中表现为发现体验、意念分享、发现问题的解决办法或创意得以产生。有时，它被称为“灵感”体验，是创业者识别出机会的时刻。有时，这种经验推动过程向前发展；有时，它促使个人返回到准备阶段。

（4）评价阶段。是指创造过程中对创业机会的生存性（viability）做出合理的评判，仔细审查创意并分析其可行性的阶段。许多创业者错误地跳过这个阶段，他们在确定创意可行性之前就设法实现它。评价是创造过程中特别具有挑战性的阶段，因为它要求创业者对创意的可行性采取一种公正的看法。

（5）阐述阶段。是指商业机会得以实践化，包括采纳某个机会，以及正式着手开办业务。阐述阶段是创造性创意变为最终形式的过程，详细情节已构思出来，并且创意变为有价值的新产品、新服务或新的商业概念，甚至已经形成了能够实现价值的商业模式。

结合前面对于机会识别方法的讨论，可以大致勾勒出创业机会识别过程的轮廓（见图3—4）。图3—4阐明了机会识别过程。机会识别是创业者与新兴趋势之间互动的过程，在这个过程中，创业者利用各种渠道和各种方式掌握并获取有关环境趋势的信息，从而发现现实世界中在业务、产品或服务等方面存在的差距或缺陷，找出改进或创造目的—手段关系的可能性，最终识别出可能带来新业务、新产品和新服务的创业机会。

另一方面，对新兴趋势的觉察与创业者个性特征之间存在着某种联系，因为机会识别的两方面是相互依存的。例如，与社会网络较差的创业者相比，拥有构建良好的社会网络的创业者可能处于更有利的地位去识别新兴技术趋势。同时，觉察新兴技术趋势（如数字化技术），可能促使创业者参加研讨会或培训班以了解更多相关主题的知识，并拓展其社会网络。

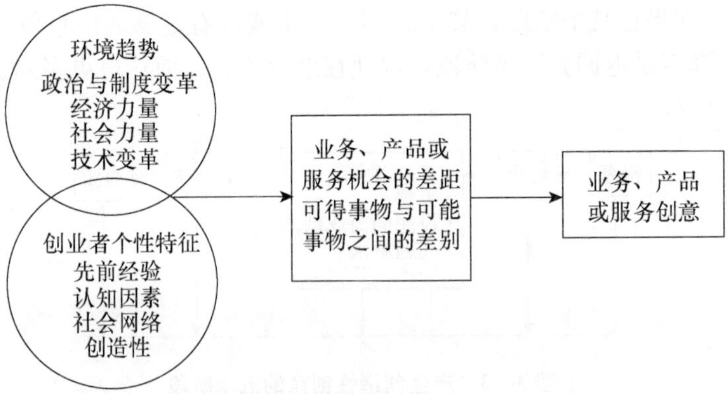

图3—4 机会识别过程

3.4 创业机会的评价

3.4.1 有价值的创业机会的特征

不管识别到什么样的创业机会，都要认真评价。蒂蒙斯教授认为机会是具有如下四项特征的构想：①对消费者具有吸引力；②能够在你的商业环境中实施；③能够在现存的机会窗口中执行；④你拥有创立企业的资源和技能，或者你知道谁拥有这些资源与技能并且愿意与你共同创业。较好的创业机会一般具有以下几方面特征：

（1）有吸引力。蒂蒙斯等人认为好的机会需要有需求旺盛的市场和丰厚的利润，而且容易赚钱，即规模大（30 000 万元以上），成长迅速（20%以上），毛利润率高（40%以上），能够较早实现充足的自由现金流（不断进账的收入，固定资本和流动资本低），盈利潜力高（税后利润率在10%～15%以上）以及为投资者提供切实可行又极具吸引力的回报（投资回报率在25%～30%以上）。

（2）持久性。机会窗口打开的时间相对较长。创业者利用机会时，机会窗口必须是敞开的。机会窗口打开的时间越长，其持久性越强，机会也越有价值。

（3）及时性。这些机会需要很快地满足某项重大的需要或愿望，或者尽早地帮助人们解决一些重大问题。

（4）依附于为买者或终端用户创造或增加价值的产品、服务或业务。好的创意必须能为顾客带来价值和利益，所以，无论创业的形式表现为产品、服务，还是业务，都必须能为顾客带来实实在在的价值。

但在实践中，准确把握有价值的创业机会并不容易，如果想要通过深刻细致的方法来评价创业机会，一个季度可能不够，一年不一定够，甚至十年都不一定够，这就是残酷的事实。而对于创业者来说，关键在于如何能够从众多机会中寻找出有价值的创业机会，并采取快速行动来把握机会。在此，本书分别从理论和市场两个角度介绍评价创业机会价值潜力的一般方法。掌握这些方法，有助于打算创业的朋友在发现创业机会后花费较少的时间、精力和成本迅速形成对创业机会价值潜力的基本判断。

短例

网上邮资

E-Stamp 和 Stamp. com 两家初创企业，解决了在邮局排队购买邮票的问题。在美国邮政（US Postal Service）的鼓励下，两家企业推出了允许顾客通过互联网购买邮票并在自家个人电脑上打印出来的服务，只要客户支付少量手续费用即可，不过其邮票价格不打折扣。媒体被迷惑住了。美国广播公司（ABC News）惊呼：“现在，有支付邮资的新方法了。”投资者同样被迷惑住了。两个企业从投资者那里以及通过首次公开发行（IPO），总共筹集了5亿美元。

但遗憾的是，E-Stamp 和 Stamp. com 两家企业最后都彻底失败了。

为什么它们都失败了？重要原因之一是它们的服务没能提供足够“价值”以吸引足够多付费客户的兴趣。实际上，对许多客户而言，这项服务结果是带来更多不便而不是好处。第一，尽管避免往返于邮局的创意听起来很好，但是网上购买没有价格折扣，还要备一台打印机。第二，下载邮票成为一种麻烦，下载的邮票看起来不像真实邮票，没有收藏价值，下载的只是一种防伪条形码，可以粘贴在信上替代常规邮票。

3.4.2 创业机会的理论评价

创业者利用有价值的创业机会的四个特征加上简单计算的初始判断评价创业机会，一方面是为了快速行动，另一方面也是因为未来不确定的环境难以预测，但这并不是说仅有初始判断就足够了。如果条件允许，对创业机会进行理论评价很有必要。蒂蒙斯教授提出了比较完善的创业机会评价指标体系，认为创业者应该从行业和市场、经济因素、收获条件、竞争优势、管理团队、致命缺陷问题、个人标准、理想与现实的战略差异八个方面评价创业机会的价值潜力，并围绕这八个方面形成了53项指标，见表3—2。

表3—2　蒂蒙斯的创业机会评价框架

行业和市场	1. 市场容易识别，可以带来持续收入 2. 顾客可以接受产品或服务，愿意为此付费 3. 产品的附加价值高 4. 产品对市场的影响力高 5. 将要开发的产品生命力持久 6. 项目所在的行业是新兴行业，竞争不完善 7. 市场规模大，销售潜力达到1千万元到10亿元 8. 市场成长率为30%～50%甚至更高 9. 现有厂商的生产能力几乎完全饱和 10. 在五年内能占据市场的领导地位，占据20%以上的市场份额 11. 拥有低成本的供货商，具有成本优势
经济因素	12. 达到盈亏平衡点所需要的时间在1.5～2年以下 13. 盈亏平衡点不会逐渐提高 14. 投资回报率在25%以上 15. 项目对资金的要求不是很大，能够获得融资 16. 销售额的年增长率高于15% 17. 有良好的现金流量，占销售额的20%～30%以上 18. 能获得持久的毛利，毛利率要达到40%以上 19. 能获得持久的税后利润，税后利润率超过10% 20. 资产集中程度低 21. 运营资金不多，需求量是逐渐增加的 22. 研究开发工作对资金的要求不高
收获条件	23. 项目带来的附加价值具有较高的战略意义 24. 存在现有的或可预料的退出方式 25. 资本市场环境有利，可以实现资本的流动
竞争优势	26. 固定成本和可变成本低 27. 对成本、价格和销售的控制较高 28. 已经获得或可以获得对专利所有权的保护 29. 竞争对手尚未觉醒，竞争程度较弱 30. 拥有专利或具有某种独占性 31. 拥有发展良好的网络关系，容易获得合同 32. 拥有杰出的关键人员和管理团队

管理团队	33. 创业者团队是一个优秀管理者的组合 34. 行业和技术经验达到了本行业内的最高水平 35. 管理团队的正直廉洁程度能达到的最高水平 36. 管理团队知道自己缺乏哪方面的知识
致命缺陷问题	37. 不存在任何致命缺陷问题
个人标准	38. 个人目标与创业活动相符合 39. 创业家可以做到在有限的风险下实现成功 40. 创业家能接受薪水降低等损失 41. 创业家渴望进行创业这种生活方式，而不只是为了赚大钱 42. 创业家可以承受适当的风险 43. 创业家在压力下状态依然良好
理想与现实的战略差异	44. 理想与现实情况相吻合 45. 管理团队已经是最好的 46. 在客户服务管理方面有很好的服务理念 47. 所创办的事业顺应时代潮流 48. 所采取的技术具有突破性，不存在许多替代品或竞争对手 49. 具备灵活的适应能力，能快速地进行取舍 50. 始终在寻找新的机会 51. 定价与市场领先者几乎持平 52. 能够获得销售渠道，或已经拥有现成的网络 53. 能够允许失败

另外一些学者提出了更为简单的评价方法，其中，我国台湾地区的创业学者刘常勇教授归纳的创业机会评价基本框架较有代表性，他认为创业机会评价主要围绕市场和回报两个层面展开，见表3—3。

表3—3　　刘常勇的创业机会评价框架

市场评价	1. 是否具有市场定位，专注于具体顾客需求，能为顾客带来新的价值 2. 依据波特的五力模型进行创业机会的市场结构评价 3. 分析创业机会所面临的市场规模大小 4. 评价创业机会的市场渗透力 5. 预测可能取得的市场占有率 6. 分析产品的成本结构
回报评价	7. 税后利润率至少高于5% 8. 达到盈亏平衡的时间应该低于2年 9. 投资回报率应高于25% 10. 资本需求量较低 11. 毛利率应该高于40% 12. 能否创造新企业在市场上的战略价值 13. 资本市场的活跃程度 14. 退出和收获回报的难易程度

理论评价类似于大公司开展的可行性论证分析，更加强调预测分析。在理论评价创业机会时，一定要注意创业活动不确定性强的特点，创业者不太可能按照框架中的指标对创业机会一一做出评价，而仅会选择其中若干要素来判断创业机会的价值，从而使得创业者的机会评价表现为主观感觉而非客观分析的过程。不能事事都强调依据，不确定性环境本

身就难以预测，需要在行动中不断地检验创业者的假设。过分强调证据容易把困难放大，弱化创业者承担风险的勇气。

短例

王瑞的大头贴店

王瑞大一的时候看到好友拿自己的相机拍出很卡通的“大头贴”非常可爱，他想起自己老家从来没有这种照片，存在市场空白。正好他的父亲在老家县城的一所中学旁边开了一家礼品店，于是那年暑假他把第一台大头贴机带回了老家，生意一直不错。大学毕业后，王瑞先后做过老师和公关人士。几年过去了，王瑞觉得很没意思。他忽然想起了大学时在家里开的那个拍大头贴的店，于是兴奋起来，决定辞职创业。

2008年王瑞在自己家乡的一个中型城市以月租2 500元的价格开了家大头贴吧，他想创立一种新的网络图片艺术，让顾客可以在自己的相片上任意涂鸦。创业的准备工作既辛苦又快乐。王瑞把他的大头贴吧布置得非常有艺术品位：红色的爬山虎墙纸、经典电影海报、彩色皮革方凳、图书杂志等，并在墙壁上贴上文化标语。他给大头贴吧定的理念是：不仅仅是一个简单的大头贴店，还是面向学生的一个俱乐部。为了方便记录，王瑞采取会员制，会员可以享受折扣，并建立大头贴会员数据库，每一个同学来大头贴吧照张相片，毕业时，同班同学可以领到大头贴吧免费赠送的同学录，上面有每个同学在大头贴吧随意涂鸦的照片。会员过生日时，可以免费照相，同日生的同学在生日当天都可以集合在大头贴吧，留下一张十分有意义的集体生日照，大头贴吧免费赠送集体生日照，珍藏这份同学友情。

王瑞的大学学妹了解到他的一些经营理念之后提出了质疑：你这个大头贴店，也太柏拉图了吧！但王瑞觉得别人的质疑都是正常的，他发誓一定要成功，让人们看看他不是吃素的。

原本他乐观地认为，凭借他新颖的经营理念，大头贴吧一定会门庭若市。但是现实跟梦想总是有很远的距离，店里经常没几个人光顾，若碰到阴雨天气，街上没一个人，生意更是惨淡。没有生意，每天的成本却必须要付出。整天待在店里等顾客上门不是办法，他要开拓其他业务，但是如果自己出去联系新的业务，店里就必须雇用员工，于是不得已，他请了一个女孩当店员，但工资又是一笔支出。最后，王瑞所剩资金已经不多，而每天的支出却是源源不断，他实在是扛不住了，只好把他当初寄予了巨大热情和厚望的大头贴吧关闭了。

为什么大头贴吧最终失败呢？其主要原因有：第一，大头贴应该是小本生意，王瑞的店面选择不当，如果在学校的附近租个小店面或者把机器放在那些卖文具的店里，或许有一定的市场。第二，该项目投入太大，店面搞得太奢华，店铺一个月的租金2 500元偏高，利润薄，而且大头贴品种单一，服务对象单一，只能依靠有限的资源。第三，大头贴项目难以形成二次消费，也就是说难有回头客。最后，现在数码技术不断进步，大家都流行网络图片，大头贴的时代已经过去了，已经不适合新生一代了，手机普及更新快且都能拍照，大头贴已对人们没有什么吸引力了。

3.4.3 创业机会的市场测试

一个靠预测分析、理论论证出有价值而且适合自己的机会不一定有顾客需求，更不一定能创造出巨大的市场。为顾客提供价值是创业活动得以存在的前提，对此不能依赖简单的调查询问，更不能单纯依靠创业者的美好愿望。市场测试就是把产品或服务拿到真实的市场中进行检验，包括概念测试和可用性测试。

短例

财捷公司：评估创业机会的价值

财捷公司的成立是良好的创业机会与有效的市场测试相结合，并取得创业成功的经典案例。1983年，当时还是一名业务顾问的库克创办了财捷公司。当库克看到妻子总是不辞辛苦地一笔笔地整理账目时，他想到是否可以开发一种软件产品来帮助人们管理个人财务。于是，他起草了一份初步的商业计划书，并与斯坦福大学计算机科学专业的学生汤姆·普鲁克斯一道创建了财捷公司并开发了名为Quicken的软件产品。

在产品开发过程中，库克的顾客营销背景发挥了重要作用。在职业生涯早期，他曾在宝洁公司（P&G）担任过数年的品牌经理，十分熟悉市场调研和市场测试。库克坚持认为，他和普鲁克斯首先要明确顾客需要的个人财务软件到底是什么。当被问到如何完成这一任务时，库克答道：

> 了解这些信息的唯一方法就是对家庭进行访谈。所以，我安装了电话并请妻子的姐姐对家庭进行电话访谈。我们调查了高收入消费者的财务活动，因为他们是唯一买得起电脑的人群，并据此获取了有关人们在现实生活中进行财务活动的重要信息，如人们的行为、喜好和嫌恶等。同时，我们还观察了行为数据，并明显感觉到人们的确需要通过某种方式来摆脱个人理财中的烦琐。谁会整理账目和填写单据呢？

库克所用方法的重要之处在于他敏锐地认识到，由于个人财务管理软件是消费者以前从未见过的一个产品，所以简单地询问消费者喜欢这类产品的哪些特性没有任何意义。因此，除了电话访谈外，库克和普鲁克斯到实地观察人们如何管理个人财务。当他们确信自己知道消费者需要某种东西使个人财务管理简单化时，便很快开发出了产品Quicken。对于了解消费者需求，库克说道：企业成功的关键在于知道消费者忽视了什么。我们花时间了解消费者，对消费者行为有清楚的认识，数据表明我们的解决方案比消费者的选择还要好。

在Quicken之后，财捷公司运用多种方法确定消费者需求，并开发出了另外几个软件产品。在访谈的同时，财捷公司还使用了可用性测试，该方法需要消费者坐下来对财捷公司产品的最初版本进行操作，并观察他们如何与软件互动。财捷公司还使用了“跟我回家”测试，即公司程序员深入顾客的企业和家庭观察公司产品如何被使用。这两种方法旨在帮助财捷公司在产品投入市场之前确保产品能够正常使用。

1. 概念测试

概念测试是指向预期用户展示产品或服务，以评估消费者的兴趣、意向（购买意向）。

其目标有：一是证实创业者认为有价值的产品或服务创意的潜在假设是否成立。这可通过电话访谈、个人访谈、焦点小组或观察人们执行相关任务来实现。二是有助于发展创意。创业者可以向消费者展示自己的产品创意，获取反馈意见并对产品进行修改，如此周而复始。当产品或服务被改进到创业者确信它能满足某种明确定义的需求，而且潜在消费者说他们喜欢并愿意购买这种产品或服务时，概念测试的目的就算达到了。三是估计产品或服务可能占有的市场份额。这可以采取调查问卷方式，如：如果我们生产这样的产品，你购买的可能性有多大？（肯定购买，很可能购买，或许买或许不买，很可能不买，肯定不买。）概念测试的结果是开发出产品或服务的原型或模型。

2. 可用性测试

大公司可以投入巨大的资源开展周密的市场调查和策划，因为有实力，可以投入资金做广告宣传，可以投入大量的资源推销创意。即使如此，不少大公司在此基础上还是谨慎地开展可用性测试。可用性测试是把产品或服务拿到真实的市场中进行检验。可用性测试与概念测试不完全相同，你询问一个消费者是否想购买和这位消费者实际上是否购买很多时候是两回事。可用性测试可以说是一种比较特殊的市场调查，是创业者的必修课程。

可用性测试类似于实验，不同于概念测试。概念测试关心的是顾客认为他们想要什么，可用性测试却能获得更精确的顾客需要数据。因为可用性测试是站在一个和真实顾客互动交流的角度了解顾客的要求，能观察到真实的顾客行为，而不是通过提出假设性问题来估计；还可以意外发现一些突如其来的顾客行为，一些以前可能没有想到的问题。因此，可用性测试要求产品使用者执行某些任务，以便测量产品的易用性与用户体验。在不同情况下，可用性测试也可称为用户测试、实地测试。其具体形式包括如下两种：

一是对于预算有限的创业者，可以开发很基础的原型，然后让自己的朋友和同事使用产品并填写评估表或口头反馈意见。

二是对于资金充足的创业者，若具有进行精细的可用性测试的计划和条件，则可建立可用性测试实验室。库克开发 Quicken 个人财务管理软件，可让受测者坐在电脑前按要求运行正在开发的软件。公司的程序员和设计者则在实验室旁边的隔音房间里观察受测者。一个电子记录器专门用来记录产品的可用性问题或受测者在测试过程中的任何意见，而且这一过程会录制下来以便进行下一步观察。

当然，并不是所有的创业机会均需要进行市场测试。突破性产品、服务或业务等创业机会更适宜进行市场测试，也有必要进行市场测试。但是，对于一般创业机会，如开办一家餐厅或者一家超市，就没有必要进行市场测试。

本章要点

机会是未明确的市场需求或未充分使用的资源或能力。

创意与点子的不同之处在于创意具有创业指向。如果细致地分析，打算创业的人在产生创意后，会很快甚至同时就会把创意发展为可以在市场上进行检验的商业概念。

创意是具有创业指向同时具有创新性甚至原创性的想法，是将问题或需求转化成逻辑性的架构，让概念物像化或程序化，而不是单纯的奇思妙想。有价值的创意至少要具备新颖性、真实性、价值性。

创业机会的来源主要包括三个方面：一是市场自身带来的创业机会；二是技术创新带来的创业机会；三是社会、经济和政治等宏观环境的变化带来的创业机会。变化是机会的重要来源，没有变化，就没有创业机会。

先前经验、社会网络、认知因素和创造性等影响着个体识别创业机会的可能性。

识别创业机会本质上是获取、加工并处理信息的过程，关键在于获取别人难以接触到的有价值信息，并利用优越的信息处理能力去挖掘信息背后的商业价值和含义，从而发现创业机会。

识别创业机会有观察趋势、解决问题和发现市场空隙三种方法。

识别创业机会只是创业活动的起点，如果要理性创业，就必须进行创业机会评价，创业机会评价的结果是做出是否创业的决策。

重要概念

创意　创业机会　识别型机会　创造型机会　发现型机会　隐性机会 显性机会　机会窗口　概念测试　可用性测试

思考练习

1. 创意、点子、商业概念、创业机会这些概念之间存在什么样的区别和联系？
2. 大多数研究创业的学者都会关注机会，这是为什么？
3. 你觉得识别机会是一个过程吗？为什么？
4. 创业机会的来源有哪些？
5. 识别创业机会受到哪些因素影响？
6. 识别创业机会的方法有哪些？
7. 有价值的创业机会的特征有哪些？
8. 为什么有的人看到创业机会，而另一些人则看不到创业机会？
9. 如何评价创业机会？
10. 你认为识别创业机会是艺术还是科学？如果是艺术，它体现在哪些方面？如果是科学，又体现在哪些方面？

案例分析

侯姝媛与517环岛骑行驿站

又到大学开学的日子，当学子们兴冲冲地重返校园时，重庆工商大学文新学院2013级广告学专业研二学生侯姝媛却不急着返校。此时，她在海南开的517环岛骑行驿站正处于旺季，每月客流量达到2 000人左右，仅2月到3月就盈利15万元。

"有人说这辈子最幸福的事是一边做自己爱做的事，一边赚钱，我干的就是这样的工作。"侯姝媛感慨地说，2014 年她的驿站发展得还不错，继海口之后，又在三亚开了分店，还在文昌、博鳌、兴隆发展了 3 家加盟店。

把自行车当公交车

如果你是重庆工商大学的学子，你会发现在校园九教楼和田家炳教学楼外有时会停着一辆山地车，放学后，一位身材修长的女生骑着它快速穿过校园。

这名女生就是侯姝媛，出生于 1988 年，来自湖北荆州，2011 年跟着姐姐来到重庆。"重庆上下坡太多，骑起来很吃力，不过还是比坐公交车好。"侯姝媛说，一次上课赶时间，怕骑自行车来不及就坐公交车，结果堵车，花了半个小时才到学校，而骑自行车只需要 15 分钟。此后，她就以自行车代步，不管是从南坪二小区的家里去五公里外的学校，还是到观音桥玩耍，她都把自行车当公交车。

租车住宿业务结合

2013 年 1 月，参加完研究生入学考试第二天，侯姝媛决定到海南环岛骑行，庆祝考试结束。让她没想到的是，这一次骑行让她发现了商机，把爱好变成了事业。

侯姝媛称，每年 12 月到次年 3 月，国内自行车爱好者喜欢到海南环岛骑游，每年这段时期约有 3 万人，租车、住宿是必经环节，如果开一家集环岛自行车出租和环岛青年旅舍于一体的骑行驿站，一定有市场。

她放弃了骑游计划，在岛上做起调查，发现没有一家驿站把租车和住宿结合起来。此外，如果在环岛游的线路上开连锁店，解决游客异地还车不便的烦恼，一定更有市场竞争力。

侯姝媛将这个想法告诉了在海口经营自行车店的男朋友，两人决定先在海口开一家租车加住宿的驿站。

2013 年 1 月，侯姝媛在海口租了一栋毛坯别墅改造成驿站，别墅有 600 平方米，7 间房，40 个床位。启动资金部分是她考研前上班挣的，部分找姐姐借了一些。为了节省，驿站的设计装修全靠自己解决，墙自己刷，再请朋友帮忙在墙上画画涂鸦，从租房子到装修一共花了 15 万元。

学以致用，网络推广

1 个月后，侯姝媛的海口 517 环岛骑行驿站开张了，不过生意并不像想象的那样火爆，40 个床位只入住了一半。"分析原因，游客来之前大都在网上订好自行车和住宿，我们几乎没做推广，所以生意不好。"侯姝媛称。

"我的专业就是广告学，在推广上可以用到所学的知识。"侯姝媛在当地流量较大的户外论坛上发帖，介绍驿站，发一些环岛游的攻略，建立驿站 QQ 群。她还建了驿站的网站，发布住宿和租车信息，在 QQ 群里也挂上网站链接。

"加强网络推广后，驿站的房间基本上每天爆满，旺季还要提前 3 天才能订上房间。"侯姝媛说，517 环岛骑行驿站名气渐响。2013 年 6 月至今，已经有文昌、博鳌、兴隆 3 家旅店老板主动找上门来，成为 517 骑行驿站加盟店。

"租车和住宿是环岛游客普遍关心的问题，517 环岛骑行驿站把租车与住宿一起解决，在当地还是首创，另外异地还车也是区别于其他驿站的一大亮点。"517 环岛骑行驿站博鳌加盟店负责人刘得得说，加盟后自己驿站的入住率直线上升。

2014年4月，侯姝媛又投资近30万元，在三亚开了一家直营店。“去年我们一年挣了50多万元，现在驿站已经布满了环岛骑行线路的东线，预计5年后我们还会在环岛骑行的中线和西线开5～10家驿站，到时候骑友就会享受到我们的一站式服务。”她说。

资料来源：根据 http://sports.sina.com.cn/outdoor/2015-03-11/152715427.shtml 整理。

思考题：

1. 结合本章案例分析侯姝媛是如何识别创业机会的？
2. 侯姝媛创业的517环岛骑行驿站为何能够成功？

第4章 创业资源获取和整合

核心问题

创业者为什么难以获取资源？
创业者如何利用好有限的资源？
创业者资源整合绩效差异的原因何在？
什么理论有助于解释创业者的资源管理？

学习目标

了解创业者资源管理的独特性
了解创业者资源整合的机制和技能
运用资源基础等理论解释创业活动
进一步熟悉创业思维

引例

蒙牛乳业的资源整合

三年时间，从千名之外跻身行业四强，打造“中国驰名商标”。

三年时间，完成销售额19.5倍的增长，成为《当代经理人》“2002中国成长企业100强”冠军。

这是“蒙牛乳业”创造的奇迹。任何奇迹都是由最平凡的招数完成的。蒙牛创建之初，没有厂房，没有资金，没有产品。一个品牌就是这样从无到有。牛根生认为，企业所需的资源无处不在，它可以在企业内部，也可以在企业外部，关键是企业领导用什么样的方式将这些资源有效地聚合，成为企业发展的核心要素，推动企业成长。通过资源整合启动企业前行的车轮，蒙牛乳业的案例为那些缺乏资金和资产等资源的企业打开了另一扇窗。

不适合做“副总裁”的“总裁”

1999 年是牛根生命运转折的一年。

1978 年牛根生参加工作。在伊利集团从一名洗瓶工干起，担任过车间主任、厂长等职，在伊利坐到了生产经营副总裁的位置。伊利曾经记录了他的辉煌：在这里，他曾获得呼和浩特科技兴市贡献一等奖，呼和浩特市特级劳动模范称号，入选“呼和浩特市首届十大青年企业家”等荣誉。然而，1999 年，伊利的股民在《中国证券报》上看到这样一则公告：伊利股份有限公司鉴于公司生产经营副总裁牛根生同志不再适于担任该职，公司董事会决定对其予以免职。

离开了伊利，牛根生心里很不是滋味。和他一起被免职的还有几位伊利的中层管理人员，他们聚在一起：决心重新干乳业这一行。当时这几个人手中都有一些伊利的原始股票，他们把这些股票卖掉，凑了 100 多万元，用 200 元租了一间办公室。在这里，内蒙古蒙牛乳业集团成立了，牛根生兼任董事长和总裁。

然而区区 100 万元显然不够。牛根生过去的老下属听说这个情况，纷纷投资蒙牛。在这些人的带动下，他们的亲戚、朋友以及很多以前有业务关系的人都开始把钱投给牛根生。这些人之所以敢把钱交给牛根生，是因为他们相信他的能力。

先建市场，再建工厂

公司注册 5 个月后，蒙牛有了 1 000 多万元。

这笔钱怎么用？按照一般企业的思路，首先建厂房，进设备，生产产品，然后打广告，做促销，产品有了知名度，才能有市场。牛根生一算，如果按照这种方法去做，这笔钱恐怕连建厂房、进设备都不够。等产品出来了，哪里还有钱去开发市场。他提出逆向经营的思路。

其他企业先有产品，再有市场。他提出“先建市场，再建工厂”。因为他看到许多企业都要花费巨资盖厂房、买设备。而等企业不惜血本地建起了厂房，引进了设备，在设备投放之日起，设备的折旧就开始了，大量资金被消耗在固定资产投资中，企业再也没有资金去搞经营。

牛根生的计划是把有限的资金用于市场的推广，然后把全国的工厂变成自己的加工车间。他看到有许多乳品企业不景气，这些企业并不缺乏厂房和生产设备，它们缺少的是先进的市场开拓经验和规范的管理理念，而这些正是牛根生等人的优势。与他一起创业的八位中层管理人员，都在伊利从事了十多年乳品生产经营工作，熟稔乳品市场的脉络，熟悉企业的管理。

牛根生先用 300 多万元在呼和浩特进行广告宣传，因为呼和浩特城市不大，300 多万元足以造成铺天盖地的广告效应。几乎在一夜之间，许多人都知道了“蒙牛”。接着，牛根生与中国营养学会联合开发了系列新产品，准备与国内的乳品厂合作，以投入品牌、技术和配方，采用托管、承包、租赁和委托生产等形式，将所有产品都打上“蒙牛”品牌。

这样，投资少，见效快，又可创建自己的品牌。

虚拟经营

在管理模式上，牛根生采用了“虚拟经营”的方式，如：生产冰淇淋和奶制品必须要有许多奶站的支持，国内企业的传统做法是自己花钱建奶站，而建一个奶站需要40万元。牛根生则巧妙地运用地方闲散资金，没花一分钱建起自己的奶站。蒙牛与当地政府协商，让它们组织建奶站（此举为蒙牛节省了5亿元投资），与蒙牛签订常年供应合同。蒙牛品牌的影响力和从不拖欠资金的信誉使当地政府放心，奶站是当地人自己出钱建的，自然尽心尽力，质量、数量都有保证，这样就形成了双赢。

此外，打着蒙牛标志的运奶车有500多辆，但这些车没有一辆是蒙牛自己购买的，全部由民间资金购买。有人开玩笑说，蒙牛只打的，不买车。维修、保修和保险都是车主的事，蒙牛只问奶的事，不问车的事。对于运奶车，牛根生的账可是算得很清楚，每辆车10万元，500辆车需要5 000万元的投资，再加上司机工资、管理费用、汽车油费、维修费用等，是一笔不小的支出。蒙牛的主业是奶，而不是车，车的事情完全可以交给社会力量。一般车主买来运奶车，刷上蒙牛的统一标识，同时也获得了一份稳定的运奶合同，两三年就能收回成本。

成功之道：绑定强势媒体，做强品牌

蒙牛一直宣扬和伊利是兄弟，应相互促进，共建“中国乳都”的形象概念。第一块广告牌上写的是“做内蒙古乳业第二品牌”，在冰淇淋的包装上也打出了“为民族企业争气，向伊利学习”字样——这样既谦虚又利用了伊利的知名度，无形中将蒙牛的品牌打出去。

如果说蒙牛在成立之初，“做内蒙古乳业第二品牌”的口号是站在了伊利这个“大牌”的肩上，成为蒙牛品牌建立的基石，那么后来与央视等强势媒体的合作，就成为蒙牛知名度、美誉度迅速提升的法宝。

在取得300万元打开呼和浩特市市场的成功经验之后，2003年，蒙牛向市场发起了更为猛烈的进攻。伊拉克战争爆发后，蒙牛第一个在央视投入大量的字幕广告。“非典”疫情爆发后，蒙牛成为国内第一个捐款捐物的企业，并以1 200多万元的捐赠拔得了头筹。而更大的生花之笔则要数作为“神舟五号”飞天中航天员指定用奶了。随着“神舟五号”飞上太空，蒙牛不管是知名度还是美誉度也一飞冲天。紧接着，央视招标会上，蒙牛动用了15家公司举牌竞标，继光明成为2003年“乳业标王”之后，蒙牛成为2004年央视标王。2003年蒙牛销售额上升到40多亿元。2004年则达到72亿元。绑定央视这个“大牌”，蒙牛被全国人民熟知。在中央台高举高打的媒介投放战略，在很大程度上节约了蒙牛追赶其他竞争对手的时间成本。也就是说，蒙牛在选择中央台的时候，看中的不仅是对销售量的提升，还看中了中央台快捷的传播速度，这为蒙牛节约了大量的时间成本。短短3年多的时间，蒙牛不仅销售量飞速增长，品牌影响力也大幅提升。

借路国际投行，做大资本

2002年，以神话般的速度增长的蒙牛吸引世界各地的投资者纷至沓来，蒙牛成了资本运营的“买方市场”。摩根士丹利、英国英联、嘉晖等国际知名投资公司2002年和2003年共为蒙牛注入了5.06亿元人民币。

2004年6月，蒙牛正式在香港联交所主板上市，成为第一家在香港上市的中国大陆乳制品企业。上市之初，蒙牛就取得了很大的成功，按照19倍的市盈率，以每股3.925港元的价格发行，公众超额认购达206倍。公司筹资金额达13.74亿港元，上市当天，涨幅达24.2%，当日成交量达到16.91亿港元。资本动力让原本飞速增长的蒙牛更是突飞猛进，过去三年蒙牛的年盈利复合增长率达131%，2003年涨幅更是达到了144%。

合作乳业巨头，做熟产品

如果说在蒙牛的成长历程中，央视和摩根士丹利是两个不得不提的“大牌”，前者是解读蒙牛营销神话的一把钥匙，后者为蒙牛把握乳业增长良机提供财务帮助，那么第三个“大牌”就应该是全球乳业排行第二的阿拉·福兹乳业公司。

阿拉·福兹是欧洲第一大乳业公司，2004年年末，阿拉·福兹和荷兰乳品业巨头坎皮纳公司（Campina）合并，成为全球第二大乳业公司。新阿拉·福兹公司的牛奶年产量将达到140亿公斤，年销售额将达到100亿欧元。

阿拉·福兹此番出征中国，显然是看中了这个人口众多的巨大市场。而蒙牛方面也透露了选择与阿拉·福兹合作的一个重要原因，“因为它是全球老二，它们之前在中国没有生意，而雀巢则在中国经营多年。”

在此之前，蒙牛已在全国液态奶方面市场占有率第一，冰淇淋也是市场占有率第一。而在市场容量趋于饱和，价格大战不断上演，市场竞争日趋白热化的今天，显然只靠液态奶和冰淇淋两个主打产品，蒙牛将难以保持高速增长。此次与全球乳业的老二合作，蒙牛是有意转战其他非液态奶市场，增加产品种类，寻求新的增长点，以此将“蒙牛速度”继续下去。

资料来源：根据http://wenku.baidu.com/view/3a85cf75f46527d3240ce06f.html和http://blog.sina.com.cn/s/blog_3fe2e90f0101fxgc.html整理。

思考与讨论

1. 牛根生是如何整合创业资源的？
2. 牛根生为什么能够获取资源？
3. 资源整合对蒙牛的早期快速发展有什么好处？

资源是企业发展的基础，对创业企业而言，其作用更是不可或缺的。它是企业作为一个经营体向全社会提供产品和服务的过程中，所拥有以及能撬动的实现企业目标的各种要素之和。而创业资源就是新创企业成立过程中以及以后成长过程中先后不断投入与利用的各种有形与无形资源的总和，是创业所依赖的源泉。但不可否认，创业企业对创业资源的运用经验相对较少，而创业资源的引入、消耗、交换、调配，任一动向都会对新创企业带来切身影响。因此，为提高新创企业的核心竞争力，做好创业资源整合尤为重要。创业资源的获取及整合伴随于整个创业过程中，创业者需要有效地识别外部环境中的各类资源，获取有价值的创业资源，并对汲取到的资源进行组织和整合后有效利用，转换成企业核心竞争力，促进创业成长。

4.1　创业资源及其分类

4.1.1　资源基础理论

讲到资源，人们首先容易想到的是目前战略管理理论中非常重要的理论——资源基础理论。近几年来，许多学者都在试图利用资源基础论的观点来解释创业过程以及新企业的战略行为。为此，有必要先对资源基础理论有基本的了解。资源基础理论的基本观点是将企业概念化为一系列资源的集合体。该观点可以较早地追溯到英国管理学家伊迪斯·彭罗斯（Edith Penrose），她在1959年出版的管理名著《企业成长理论》（*The Theory of The Growth of The Firm*）一书中把企业看作由一系列具有不同用途的资源相联结的集合，关注企业内部的资源对实现企业成长的重要性，以及企业在其成长战略中如何利用不同的资源。由于企业始终存在着未被充分利用的资源，企业可以利用富余的资源进行新的尝试，因而企业会得到发展。

在资源基础理论产生之前，主导战略管理的是哈佛大学战略学教授迈克尔·波特的定位学派。该学派理论假设产业内的企业是同质的，异质性即使存在也不会很明显，企业的竞争优势应该归因于产业/市场结构，找准目标市场成为企业的基本战略。但是，Rumelt和Foss等学者提出，这一理论无法解释为何在相同行业不同企业之间经营绩效的差异要比不同行业的企业之间的差异还要大，以及同一产业内不同企业间存在不同的成长率等问题。这就说明绩效差异并不仅仅源于企业外部，很可能来自于企业内部。在此背景下，一些学者将注意力转向企业内部，开始以“资源”和“能力”等作为研究对象，探讨它们与企业竞争优势的关系。彭罗斯提出的企业成长理论关于资源的论述由此引起重视。

企业资源固然是企业生存和发展的基础和源泉，但通用性资源无法使企业获取高水平的绩效和持续竞争优势，无法实现真正的成长。那些其他企业难以创造、替代和模仿的异质性资源更加重要，企业内部拥有的那些异质性资源和能力是企业成长的重要原因。Wernerfelt（1984）和Barney（1991）在Penrose（1959）的研究基础上对其进行深化，最终形成资源基础理论。资源基础理论的基本假设是企业具有很多独特的资源，这些资源是不可以在企业间流动和复制的，资源的独特性是企业持续竞争的优势源泉。Barney（2001）对资源基础理论进行总结，主要包括三个内容：第一，特殊的异质性资源构成了企业竞争优势的源泉。因为特殊的资源具有价值性、稀缺性、不可替代性等特性，所以它们是企业竞争优势的源泉。第二，资源的不可模仿性使其保持持续的竞争优势。由于资源是不可完全模仿与复制的，独特性为企业的发展带来竞争优势。第三，获取特殊资源并对其进行管理的方式主要包括：组织学习、知识管理与外部网络建立。

总之，对于企业拥有的资源，资源基础论认为，并非公司所有的资源都能转化为竞争优势，只有当这种资源是有价值的、稀缺的、难以模仿的、无法替代的时候，它才有可能成为竞争优势。①有价值：资源基础论认为只有当公司可以借助某种资源或能力挖掘外部机会或避免威胁的时候，这种资源才是有价值的。②稀缺：只有现有的或潜在的少数竞争者掌握资源的时候，它便是稀有的。③难以模仿：其他公司无法获取这种资源时，或是需要付出多得多的成本才能得到时，它便是难以模仿的。④无法替代：没有与其类似的资源或能力时，这便是无法替代的。当资源达到以上四个标准时，它们便可能成为企业核心竞争优势的基础。

4.1.2 创业资源的类型

创业活动需要资源的支撑。在经济学分析中，一般认为资源是企业为了创造新价值和追逐新财富而投入生产经营过程中的所有生产要素和支撑条件。资源基础理论作为传统战略管理的核心理论，指出企业要想获得持久的竞争优势，就必须掌握那些稀缺的、不可替代的、不可模仿的战略资源。创业资源是新创企业成长和发展过程中不断投入运作的所有资产。创业资源是新创企业不可或缺的基础，贯穿于整个生产经营始末。创业伊始，创业者需要判断是否具有所需的足够资源来开发创业机会，同时由于新企业的高成长性需要更多的资源来保障，创业家还需对创业资源进行充分的整合以保障组织战略的执行。企业从创立到成长发展的过程中，一直伴随着识别和获取所需创业资源——利用已整合好的资源撬动新资源——新的创业资源整合这样一个过程。创业资源不仅在量的积累上保证创业活动的生产经营，还在于创业资源的整合能让企业获得竞争优势。在国内外专家学者关于资源分类的基础上，根据资源的性质将创业资源分为八种类型，即人力资源、社会资源、信息资源、财务资源、物质资源、技术资源、组织资源和政策资源。

（1）人力资源。包括创业者与创业团队的知识、训练、经验，也包括组织及其成员的专业智慧、判断力、视野、愿景，甚至是创业者本身的人际关系网络。创业者是新创企业中最重要的人力资源，因为创业者能从混乱中看到市场机会。创业者的价值观和信念更是新创企业的基石。如果说新创企业之间的竞争实际上是创业者个人之间的竞争，这样的判断也并不夸张。

（2）社会资源。主要指由于人际和社会关系网络而形成的关系资源。社会资源可以是人力资源的一部分，或者说是特殊的人力资源。对新创企业而言，社会关系网络非常重要。因为社会资源能使创业者有机会接触到大量的外部资源，有助于通过网络关系降低潜在的风险，加强合作者之间的信任和声誉。丰富社会资源是创业者的重要使命。

（3）信息资源。当今社会竞争更为激烈，新创企业要想胜出，就必须获得及时、准确的市场信息以做出正确的决策。信息是不对称的，尤其是对于新进入的企业。信息资源的整合包含有管理的内涵，也要整合管理好企业外部的资源，既要抓住企业好的发展机遇，又要整合管理好企业内部的信息资源，进行信息资源的规划。信息资源规划即根据需求分析建立集成化信息系统的功能模型、数据模型和系统体系结构模型，形成一个系统化的企业信息化解决方案，以使企业高质量、高效率地实现跨越式发展。

（4）财务资源。包括资金、资产、股票等。对创业者来说，财务资源主要来自个人、家庭成员和朋友。由于缺乏抵押物等多方面原因，创业者从外部获取大量财务资源比较困难。财务资源对于企业的重要性不言而喻，在企业经营过程中，无论是引进新产品或新服务，抑或是进行产品研发都需要大量的财务资源支持。受新创企业高成长性的要求，创业者需要整合企业内外部资本以保障企业的发展。

（5）物质资源。指创业和经营活动所需要的有形和无形资产，如厂房、土地、设备、技术专利等。其中技术专利可以通过法律手段予以保护，形成组织的无形资产等资源。有时也包括一些自然资源，如矿山、森林等。

（6）技术资源。包括关键技术、制造流程、作业系统、专用生产设备等。技术资源与智慧等人力资源的区别在于，后者主要存在于个人身上，随着人员的流动会流失；技术资源大多与物质资源相结合，可以通过法律手段予以保护，形成组织的无形资产等资源。

（7）组织资源。包括组织结构、作业流程、工作规范、质量系统。组织资源通常指组织内部的正式管理系统，包括信息沟通、决策系统以及组织内正式和非正式的计划活动等。一般来说，人力资源需要在组织资源的支持下才能更好地发挥作用，企业文化也需要在良好的组织环境中培养。

（8）政策资源。从中国的创业环境看，创业需要相应的政策扶持，只有在政策允许和鼓励的条件下，新创企业才能获得更多的国内外人才、贷款和投资、各种服务与优惠等。

有些学者根据其他维度对创业资源进行了其他划分。基于资源对生产的作用，Amit & Schoemaker（1993）把创业资源分成两类：生产性资源和工具性资源。生产性资源指能够应用于生产过程或者开发其他资源的资源，比如说物质资源（机器与办公室等），这些资源可以被直接用于生产产品或者提供服务；工具性资源应用于获得其他资源，比如说财务资源，由于它的柔性很大，因而具备了获得其他资源的能力，比如说用来获得人才与设备。基于资源的不可模仿性，Miller 和 Shamsie 在 1996 年把创业资源分为两类：知识资源和权益资源。企业通过建立知识壁垒来实现竞争对手不能模仿其流程或技能所利用的资源就是知识资源（knowledge-based resources）；而权益资源（property-based resources）是指那些能够通过产权（包括合同、所有者契约与申请专利等）的方式进行保护的资源。类似的划分有 Amit & Schoemaker（1993）从资源的离散性系统状态进行划分，把创业资源划分为“简单性资源”和“复杂性资源”两类。简单性资源指的是那些以产权为基础的、有形的但处于离散状态的资源；而复杂性资源是指以知识为基础的、无形的、系统性的资源。

4.2 初创期的社会网络与资源获取

有价值的、稀缺的、难以模仿的、难以替代的异质性资源对新企业绩效具有重要影响，是企业获取竞争优势的基础。由于新生性所导致的成长劣势或弱性，使新企业面临高度的技术和市场的不确定性，而缺少绩效记录及信息不对称等问题阻碍了资源所有者对新企业的正确评估，使新企业很难获得外部企业和机构的支持。因此，与成熟企业相比，新生企业往往很难及时获取所需资源，面临更高的失败风险，导致新企业较高的失败率。

在创建的早期阶段，新企业逐渐建立的社会网络可以帮助企业克服上述问题，创业者可以凭借社会网络来获取资金、关键技术和人力资本等新企业所需的资源。社会网络对新企业的资源获取具有重要影响。作为网络型组织，新企业通过与顾客、供应商、竞争者及其他机构等主体的联系进行资源获取和学习对新企业的运营至关重要。而这些网络联系中不仅包含知识和信息的流动，也伴随着物质资源或知识产权的流动。因此，社会网络影响到了不同资源的获取方式。

企业经营受到外部环境的影响，伴随市场的剧烈动荡，新企业生存更加困难，需要付出更多的努力进行组织学习。在高度动荡的转型经济背景中，社会网络是否影响了新企业的资源获取？环境动态性是否影响了社会网络与资源获取之间的关系？与资源所有者之间的信息不对称问题，增加了新企业资源获取的搜寻成本和交易成本，信息获取是否影响了社会网络与新企业资源获取之间的关系？

4.2.1 社会网络与资源获取

社会网络是指社会单位之间及人与人之间比较持久的、稳定的多种关系结合而成的网络关系，包括强度和密度两个维度。前者指的是网络内成员间联系的密切程度，后者指的是网络内成员及其联系的规模。

社会网络作为一种重要的社会资本，同经济资本一样属于有用的创业资源，它对创业机会的开发和利用过程有积极的影响。Aldrich（1998）等在研究中指出，社会关系的重要性在于提高自我肯定、提供个人网络和有价值的资源。Aldrich & Zimmer（1986）研究发现，社会因素对于获得机会过程中的关键资源非常重要。个体之间的联系为个人提供了便于评估、采购和使用资源的网络，这对于机会的开发十分重要。例如，朋友可以带来某些资源，包括传统的生产要素（资本），与天使投资人或风险投资家的关系，通过适当有效的网络发布关键的生产或营销信息。因此，如果能妥善利用社会资本，就可以在信息不完全、市场不完善的环境（如新生行业、产品、市场和技术）里获得资源。

企业资源包括其能够控制或使用的，能潜在或实际影响企业价值创造的所有资金、实物、人力、技术、知识和信息等。以企业作为边界，资源获取方式主要有两种，分别是资源外部获取和资源内部积累。资源外部获取具体包括资源购买和资源吸引。资源购买，指的是利用财务资源杠杆获取外部资源，如购买厂房、装置、设备等物质资源，购买专利和技术，聘请有经验的员工和通过外部融资获取资金等。资源吸引，指的是发挥无形资源的杠杆作用，如利用新企业的商业计划、勾勒的创业前景、创业团队的声誉获得物质资源、技术资源、资金和吸引人力资源。资源内部积累，指的是利用现有资源在企业内部培育所形成的资源，主要包括自建企业的厂房、装置、设备，在企业内部开发新技术，通过培训增加员工的技能和知识，通过企业自我积累获取资金等方式。

新企业创业阶段通常面临较大的资源缺口，需要通过外部获取或内部积累的方式得到资源，最终关心的是所取得的资源在数量和质量上是否满足需求。一般情况下，网络强度和网络密度分别影响新企业的资源获取。

1. 社会网络与资源外部获取

网络强度对企业资源外部获取的影响主要表现在三个方面：第一，强关系网络有利于资源所有者搜集有关创业者能力、新企业技术和市场潜力的信息，从而可以对新企业进行有效评估，减少新企业的资源搜索成本；第二，社会网络通过控制机会主义行为而减少交易成本，如果创业者有一些不正当行为，负面信息会很快通过资源所有者网络扩散，新企业花费很长时间构筑的信誉可能在一瞬间毁掉，因此网络具有抑制机会主义行为的自组织性；第三，强关系网络有利于增加企业与其他网络主体之间的信任程度，进而使创业者更愿意把新企业的技术和产品信息透露给资源拥有者，促进双方之间的资源交换。因此，强关系网络可以有效解决新企业所面临的环境不确定性和信息不对称问题，使新企业更容易获取所需数量和质量的资源。

企业需要从不同类型的组织中获取不同类型的资源，网络成员规模的增加影响企业的资源获取。因而，反映网络成员及其连接规模的网络密度揭示了企业获取资源渠道的多寡，对资源外部获取具有重要影响。例如，与大学和科研机构的网络联系有利于企业获取技术资源和人力资源；与银行、个人投资者、企业投资者和风险投资机构的网络联系有利于企业资金的获取；与顾客、供应商及大企业的联系会增加企业的市场资源，如分销渠道的建立；创业者也可以通过各种网络关系，掌握所需要的人才信息，然后努力地招募。邓中翰领导的中星微电子是1996年由多位硅谷博士企业家在北京中关村创办的，在国家信息产业部的提议和支持下，得到了国家财政部、发改委、科技部、商务部、北京市人民政府和中关村管委会等有关部门在财力、物力资源上的诸多支持，从而为企业初创期成功获取资源创造了条件，启动了“中国芯工程”。童车市场冠军“好孩子”1994年获得“中国置业”投资450万美元；1996年，“第一上海”成为“好孩子”第一大股东；2000年，美国国际集团和日本软银对“好孩子”投资1 800万美元；2006年，欧洲PAG以1.225亿美元总价收购了“好孩子”的部分股权。由此可见，网络密度有利于企业通过多种渠道从多种主体获取所需数量和质量的资源。

从网络强度与网络密度两个维度可以看出，社会网络影响新企业的资源外部获取。

2. 社会网络与资源内部积累

社会网络对资源积累的影响主要表现在企业可以通过网络进行学习。与大企业相比，创业者的管理能力明显处于劣势，往往无法对创业资源进行有效的整合与利用。但他们可以通过社会网络获取大量的经验和技能等隐性知识。新企业与其网络成员（供应商、用户、大学和其他企业及机构的员工之间）频繁交流，使新企业能够获得更多的外部知识，对资源进行有效积累，促进自身产品和工艺的创新活动。而尤其重要的是，其中的隐性知识受限于高度的嵌入性，需要通过网络成员之间广泛的交互作用方能为对方所理解，这意味着隐性知识必须借助强联系才能得以传递。网络密度越高，越有利于新企业向更多的资源所有者学习；网络强度越高，越有利于新企业通过有效学习获取隐性经验和技能，进行有效的资源内部积累。牛根生领导的蒙牛自1999年创立以来，每年会定期对员工进行培训，为员工提供足够的机会学习新技术、新的管理技能；同时，企业每年会将大批各阶层员工派往国外和国内同行业企业进行参观、交流。为员工提供更多的学习机会，员工才会与时俱进，从而推动企业发展。通过内部积累不但扩大新企业资源的规模，而且由于企业能够更好地控制资源的积累过程，从而使积累资源的质量更加满足企业需求。因此社会网络强烈影响着新企业的资源内部积累。

通常新企业拥有一定的初始资源，而不断获取的新资源是保证创业者顺利创建及不断发展一个新企业的基础，而资源获取成本的高低则影响其对新企业创造价值的贡献。事实上，获取外部资源需要一定的搜寻成本，新企业与各网络成员之间的联系程度在一定程度上影响了搜寻成本。同时，社会网络对资源积累的影响主要是通过企业的学习能力实现的，企业通过学习获取先进的管理经验从而对资源进行有效的内部积累。

在当前激烈的市场竞争环境下，对各种网络关系及整体网络的管理能力成为企业成功的关键条件。网络关系的构建、利用和管理对处于竞争劣势的新企业尤其重要，也是新企业需要逐步构筑的一种能力。新企业应该有目的、有意识地塑造自身的网络能力，帮助自身在有限资源的基础上开发、维护与利用各种层次的网络关系和识别网络价值与机会，引导或适应网络动态变化并及时获取各类所需资源以赢得长远的竞争优势。

4.2.2 环境动态性与资源获取

环境动态性是指产业中变化的不可预测性和变化率，源于竞争者的进入和退出，消费者需求和技术条件的变化可影响管理者对未来的预测。通常动态性环境影响了创业机会的产生，进而影响企业的生成。环境动态性越强，创业机会越多，就会有更多的创业者选择创业。创业者过去应对环境动荡的经验无疑会提高新企业应对外部环境的能力，能够分析环境的变化并抓住适宜的机会。显然，长期处于动态环境下的企业或创业者能够不断地积累应对环境变化的能力。从这一角度看，环境动态性可以为创业者提供更多的创业机会，促进更多的创业者实施创业。新企业数量的增加，导致更大规模的资源需求，从而促进其采取购买、吸引和积累等方式获取所需资源。

环境动态性越强，产生的创业机会越多，企业的资源需求越大，企业之间资源获取的竞争越激烈，进一步督促新企业建立网络关系以运用不同的方式获得所需资源。在动态变化的环境中，为了获取所需要的一定数量和质量的资源，为了更好地把握市场变化的动向，新企业有必要与更多的网络成员，如顾客、供应商、中介、政府部门等建立联系，从而减少动荡环境的影响。通过与国外企业、特定的政府机构建立联系，新企业可以获得所需的金融资产，并能够学习到先进的管理和技术知识。与政府机构的密切联系使新企业能够了解政策动向，并增加获取新资源的机会。同时，创业者与新企业也倾向于与教育机构建立联系，有利于其获得所需的人力资源，并且能够激发更多的创业者。同时，创业者可以通过与相关研究人员的接触发现创业机会，扩大创业在转型经济时期的作用。联系越密切，网络成员之间的信任度越高，新企业能够获得资源的数量和质量就越容易满足需求。

在动荡的环境下，如果缺少足够的资源就会降低企业对市场机会和竞争者行为的反应能力。例如，如果缺少具有管理技能的员工，当市场需求出现时，企业就无法对市场机会做出反应，引入新的产品或服务，这样，企业更加需要通过内部积累的方式获得所需资源，更需要通过学习获取经验和技能对资源进行有效的积累，而社会网络是企业学习的有效途径。因此，环境动态性越强，对外部环境的依赖性越大，企业获取资源的风险意识越强，与外部环境的物质和信息交换越多，企业就越倾向于建立更广泛的联系，提高网络密度，从而有利于企业向更多的网络主体学习，提高资源内部积累的效率。同时，经验和技能等隐性信息的转移通常需要频繁而密切的接触才能实现，即借助于强联系才能实现，为了提高学习效率，企业会提高网络强度，从而更有效地进行资源的内部积累。

因此，环境动态性会影响网络密度与新企业资源外部获取的关系，同时也会影响网络强度与新企业资源外部获取的关系，即环境动态性越强，社会网络对资源购买的影响越大。环境动态性对社会网络与资源内部积累的关系具有调节作用，即环境动态性越强，社会网络对资源内部积累的影响越大。

为了应对高度动态的环境，企业必须寻找新的资源参与市场竞争。需要创业者注意的是，在动态变化的环境中，不同的资源具有不同的价值，在稳定的环境下，有形资源更有效，而在高度动荡的环境中，以知识为基础的无形资源更有价值。因此，在动态变化的环境下，新企业更需要建立社会网络获取新的资源，以保证新企业在动态环境下的灵活性，而且在动态变化的环境中，新企业更应注意获取和积累知识型资源。

4.2.3　信息获取与资源获取

识别资源的来源是新企业资源获取的前提，企业需要收集和掌握大量的资源所有者的信息，既包括显性信息也包括隐性信息，即信息获取。信息来源主要有两个方面，一是获取隐性信息的来源，具体指的是创业者与资源所有者如家庭、亲戚朋友、各类企业和机构的直接接触，这一来源最直接地反映了创业者所处的运营环境；二是获取各类显性信息的来源，主要指的是书面信息，报纸、商业出版物都能够为创业者提供竞争者的市场信息。其实，雇员的流动、非正式交流、企业的衍生、合作创新、专利或技术转让及专业杂志、专利出版物、报纸、电视等都是企业获取信息的重要途径。

社会网络对资源外部获取的影响通过显性信息和隐性信息的获取发生作用，搜集资源来源等信息是新企业的关键任务之一，对资源所有者信息的获取有助于创业者有针对性地接近并说服投资者将其资源投放到企业当中，企业掌握资源所有者的信息越多，通过网络获得资源的效率就越高。社会网络对资源内部积累的影响也通过显性信息和隐性信息的获取发挥作用，特别是隐性信息的获取。正如米勒所言，企业的组织学习对于资源积累的有效性具有重要影响。企业通过有效地学习来获取经验和技能等隐性信息，并用于资源积累过程，企业获取的隐性信息越多，社会网络对资源内部积累的影响也就越大。

因此，信息获取影响了新企业借助社会网络对资源的获取，即信息获取越有效，越容易减少信息的搜寻成本，通过社会网络吸引的资源就越符合新企业创建及早期成长的需要。因此，新企业应该注重学习能力的提高，增加对信息的敏感性，积极主动地搜集资源所有者的各种信息，建立有效的信息获取渠道和信息甄别机制。

4.3　创业者利用资源的方法

资源基础理论只是表明了企业资源具有独特的异质性，但是当这些特性被完全模仿和复制时，企业的竞争优势也就不复存在。资源基础理论虽然给企业的资源管理提供了大体的指导方向，但需要企业根据自身的实际情况选择资源并获取资源。要想使企业能维持长期的竞争优势必须不断地将获取的资源进行整合，使资源转化为一种能力。Makadok (2001) 认为，资源的选择和获取是产生绩效的前提条件，对资源进行配置和利用是发挥能力的重要手段。能力和资源是相辅相成的，彼此之间相互补充与相互配合，而企业选择、获取和配置资源的程度就是企业组织能力的体现。

专门研究创业与成长型中小企业的《公司》杂志在 2002 年 2 月刊上发表了题为《零起步》的报道性文章，介绍了一位名为格雷格·简福蒂（Greg Gianforte）的创业者结合自身创业经历对创业的观点。简福蒂认为，缺少资金、设备、雇员甚至缺少产品，实际上是一个巨大的优势，因为这会迫使创业者依靠自有资源，把精力集中于销售，进而为企业带来现金。为了让公司坚持下去，创业者在每个阶段都要问自己，他们怎样才能用更少的资源获得更多的利益。而缺乏资源是多数创业者面临的初始条件，缺乏经营业绩、面对未来发展不确定性等一系列因素都使得新创企业与既有企业、大公司相比，在资源获得方面处于劣势。创业者可以创造条件积极争取获取资源，但可行的逻辑是充分利用好已有的资源、身边的资源、别人不予重视的资源，发挥资源的杠杆作用。

4.3.1　步步为营地利用资源

多数创业者由于受到可用资源的限制而寻找创造性的方式开发机会创建企业，并促使企业成长。学术界用“bootstrapping”一词描述这一过程中创业者利用资源的方法，主要指在缺乏资源的情况下，创业者分多个阶段投入资源，并且在每个阶段或决策点投入最少的资源，也被称为“步步为营”。美国学者杰弗里·康沃尔（Jeffrey Cornwall）2010 年出版的《步步为营：白手起家之道》（*Bootstrapping*）一书指出，步步为营不仅是一种做事最经济的方法，还是在有限资源的约束下获取满意收益的方法；不仅适合小企业，同样适合高成长企业、高潜力企业；那些广泛使用借贷和产权融资的企业也从步步为营技术中受惠。

温伯格和兰丝特龙将步步为营方法划分为内部导向和外部导向两种。内部导向的方法包括那些允许创业者从投资在企业内部的有限资源中尽可能获得最大产出的很多方法。外部导向方法经常集中在获取外部资源的来源上，也就是创业者能够与其他企业分享或共同使用这些资源。例如，这种方法可能包括共享空间和设施，或者各种各样的外包方式。外部导向的步步为营方法是通过找到一些途径，加速从顾客那里得到现金的流转速度。

步步为营的基本哲理正印证了那句格言，“现金为王！”现金流是每个企业的命脉。根据哥伦比亚商学院阿玛尔·毕海德（Amar Bhide）教授的研究，白手起家的创业者应该把注意力放在现金流上，而不是包括利润率、市场份额以及销售收入增长率等其他的资金绩效指标上。这里要讨论的所有步步为营的方法，其根本目的都是保护创业型企业中最珍贵和最稀缺的资源——现金。

总而言之，步步为营活动包括：

- 当创业资本受限时，创业者要寻找实现企业理想的目的和目标的途径；
- 最大限度地降低对外部融资的需要（债务与股权）；
- 最大限度地发挥创业者投在企业内部资金的作用；
- 实现现金流的最佳使用方法。

通过有效的步步为营尽快达到收支平衡的好处包括：①减少外部资金的投入；②缩短创业者获得第一桶金的时间；③为创业者和公司赢得更多可利用的现金流，以及由此所带来的更高的公司估价。

对多数新企业来说，通过步步为营，创业者能在资源有限的情况下创造性地找到启动和发展企业的方法。其启动和发展创业企业的基本逻辑如图 4—1 所示。

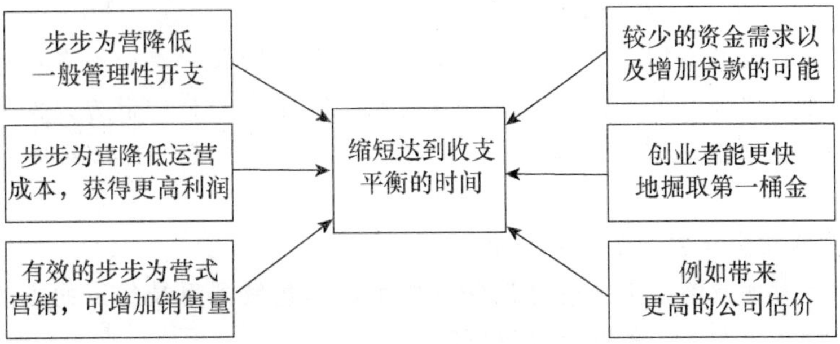

图 4—1　步步为营与收支平衡

专栏　创业者为什么选择步步为营的方法

至于创业者为什么选择步步为营的方法，杰弗里·康沃尔总结出九条理由，这些理由有助于读者更好地理解步步为营。

1. 企业不可能获得来自银行家或投资者的资金

创业者特别是年轻的创业者没有足够的工作经历积攒开办企业所需要的资金，没有足够的信用史，没有贵重的个人资产，所以难以从银行家或投资者那里筹措资金。

2. 新创建企业所需外部资金来源受到限制

大量有关初创资金来源的研究报告显示，创业者的初创资金主要来自创业者个人，或家庭成员、朋友。传统的外部资金来源，如银行贷款，不可能成为多数创业者的选择。即便是风险投资，也只是青睐少数的成长潜力大的企业。

3. 创业者推迟使用外部资金的要求

多数创业者特别关注对企业的控制权，他们不愿意别人分享创业的收益，他们希望通过自己的努力创造和占有价值。随着实力的增强，获取外部资金的能力和谈判能力也会增强。另外，在创业初期，从外部筹集资金也会耗费创业者大量的时间和精力，创业者认为不如把这些时间和精力投入到销售等活动中。

4. 创业者对自己掌控企业全部所有权的愿望

许多创业者不希望处理由于外部投资者期望，以及银行施加的要求而给企业增加的复杂问题。外部融资有可能降低了创业者对企业所有权的份额，从而减少了他们获得的企业所创造的财富和利润。而且新的合伙人加入也容易带来人际关系的变化，许多创业者认为合作伙伴之间的关系甚至比婚姻还要复杂。

5. 使可承受风险最小化的一种方式

很多创业者因为偿还贷款的压力而尽可能不使用银行贷款，降低债务负担。他们用自己的现金储备保持盈利。创业会面临大量的不确定性，创业者有创业激情，但抵御风险能力低，自己对未来的发展也不是很清晰，所以希望承受的风险小一些。

6. 创造一个更高效的企业

在有些情况下，拥有很多资源并不一定是好事情，并可能带来浪费和不必要的开支。相反，资源少会迫使企业更灵活，更能随机应变。

7. 使自己看起来“强大”以便争夺顾客

创业者常常会发现他们是在同那些大型的、已存在的公司争夺顾客，这要求他们看起来在产品和服务方面与那些比他们大得多的竞争对手有同样的能力。太太口服液一开始就聘请海外专业机构制作精美的广告。为此，创业者们就需要在其他方面设法降低成本。

8. 为创业者在企业中增加收入和财富

通过步步为营的策略，创业者可以降低成本，尽量做到用最经济的方法做事，当然也就等于在增加企业和个人的收入和财富。

9. 审慎控制和管理的价值理念

习惯于步步为营的创业者会形成一种审慎控制和管理的价值理念。在好的方面，这意味着责任心，对投资者负责，让所占用的资源发挥更大的效益。这种价值理念也可能演变成不好的结果，不少创业者在事业做大之后，仍然习惯于财物“一支笔”控制，事无巨细，谨小慎微，反而制约了发展。

资料来源：杰弗里·康沃尔：《步步为营：白手起家之道》，北京，机械工业出版社，2009。

在资金资源受限的情况下，创业者经常运用多种工具和技术，放大其有限、可用资金（资源）的作用和效果去获得成功，这些统称为步步为营的策略。

步步为营的策略首先表现为节俭，设法降低资源的使用量，降低管理成本。但过分强调降低成本会影响产品和服务质量，甚至会制约企业的发展。为了寻求生存和发展，有的创业者不注重环境保护，盗用别人的知识产权，甚至以次充好，在消费者中形成很差的印象。这样的创业活动尽管短期内可能赚取利润，但显然没有长期发展的潜力。所以，“保持节俭，但要有目标”的原则很重要，节俭重要，但更重要的是实现目标。

本着“保持节俭，但要有目标”的原则，创业者在实施步步为营策略时所采取的措施多种多样。为了降低运营成本，创业者们采取外包的策略，让其他人承担运营和库存的开支，减少固定成本投资，防止沉没成本过高降低自身的灵活性，利用外包伙伴已形成的规模效益和剩余能力为自己降低成本，有时甚至可以利用外国的低成本优势。牛根生在创建蒙牛之初也采取几乎同样的策略。这些策略与单纯的节俭显然不同。

为了降低管理费用，创业者们来到孵化器或创业服务中心享受那里提供的廉价办公场所，和其他创业者共享传真和复印设备，同时结交更多的创业者。创业者们雇用临时工甚至租借员工，使用实习生。创业者们可以通过有效地使用电子通信设备来虚拟办公。绝大多数网络企业是在家办公的。当必须面谈时，那些公共场所如咖啡店提供了与合伙人、雇员、顾客当面联系的场地。但有些企业，如零售商和生产运营商，是不能够简单地在卧室、地下室或车库中办公的，它们需要实际的场地来开展业务。不过，这些企业仍然有许多方法通过降低成本或优化现金流支出来降低空间成本。

步步为营策略还表现为自力更生，减少对外部资源的依赖，目的是降低经营风险，加强对所创建事业的控制。这和经常说的内涵式发展接近。步步为营是一种进取而非消极的策略，较少的资金需求反而有助于获得贷款的可能性，图4—1所反映的启动与发展逻辑就是积极的策略。

4.3.2　创造性拼凑地利用资源

由于机会经常是转瞬即逝的，创业者有时必须迅速采取行动，哪怕是在资源缺乏的环境下。创业者没有时间用更广泛的途径整合资源，因此，开发自身现有的资源十分重要。事实上，潜在创业者并不是真的“一无所有”，而是对自己手头拥有的东西视而不见。

我们认为，使创业者能够“无中生有”地开发现有资源的一个有效手段是“创造性拼凑”。Levi-Strauss最早提出创造性拼凑的概念，创造性拼凑笼统地指用手头现有资源直接行事，但并没有给出明确的定义。

之后很多学者直接沿用了这个词的含义。Baker和Nelson在他们的研究中将“创造性拼凑”定义为：为了解决新问题或利用新机会，整合手头现有的资源行事，其中包含三层含义：一是创造性拼凑者利用的是手头的现有资源，即可以立即获得并使用的资源；二是创造性拼凑是一种立即行动的行为，即积极快速地应对机会或问题而不是拖延或深思熟虑，是一种行为偏好；三是创造性拼凑强调为了新问题或新机会而重新组合资源，创造性拼凑的目的是解决新问题或利用新机会，是将现有的资源用到新的用途。同时具有这三方面特点的创业者资源整合行为才构成创造性拼凑。

创造性拼凑行为可以被利用在很多资源领域。对于物质资源，创业者可以将被别人忽视、遗忘、认为没有价值或用于单一途径的物质资源用于新的用途、开发新价值，如一位农民将自家田地里废弃多年的煤矿中积存的沼气引出，用于供电供热，成立了天然气公司。创业者也可以利用免费的人力资源，如家庭成员、供应商、顾客或旁观者，如在创业之初家庭成员会充当免费的劳工。有时人们并没有意识到自己提供了免费人力，如自行车修理工通常没有固定自行车用的装置，他们在修车轮时往往是让身边的顾客帮忙抬起自行车，顾客通常也会很乐意这样做，这时自行车修理工就利用了顾客的免费人力。创业者还利用一些没有专业认证或自学而来的技能，比如一个汽车修理工平时爱好帮别人修理家电，从而培养出了一些维修技能，后来自己成立了家电维修公司。在顾客和市场方面，创业者可以在不愿意或没有能力从普通企业手中购买产品的人群中发展顾客和市场，例如一位创业者收购旧房屋再以十分低廉的价格租给经济拮据的人，这些顾客很难负担得起普通房屋市场上的房租。在制度和规范环境方面，创业者不愿受现行的“标准”、“惯例”的约束，敢于挑战常规理念。通过亲自尝试，创业者了解到底哪些规范会约束他们，约束到什么程度。创业者对一些约束他们的规范会遵从，而忽略另一些规范。

创造性拼凑是通过创新进行价值创造的活动。熊彼特等学者指出，新的整合需要将资源从原有用途中撤出，整合带来的损失可能多于潜在价值。但事实上，创业者拼凑的资源通常是被认为没有价值而闲置的冗余资源，或者是用于单一用途没有充分利用的资源，不会带来损失。不仅如此，合理利用创造性拼凑还会促进企业的成长。Garud 和 Karn 通过对美国和丹麦风轮机行业发展的对比分析，比较了利用创造性拼凑和追求重大突破对企业发展的影响，指出丹麦的风轮机行业之所以赶超美国是因为利用创造性拼凑手段很好地开发了现有的资源。

Baker 和 Nelson 通过对 29 家企业利用创造性拼凑实现企业成长的深入研究，表明在资源约束的条件下，创业者可以通过创造性拼凑开发现有资源或者攫取新的资源，创造性拼凑体现在物质、人力、技术（即创业投入）、制度规范和顾客五个领域，创业者可以采取全面拼凑和选择性拼凑两种方式。全面拼凑是指创业者在每个领域始终都采用拼凑手段，久而久之容易被大众定位成标准低、质量次的“拼凑型企业”，丧失广泛的顾客群，进而阻碍企业成长。而采用选择性拼凑方式的创业者只在创业初期选择部分领域进行拼凑，随着企业的发展逐渐减少，最后放弃拼凑方式，使企业逐步走向正规化，满足更广泛的市场需求，因而选择性拼凑方式可以促进企业成长。因此，创业者在创业之初要学会开发手头被闲置、被视为无用或没有充分利用的资源，但同样也需要学会探索潜在的资源。

短例

迅雷早期的创业历程

2002 年迅雷创始人程浩和邹胜龙共同创业，开始选择的项目都是收费邮箱，在两三个月后陷入困境，两人商量后开始转型，决定研发迅雷，迅雷采用基于网格原理的多资源超线程技术，下载速度惊人，为了以最快的速度发布，程浩在研发过程中放弃了对产品其他各种细节的考究，只关注目标消费者最关心的特性——“速度”。早期版本虽然漏洞不断，但是凭借速度优势，迅雷在市场上抓住了先机。

迅雷聘请专业营销人员每月花费两三万元进行市场推广，但使用者寥寥无几。2004年，程浩通过朋友介绍找到金山软件总裁雷军，雷军只是给迅雷进行了一次测试，结果显示迅雷的下载速度是其他工具的20倍。于是金山同意推荐其游戏用户使用迅雷免费下载其热门游戏的客户端软件。之后迅雷也与其他网络游戏厂商达成协议。经过半年多的时间，迅雷拥有300万用户。之后迅雷通过广告、软件捆绑等措施获得了收支平衡。随即，迅雷不断推出了升级版本修正软件漏洞。

在上例中可发现典型的“选择性拼凑”特征。一款不完善的产品获得了用户和合作伙伴的认同，但不影响企业发挥其速度优势，并在后续的工作中弥补产品不足。如果创业者拘泥于产品本身，也许会丧失技术上的先发优势。迅雷和金山的合作也不是买卖关系，双方的资源通过新的整合获得更多价值：金山需要一个快速下载工具让它的用户更方便地获得软件客户端；迅雷借助金山的名气找到更多用户；下载者也并不需要因此付费。金山通过出售游戏内容获得盈利模式；迅雷因其流量获得其他客户的广告收入。迅雷的做法不失为一种创造性拼凑行为。

然而，如果程浩和邹胜龙继续推广漏洞百出的下载软件，顾客会逐渐认识到产品的弊端，不但难以拓展更广泛的市场，而且会形成“迅雷软件属于次品”、“迅雷公司属于低端企业”等印象，迅雷就会走上全面拼凑的老路。但是迅雷公司没有这样做，它不断推出升级版本修正软件漏洞，当迅雷公司达到收支平衡时，便放弃拼凑策略，从而树立起良好的企业形象。

4.3.3 发挥资源的杠杆效应

资源的杠杆效应是指新创企业通过内部自有资源来撬动外部更多的资源，从而实现杠杆效应（leveraging resources）。在实现的过程中，新创企业不论是否已经掌握和控制了自身的资源，都可以通过杠杆来对外部资源加以控制。其实，杠杆效应就是使企业能够以最少的付出来获取最多的收获。所以创业者必须要能在创业的过程中形成杠杆资源效应的能力。创业者首先需要识别出一种没有被别人完全利用的资源，然后发现这种资源能够被运用的特殊方面的特征，随后说服那些拥有资源的人转让这种使用权，从而获得外部资源的控制。于是，为了能够实现资源的杠杆效应，创业者必须要做到以下几个方面：①延长使用资源的期限，获取比别人更多的优势；②优先发掘别人没有发现的资源，并且充分调动和利用这种资源；③学会整合和利用外部资源来实现自身创业的目的；④将一种资源与另一种资源进行补足与配置，从而产生更好价值的复合资源。

对于创业者来讲，在创业初期阶段，都会遇到资源短缺、资金匮乏以及时间紧迫的情形，所以此时最适合获得外部资源支持的就是凭借创业者个人的素质和能力以及自身的社会关系网络。于是，关系网络杠杆、能力杠杆等多种概念被提及和应用。Danneels（2002）提出了能力杠杆的概念，认为能力杠杆与资源杠杆相同，其源于资源杠杆的形成机理，代表了创业者依照自身能力来获取更多的外部能力。这时，杠杆作用包括吸收现存的外部资源优势来培育企业内部新的竞争能力，技术竞争力杠杆效应就是如此。相应的还存在工程知识杠杆效应、设备制造杠杆效应等多种效应模式。

实际上，在创业的整个过程中，最容易产生杠杆效应的是人力资本和社会资本。创业者的人力资本由一般人力资本与特殊人力资本构成，一般人力资本包括个体受教育背景、以往的工作经验及个性特征；特殊人力资本包括产业人力资本（与特定产业相关的知识、技能和经验）与创业人力资本（先前的创业经验或创业背景）。创业者的社会资本不同于物质资本和人力资本，它嵌入创业者现有的稳定社会关系网络和结构中，为在社会中的其他行动者进行交易提供更加便捷的资源，其价值取决于关系网络规模与关系成员拥有的资本量。创业者通常利用他们的个人社会资本创建企业并获得所需资源，例如创业者的社会资本会影响企业获取风险投资。教育和从业经验能够形成最初的人力资本和社会资本，教育一方面使个人具有知识、技能、资格认证、名誉等人力资本，另一方面提供了同窗、校友、老师以及其他连带的社会资本；从业经验提供了行业知识、工作技能、管理技能、产品和市场经验以及行业内广泛的连带。

利用资源杠杆，创业者能够获得财务、物质和组织资源，从而建立组织，在此过程中吸引到对创业感兴趣的支持者，例如风险投资者、创业加盟者，他们也是资源，利用他们的个人和社会资源进一步获得财务、物质和组织资源。资源杠杆与工具资源有交集但也有不同之处，工具性资源强调资源间的交换，例如用钱可以买到设备、原料，雇用员工，这时财务资源转化为物质资源或人力资源；而杠杆资源强调资源的杠杆作用，例如创业者通过展示学历证明、行业经验或技术专长获得风险投资，此时创业者利用人力资源的杠杆作用整合到财务资源。探索潜在资源强调创造性地、有选择地吸引新的资源，既要考虑资源与创业机会的匹配，也要考虑创业者的资源特点和创业环境的影响。因此，如何将资源的杠杆作用发挥到最佳将是资源运用和获取战略的关键。

最后，在创业者利用资源杠杆效应的同时，创业者们还要学会整合外部资源。由于受到资源的内部约束与限制，分阶段投入资源和拼凑策略都会将好的资源探索出来。Timmons（1999）指出资源杠杆实际上就是创业的第二种功能。运用这种功能，组织可以保持灵活性和创造力，同时资源能力生产水平会有所提高。在不同企业的业务来往之间，高管人员对于资源的平衡性把握显得尤为重要。如何平衡内外部资源变化并且使资源杠杆达到平衡需要一系列管理者的平衡能力。

4.4 创造性地整合创业资源

近些年来，创业在推动科技发展、促进经济增长等方面的作用日益显著，越来越多的人投入到大众创业、万众创新的浪潮之中。如何筛选合适的创新项目进而建立独特的盈利模式，是他们共同关注的问题。但是，在创业过程中，如果没有足够的创业资源，即便出现了好的创业机会，创业者也难以迅速抓住并利用这个机会。因此，拥有必要的创业资源是创业成功的重要支撑。然而，创业资源并非越多越好，成功的创业企业往往着眼于最优化使用资源并且控制资源，而不是贪图完全拥有资源。创业者需要有效识别各种创业资源，并且积极借助企业内外部的力量对创业资源进行组织和整合，提高企业的核心竞争力，促进创业企业成长。

4.4.1　创业资源整合的理论分析框架

对于企业拥有的资源，资源基础论认为，并非公司所有的资源都能转化为竞争优势，只有当这种资源是有价值的、稀缺的、难以模仿的、无法替代的时候，它才有可能成为竞争优势。为此，创业者在实施资源整合的过程中，最重要的是识别关键资源，立足关键资源，同时把握其他发展所必要的资源，最终形成竞争战略，为新创企业的发展制定良好的战略规划。

1. 财务资源、物质资源等有形资源是新创企业发展的基础要素

尽管资源基础论认为相对于无形资源，有形资源所能挖掘的价值并不大，但是对于新创企业来说，这些来之不易的资源意义重大，企业的一切后续发展立足于这种有形资源，这些资源是企业成长的基石，没有有形资源，企业的创立就无从谈起，所以创业者首先应当开发这些基础要素。

2. 人力资源、技术资源和组织资源等是企业发展的关键要素

事实上，这些资源是构成企业核心竞争力的重要组成部分，新创企业是否能赢得第一批顾客，能否在市场上生存下来，基本上取决于这些资源是否能够为创业者所用，是否整合出有效的竞争优势，所以创业者应当紧紧地把握这些关键要素，以获得核心竞争力。

3. 政府资源、信息资源、社会资源等资源同样不能忽视

虽然这些资源并非直接参与企业的生产经营，但是它们的存在可以提高企业经营的效率，从而更快地实现其战略目标。在构成企业能力的各组成部分中，它们位于人力资源、技术资源和组织资源等关键要素的外围，能够不断促进企业人力资源、技术资源、组织资源的融合，并且对最终形成有效的竞争优势起到重要的促进作用。因此，它们也是构成企业核心竞争优势的不可或缺的组成部分。创业者将这些资源不断整合，形成企业的能力，最终形成新创企业的竞争优势，如图 4—2 所示。这一过程也正是创业者不断审时度势，调整自身战略，实现企业良性成长的过程。

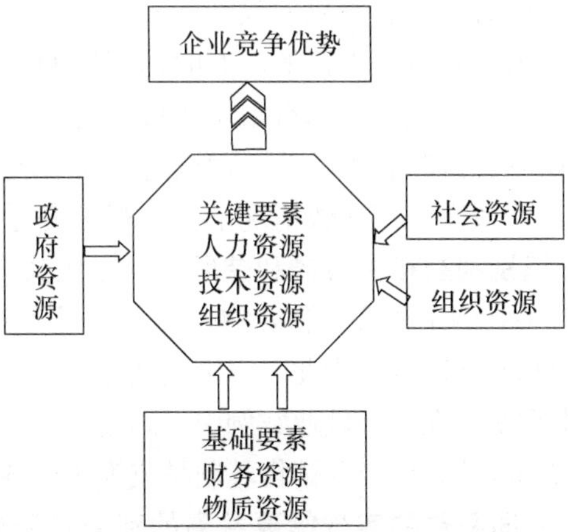

图 4—2　创业资源的整合与核心竞争优势的构建

4.4.2 整合外部资源的原则

美孚石油公司（标准石油）创办人、超级资本家约翰·D·洛克菲勒曾经有句名言："建立在商业基础上的友谊永远比建立在友谊基础上的商业更重要。"资源是创造价值的重要基础，资源交换与整合显然要建立在利益的基础上，要整合外部资源，特别是对缺乏资源的创业者来说，更需要资源整合背后的利益机制。一般而言，创业者在整合外部资源时，要遵循如下四大原则。

1. 资源整合原则一：尽可能多地搜寻出利益相关者

弗里曼在《战略管理：利益相关者管理的分析方法》一书中明确提出了利益相关者管理理论。利益相关者管理理论指企业的经营管理者为综合平衡各个利益相关者的利益要求而进行的管理活动。与传统的股东至上主义相比，该理论认为任何一个公司的发展都离不开各利益相关者的投入或参与，企业追求的是利益相关者的整体利益，而不仅是某些主体的利益。这些利益相关者既包括企业的股东、债权人、雇员、消费者、供应商等交易伙伴，也包括政府部门、本地居民、本地社区、媒体、环保主义等压力集团，甚至包括自然环境、人类后代等受到企业经营活动直接或间接影响的客体。这些利益相关者与企业的生存和发展密切相关，有的分担了企业的经营风险，有的为企业的经营活动付出了代价，有的对企业进行监督和制约，企业的经营决策必须要考虑他们的利益或接受他们的约束。从这个意义讲，企业是一种智力和管理专业化投资的制度安排，企业的生存和发展依赖于企业对各利益相关者利益要求的回应质量，而不仅仅取决于股东。

既然资源与利益相关，要整合外部资源显然要关注有利益关系的组织或个人。利益相关者是组织外部环境中受组织决策和行动影响的任何相关者。要更多地整合外部资源，首先要尽可能多地找到利益相关者；同时，这些组织或个体利益关系越强、越直接，整合到资源的可能性就越大，这是资源整合的基本前提。创业者之所以能够从家庭成员那里获得支持，就是因为家庭成员之间不仅是利益相关者，更是利益整体。

在蒙牛乳业案例中，牛根生利用的利益相关者有政府部门、奶民、央视、摩根士丹利、阿拉·福兹乳业公司、同行业制造企业等。事实上，其利益相关者可能还有许多，多个利益相关者的参与需要更加有效的利益机制设计。

利益相关者之间的利益关系有时是直接的，有时是间接的，有时是明显的，有时是隐含的，有时还需要创造出来。这与机会识别有很多相似之处。在蒙牛乳业案例中，奶民与蒙牛乳业公司之间显然存在着直接的利益关系。而政府与蒙牛乳业公司之间存在着间接的利益关系。把相对弱的利益关系变强，多数情况下会有利于资源整合。

2. 资源整合原则二：识别利益相关者的利益所在，寻找共同利益

利益相关者是存在利益关系的组织和个体，有利益关系并不意味着能够实现资源整合，还需要有共同的利益或者说利益共同点。为此，识别到利益相关者后，逐一认真分析每个利益相关者所关注的利益非常重要。在蒙牛乳业案例中，奶民与蒙牛关注的是经济利益，政府部门关心的主要是地方税收和政绩，生产并销售乳制品成为实现各方面利益的共同载体。

3. 资源整合原则三：共同利益的实现需要共赢的利益机制做保证，共赢在多数情况下难以实现，更多是先后赢，创业者要设计出让利益相关者感觉到赢而且是优先赢的机制

有了共同的利益或利益共同点并不意味着就可以合作，只是意味着具备了前提条件。

资源整合是多方面的合作，切实的合作需要保证实现各方面利益，这就必须能够寻找和设计出使多方共赢的机制。

对于在长期合作中获益、彼此建立起信任关系的合作，双赢和共赢的机制已经形成，进一步的合作并不困难。但对于首次合作，特别是对受到资源约束的创业者来说，建立共赢机制需要智慧。在蒙牛乳业案例中，牛根生创建蒙牛的目的当然是为自己和社会创造财富，一方面，让当地奶民的奶有销路、政府有更多的税收收入，另一方面也让全球乳业老二的阿拉·福兹乳业公司出征中国，占领中国市场。

让对方看到潜在的收益，为了获取收益需要投入资源，这是基本规律。创业者在设计共赢机制时，既要帮助对方扩大收益，也要帮助对方降低风险，降低风险的本身也是扩大收益。

4. 资源整合原则四：沟通是创业者与利益相关者之间相互了解的重要手段，信任关系的建立有助于资源整合，降低风险，扩大收益

共赢机制的背后其实也是博弈问题。说到博弈，很容易想到最经典的案例——囚徒困境问题。如果两个嫌疑犯是长期合伙作案，彼此之间建立了牢固的信任关系，情况会怎么样？尽管没有牢固的信任关系，但是不把甲乙单独关在不同的房间，而是让两人能够交流，情况又会怎样？他们的行为结果还一定是双输吗？

资源整合也是这样，资源整合的机制首先要有利益基础，同时还要用沟通和信任来维持。沟通往往是产生信任的前提，信任成为社会资本的一个重要因素。

卢曼（Luhmann）将信任区分为人际信任和制度信任，认为人际信任建立在熟悉度及人与人之间感情联系的基础上；而制度信任是用外在的诸如法律一类的惩戒式或预防式机制来降低社会交往的复杂性。福山等学者进一步认为，人际信任是存在于人际关系中的保障性信任，而制度信任是由对外在的社会机制的信任而产生的一种对人的基本信任，这两种信任共同构成了社会的信任结构。作为创业者，要尽快从早期建立起更宽广范围的信任关系，获取更大规模的社会资本。

4.4.3　整合创业资源的途径

新创企业所拥有的创业资源必须加以有效整合才能形成企业的核心竞争优势，在市场上获得长期的生命力，如果仅仅是资源的摆设，只会造成大量的资源浪费，最终导致企业被市场淘汰。资源整合，就是把企业所拥有的各类资源在时间和空间上加以合理配置、重新组合，以实现资源效用的最大化。必须注意的是，这种资源效用的最大化，并非是简单的各项资源各安其位，各司其职，而是能够通过重新整合规划，创造企业独特的核心竞争力，实现企业在市场上的竞争优势。通过资源整合实现企业的竞争优势，才能认为企业资源整合合理到位。

资源整合能力的强弱，不但应该成为衡量创业者、企业家能力的主要指标，更是直接关乎企业的生存与发展。值得一提的是，的确不是所有人都具备这种能力，也不是想具备就可以具备的。所以，这个问题就回到了团队的问题上，创业者、创业家或企业必须具备、拥有这种能力，在方式上可以取长补短，各有个性。创业者整合资源能力的大小基本上决定了创业的成败。

就资源而言，也有真伪之分，要有这方面的鉴别能力。知道真伪了，还要懂得正确的整合方式和手段，那些流传了若干年的以交易、拉拢、贿赂为手段的整合方式，将逐渐退出历史舞台。如何整合资源，也给我们提出了严峻的课题。

创业资源整合有多种实现方式，既可以以政府作为整合的主线，也可以以人脉关系作为整合的主线，亦可以以行业作为整合的主线。

1. 以政府为整合主线

政府资源对创业者而言是不可多得的成功创业的助推器。政府资源可以说是各项优惠扶持政策，掌握并充分整合创业的政府资源、享受政府扶持政策，可使你的创业少走许多弯路，达到事半功倍之效。创业的扶持政策主要包括财政政策、税收政策、科技政策、产业政策、金融政策、人才政策等。

专栏　　政府相关政策

财政扶持政策。中央财政预算设立中小企业科目，安排扶持中小企业发展专项资金；地方政府根据实际情况为中小企业提供财政支持。

融资政策。人民银行加强信贷政策指导，改善中小企业融资环境；鼓励商业银行调整信贷结构，加大对中小企业的信贷支持。各商业银行在其业务范围内提高对中小企业的融资比例，扩展服务领域。国家政策性金融机构采取多种形式为中小企业提供金融服务。县级以上人民政府和有关部门推进和组织建立中小企业信用担保体系，推动中小企业的信用担保。

税收政策。国务院和省级人民政府对符合下列条件之一的中小企业，在一定期限内给予税收优惠：一是由失业人员开办，初期经营困难的；二是吸纳社会再就业人员比例较高的；三是设立在少数民族地区、边远地区和贫困地区的；四是从事高科技产品的研究开发的；五是从事资源综合利用和环保产业的；六是国家产业政策规定需要扶持的。

科技政策。国家制定政策鼓励中小企业按照市场需要开发新产品，采用先进的技术、生产工艺和设备，提高产品质量。国家实施了一系列科技计划，包括科技攻关计划、星火计划、重点新产品计划、“863”计划、科技型中小企业技术创新基金。

产业政策。对我国境内新办软件生产企业、集成电路设计企业和生产线宽小于0.8微米（含0.8微米）的集成电路生产企业，经认定后，自开始获利年度起，第1年和第2年免征企业所得税，第3年至第5年减半征收企业所得税等。

中介服务政策。政府有关部门在规划、用地、财政等方面提供政策支持，推进建立各类技术服务机构，建立生产力促进中心和科技企业孵化基地。国家鼓励社会各方面力量建立健全培训、信息、咨询、人才交流、信用担保、市场开拓等服务体系。

创业扶持政策。政府有关部门在城乡建设规划中合理安排必要的场地和设施，支持创办中小企业；地方政府应为创业人员提供工商、财税、融资、劳动用工、社会保障等方面的政策咨询和信息服务；国家鼓励引进国外资金、先进技术和管理经验，创办中外合资（合作）企业；鼓励依法以工业产权或者非专利技术等投资参与创办中小企业。为促进中小企业发展，科技部及地方政府大力发展科技创业服务中心即企业孵化器，为创业提供全方位的服务，并实行优惠政策鼓励其为中小企业提供良好的创业服务。

对外经济技术合作与交流政策。政府有关部门和机构为中小企业提供指导和帮助，促进中小企业产品出口。国家制定政策，鼓励符合条件的中小企业到境外投资，开拓国际市场。国家有关政策性金融机构应当通过开展进出口信贷、出口信用保险等业务，支持中小企业开拓国外市场。

政府采购政策。政府采购应优先安排向中小企业购买商品或者服务。政府是最大的消费者，各级政府每年都要采购大量的商品和服务，要注意政府采购信息，向当地政府采购管理机构了解政府采购如何向中小企业倾斜。

了解政府扶持政策、整合政府资源的方式和途径：

一是上政府公网查询。现在政府一发布政策就组织其上网，并印发政府公报。要注意定期到政府公共服务网站浏览检索，看看是否有新政策出台或者是否有项目申报通知。

二是委托政策服务公司提供政策咨询。政策服务公司比较关注政策变化，与政府有关部门关系密切，不仅了解政策，也知道如何帮助你享受政策。

三是注意与有关部门保持密切的沟通。每一家企业都要与一些政府部门打交道，要注意配合你经常打交道的政府部门的工作，并注意定期向这些部门咨询政策。与政府部门保持密切的关系，可以用足用好政府政策，寻求更快的发展。

四是条件允许的话，可指定专人负责有关政策信息的收集。要让每位员工了解并注意收集与其工作有关的政策信息，及时跟踪政策的变化。特别是在有疑问时，一定要咨询清楚，并及时解决，千万不要把今天的问题留到明天。

2. 以人脉关系为整合主线

在个人创业过程中人脉资源是第一资源，整合人脉资源是创业成功的基本条件，拥有各种良好的人脉关系，你可方便地找到投资、找到技术与产品、找到渠道等各种创业资源。创业者整合资源能力越强，就越有可能整合到大量的人脉资源，即可以整合吸引到人才、资本、技术等，创业就会变得很容易、很快乐。快乐整合人脉资源，快乐创业，快乐分享。经历丰富，打交道的朋友也多，而且很多朋友在各行各业中经验丰富，颇有建树。因此，创业一定不要浪费宝贵的人脉资源，多听听朋友的意见，争取他们的支持和帮助。

创业者整合资源的能力其实与创业者的素质、管理能力、企业研发能力等都是相通的，因而创业者应该注重资源整合能力的提升。其中人脉资源整合是重中之重，人脉资源的整合在某种程度上来说就是做人，做一个让他人快乐同时也让自己获益的人。需要注意的是，人脉资源的整合一定要整合健康的人脉资源，要以自身的人格魅力来积聚，为此创业者自身的素质、人格、品质需要不断提升。

短例

北京六合万通公司的人脉资源整合

北京六合万通微电子技术有限公司是由留学归国人员团队于2001年创立的一家专业从事无线通信大规模集成电路设计及系统开发的高新技术企业。

六合万通是中国宽带无线IP标准工作组和信息设备资源共享协调服务标准工作组

(IGRS、闪联)的成员之一，独立承担国家科技部863计划项目。六合万通凭借无线通信领域的技术实力和先进的集成电路设计技术，先后与索尼、安捷伦、中国网通、冲电气、富士通、朗弗宽频微电子等国际知名企业建立了长期技术战略合作关系，为宽带无线通信及3G通信系统提供核心芯片和系统解决方案。

六合万通董事长寿国梁用18年时间在自己喜欢和擅长的专业领域聚集了大量的人脉资源，通过六合万通实现其价值。在寿国梁看来，聚集了大量人脉资源就意味着找到了资本，找到技术与产品，找到渠道等各种创业资源。

拥有如此多的可以利用的人脉资源及其派生的各种资源，寿国梁有条件、有素质把自己理解的创业设计得精致而全面。也正因为如此，当绝大多数创业者都能讲出一大把血泪辛酸史时，寿国梁只有淡淡的5个字："我们很顺利。"

让我们惊讶的是，六合万通从一开始创业，就整合到了让人羡慕的人脉资源，聚集组合成了一个梦幻般的团队，想想就知道，这样一个团队推进的创业，会产生怎样的效果和影响。寿国梁说：我们的创业团队都是留日归来的学子，都有着共同的创业情结和目标。还有一个重要的原因就是，公司几位创始人都是当初寿国梁主政日本鹰山公司时招聘来的，在运作公司和技术上，大家各有所长，通过多年的学习和工作，已经走过磨合期。六合万通这样的创始人和团队走到一起就是一个积聚人脉资源的过程。

整合资源要"有的放矢"，毕竟人的时间和精力有限。有效地整合人脉等资源就可以为创业精心"设计"了，精致而全面的"设计"就会产生北京六合万通"我们很顺利"的效果。六合万通成功的做法、成功的案例值得我们仔细学习、研究、借鉴。

关于人脉资源特性需要特别注意的有：①长期投资性。平时要注意人脉资源的积累，不要事到临头才去找人帮忙。在公司做业务也一样，现在不是你的客户，明天就可能成为你的客户，因而你必须从现在开始建立联系。人脉资源的形成需要很多时间和精力，这也是一种投资。②可维护性和可拓展性。人脉资源可以通过合作、交流、关心、帮助、友情、亲情等进行维护，并会不断巩固，当然如果不去维护就会变得疏远，所以人脉资源需要经常性地维护，同时在维护中可以不断地发展新的人脉关系。③有限性和随机性。每个人一生中能认识多少人？包括老师、同学、亲戚、同事、朋友、客户等，一般不超过500人，而能够真正帮助自己的一般不会超过50人，所以每个人的人脉资源都是有限的，你的发展同样也会受到你的人脉资源的限制。同时，你所认识的人可能没有能力帮助你，有能力帮助你的人你可能不认识，所以在客观上就需要你不断认识更多的人，但是每个人的能力又是有限的，又不可能认识所有潜在的帮助者。④辐射性。你的朋友帮不了你，但是你朋友的朋友可以帮助你。

3. 以行业为整合主线

对某个行业有充分的了解，同时掌握了这个行业的各种关系网，比如业内竞争对手、供货商、经销商、客户、行业管理部门以及科研机构、行业协会、行业杂志、行业展会等，这些对于创业的成功与否十分重要。所以，创业的一个成功类型，就是做自己熟悉的行业，熟悉本行业的企业运营、熟悉竞争对手……

企业要想发展、壮大，就应该尽可能整合各种资源、采取各种合法手段积极务实地做好自己的这份事业。市场竞争没有永远的对手，也没有永远的伙伴，更没有敌人。凡是以为有敌人的竞争者，大多是竞争中的失败者。"把竞争对手转变为合作伙伴。"创业企业不可避免地存在诸多方面的不足。因此，同行之间或者产业上下游之间的创业企业通过策略联盟或股权置换等方式整合资源，使人力资源、研发能力、市场渠道、客户资源等方面实现优势互补，对内相互支持，对外协同竞争。这种方式往往是以几家创业企业作为核心，同时带动一批创业企业，形成利益共同体。

短例

积成电子对行业资源的整合

1984年，山东大学电子系的4位教师组成的电子系统（ES）研制组成功地为济南供电局开发出国内第一套基于通用微机系统的电网调度自动化主站系统ES100。1989年2月成立山东大学威海分校电子系统实验所。1994年，山东大学威海分校电子系统实验所法人与原实验所员工共同出资，在济南高新技术开发区注册成立了济南高新开发区积成电子系统实验所，完全按照有限责任公司模式运作。

面对更加广泛的市场，面对越来越激烈的市场竞争，积成电子虽然具备独特的技术优势，但也面临着严峻的考验。在自我积累、滚动发展到一定阶段以后，2000年8月，公司进行股份制改造，吸收山东电力集团公司的投资，成立山东鲁能积成电子股份有限公司，打破了原积成电子自我滚动发展的模式，开始走产品运营与资本运营相结合的发展道路。总经理严中华除了看重鲁能集团雄厚的财力以外，更看重的是鲁能集团在电力行业的资源：之所以选择鲁能集团，是因为与大客户的合作能够使开发出来的产品更具针对性和实用性，可以在第一时间了解客户的需求，并且能提供中试基地。目前，鲁能积成电子已成为国内电力系统自动化领域的知名企业。

与行业内优质资源的结合，说起来容易，做起来却还必须具备许多条件，比如自身在优质社会资源面前的质量、分量。对企业而言，自身的建设是年年月月日日的必修课。自身的问题解决了，还要具备对优质资源的发现和把握，这需要强烈的市场意识和眼光，必须是“1＋1＞2”的做法和方式。否则，结合有了，却可能离失败近了。具备上述两点后，创业团队在对行业内优质社会资源的整合中，一定要懂得基于企业利益基础之上的放弃，以企业利益为第一利益，合作是双赢的；但引进任何优质资源，都是需要自身付出代价的，这里的代价在某一刻，容易被人误以为是失去和损失，我们还需要具备长期的战略发展眼光。很多小企业长不大，追根究底，是一次又一次地放弃了合作的机会，个人或少数人的单打独斗，是无法在现代市场中取胜的。积成电子在高速发展的关键时刻的合作，可谓是通过行业资源整合，与行业内优质社会资源结合并求得成功的经典个案。

整合行业资源，要了解掌握该行业的各种关系网，比如业内竞争对手、供货商、经销商、行业管理部门等。山东积成电子整合业内资源是因为与大客户的合作能够使开发出来的产品更具针对性和实用性，可以在第一时间了解客户的需求，并且能提供中试基地。当然，也可以整合竞争对手的资源等。行业资源不只有这些，技术研究机构、行业协会、行业杂志、行业展会、业内研讨会、专业书籍等资源都需要创业者平时加以关注，发掘其价值为企业成长服务。

本章要点

资源基础理论主要还是提醒经营者关注那些能带来持续竞争优势的战略性资源。

创业活动是在资源高度约束的情况下开展的商业活动，大多数创业者在启动创业活动之初资源都相当匮乏，因此，资源整合和管理能力就必然要成为创业者开展创业活动的必修课程。

优秀的创业者在创业过程中所展现出的卓越的创业技能之一就是创造性地整合资源。

学术界用“bootstrapping”一词描述这一过程中创业者利用资源的方法，主要指在缺乏资源的情况下，创业者分多个阶段投入资源并且在每个阶段或决策点投入最少的资源，所以也可以称为“步步为营”。

拼凑能够很好地描述创业者资源利用方面的独特行为。

建立在商业基础上的友谊永远比建立在友谊基础上的商业更重要。

创造性地整合资源需要设计出共赢的利益机制，也需要掌握沟通及人际技巧。

重要概念

资源基础理论　社会网络　步步为营　创造性拼凑　利益相关者　人脉关系　杠杆效应

思考练习

1. 创业者为什么经常受到资源匮乏的约束？

2. 能够构建企业核心竞争优势的资源一般需要具备什么特点？

3. 创业者一般拥有哪些资源？在他们的自有资源中有战略性资源吗？

4. 创业者如何利用社会网络来获取创业资源？

5. 步步为营与创造性拼凑之间存在什么异同？

6. 本章在讨论整合外部资源时强调共赢机制的设计，而且提醒创业者要优先考虑利益相关者的收益。你同意这样的观点吗？为什么？

7. 新创企业整合创业资源有哪几种途径？

8. 曹操有句名言：“宁让我负天下人，勿让天下人负我。”但曹操却整合到了很多优质资源并完成霸业，你能对此进行分析吗？

9. 人们经常说创业是白手起家、无中生有，对此你怎么看？

案例分析

武汉工商职业学院是如何整合创业资源的？

武汉工商职业学院，创业者为该院院长GP。该创业活动有以下特点：第一，武汉工商职业学院是从零开始发展起来的创业典型；该校创始人农民家庭出身，从以在校学生身份参加招生工作开始，经过 11 年努力，成为了控制亿万元资产的专用投资决策者。第二，创始人在教育市场上所进行的创业活动很特别，不是先取得作为市场经营权的办学资格以后开始创业，而是在未取得办学资格的情况下依托其他学校进行创业，所依托的仅仅是创始人发现的教育市场机会。第三，创始人最后之所以获得了具有国家特许资格意义的办学经营权，是因为其申请民办大学资格时，已经具有相当规模的办学实力和业界声誉。

也就是说，创业者的创业活动不仅没有初始财力资源作为依托，甚至没有独立的商业活动资格作为法律保障，算得上彻底地白手起家。因此这一创业活动的过程，必然要以获取他人资源为基础，在此基础上通过资源整合形成专用投资能力，才有可能获得经济收益并不断发展。我国在教育市场进行办学活动的基本条件如办学资格、教学设施、师资力量等如能有效利用，必须依赖一定数量的生源。创业者如何在没有财产依托和担保的情况下获取这些资源条件，把它们转化为自己的专用投资能力，是一个很有意思的问题，为此我们深入剖析创业活动的历程，特别是其中的重要事件。

（一）创业经过

1. 创业历程

以创始人 1997 年开始办学活动的时间为起点，到该校 2007 年以其办学实力为依托正式获得民办大学资格为止，创业时间共持续 11 年。目前该校位于武汉洪山区，校园面积 191.56 亩，校舍面积 68 696 平方米，拥有 10 个实验室。学校开设 31 个专业，其中高职高专 12 个专业，自学考试 18 个专业，职业培训一个专业。在校学生 5 858 人，专、兼职教师 202 人，其中副高以上职称 42 人。因此已经是一个颇具规模的教育产业组织。

该院由院长 GP 一手创建，其创业活动大致可以分为三个阶段：第一阶段为 1997—2001 年，属于初创阶段，创业者作为另一民办高校的员工，以项目经营的方式开展办学活动，独立核算，完成了原始积累；第二阶段为 2002—2006 年，属于整合阶段，创业者以买壳的经营方式获得了湖北科技进修学院的法人资格，开始独立办学，规范发展；第三阶段从 2006 年开始，属于发展阶段，创业者在原有学校基础上，根据教育市场发展的需要，成功组建了武汉工商职业学院，有权获得国家下达的高等学校招生指标，成为颇具市场竞争力的民办高等教育组织。学院下一步发展的目标，是在 3～5 年内，达到全日制在校学生 10 000 人的规模。

2. 办学方式

与发展阶段相对应，创业者的办学方式也有变化。2002 年以前，办学方式是作为其他学校的独立办学点，2002 年以后，则作为独立的办学单位开始运作。但不管前期与后期都有一个共同点，即通过与国家正式高校进行合作获取生源，再通过相对独立的教学安排与行政管理分享经济收益。办学历程如下表所示。

办学历程示意表

时间	创业者身份	合作学校	办学内容	招生数量
1997—1998	江南研修学院员工	中南财经大学	自考辅导	100
1999—2002	江南研修学院员工	湖北大学、武汉理工大学	成教、中专	250～2 500
2003—2006	湖北科技学院院长	武汉理工大学、湖北经济干部学院	高职、自考	400～2 300
2007—2008	武汉工商职业学院院长	湖北经济干部学院等六院校	高职、自考	2 400

表中各栏目的含义是：

“创业者身份”一栏，说明创办人从事经营活动时的角色。其中1997—2002年江南研修学院员工身份，只是创业者的名义身份。即创业者以这一身份为依托，有偿使用江南研修学院的名义开展业务活动，独立经营，但并非该学院的支薪员工。2002年之后的两个院长身份，则是创业者的真实身份，即学院的法人代表。

“合作学校”一栏，是创业者进行办学活动的业务合作对象，均为国家正式高校。创业者与这些学校合作的目的，是使用正式高校的名义开展招生和教学活动。

“办学内容”一栏，是创业者办学活动的业务性质，通过教学对象的类型刻画。可以看到，创业者办学的主要对象是大专以下学生和在职学习者。这类学生的特点是受市场影响较大，管理规范程度较低。

概括地说，创业者的办学方式，是依靠与正式高校的合作办学取得生源，在此基础上开展教学活动和行政管理，从学费、住宿费、后勤服务等方面获得经营收益。

（二）重要事件

为什么GP能够白手起家，从一无所有变成亿万元资产的控制者呢？

在中国高等教育市场，办学资格是国家控制的稀缺资源，一旦取得高等教育办学权就不难获得生源，并以此为依托获取其他办学条件。因此分析GP为什么能够在一无所有的情况下获得正式高校的信任，从而得到合作办学的授权，是了解GP白手起家的关键。

为了便于考察和说明，我们从该院的现状出发，以创业者目前控制的亿万元资产为起点，逆向考察，分析资源控制力是如何一步一步形成的，最终追溯到创业活动的起点，即创业者白手起家的第一步。在此过程中，确认创业者资源整合的关键事件，分析一系列前后相继事件的内在联系，了解创业者处理事件的基本方式，是调查的重点。

1. 合作协议

在武汉工商职业学院目前的资源整合中，与北大青鸟的合作是重要环节。北大青鸟是国内著名的IT培训机构，学员在就业市场上比较受欢迎。武汉工商职业学院与北大青鸟合作，能够拓展办学空间，提高知名度和办学水平，明显促进学院的业务发展。双方协议规定：北大青鸟收取一定的加盟费，为该院无偿培训师资，有偿提供标准化教学体系和教材。武汉工商职业学院以“双证制”（学历证和北大青鸟IT技能认证）开展招生，声明对学生除了进行大学常规教育以外，另引入北大青鸟的教学模式，进行计算机技能培训，这给他们增加了就业的砝码。

那么北大青鸟为什么愿意与其合作呢？原因在于北大青鸟要拓展广阔的在校生市场，看重武汉工商职业学院的办学实力，希望以该校为突破口，对在校学生推广北大青鸟的计算机课程。对此，北大青鸟的地区负责人有明确解释，“在校生是一个巨大的市场，我们也很想拓展这块业务，因此我们仅收取20%的加盟费，提供完全相同的服务来吸引院校的加盟”，“GP是招生界名人，在招生能力上有很好的口碑”。那么GP的办学实力从何而来？

2. 办学实力

与北大青鸟签订合作协议时，该院拥有4 300名在校学生，位居当地民办高校前列。之所以具有这样的学生规模，与该院的办学模式相关。该学院办学模式的特点是：首先与正式高校谈妥运作项目，然后招生人员通过与各地区教育系统和劳动人事部门建立相对稳定的招生网络，从而开展招生工作，以效益提成方式调动各方面的招生积极性。

值得注意的是，该院的办学模式是以取得与正式高校合作项目为基本条件。该学院必须在取得正式高校委托办学的合作项目的基础上才能获得生源的信任，才能获取其他必要的辅助资源，这些辅助资源包括教学活动的场地设备、从事教学的师资以及负责后勤的工作人员等。而取得正式高校的合作项目的关键是具有很强大的招生网络和招生能力。GP是以什么方式获得资源建立强大的招生网络和能力的呢？

3. 浮出水面

在政府管制的教育市场中，办学资格是最为重要的资源。GP与北大青鸟签订合作协议时，使用的是湖北科技学院的名义，该学院虽然有办学资格，但是长时间没有招生能力。正因为如此，该学院的原法人代表才于2002年向GP有偿转让了办学资格。

GP购买这一资格的目的，是为了将借用他人办学资格招生时所形成的渠道招生能力推出水面，那么GP在没有办学资格的情况下，为什么能构建自己的渠道招生能力？

4. 借壳办学

调查说明，在掌控湖北科技学院之前，GP一直以租壳方式解决办学资格问题。从最初的办学活动开始，直到购买湖北科技学院法人资格，GP名义上一直是江南研修学院的员工，并以这一名义与各方面进行业务联系，包括与正式高校联系获取办学项目委托。

但实际上GP不是该院员工，不领取该院工资，而是与该院合作的办学个体户。合作方式很简单：以上交管理费为条件使用该院名义从事办学活动，独立经营、自负盈亏。江南研修学院是民办大学，管理灵活，愿意以合作办学的方式拓展业务。

但合作是有条件的，要看合作者的办学能力，特别是招生能力。而GP正是以突出的招生能力受到了江南研修学院重视，从而能够不断获得办学项目委托。

在此基础上，GP就有了与各方联系构建网络招生能力的合法资格。也就是说，GP获得办学委托从而构建招生网络的起点，是GP的原初招生能力。因此更深入的问题是，GP的原初招生能力由何而来？

5. 招生团队

对于GP原初招生能力来源的解释，是GP组织招生团队的工作能力。招生工作是一种复杂活动，需要分工协作与统一指挥。GP的招生团队是他自己一手带起来的。在教师进修学院上学时，GP曾以学生会干部身份参加过招生工作，成绩突出。原因在于，GP组建招生团队时，主要吸取与其关系密切的进修教师。之所以如此，是因为这些教师作为在职学习人员，具有教育界的工作经验和社会关系，可以回原工作单位所在地区招生。显然，从这种招生方式中已经可以看到渠道招生模式的原形。

也就是说，以教师进修学院的同学为基础，组织特殊的招生团队，是GP招生能力的最初来源。这样的团队汇集了参与者的工作能力、社会关系、生源信息、时间投入等各种资源。GP的特殊作用在于，把这些资源纳入办学活动的商业目标之下，使之成为自己创业所依赖的初始资源。剩下的问题是，GP为什么能够使进修教师的资源为己所用？

6. 资源获取

调查发现，GP之所以能够获取同学的资源，原因主要有两个：第一，GP对资源拥有者提供过帮助，别人以此为回报。例如在最初的招生团队中，骨干人物大都得到过GP的帮助，包括经济性与非经济性帮助。例如支持张三当班干部、为李四约会女朋友牵线等。

第二，GP对资源拥有者支付了报酬，别人以此得到了相对满意的收益。例如GP的第一个办学项目就是从同学手里换取的，交换代价是GP为对方提供一定的生源信息。“毕业生的生源信息对我们是很重要的资源，开始我们一个一个学校跑，取得这些信息很困难，后来我通过同学的个人关系无偿拿到了几个县全部的考生信息，而当时其他人不知道这种信息渠道。”也就是说，GP获取资源的方式包括无偿与有偿两种，其中无偿方式具有更为基本的地位。GP的资源整合能力表现在，善于把无偿与有偿获取资源的方式结合起来，在多方交往过程中恰当配置，使之有效地服务于自己的商业目的。最后的问题是：在GP进行商业活动时，别人为什么会无偿提供资源？

7. 信息优势

前面已经提到，GP之所以能够无偿获取资源，一个重要原因是曾经对别人提供过帮助。但这一解释还不够，只对已经建立友谊的朋友有效。而创业活动中更多面对的是互不了解的陌生人。如何从陌生人手中无偿获取资源，对于白手起家具有更普遍的意义。

GP第一个办学项目是GP有偿获取的，条件是GP向对方提供某地区的高考落榜学生名单。有意思的是，GP自己却是无偿从教育部门获得了这一名单。这是因为当地教育部门正为如何安排落榜生头疼，希望GP能够加以协助。而GP重视这一名单的真实原因，是因为他知道直接向高考落榜生进行招生宣传，要比泛泛的招生广告更为有效。因此，拿到名单以后，他们采用寄信、电话、短信等方式与落榜生进行直接沟通和交流，这种“直销”模式取到了非常好的招生效果。也正是因为如此，GP才能把名单作为资本，通过有偿转让给同样知道其价值的人换取自己的办学项目。

也就是说，人们对于经济具有不同信息，同样的东西在不同的人眼里具有不同价值，因此无偿获取资源是可能的。这种事不仅能够发生在熟人之间，而且能够发生在陌生人之间，条件在于善于发现未被他人识别的资源价值。以此为基础，资源会以非等价方式流动和积聚，形成专用投资控制能力，导致企业的产生。

资料来源：秦志华、刘艳萍：《商业创意与创业者资源整合能力拓展——白手起家的创业案例分析及理论启发》，载《管理世界》，2009（增刊）。

思考题：

1. 结合本章案例分析武汉工商职业学院是如何整合创业资源的？
2. 武汉工商职业学院为何能够获取资源？
3. 武汉工商职业学院的资源整合对其发展有何益处？

第 5 章
创业团队组建与管理

领军人物好比是阿拉伯数字中的 1，有了这个 1，带上一个 0，它就是 10，两个 0 就是 100，三个 0 就是 1 000。

——联想创始人柳传志

核心问题

团队和群体有什么不同？
为什么风险投资家总是特别重视创业团队？
组建创业团队只是为了找到志同道合的人吗？
组建创业团队应该注意什么问题？
创业团队的风险有哪些？如何规避？

学习目标

了解创业团队对创业成功的重要性
了解创业团队组建要考虑的主要问题
掌握创业团队的发展阶段管理
掌握优秀创业团队的标准

引例

UNIGO：一举成功

乔丹·戈德曼（Jordan Goldman）有善于从他人那里获取建议的天分。

2004年从卫斯理大学毕业后，戈德曼去英国待了两年然后回到美国。在没有资金和业务联系的情况下，他开始着手分析一项商业创意。该创意是为了解决如何挑选大学的问题。在戈德曼18岁时，他创作了一本叫《学生报考指南》的连载图书，在此期间，困扰戈德曼的是每所大学都只有寥寥数页纸的介绍，没有图片、视频或互动方式。戈德曼因此想到，如果借助互联网平台，则可以涵盖无数有关大学的信息。在美国，4年制学习将花费25万美元左右，学生和家长肯定会对学校的相关信息感兴趣。

为了获取如何行动的建议，戈德曼搜索了卫斯理大学的校友数据库，寻找那些从事财经工作的校友，以及毕业10年以上的校友。他给500位校友发出了电子邮件，简单地写道："嗨，我有一个创意。我现在该做什么？下一步又该怎么做？"大约有50位校友回复了邮件。其中一条回复来自弗兰克·西卡（Frank Sica），索罗斯基金管理公司的前任主席。他答应在自己常去的早餐店与戈德曼碰面交谈。在早餐结束之后，西卡很快就成为戈德曼的第一个投资者。

戈德曼的Unigo公司成立于2007年末，网站开通于2008年9月。前期准备工作包括雇用一个编辑团队来规划每所大学所涉及的信息名录，同时招募在校学生填充所在学校名录下的内容，并要求他们介绍更多学生参与。Unigo的使命是让大学生分享校园照片、视频和评论的免费平台。因为Unigo公司提供的是网络在线服务，所以它不会像一些传统大学介绍刊物如《普林斯顿评论》那样受到版面的限制。Unigo的使命是让高中生及其父母了解大学，并认识各大学不为人知的一面。Unigo所提供的唯一内容就是大学。例如，佛罗里达大学就有许多评论、照片、视频材料和文件粘贴在Unigo公司网站。评论和视频材料中详细介绍了佛罗里达大学在校学生在课堂内外的经历和感受。网站可以根据专业进行浏览。因此，如果对政治科学感兴趣，高中生可以轻松地浏览佛罗里达大学内政治科学专业学生所提供的视频和评论。

戈德曼善于从他人那里获得建议的优势还表现在其创业团队组建方面。Unigo共有15名员工，其中5名是公司高层管理员工。在制定招募决策时，戈德曼看重的是激情和适应力。他对那些具有自己没有的特长的人员毫不排斥。在公司高层管理团队中，首席财务官和首席技术官都有着丰富的从业经验。

对于获取外部建议，戈德曼有一个顾问委员会和董事会。由5人组成的顾问委员会包括TiVo首席执行官汤姆·罗杰斯（Tom Rogers）、美国教育协会主席鲍伯·柴茨（Bob Chase）、Bankrate公司主席唐·罗斯（Don Ross）。董事会由投资者和创业者组成。当需要具体建议时，戈德曼就会求助于顾问委员会成员。顾问委员会每月会面一次，或者通过电话会议，或者见面交流。戈德曼每三周向董事会汇报公司的最新动向。

在被问到如何能找到如此优秀的顾问团队时，戈德曼表示只是利用电话与他们取得联系。戈德曼认为年轻是自己的优势，经验丰富的商人乐于帮助刚起步的年轻人。在戈德曼看来，年轻的创业者与老练的顾问之间处理好关系的关键在于专业化行事、尊重他们的时间、会面之前要充分准备，做到了这些，他们就会尽其所能来帮助你。

随着大学和学院数量的增加，Unigo快速成长。可以期待的是，随着Unigo成长而面临新挑战，戈德曼会向更多的人询求建议和帮助。

资料来源：布鲁斯·R·巴林格、R·杜安·爱尔兰：《创业管理：成功创建新企业》，北京，机械工业出版社，2010。

思考与讨论

1. 你认为应如何组建创业团队？
2. 创业团队包括哪些成员？

随着经济发展的多样化、知识的进步、技术的更新以及生活方式的转变，我国目前创业环境下的企业也在发生着巨大的变革，新的企业层出不穷，创业已成为引领我国经济增长和社会生活进步的一种重要方式。但是，创业并不仅仅意味着就是单个人的活动，在创业过程中，创业者需要整合和利用多种资源和机会，单靠个人难以完成。从企业数量上看，无论是传统企业还是高科技企业，以团队创业组建的企业比个人组建的企业要多。也就是说，创业关注的核心并不是个人英雄主义的个体创业者，而是卓有成效的创业团队。没有团队的创业也许并不一定会失败，但要创建一个没有团队而具有高成长性的企业却极其困难。新创企业既可能只为某个创始人或其亲友提供了就业机会，也可能是一个具有较高发展潜力的公司，而两者之间的主要差别就在于是否存在一支高质量的创业团队。因此为了成功地创办一家企业，创业团队就显得非常必要。

5.1　创业团队及其构成

5.1.1　创业团队的内涵

1. 群体与团队

群体是两个或两个以上相互作用、相互依赖的个体为了实现某一特定目标而组成的集合体。团队也是一个群体，是群体的特殊形态，是一种为了实现某一目标而由相互协作依赖并共同承担责任的个体所组成的正式群体。团队是由更具有自主性、思考性和合作性的个体组成的群体。由此可见，作为同是由个体组成的集体，群体所涵盖的范围更广，而团队则是建立在群体基础之上的子集。

团队不等同于一般意义上的群体，二者的根本差别在于：团队中成员所做的贡献是互补的，而群体中成员之间的工作在很大程度上是互换的。简单地说，在团队中离开谁都不行，在群体中离开谁都无所谓。具体表现在：群体责任个体化，而团队的责任既有个体责任，更强调共同责任；团队的绩效评估以团队整体表现为依据，而群体的绩效评估则以个人表现为依据；团队的目标实现需要成员间彼此协调且相互依存，而群体的目标实现却不需要成员间的相互依存性；团队的成员在参与、贡献、合作和支持方面有着比群体成员更高的期望值；群体的作用是中性的（有时消极，有时积极），而团队的作用往往是积极的；群体中信息分散，团队强调信息共享。因此，团队是由两个或两个以上具有不同技能、知识和经验的人所组成，具有共同目标，成员间相处愉快并乐于在一起工作，互相依赖、技能互补、成果共享、责任共担，通过成员的相互沟通、协调、信任、支援和合作，产生群体的协作效应，从而获得比个体成员绩效总和大得多的总体绩效的正式群体。真正的团队不只是徒有其名的一群人，而是总能超过同样的一组以非团队模式工作的个体集合，尤其是当绩效由多样的技能、经验和判断所决定时更是如此。[1]

在一个团队中，每位成员往往具有不同的优势和劣势，在团队中发挥的作用也不尽相同。一般而言，成员在团队中扮演的角色有九种定位，如表5—1所示。把具有某些特性的成员安排在最能够发挥其个人潜能的位置上，有利于实现团队功能的最大化。[2] 定位团队角色应注意：同一角色不能由不同团队成员担任；互为冲突的角色不能由同一团队成员担任；团队成员可以担任两个及以上相似的团队角色。

表5—1　　九种团队角色描述

角色	角色描述	可允许的缺点	不可允许的缺点
栽培者	解决难题，富有创造力和想象力，不墨守成规	过度专注思想而忽略现实	当与别人合作会有更佳结果时，不愿与他人交流思想
资源探索者	外向、热情、健谈，发掘机会，增进联系	热情很快冷却	不遵循安排令顾客失望
协调者	成熟、自信，是称职的主事人，阐明目标，促使决策的制定，分工合理	如果发现其他人可完成工作，则不愿亲力亲为	完全信赖团队的努力
塑形者	激发人的，充满活力，在压力下成长，有克服困难的动力和勇气	易沮丧与动怒	无法以幽默或礼貌的方式平息局面
监控者	冷静，有战略眼光与识别力，对选择进行比较并做出正确选择	有理性的怀疑	失去理性讽刺一切
团队工作者	协作的、温和的、感觉敏锐的、老练的、建设性的，善于倾听，防止摩擦，平息争端	面对重大事项优柔寡断	逃避承担责任
贯彻者	纪律性强，值得信赖，有保守倾向，办事高效，把想法变为实际行动	坚守教条，相信经验	阻止变化
完成者	勤勤恳恳、尽职尽责、积极投入，找出差错与遗漏，准时完成任务	完美主义	过于执著的行为
专家	目标专一、自我鞭策、甘于奉献，提供专门的知识与经验	为了学而学	忽略本领域以外的技能

资料来源：Belbin，M. *Team Roles at Work*. Oxford：Butterworth-Heinemann，1996：58.

2. 一般团队与创业团队

从团队的基本特征、功能作用及管理模式三大方面看，我们对一般团队与创业团队进行比较，如表5—2所示。

表5—2　　一般团队与创业团队的区别

比较项目	一般团队	创业团队
目的	解决某类或者某个具体问题	开创新企业或者拓展新事业
职位层级	成员并不局限于高层管理者职位	成员处在高层管理者职位
权益分享	并不必然拥有股份	一般情况下在企业中拥有股份

① 参见伊丽莎白·切尔：《企业家精神：全球化、创新与发展》，北京，中信出版社，2004。

② Belbin，M. *Team Roles at Work*. Oxford：Uterworth-Heinemann，1966：58.

续前表

比较项目	一般团队	创业团队
组织依据	基于解决特定问题而临时组建在一起	基于工作原因而经常性地一起共事
影响范围	只是影响局部性、任务性的问题	影响组织决策的各个层面，涉及范围较宽
关注视角	战术性的、执行性的问题	战略性的决策问题
领导方式	受公司最高层的直接领导和指挥	以高管层的自主管理为主
成员对团队的组织承诺	较低	高
成员与团队间的心理契约	心理契约关系不正式，且影响力小	心理契约关系特别重要，直接影响到公司决策

资料来源：陈忠卫：《创业团队企业家精神的动态性研究》，北京，人民出版社，2007。

初创时期创业团队建设的目的在于成功地创办新企业，随着企业成长，创业团队可能会发生成员进进出出的更迭，新组建的高管团队是创业团队的延续，其目的在于发展原来的企业或者开拓新的事业领域；创业团队成员往往处在企业高层管理者位置，他们会对企业的重大问题决策产生影响，甚至会关系到企业的生存；创业团队成员往往拥有公司股份，以便团队成员拥有更高的责任感来参与决策、关心企业成长；所关心的往往是公司全局性的、战略性的决策问题；创业团队成员对公司有一种浓厚的感情，其连续性承诺（由于员工对组织投入而产生的一种机会成本，足以让成员不离开组织的倾向）、情感性承诺（个体对组织的认同感）和规范性承诺（个人受社会规范影响而不离开组织的倾向）都较高。

然而，一般团队的组建只是为了解决某类或者某个特定问题。一般团队成员往往是由一群满足解决特定问题的专家所组成的，绝大多数成员并不处于企业高层，只是为了解决某一问题而临时组建形成。一般团队成员不必然要求成员拥有股份，一般团队成员只是关注战术性或者执行层面的问题。一般团队中，成员对公司的连续性承诺、情感性承诺和规范性承诺并不高。

总体上，创业团队是指由两个或两个以上具有一定利益关系的，彼此间通过分享认知和合作行动以共同承担创建新企业责任的，处在新创企业高层主管位置的人共同组建形成的有效工作群体。对创业团队的内涵把握可以从以下三点入手：

首先，创业团队是一种特殊群体。创业团队首先是一种群体，成员在创业初期把创建新企业作为共同努力的目标，在集体创新、分享认知、共担风险、协作进取的过程中，形成了特殊的情感，创造出了高效的工作流程。

其次，创业团队的工作绩效大于所有个体成员独立工作时的绩效之和。虽然个体创业团队成员可能具有不同的特质，但他们相互配合、相互帮助，通过坦诚的意见沟通形成了团队协作的行为风格，能够共同地对拟创建的新企业负责，具有一定的凝聚力，曾有研究得出这样的结论：工作群体绩效主要依赖于成员的个人贡献，而团队绩效则基于每一个团队成员的不同角色和能力而尽力产生的乘数效应。

最后，创业团队是高层管理团队的基础和最初组织形式。创业团队处在创建新企业的初期或小企业成长早期，现实中往往被人们称为“元老”。而高层管理团队则是创业团队组织形式的继续。虽然在高层管理团队中既可能存在着部分创业时期的元老，也可能所有的创业元老都不存在，但高层管理团队的管理风格在很长一段时期内是很难彻底改变的。

5.1.2 创业团队的要素

任何创业团队都包括一些重要因素，它们影响创业团队的绩效，也是构成一个完整团队的基础。这些重要的因素包括：

1. 团队结构

任何一个创业团队都包含两个或两个以上的个体，这些个体之间必然存在关系，或利益关系，或组织关系，或沟通关系，无论何种关系，当这些关系以固定的模式呈现时，它就是一种结构。但是，因为关系模式在内容上的差异性，创业团队的结构常常呈现出多种类型，常见的有：角色结构、技能结构和权力结构。这些类型结构模式不仅反映了创业团队的基本特征，而且影响着创业团队的行为、能力和创业绩效，科学合理的内部结构有利于创业团队行为的优化、创业能力的发挥和创业绩效的创造；反之，不科学合理的内部结构将影响创业团队的行为、能力，抑制创业绩效的创造。所以，创业团队结构是创业团队的重要因素之一，是创业团队成为整体的基础。

2. 团队行为

创业作为一种实践活动，创业团队作为创业的实施主体，其对创业实践活动的参与就是一种行为，而且这种行为始终影响着创业的实施，因此，创业团队行为是创业团队的重要因素，而且是影响创业绩效的关键因素。创业团队在创业活动过程中，形成一些稳定的行为模式。常见的行为模式有：协助行为、决策行为和学习行为。其中，协助行为是指创业团队内成员之间的相互协助模式及其默契程度。决策行为是创业团队在重大问题上的决策模式、方式、程序及方法，它贯穿于整个创业过程，创业团队结构的调整、创业风险的应对、创业机会的把握以及创业资源的整合等一系列过程都伴随着创业团队的决策行为。学习行为是指创业团队及其成员在创业过程中的适应性进化行为，包括个体和团队两个层面。个体层面的创业学习行为是指团队的个体成员针对自身的团队职责所需的创业知识和技能而不断改变自身的知识结构和提高自身素质，促进知识的积累和实现知识的应用，并增强创业意愿和能力；团队层面的创业学习行为是指整个团队内部所有成员之间知识和信息共享的互动行为以及团队和外部信息的交互活动，有利于丰富整个团队的学习内容和提高学习效率，并且获得更广泛的信息资源。这些行为模式基本涵括了创业团队的全部创业实践活动，因此，创业团队行为是影响创业绩效的重要维度，也是构成创业团队的重要因素。

3. 团队能力

创业能力是指创业团队在创业过程中所表现出来的一种适应于创业环境、适宜于创业的综合性能力，反映了创业团队所具备的胜任创业任务所要求的知识、能力和特质等，因此，也称为创业团队胜任力。机会能力、战略能力、关系能力、组织能力、概念能力、承诺能力、协助能力、学习能力和创新能力等是创业团队胜任力的重要维度，这些因素也在创业过程中发挥作用，影响创业实施行为的质量，抑制创业绩效的创造。所以，能力也是创业团队的重要因素。

总而言之，结构、行为和能力是创业团队的三要素，三者都会影响创业绩效。不仅如此，这些要素之间还存在相互关系。其中，创业团队结构不仅影响创业团队行为的演化，而且影响创业团队能力的发挥和提升，还直接影响创业绩效；创业团队行为和能力也会直接影响创业绩效的创造。

5.1.3 创业团队的构成

狭义的创业团队是指有着共同目的、共享创业收益、共担创业风险的一群创建新企业的人，即初始合伙人团队。广义的创业团队则不仅包括狭义的创业团队，还包括与创业过程有关的各种利益相关者，如核心员工、风险投资家、专家顾问等。

1. 初始合伙人团队

初始合伙人团队由在创业初期就投资并参与创业行动的多个个体组成。初始合伙人团队的知识、技术和经验往往是企业所具备的最有价值的资源。正是由于这个原因，人们经常通过评估初始合伙人团队的素质来预期企业未来的发展前景，这些素质特征包括：

（1）受教育程度。随着科学技术的进步和产品更新换代速度的加快，知识成为最重要的生产力要素。初始合伙人团队的受教育水平在一定程度上可以反映其知识掌握的程度，具有较高受教育程度的初始合伙人团队往往具备与创业有关的重要技能，可能在研究能力、洞察力、创造力和计算机技术应用等方面表现略胜一筹，而这些素质是创业成功的关键性因素。如果新创企业所从事的行业领域具有较强的专业特征，那么，接受过高等教育的初始合伙人团队就会从工程技术、计算机技术、管理科学、物理、化学、生物等专业教育中获得显著优势。

（2）前期创业经历。具有创业经历的初始合伙人团队，无论曾经取得成功还是遭遇失败，都可以成为新创企业成功经营的有利因素，甚至成为一种独一无二的优势。因为这些人要比初次接触创业过程的创业者更熟悉创业过程，并可以在新创企业中复制以前的成功创业模式，或者有效规避导致巨大失败的错误。可以说，前期创业经历被认为是未来创业绩效最稳定的预测因素之一。

（3）相关产业经验。初始合伙人团队所拥有的相关产业经验，有利于更为敏锐地理解相关产业发展趋势，可以更加迅速地开发新产品并开拓新市场。例如，对拟开办一家软件企业来说，初始合伙人团队是否具有相关领域的软件开发技术就特别重要，如果初始合伙人团队采取边学习边创办企业的方式，想成功地创建并经营好一家软件企业可能十分困难。

（4）社会网络关系。具有广泛社会网络关系的初始合伙人团队往往更容易获得额外的技能、资金和消费者认同。新创企业应当善于开发和利用社会网络关系，构建并维持与兴趣类似者或能够给企业带来竞争优势者的良好人际关系，这种网络化关系也是创业者社会资本的具体体现。初始合伙人团队打电话给业务上的熟人或朋友，请他们介绍投资者、商业伙伴或者潜在消费者，在新企业创建过程中是经常采取并行之有效的方法。

2. 核心员工

一旦决定创办一家新企业，你就要开始组建管理团队和招募核心员工。到底要花多长时间来招募员工，需依据新企业的具体情况而定。在有些情况下，新创企业需要运行一段时间，直到商业计划完成和企业初具雏形后再招募员工。而在另外的情况下，新创企业可能一开始就招募员工。

有助于创业者识别新企业招募需求的技术之一就是设计技能目录清单。技能目录清单是描述最需要的技能是什么以及还缺少哪些技能的表格。除了表示企业所具有的最重要技能，技能目录清单还能展现如何应对当前的技能缺口。许多创建者担心将不合适的人安排到关键岗位上。因为大多数新企业都具有现金约束，而且每位团队成员都必须做出有价值的贡献，所以招募一个意愿很高但不适合某项工作的人对企业很不利。

在创建企业的过程中，你要认识到的首要问题是，用错人要付出高昂的代价。在大企业中，人们有时倾向于认为如果用了"意愿良好"或"态度好但行动能力差"的人，你仍能够使事情得到挽回。或许是因为在已建企业中，人们更易于忽视个人的价值增值作用。而在新创企业中，你就不能简单地这样认为。每个人都十分重要，每名团队成员的工作都必须直接影响价值，否则这个人就得离开。

有些新创企业利用社会关系网络来为关键岗位招募员工。招募和选择核心员工的主要途径有：猎头公司、人才市场、媒体广告、熟人介绍。不过，新创企业一般通过猎头公司来招募和挑选企业员工。因为这样可以让创业者节省大量时间，以投入到其他关键工作中去；另外，借助猎头公司可以招募到具有独特特征和能力的员工，这有利于促使企业走向成功。

3. 董事会

当新创企业计划创建一家公司制企业时，就需要按规定成立董事会——由公司股东选举产生以监督企业管理的个人小组。董事会一般由内部董事和外部董事构成。内部董事在企业任职，而外部董事则不在企业任职。如果处理得当，公司董事会能够成为新创企业团队的重要组成部分，董事会为了帮助新创企业拥有一个良好的开端并形成持久竞争优势，可以通过提供指导和提高资信两种方式。①

(1) 提供指导。虽然董事会具有正式的治理职责，但是董事会所发挥的最大作用还是为企业管理者提供指导和支持。许多CEO经常与董事会成员进行交流，以获取他们的重要意见和看法。实现这一点的关键在于企业挑选的董事会成员要有能力、有经验，愿意给予建议并能够提出具有洞察力和深入性的问题。因为管理者需要依靠董事会成员的忠告和建议，所以一定要有目的地选择外部董事，要让他们填补企业管理者和其他董事在经验与背景方面的空缺。例如，如果两名计算机软件程序员想要创办一家软件公司，而他们又都没有市场营销经验，这时候在董事会中配备一位营销管理人员就十分必要。

(2) 提高资信。董事会另一个重要职能就是提高企业的资信。董事会是由股东大会选举产生的，负责处理公司诸多重大经营管理事项。具有较高知名度和地位的董事会成员会为企业带来直接的资信提高。没有可信资质，潜在消费者、投资者或员工很难识别出高质量的新创企业。一般认为，高水平、高素质的人不会愿意在低水平的企业董事会任职，因为这使他们的名誉和声望面临风险。所以，当高水平、高素质的人同意在企业董事会任职时，那么他们本质上是在"发信号"，即这家公司很有可能取得成功。表5—3列举了有效

① 参见布鲁斯·R·巴林格、R·杜安·爱尔兰：《创业管理：成功创建新企业》，北京，机械工业出版社，2006。

董事会的具体指标及其详细说明。

表 5—3　　有效董事会的指标

指标	说明
高目标	挑选具有以下特征的董事： ·曾经成功经营过公司 ·具有新创企业所需的能力 ·在其领域具有较高知名度和地位
组成	组建具有以下特征的董事会： ·多样性 ·熟悉新创企业将要涉及的技术市场 ·由内部董事和外部董事构成
建立相关决策程序	建立如下程序： ·例行决策由企业管理者处理 ·重要的人员、经营和财务决策由董事会负责
信息共享	执行以下沟通原则： ·根据企业活动相应地更新董事会 ·不向董事会隐瞒坏消息（董事会成员厌恶的事情就是管理者封锁了意外的坏消息，而董事会对此一无所知）
利用委员会	运用以下委员会形式： ·认识到董事们会在委员会中尽全力工作 ·建立法定的委员会，如审计、薪酬和提名委员会 ·根据需要设立其他委员会
激励董事会成员	通过以下方式激励董事会成员发挥模范作用： ·某种形式的经济激励手段，如公司股票或股票期权 ·成为一项鼓舞人心的新项目的成员
明确权责关系	向董事会成员提示以下内容： ·提醒董事会成员对新企业股东承担信用责任 ·确认董事会成员意识到他们可能的责任和义务 ·配备法律和财务专家为董事会成员提供有效的顾问与建议

资料来源：布鲁斯·R·巴林格、R·杜安·爱尔兰：《创业管理：成功创建新企业》，北京，机械工业出版社，2006。

4. 专业顾问

除了上述介绍的创业团队成员以外，创建者还需要依靠一些专家顾问，通过与他们的互动交流获取重要的建议和意见。在许多情况下，这些专家顾问通常都成为新创企业团队的重要组成部分，在完善新创企业团队方面发挥着重要作用。

（1）顾问委员会。越来越多的新创企业开始组建顾问委员会，以便获取他们的指导和建议。顾问委员会是企业管理者在经营过程中向其咨询并能得到建议的专家小组。与董事会不同，顾问委员会对企业不承担法定责任，只提供不具约束性的建议。与董事会相似，顾问委员会能给新企业带来行为指导和合法性。组建顾问委员会的目的既可以是一般意义上的，也可以是为了满足特定主题或需要。

大多数顾问委员会有5～15名成员。公司通常会在每年或依据每次会议的情况，为顾问委员会的成员提供少量酬金。顾问委员会成员之间及其与企业管理者之间的交流有多种形式。有些顾问委员会每年在公司总部或其他地方要召开 3～4 次会议，也有些顾问委员会举行网络会议。在一些情况下，企业顾问委员会的成员们分散在全国各地，很难集中在一起，因此他们之间的联系通常借助电话或电子邮件的形式，这样就节约了成本。在这种条件下，顾问委员会的成员根本不用进行面对面的交流，就可以提供高水平的意见和建议。

组建顾问委员会要遵循以下原则。首先，顾问委员会的组建不是用来自我炫耀的。如果顾问不能在公司的发展和成长中发挥重要作用，他们的希望会很快破灭。其次，顾问委员会要尽可能涵盖较为广泛的才能和技术领域，而且委员们在经验和技能方面应当是相互协调和彼此补充的。如果委员会的设立不是基于某种特殊目的，那么委员会应该包括各种背景的成员，这要比背景相似的委员会更为可取。最后，在邀请某人加入顾问委员会时，公司应该认真地向他说明获取机密信息的原则和条件。一些企业要求其顾问委员会成员签署保密协议，这种要求的类型视企业具体情况而定。

（2）贷款者和投资者。贷款者和投资者对他们所投资的公司存在既得利益，这通常导致他们全力以赴地帮助所资助的企业。很少有贷款者或投资者把钱投入新创企业后，就放手不管了。事实上，至少在提供贷款或投资的最初几年，约束银行与投资企业的制度原则要求它们密切地监控企业。

贷款者或投资者投入新创企业的时间和精力，视资本数额以及新创企业的需要而定。例如，贷款安全性较高的贷款者可能在客户身上花很少时间，而风险资本家可能会花费大量时间帮助新创企业完善商业模式、招聘管理者以及会见当前或潜在消费者和供应商。事实上，一项研究表明风险资本家每年造访被投资企业的平均次数高达 19 次。这充分体现出高度的投入和支持。

作为新创企业团队的非员工成员，贷款者与投资者能够为企业提供有用的指导和资信，并承担提供财务监管的作用。在某些情况下，贷款者和投资者还会积极帮助企业组建管理者团队。这一点非常重要，以至于新创企业努力吸引投资不仅是为获得资金，而且为了得到在招募新员工方面的帮助。

例如，在易趣网创办初期，公司的合伙创建人皮埃尔·奥米亚和杰夫·斯克尔决定招聘 CEO。他们想找到一位既有经验又具备华尔街投资者重视的某种资历的人。不久他们发现，他们试图招聘的每位有经验的管理者都会询问同样的问题，即公司是否有风险资本的支持，而当时易趣公司并不具备这一条件。对于准备招聘经验丰富的管理者的新创企业来说，有风险资本支持是具备资信的一种标志。为了获得这种认可，奥米亚和斯克尔从基准风险投资公司获得了支持，而实际上易趣公司并不需要钱。

除了提供融资外，贷款者和投资者还会通过多种途径积极帮助企业增加新价值，如帮助识别和招募核心管理人员，洞察企业计划进入的行业和市场，帮助企业完善商业模式，作为新创意的宣传者，扩充资本来源渠道，吸引消费者，帮助企业安排商业合作以及在企业的董事会或顾问委员会任职，帮助平息和稳定许多新创企业团队都会经历的情感波动等。

（3）咨询师。咨询师是提供专业或专门建议的个人。当新企业需要从专家那里获取诸如专利、纳税计划和安全规章等复杂问题的建议时，咨询师的作用不会降低。但是，当企业的咨询师以企业名义开展可行性分析研究或行业深入分析时，咨询师的作用就十分关键。由于这些活动要花费一定的时间，无法让董事会或顾问委员会承担，因此可以借助咨询师来完成。

5.2　创业团队的组建

5.2.1　创业团队的组建特征

团队创业作为当前的一种主要创业模式，已经广受社会各界认同。但是，作为一个群体，创业团队的组建与创业实施的过程是同步的，是在创业实施过程中不断完善和优化的，所以，创业团队会对创业的实施、创业的绩效自始至终都产生影响，这种影响是根源于创业团队的一些本质特征，其主要特征表现为：

1. 完整性

完整性是组建创业团队的重要特征之一，是影响创业绩效的重要因素。一个团队之所以比单一创业者更易于成功或易于实现创业绩效的持续成长，就是因为一个完整的团队，其拥有创业成功的要素更加充实、丰富，以至有足够的技术、能力和资源支撑着创业的成功开展、抵御创业风险，所以新创企业绩效的增长与创业者所管理的团队的完整程度成正相关性。组建创业团队的完整性主要体现在：职能完整性、技能完整性、资源充实性。其中，职能完整性是指推进创业实施的所有相关职责被团队成员全面分担的程度，包含权力、责任和能力相互对等及人尽其职的程度。技能完整性是指团队成员基本具备实施某项创业所需技能的程度，包含团队成员之间能力互补的程度和团队成员能力与创业技能需求的融合性程度。资源充实性是指创业团队拥有创业所需资源的充实性程度，包含团队成员之间资源共享的程度、团队成员愿意为团队贡献资源的程度和资源满足创业需求的程度。

2. 开放性

开放性是组建创业团队的另一重要特征，是影响创业团队完整性的重要因素。在创业团队的创建过程中，最初多以情感为基础结合而成。但是随着创业的持续推进，技能、职能、资源的缺失逐渐暴露，于是通过团队成员的外部学习、新成员的吸纳、内部职能互补机制的构建，从而完善创业团队，这一过程就是一个开放的过程，也是创业团队开放性的重要体现。没有创业团队的开放性，就难以实现创业团队的完整性。所以，创业团队的开放性是保障创业团队完整性的基础，也是创业团队适应性发展的结果。创业团队开放性的另一表现是创业过程中的利益相关者影响着创业团队的行为和绩效，即创业团队处于一个开放的系统之中，在创业过程中不断与外界交换资源、信息和价值，实现创业绩效。对于一个创业团队而言，其是否开放及开放程度如何，取决于其与外界交换物质、技能、人事的意愿，所以，创业团队的开放性需要其资源拓展机制、群体学习机制来保障。

3. 异质性

异质性是指团队成员在性别、年龄、种族、专业知识、经验、价值观和人格等个人特征方面的分布及其差异化程度，也称为团队多样性。在变动的环境下，团队的异质性和绩效是正相关的；在稳定的环境下，团队的异质性和绩效是负相关的。这是因为在动态环境下，异质性高的创业团队，成员的互补性强，成员的价值在不同环境下都能得到展现，因此创业团队抵御环境不确定性的能力强，不仅如此，而且各个成员的价值都能得到有效发挥，因此团队异质性不会影响内部凝聚力；但是，在稳定环境下，异质性高的创业团队由于成员价值的发挥空间有限，所以，内部凝聚力会受到影响，从而影响团队的合作效果。异质性是创业团队的重要特征之一。基于创业环境的相对性，团队异质性对创业团队的影响很难准确描述，但是当团队的异质性导致认知冲突为主时，团队的异质性是有利于创业的；当团队的异质性导致情感冲突为主时，团队的异质性是不利于创业的，所以，团队异质性是创业团队的重要特征，也是最复杂的一项特征。

4. 适应性

在创业过程中，创业团队的人员构成和组织架构都经常变动，这就是创业团队适应性行为的结果。创业团队作为一个新兴群体，不仅面临着内部成员的异质性，也面临着多变的创业环境，这些都迫使创业团队不断进化，通过内部的相互磨合、职能的不断完善、组织的不断优化、成员的不断更新，实现创业团队的整合与优化，不断增强其凝聚力和环境应变能力，这就是创业团队的适应性特征。创业过程是一个创业团队成员的磨合过程。创业团队的组建是与创业同步的，创业过程是两者实现和谐化、协同发展的过程。为此，适应性是组建创业团队的重要特征，其对创业绩效有重要的影响。对于一个创业团队而言，其适应性是以商机的生命力为基础的。具有较强生命力的商机，具有较强的资源与创业者吸附性。二者共同构成了创业团队适应力的基础，创业团队一方面有足够的选择空间，优胜劣汰地挑选创业者，优化创业团队结构及团队技能；另一方面有足够的资源，支持创业团队适应性发展。所以，创业团队的适应性是以商机为基础，在优胜劣汰机制、创业退出保障机制、群体学习机制下进行的自我改进行为。

所以，完整性、开放性、异质性和适应性是组建创业团队的四个基本特征，其中，创业团队的完整性是以其开放性、异质性和适应性为基础的，即创业团队的完整是动态的过程，动态性是创业团队在整个创业过程都具有完整性的一种基本要求；创业团队的开放性是其适应性存在的条件，缺乏创业团队的开放性，其适应性将既无方向性，也无动力源。

5.2.2 互补性与相似性

选择优秀的创业伙伴并发展与他们之间的良好工作关系是一项复杂的工作，需要大量的努力，因为新企业的成功在很大程度上取决于所获取的人力资源，以及最初的、早期的员工所带来的人力资源。其中一个需要考虑的首要问题是，在角色安排上，创业者究竟是应当选择那些在各个方面都与自己相似的人，还是应当以互补的方式选择那些有差异的人，以便提供自己所缺少的知识、技术和能力？

1. 相似性与互补性的比较

生活中的一个基本事实是，当其他人在不同方面与自己具有相似性时，人们会感到十分舒适，也趋向于喜欢那些人。事实上，相当多的研究成果在相似性的吸引力方面指出了两个有趣的结论：(1) 任何一种相似性（如有关态度与价值观，人口统计因素如年龄、性别、职业、种族背景，共同兴趣等方面的相似性）几乎对所有事情都会产生影响；(2) 这种影响效果既普遍又强有力。例如，这种相似性已经被发现会影响到就业面试的结果和成绩评定。一般说来，应聘者与面试者越具有相似性，他们被雇用的可能性就越高。相应地，员工与管理者的相似性越高，他们从管理者那里得到的绩效评估等级就越高。你或许能够猜到为什么相似性如此具有吸引力。当人们在不同维度具有相似性时，他们对彼此感到更加舒适，觉得相互之间更加了解，而且更加自信地对彼此未来的反应和行为加以预测。简而言之，如果其他所有方面都是一样的，那么我们往往愿意同在许多方面与我们具有相似性的人交往，选择他们作为自己的朋友或者合作创业者，甚至与他们结婚。

创业者也毫不例外地遵循“相似性导致喜欢”的规则。事实上，多数人倾向于选择那些在背景、教育、经验上与他们非常相似的人。这根本就不令人惊奇：来自相同背景的人“说同样的话”，他们能够比那些来自不同背景的人更乐于和更加方便地交流。通常，他们已经相互认识，因为他们曾经就读于同一所学校或者在同一家公司工作。普遍的结果是，许多新企业是由来自同一领域或同一职业的创业者所组成的团队创建的：工程师往往与工程师一起工作，具有营销与销售背景的创业者往往倾向于与其他具有相同背景的人一起工作，科学家往往倾向于与其他科学家一起工作，等等。

在创建新企业的过程中，“物以类聚，人以群分”的事实具有明显的优势。然而，与此相对的另一方面，创业者选择那些具有与自己相似背景和教育的人作为合作伙伴的倾向存在几个严重的缺点。最为重要的一点是冗余问题：相似的人越多，他们的知识、培训、技能和欲望重叠的程度就越大。

例如，如果创业团队的所有成员都是技术专家，这在设计一个现实中可行的新产品时十分有用。但由于他们都是技术专家，因而对市场营销、法律事务、有关员工健康与安全等方面的规定知之甚少。另外，这些技术专家可能很少知道如何撰写一份有效的商业计划书，这通常对于企业获取必要的财务资源，以及决定如何有效运营企业来说是极为重要的。而且，尽管这些技术专家都拥有卓越的工程技能，但他们不擅长准备书面文件或者“销售”他们的创意；具有技术或理学背景的人也通常如此，他们在数字方面的特长胜过文字。进一步说，由于所有人都在同一领域接受训练（甚至可能在同一所学校学习），他们往往具有相互重叠的社会网络：他们认识同样的人，因而他们所接触的能够从对方获取所需资源的人就很有限，这些资源包括信息、财务支持等。

到目前为止，主要的观点应该是清楚的：由于创业团队中宽泛的知识、技术和经验有利于新企业，因此，在互补性而不是相似性的基础上选择合作创业者通常是一种更有用的策略。创业团队为获得成功，必须掌握非常宽泛的信息、技能和能力，当创业团队的所有成员在各重要方面都具有高度的相似性时，这种成功不太可能出现。理想的状况是，如果一个团队成员所缺少的东西可以由另一个或者更多的其他成员提供，那么，整体的确大于各部分之和，因为团队能够整合人们的知识和专长。因此，创业者在组建创业团队时的第一规则是：不要屈从于只和那些背景、教育、经历与自己相似的人一起工作的诱惑。这样做将在许多方面显得容易和令人愉悦，但它不能提供新企业所需的丰富的人力资源基础。而在许多情况下，强调互补性在一定程度上可能是更好的策略，因为它可以提供给新企业一种强有力的和多样化的人力资源基础。

2. 创业者自我评估

在任何情况下，选择合适的合作创业者的过程都应当开始于未来的创业者所做的仔细的自我评估。这是因为从非常现实的角度看，除非创业者知道自己已经拥有什么，否则不可能知道需要从别人那里得到什么。为了选择与自己在知识、技能和特性方面具有互补性的合作者，创业者首先必须对自己的人力资本进行认真的自我评估。这是一件非常困难的事情，因为人们通常意识不到自身行为的原因，而且在许多情况下，只能根据其他人对自己的反应来理解自己的特征。创业者的自我评价应当认真考虑自己的知识基础、专门技能、动机、承诺和个人特征。

一是知识基础。创业者所接受的教育以及经验可以表明创业者知道什么和不知道什么，以及需要从其他人包括潜在的合作创业者那里获得什么。二是专门技能。每一个人都有一系列完成某些任务的独特能力，创业者应当理解并列举出自身的技能，并将其作为创建新企业的初始步骤。三是动机。思考“为什么要创建新企业”等创业动机有利于评判创业者和那些潜在合作者之间的动机差异，防止未来发生隐患。四是承诺。承诺是指完成事情（即使在逆境中也继续前进）以及实现与新企业相关的个人目标的意愿。五是个人特征。创业者要了解自身在尽责性、外向性或内向性、友好性、情绪稳定性、经历开放性这五大关键维度上处于什么位置。

吸纳相似性还是互补性的团队成员最终取决于创业者考虑的维度。在知识、技能和经验方面的互补性是非常重要的。为了取得成功，新企业必须获得丰富的和有价值的人力资源。此外，相似性也是有利的：它增加了沟通的便利性，并有助于形成良好的人际关系。创业理念和动机方面的相似性也非常重要。

3. 相似性与互补性的选择

综合上述分析，选择优秀的合作创业者并发展与他们之间的良好工作关系是一项复杂的工作，需要做大量的努力。新创企业的成功在很大程度上取决于它所获取的人力资源——知识、技术、能力、声誉、合作创业者的社会网络，以及最初的、早期的员工所带来的人力资源。研究结果表明，这些以及与之相关的因素在新创企业的创建和成功中发挥着重要的作用。一般而言，在组建创业团队时，一种平衡的方法是：团队成员之间在知识、技术、能力及经验等方面应该是互补的，在创业理念（包括创业动机、价值观等）等方面应该是相似的。

知识、技术、能力及经验等相互补充有助于提高团队创业的科学性，创业者们可以从不同的角度分析问题，有更多的思维和理解方式，从而能为创业提供更多的决策选择和解决问题的方法。在创业过程中遇到的问题都能有相对专业的人士来解决，提高了团队的效率和创业的成功率。不仅如此，技能和经验等相互补充，也使得每个团队成员都拥有独立的有差别的社会网络资源，从而使得整个团队的社会网络资源呈互补和扩大的趋势而非层层叠加。

共同的创业理念不仅决定了创业团队的目标、创业团队的性质及创业的行为准则，而且也是形成团队凝聚力和合作精神的基础。团队中的成员需要互相配合，紧密合作，既各司其职又能做到互相帮助，从而提高整体的工作效率。团队的每一个人都是一股紧密联系又缺一不可的力量。团队的整体成功才能使每个人都获得最大利益。拥有共同的创业理念和价值追求，能更加容易地建立起这种心理契约和创业氛围，从而形成一支凝聚力强、效率高、整体协同合作的优秀团队。因此，创业团队的构成需要成员在创业理念上相似，而在专业技能、管理能力、经验等方面互补。

短例

苹果公司的领导团队

在 1978 年，苹果电脑的领导团队由三种不同的人组成，他们均具有专业特长和个人品质。史蒂夫·乔布斯是一位超凡的领导者，他激励员工并直接与电脑爱好者交谈；迈克·马克库拉是业务和营销领导；斯蒂芬·沃兹尼亚克是工程领导和公司的电脑研发人员。这种平衡的、强大的创业团队使得苹果电脑开创了商界历史上的辉煌。

5.2.3　认知冲突与情感冲突

冲突的发生是企业内外部某些关系不协调的结果，表现为冲突行为主体之间的矛盾激化和行为对抗。有些学者把团队内的冲突分为两大类，即认知冲突与情感冲突。[①] 有效的团队知道如何进行冲突管理，从而使冲突对组织绩效的改善产生积极贡献。在无效或低效的创业团队中，团队成员在一起总是极力避免冲突的形成，默认或者允许冲突对团队有效性和组织绩效的提高会形成消极影响。

1. 认知冲突

认知冲突是指团队成员对有关企业生产经营管理过程中出现的与问题相关的意见、观点和看法所形成的不一致性。通俗地讲，认知冲突是论事不论人。从本质上说，只要是有效的团队，团队成员之间就生产经营管理过程的相关问题存在分歧是一种正常现象，而且，在一般情况下，这种认知冲突将有助于改善团队决策质量和提高组织绩效。

当团队成员分析、比较和协调所有不同的意见或看法时，认知冲突就会发生。这一过程对于团队形成高质量的方案起着关键性作用，而且，关于认知冲突的团队方案也容易被团队成员所理解和接受。正是因为如此，认知冲突有助于改善团队有效性。

认知冲突是有益的，因为它与影响团队有效性的最基本的活动相关，集中于经常被忽视的问题背后的假设。通过推动不同选择方案的坦率沟通和开放式的交流，认知冲突鼓励创造性思维，促进创造性方案。作为冲突管理的一种结果，认知冲突将有助于决策质量的提高。事实上，没有认知冲突，团队决策不过是一个团队里最能自由表达的，或者是最有影响力的个别成员决策。

除了提高决策质量以外，认知冲突能够促进决策本身在团队成员中的接受程度。通过鼓励开放和坦率的沟通，以及把团队成员的不同技术和能力加以整合，认知冲突必定会推动对团队目标和决策方案的理解，增强对团队的责任感，从而也有助于执行团队所制定的创业决策方案。

2. 情感冲突

冲突有时也是极其有害的。当创业团队内的冲突引发团队成员之间产生个人仇恨时，冲突将极大地降低决策质量，并影响到创业团队成员在履行义务时的投入程度，影响对决策成功执行的必要性的理解。与那些基于问题导向的不一致性相关的认知冲突不同，基于

① 参见张玉利：《创业管理》，北京，机械工业出版社，2014。

人格化、关系到个人导向的不一致性往往会破坏团队绩效，冲突理论研究者共同地把这类不一致性称为情感冲突。通俗地讲，情感冲突是论人不论事。

由于情感冲突会在成员间产生敌对、不信任、冷嘲热讽、冷漠等表现，因此，它会极大地降低团队有效性。这是因为情感冲突会阻止人们参与到影响团队有效性的关键性活动中，团队成员普遍地不愿意就问题背后的假设进行探讨，从而降低了团队绩效。情感冲突导致冷嘲热讽、不信任和回避，因此，将会阻碍开放的沟通和联合。当它发生时，不只是方案质量在下降，而且团队本身的义务也在不断地受到侵蚀，因为团队成员不再把他们与团队活动联系起来。

有效的团队能够把团队成员的多种技能结合起来。相反，如果团队成员彼此不信任或者冷嘲热讽，就不会愿意参与到那些必须整合不同观点的讨论中，结果势必会造成在集体创新、分享认知、共担风险、协作进取等创业团队企业家精神方面的压制，从而使得创业团队逐渐变得保守起来，创业决策质量也大受影响。

同样，那些敌对的或者是冷漠的团队成员不可能理解决策，也很少对那些他们并没有参与的决策履行相关义务。在最坏的情况下，由于这些团队成员甚至不愿意按照创业团队所设计的思路去执行决策，从而降低团队在未来有效运作的能力。

综合上述分析，对团队绩效来说，冲突既可能是有益的，也可能是有害的，主要取决于它是认知冲突还是情感冲突。认知冲突可以通过改善决策质量和提高成功地执行决策的机会，进而提高团队绩效。然而，情感冲突却降低了决策质量，破坏了对成功执行决策的理解，甚至不愿意履行作为团队成员的义务，进而导致团队绩效下降。

5.3 创业团队的管理

5.3.1 创业团队的发展阶段管理

创业团队是一种为共同目标而组建的团队，也是一个有生命的组织。著名的塔克曼团队发展五阶段模型认为，任何团队的建设和发展都需要经历初创阶段、震荡阶段、规范阶段、成熟阶段和解散阶段等五个阶段，创业团队也不例外，它的创建与发展同样要经历这五个阶段。其中，初创阶段是创业团队初创和组建阶段，在这一阶段，创业团队成员处于极不稳定的状态，团队成员互相认识，并了解项目情况及他们在项目中的正式角色和职责；团队成员倾向于相互独立，不一定开诚布公。在震荡阶段，团队成员面对其他成员的观点、见解，更希望展现个人性格特征，对于团队目标、期望、角色以及责任的不满和挫折感被表露出来。团队成员的心理处于一种剧烈震荡起伏的状态，创业团队成员的情绪特点是紧张、对抗。规范阶段是经历了震荡阶段的考验后创业团队顺利发展的阶段。在这一阶段，创业团队成员对工作和环境已经了解熟悉，成员之间的关系已比较好地融合，也开始相互信任和协同工作，并调整各自的工作习惯和行为来支持团队。成熟阶段是创业团队生命中最辉煌的阶段，创业团队成员关系融洽，相互信赖，平稳高效地解决问题，甚至愿意牺牲个人去完成整个创业团队的目标和使命，从心里愿意为创业团队贡献自己的最大潜能，在这一阶段，团队就像一个组织有序的单位那样战斗。在解散阶段，团队成员纷纷离开原来的团队，开始考虑加盟新的团队，有些学者将第五阶段描述为“哀痛期”，反映了团队成员的一种失落感。

虽然不同阶段之间并不一定界限分明，但每一阶段创业团队成员呈现出的心理特征还是有明显差异的，因而创业团队各阶段管理的侧重点也就有所不同。根据各个阶段的发展规律来制定创业团队管理的策略和办法，并应根据不同的阶段进行不同的策略调整，只有这样才能有效地解决创业团队在发展过程中存在的各种问题，从而提高创业团队的运转效率。

1. 初创阶段

这一阶段创业团队成员处于极不稳定的状态，成员对自己在创业团队中的角色和职责、对创业团队的目标、其他成员及未来的同事关系等都表现出极不稳定的情绪，为此，这一阶段应该做好以下几个方面的工作。

(1) 应该积极讨论并明确各项工作制度。

当创业团队成员明确项目目标要求及各自的分工和职责后，新创企业应在公平平等的环境下让创业团队成员共同讨论并明确需要共同遵守的各项制度，如所有权分配机制、绩效考核和薪酬体系等。值得重视的是关键要取得创业团队成员的共识，它是确保新创企业生存和发展的制度保证。

(2) 明确创业团队成员以共同目标为导向。

创业者在组建团队的时候，需要设定使团队成员为之奋斗而又切实可行的目标，该目标作为团队共同的奋斗理想，激励着团队成员把个人目标升华到企业目标中去，使得成员们相信他们处在一个命运共同体中。而缺乏共同的目标会使团队没有凝聚力，容易发生分裂。

2. 震荡阶段

这一阶段创业团队成员的心理处于一种剧烈动荡的状态，创业团队成员的情绪特点是紧张、挫折、不满、对立和抵制。在这一阶段需要积极应对和解决出现的各种问题和矛盾，需要充分容忍不满的出现，解决冲突和协调关系，消除创业团队中的各种震荡因素，引导创业团队成员调整自己的心态和角色，使每个成员能够更好地了解自己的工作和职责以及自己与他人的关系，只有这样才能够使创业团队的成员顺利地度过这一阶段。为此，这一阶段应该做好以下几个方面的工作。

(1) 对创业团队成员要理解、支持和包容。

创业团队管理大体上看可以采用柔性管理的模式，创造一种和谐而快乐的工作环境，大家一起讨论问题、处理解决问题，这样能增进各专业之间、各成员之间的了解，减少冲突的产生，使创业团队成员能够在创业团队精神的带领下工作。

在创业团队成员之间建立高度的理解和信任，遇到问题和发生冲突时，积极解决问题，无顾忌地说出建议，最终解决矛盾。所以新创企业要全面推崇这种开放、诚实、协作的办事原则，培养成员间的信任。

(2) 鼓励创业团队成员参与管理、共同决策。

鼓励创业团队成员参与管理、共同决策，提高创业团队的应变能力，更好地应对新创企业生产经营中的突发性事务，也可以提高对项目决策的承认和接受程度，亦可以培养坦诚开放的创业团队精神。

3. 规范阶段

规范阶段是经历了震荡阶段的考验后创业团队正常发展的阶段。在这一阶段，创业团队成员对工作和环境已经接受并熟悉，成员之间的关系也已理顺。创业团队的文化氛围和凝聚力已经形成，相互间的信任、合作和友谊的关系建立，各项规章制度正常运行。在这一阶段，新创企业应督促创业团队成员按照规章制度的各种规范去改进和规范自己的行为，使全体成员拥有一定的凝聚力、归属感和集体感，从而提高整个创业团队的绩效。

4. 成熟阶段

在这一阶段，创业团队积极工作，不断取得成绩，创业团队成员间相互信赖，关系融洽，凝聚力更强，工作绩效更高，创业团队成员的集体感和荣誉感更强，更具有项目认同感，能够发挥个人潜力，提高工作效率。在这一阶段，新创企业要对每个创业团队成员进一步授权授责，以使创业团队成员更好地自我管理和自我激励。

5. 解散阶段

团队的高度凝聚力也有其负面作用。对团队以外的世界或者新加盟的团队成员缺乏开放性，容易失去对有助于事业成功的外部环境所应有的焦虑感和高度的敏锐性，其行为也由此变得程式化。当外部环境风云变幻，特别是在市场、竞争者或者技术方面发生变化时，那种具有高度凝聚力和高效率的团队组织就无法做出反应，他们可能会继续采用过去的理念和思维来看待世界并采取相应的行动，团队也就渐渐地陷入一种群体思维陷阱，并形成某种“组织惰性”。为防止新创企业的创业团队解散，在这一阶段新创企业应提高对外部环境的应变能力和创新精神。

5.3.2 构建所有权分配机制

在确定好创业团队成员之后，创业者面临的一个关键问题就是决策成员之间的工作分工与所有权分配方案。工作分工是对成员之间所承担任务以及协调方式的规划，而所有权分配则是对创业利益分配方式的约定，是维系创业团队凝聚力的基础。工作分工有助于在短期内维持创业过程以及新企业早期运营的有序性，而所有权分配则有助于在长期内维持团队稳定和新企业的稳定成长。

在现实中，创业者们经常问的一个问题就是，给谁分多少股？在所有权分配问题上，创业者要在公平和激励之间做出良好的权衡。一方面，所有权分配要在团队成员内部体现出公平性，符合贡献决定权利的标准，但同时又要让所有权分配对团队成员有一定的激励作用，让每个成员都感到所分配的股权比例超出了自己的预期。要做到这一点并不是一件容易的事情，首先要挑战的就是创业者自己的心胸和气度。在这里，有一个重要的原则就是，要与帮助你创造价值和财富的人一起分享财富。一旦过了这一关，创业者就不会在持股百分比的问题上斤斤计较了。毕竟，零的51%结果还是零，关键在于如何把蛋糕做大。

如果创业者太贪婪，过分强调控制权，把公司大部分所有权都揽在自己手里，而不与其他创业伙伴共同创造并分享一块大蛋糕，那一切都可能成为泡影。蒙牛的牛根生就深谙此道，在多个场合反复强调过“财聚人散，财散人聚”的道理。在公司经营过程中，他也始终注重与初始创业团队共享利益，甚至到了公司的快速成长阶段，他将利益分享从核心创业团队拓展到了高层管理团队，乃至普通员工。但在现实中，仍有不少反例可鉴。

在确定所有权分配时，创业者需遵循三个重要原则，可能会避免后续纠纷和冲突。第一，重视契约精神。在创业之初，就要把确定的所有权分配方案以公司章程形式写入文件，以契约形式明确创业团队成员的利益分配机制，这有助于在长期内保障创业团队的稳定。第二，遵循贡献决定权利原则分配所有权比例。团队的目的是把创业蛋糕做大，而不是在蛋糕没有做大之前就吵着在未来怎么分家。在现实操作中，依据出资额确定所有权分配是常见的做法，但对于没有投入资金但持有关键技术的团队成员，则需要谨慎考虑技术的商业价值，在资金和技术之间做出合理的权衡。第三，控制权与决策权统一原则。所有权分配本质上是对公司控制权的分配方案。在实践中，股份比例最大的团队成员在不拥有公司控制权的条件下，在创业初期非常危险，因为他在心理上会比其他成员更看重创业和新企业，更容易寻找其他成员的决策错误，甚至挑战决策者的决策权威，进而容易引发团队矛盾和冲突。在创业初期更需要集权和统一指挥，控制权和决策权统一至关重要。

5.3.3　创业团队的激励

为了形成和强化新创企业经理人员及关键技术人员的团队合作精神和意识，在新创企业中，必须关注创业团队成员特别是经理人员及关键技术人员的激励问题。其目的是最大限度地激发创业团队成员的积极性和创造性，进而实现新创企业的共同目标。对创业团队成员的激励有以下几种方式。

1. 认同激励

认同激励是指团队成员认同核心创业者的创业目标与思路，并愿意为之不懈努力，共同铸就其未来成功的激励方式。从某种程度上讲，认同激励是各种激励方式中最重要的，因为只有创业者的目标与思路具有一定的信服度，才能得到他人的认同，其创业活动才有一定的号召力和凝聚力，进而才能组建起一支优秀的团队开展创业工作。

核心创业者必须明白，在创业活动的整个过程中，他既要激励自己，又要激励团队、激励员工，创立某个企业的过程也是创造一套激励机制的过程，否则就不会有企业的生存与发展。具体来说，核心创业者要“供给”三类激励机制：人格魅力；让团队和员工能够预期到创业的前景；建立收益制度，保障团队成员和企业员工的劳动所得。但是，所有这些工作的前提必须是自己的目标与思路能够得到大家的认同，并将他们牢牢地凝聚在自己周围。

2. 产权激励

新创企业给予经理人员以产权激励是十分必要的。因为产权激励能够使人产生“企业有我的一份，自己在与企业同步成长”的感觉。给予经理人员及核心员工（如关键技术人员）以产权激励时，应采取期权激励的方式。其中，期权是指企业所有者允许经理人员及核心员工在若干年后拥有企业的一部分股权，拥有的方式是按某一固定的价格购买本公司的股权。持有者有权在一定的时期后将所购入的股份在市场上出售，但期权本身不可转让。一些企业实行这一制度，目的是促使持有者的未来收入与其努力程度及能力挂钩，以消除其行为的短期化。目前，有不少国家将公司的高层管理人员及核心员工持股作为一种长期的激励方式，与工资、福利、津贴等短期激励方式共同构成了使企业高层管理人员、核心员工与股东利益相一致的管理模式。其中股票期权这一由企业所有者向高层管理人员及技术人员提供的工具正在被广泛地使用。

3. 兴趣激励

所谓兴趣激励，就是创业者要为团队成员寻求工作的内在意义，让团队成员做自己感兴趣的事情。马斯洛说："音乐家必须演奏音乐，画家必须绘画，诗人必须写诗，这样才会使他们感到最大的快乐。"任何一种兴趣都是因为参与了某种活动而使身心感到满足的结果，这种满足伴随着一定的情感过程，由此产生的内在激励会更持久、更经济、更有效。

在企业内部，责任与兴趣相伴而生。兴趣主要为实现个人目标，责任则为企业创造价值，当两者可以通过激励机制得以融合时，团队成员就会被巨大的使命感所驱动，以积极奉献的精神投入到创业的工作过程中，从而使人才资源得到合理利用。兴趣的影响力渗透在各种软性激励因素之中，以兴趣为代表的内在需要的满足已经成为激励团队成员的关键，从团队成员在工作中努力实现自身价值、追求自主工作和自我发展的要求中表现出来。

4. 信任与位置激励

所谓信任与位置激励，即充分信任经理人员及核心员工，并使他们处于适当的管理或技术岗位。在企业中，人人都想有合适的位置。某个人在企业所处的位置适合，他才能充分发挥自己的创造性，充分调动自己的工作积极性。如一些人想做部门经理，一些人想做高级技术人才等。

5. 工作环境激励

工作环境激励，就是要为核心员工创造条件，提供优越的工作环境，其中包括硬件环境和软件环境，而这种工作环境在其他企业往往无法实现。例如，某高技术企业对技术人员实行弹性工作制，废除监督科技人员上下班的计时制度，充分调动了科技人员的积极性。

合理恰当的激励是创业团队不断发展和成长的动力所在，给予每个成员适当的激励，既能够刺激创业者发挥最大的能效获得更多的收益，还有助于增强创业团队的稳定性，因为单个创业者在团队中能获得期望的收益才会更加努力地工作。然而激励的方式并非一成不变，创业企业在不同的生命周期内，创业者们所需求和追求的利益会随之改变，因此要根据实际情况调整激励方式，从而使创业者们在各个时期都能尽最大的能力为整个团队和企业的发展做出贡献。

5.3.4 创业团队的风险管理

1. 创业团队风险及其类型[①]

在新企业创办过程中，无论企业的商业机会是好是坏，也无论团队成员是否密切合作，实施过程中总会遇到一些问题。企业可能尚未成立就四分五裂，也可能在成立初期夭折，或者陷入长期而烦恼的分裂冲突和争权夺利中无法自拔，这些问题即便不会摧毁一个企业，也必定会严重地损害其发展潜力。这就是所谓的创业团队风险，即创业团队溃散。它在一定程度上成为创业的最大风险。对于创业团队风险因素，归纳起来通常有以下几个方面。

① 参见李留义、段存广、罗月领：《创业团队分裂的原因与对策》，载《中国高校科技》，2015（1）。

（1）信任缺失。

在创业过程中，创业团队成员容易出现不信任，这种不信任既包括人格的不信任，即不再信任他人的人品，例如认为他人“吃里爬外”、“干私活”等，也包括能力的不信任，即认为他人不能很好地完成任务，结果可能是干涉他人的分内之事。特别是创业团队的领导者，如果对其他人不信任，轻则会导致团队成员积极性的下降，重则会导致团队溃散。这种信任危机遇到利益分配、认知相左等情况时，便会使矛盾激化，很可能导致团队溃散的破坏性后果。

（2）分配不公。

在整个创业过程中，团队成员都希望自己的贡献与得到的回报相匹配，希望在利益分配方面体现公平性。但是，创业团队成员所做贡献和得到的回报总是处于动态变化之中，在创业的不同阶段，创业亟须的资源可能会有很大不同，每个创业团队成员所拥有的资源也会发生动态变化。这种变化将直接影响创业团队成员所做贡献的最佳组合方式，也影响着每个人对于贡献大小的判断和回报的期待。创业之初，创业团队成员通常能够为了共同的理想和目标一起奋斗，很少计较获得什么样的回报。但是，随着事业的发展，他们越来越关心个人所获得的回报。许多创业团队的散伙就是因为在创业初期没有制定明确的利润分配方案，从而导致日后在分配利润时出现争议。

（3）个性冲突。

个性是一个人区别于他人的，在不同环境中显现出来的，相对稳定的，影响人的心理特征的总和，包括需要、动机、兴趣、理想、信念、能力、气质和性格等。现在有很多创业团队是由一些因为私交很好而在一起的伙伴来共同创业，如朋友、同事、同学、校友、亲戚等，多是通过人际关系来寻找共同创业的伙伴。在这种情况下，团队成员的性格差异和处理问题的不同态度就容易被掩盖，有些团队从表面上看，好像大家都在努力，而该团队实际上并未形成真正的团队，充其量只是几个人力量的加总而已。若团队成员间个性不一致，则造成的结果就是 $1+1<2$，这种情况必定会导致创业团队的失败。

（4）理念差异。

我们知道提高团队效率的关键在于团队成员要有一致的创业目标、创业利益、创业思路，一致的行动纲领和行为规则。但事实上，就特定的创业团队而言，关于这些问题，创业之初可能是清楚、一致的，也可能是不清楚、不一致的。在不清楚、不一致的情况下，共事一段时间之后，部分人就会发现原来大家没有共同的价值观，这时创业团队就有可能解散。这种情况是非常普遍的，一个典型的例子就是联想公司的倪光南和柳传志。柳传志是一位有科技背景的企业管理者，而倪光南是一名科学家，他们的分歧是经营理念的不一致，柳传志是市场导向，而倪光南是技术导向，这一根本分歧导致了曾被誉为“中关村最佳搭档”的联想创业组合的分裂。

（5）缺乏沟通。

创业团队成员间的沟通非常重要，成员之间的人际关系融洽有利于做出能被广泛理解和接受的决定，并形成合力来完成共同的任务，最终有利于提高团队绩效。相反，创业团队成员之间缺乏真诚的沟通，则会导致情感冲突和人际关系冲突。在创业过程中，由于缺乏完善的沟通渠道，特别是在创业领导者存在“家长制作风”和团队成员缺乏沟通技能的情况下，沟通不善的存在便会为团队分裂埋下隐患。

（6）失去信心。

当创业团队成员遭遇重大挫折，对未来失去信心时，创业项目可能因此而终止。当找不到新项目和出路时，创业团队便会因此而解散，团队成员各奔东西。同时，在创业过程中，创业团队成员还会产生更高层次的需要，如果他们认为未来无法满足这些需要，他们也会选择离开。特别是竞争激烈的情况下，如果团队成员的心理抗风险能力弱，过多地考虑自身的劣势，对外部可能产生的风险估计过高，对创业团队的未来没有信心，缺乏必胜的信念，而且没有提供及时、有效的激励时，那么必然会危及到团队的生命。

（7）自我膨胀。

自我膨胀是指一个人表现出来的自信心超出本人的实际情况，演变成盲目自大和自负。当团队成员认为离开团队自己照样能够创业成功，不再需要其他人的配合时，就会产生甩开其他团队成员，独自创业的想法，最终可能导致创业团队分裂。特别是核心团队成员更容易因自我膨胀而“自立门户”。

（8）外部诱惑。

在激烈的市场竞争中，人才的竞争更是激烈。当创业团队出现上面提到的问题时，当遇到更好的待遇或发展机会时，团队成员的流失现象就可能发生，尤其是掌握了核心技术和重要资源的成员流失，将会带给团队致命的损失。

2. 创业团队风险防范对策

从管理角度来讲，创业团队风险是系统性风险，是可以控制的。为此，在团队组建后，要保持创业团队的稳定性、规避团队风险，同时还需要注意以下几点：

（1）提炼创业文化。

在创业期，创业团队要形成一种优秀的创业文化。例如，在沟通时，能够畅所欲言；在决策时，充分吸收每个成员的聪明才智；在执行时，积极向上，发扬顽强拼搏的精神；在分配利润时，体现公平原则。通过优秀的创业文化，有利于培养同甘共苦的团队精神和消除外部诱惑的负面影响，有利于留住团队成员和挖掘团队成员的潜能，也有利于团队成员的长远发展，从而提升团队成员的忠诚度。

（2）加强信任管理。

信任对于双方都有益。一方面，信任对方就会表现出好感和信任；另一方面，创业团队成员在感受到对方的信任后，一旦有机会就可能回馈信任。在信任交换的过程中，信任关系会得到巩固和强化，最终有利于培养团队精神。作为信任者，不仅需要尽量表现出信任，更关键的是要让对方感受到被信任，只有让团队成员感知到更多的信任，才更愿意回馈信任。作为被信任者，需要从产生信任感的条件加强自身的可信任度，例如强化自身能力、坚守诚信底线，表现出与人为善、助人为乐的优良品质等，让其他成员感觉值得信任。

（3）学会换位思考。

换位思考是一种心理体验过程，是在人际交往过程中能够体会他人的情绪和想法，理解他人的立场和感受，并站在他人的角度思考和处理问题的能力。简单地说，换位思考就是站在对方立场进行思考。创业团队要想精诚合作，必须学会从他人的角度考虑问题，更多地为他人着想。

（4）提高沟通效果。

为了达到沟通的目标，一方面要保证团队成员间沟通的及时性，进行持续不断的沟通。团队一起工作时要沟通，遇到问题和解决问题时还要沟通，有矛盾时更要沟通。另一方面，在沟通时要有效互动。作为创业团队成员，对于团队中其他成员的短信、邮件等要及时回复，如果经常不回复，那么别人可能也不愿意给你发送短信和邮件了，这样就堵塞了沟通渠道。另外，还要完善沟通机制，提高沟通技巧，多考虑团队的愿景和目标，牢记团队合作的大局。

（5）树立正确的理念。

要坚信组织能够健康发展下去，不要一开始就想着失败，尤其不要用“只能共苦，不能同甘”、“天下没有不散的筵席”、“过河拆桥”等理论来支配自己的思想，脑子有这种想法本身就为失败的结局埋下了种子，就像刚开始学习骑自行车一样，发现前面马路中间有石头，你越不想碰上石头，偏偏最后还是碰上了。

（6）加强制度建设。

通过完善制度，有助于避免团队溃散。一是需要以制度的形式确定一个清晰的所有权分配机制及利润分配方案，把最基本的责任、权力和利益界定清楚，尤其是股权、期权、表决权和分红权，此外还包括增资、扩股、融资、撤资、分工、解散等与团队成员利益密切相关的事宜，在制度设计上注重利益共享、风险共担。二是需要在薪酬制度的设计上尽量明确具体，避免成员之间的利益冲突。三是需要加强沟通制度，包括股东会议制度、例会制度和冲突协调制度等。

本章要点

创业团队是由两个或两个以上具有一定利益关系、彼此通过分享认知和合作行动以共同承担创建新企业责任的，处在新创企业高管位置的人共同组建形成的有效工作群体。

创业团队的组建过程应当妥善处理。一是理性与非理性的逻辑。二是互补性与相似性的统一；在选择成员时要坚持在知识、技能和经验方面主要关注互补性，而在个人特性和动机方面则考虑相似性。三是认知冲突与情感冲突的关系。

成功的企业大多有一支高效的创业团队。优秀的创业团队具有良好的工作绩效，并且能够避免由于创业者个人认识的片面而造成的风险，能够给创业企业带来巨大的经济效益和社会效益。优秀的创业团队并非一蹴而就，往往是在新创企业发展过程中逐渐孕育并形成的。创业团队中或许有许多人不能认同团队理念，或许有的人有其他打算，或许有的人不称职，创业企业在发现问题以后要果断换人，使企业保持行为和意识的一致性，以保持企业的活力。

创业激励是在企业创建过程中，从创业人员的多层次、多元化需求出发，针对不同层次的人员设定不同的绩效标准和奖励标准，最大限度地激发创业人员的积极性和创造性，进而实现组织的共同目标：创业企业激励机制设计是一个系统工程，不仅要有战略考虑，同时要具有可操作性。层级激励是创业企业主要采取的激励方法。层级激励可以给予不同层级人员不同的激励，最大程度地激发员工的主动性和积极性，进而促进新创企业蓬勃发展。层级激励包括对风险投资者的激励、对创业者的激励、对创业团队成员的激励以及对普通员工的激励四个层次。产权激励机制是企业权利的合理安排，具有时代性。现代产权制度包括四个方面：产权清晰，产权结构合理，产权具有可交易性和流动性，产权制度的设置必须充分调动人力资本的积极性。创业企业产权激励机制的设计根据其针对者应遵循不同的原则。

在新企业创办过程中，无论企业的商业机会是好是坏，也无论团队成员是否密切合作，实施过程中总会遇到一些问题。企业可能尚未成立就四分五裂，也可能在成立初期夭折，或者陷入长期而烦恼的分裂冲突和争权夺利中无法自拔，这些问题即便不会摧毁一个企业，也必定会严重地损害其发展潜力。这就是所谓的创业团队风险，即创业团队溃散。

重要概念

群体　创业团队　互补性与相似性　情感冲突与认知冲突　创业激励　创业团队风险

思考练习

1. 团队和群体的关系是什么？
2. 什么是创业团队？
3. 创业团队的优势是什么？
4. 创业团队经常包括哪些成员？
5. 组建创业团队应该注意什么？
6. 创业团队的发展经历哪几个阶段？如何管理？
7. 创业团队的风险有哪些？如何规避？

案例分析

绝配的携程创业团队

梁建章、沈南鹏、季琦和范敏构成的携程创始人团队是中国互联网企业里构成最复杂、职位变动和交接最多的，同时也是过渡最平滑、传闻最少的。如果他们不曾为彼此安排好发展空间并保证利益，不曾为大局做出妥协，携程绝难安存至今。

2000 年年初，携程创始人之一季琦的职位由 CEO 变为联席 CEO，另一创始人梁建章开始分权，同任 CEO。年中，季琦改任总裁，梁建章为唯一 CEO。2002 年，携程和首旅共同投资创建连锁酒店如家，季琦离开携程、执掌如家。出于上市要求，携程在 2003 年撇清了和交易关联方如家的投资关系，季琦成为如家的独立当家人。

季琦的职位和身份的变化后来被梁建章称为“确实非常重要的时点”，该变化为携程后来的发展“铺平”了道路。

不过直到 2006 年春末，季琦才向《中国企业家》杂志透露：看到经济型连锁酒店的机会并要创立如家的创意其实出自梁建章，而非他自己。而携程另两位创始人，现任董事长的梁建章和CEO范敏都把投资如家称为“集体智慧”。尤其是梁建章，显然没有把发掘出一个供创业伙伴施展才华的机会当作对外宣讲的资本。

在彰显一种低调风格之余，这里面还隐含着一个如何处理各个创始人之间力量消长的经典版本：如何为彼此安排好发展空间并保证利益，如何为大局做出妥协。

携程创立之初的1999年，四位创始人依据各自经历大体确定了人事架构。沈南鹏出任CFO，他此前是德意志银行亚太区总裁。季琦和梁建章相继出任CEO，前者此前创办上海协成科技，擅长市场和销售，主外；后者是甲骨文中国区咨询总监，擅长IT和架构管理，主内。最后一个加入的范敏，此前是上海旅行社总经理和新亚酒店管理公司副总经理，则出任执行副总裁，负责具体旅游业务，而后逐步升任COO以及CEO。

论及性格，季琦有激情，锐意开拓；沈南鹏风风火火，一股老练的投资家做派；而梁建章偏理性，用数字说话，眼光长远；范敏则善于经营，方方面面的关系处理得体。四人特长各异，各掌一端，在公司内部有相当的共识。

但携程正式运营半年之中，季琦由CEO转任联席CEO及至总裁，梁建章则成为唯一CEO。同为创始人，两人原本并行的关系变化为上下级。

在季琦主政的半年里，携程走的是旅游信息平台的门户式路线，烧钱比较快；但2000年互联网泡沫破灭，公司的第二笔融资所剩不多。及至梁建章掌舵之后，开始借并购大举转向酒店和机票的预订业务，这成为后来的携程主业。梁建章认为自己比其他创业人有更丰富的经验：第一，在国外管理过大公司；第二，在国内也有两年经验，了解国情；第三，懂IT，知道如何用ERP式的模板去优化一个公司的管理。这正是要用互联网平台和IT技术去改造传统旅游产业的携程所需要的。

在“江湖文化”兴盛的中国传统企业里，如此变动通常会引发意气之争，或导致一场血雨腥风的较量，甚至企业就此沉沦。不过在携程，由梁建章出任CEO执掌大权，却是“没什么异议”。

携程四人团队在1999年创业之时皆人到中年，都已在各自领域功成名就，“驾驭过大的公司”，这与其他创业者有天壤之别。那个时候，丁磊、马化腾、李彦宏都还是技术青年，马云是英语翻译，张朝阳刚从麻省理工学院毕业不久，而陈天桥主要的经历还是在政府部门。

简单地说，这是一群成年人。每个人的成长所需要遭遇的挫折和付出的成本，他们在创业之前都已经历，而不需要把那些“成长的烦恼”带给携程。“大家的出发点都是考虑怎么对公司有益，不会感情用事，少有江湖气。”梁建章说，“这种分工是不难得到的结果。”

即便如此，“感情上还有一定的说服工作”，梁建章承认。但就在独任CEO的同时，风格强硬的他又对几位创始人约法两章：第一，你们可以提意见，我也很愿意听取你们的意见，但既然我是CEO，最后要我说了算；第二，如果有新人进来，不一定是在你们之下，只要他们比你们强……

实际上在季琦转任总裁之后，就开始不再全面涉入携程的日常管理，创立如家的建议也就是在这个时候被梁建章提出来，并很快取得共识。季琦在随后的一两年时间里，就专心致力于如家的规划。在寻求首旅共同投资如家之后，携程在一年多的时间内也持续给予如家资源上的帮助。

即使携程撇清了和如家的投资关系到纳斯达克上市之后，季琦仍握有跟梁建章、沈南鹏相差无几的股份，三人所占比例分别是5.2%、6.3%和7.3%。

“如果没有摆平这个职位分工，最后携程也不会取得这么好的发展。”梁建章说。新机会的发掘和新平台的搭建，为一场可能发生的人事波动收下完美结局。即使在诸如是否和首旅合资等问题上同梁建章等人发生过冲突，但直到今天，季琦面对媒体仍然不吝啬对其他三人的赞许，尤其认为梁建章“既有发现新市场的敏感，又具备守定江山的严谨”。

如果说“季琦出走”所体现的价值在于人为安排的智慧和机巧，那“范敏打工”所能表达的则是一种成熟的心态。

与季琦还曾出任联席CEO一职不同，范敏自到携程就一直处于梁建章的“领导”之下。在梁建章任CEO的六年间，范敏先后任执行副总裁和COO，直接向梁建章汇报。虽然在管理层级上低人一等，但范敏在和梁建章的相处之中一直把他作为“合作伙伴”看待，做“对等的交流”。最终，2006年2月，范敏替代梁建章出任CEO，而梁建章留任董事长。

范敏打了一个比喻来形容四个创始人的定位。“我们要盖楼，季琦有激情、能疏通关系，他就是去拿批文、搞来土地的人；沈南鹏精于融资，他是去找钱的人；梁建章懂IT、能发掘业务模式，他就去打桩，定出整体框架。而我来自旅游业，善于搅拌水泥和黄沙，制成混凝土去填充这个框架。楼就是这样造出来的。”

所以范敏以为，拿到批文和搞到土地之后，季琦算是基本完成使命，当然会出去另谋天地，他成为第一个离开携程的人。在携程成功上市之后，沈南鹏也功成身退，成为第二个离开的人。而在打基础、定架构的工作完成之后，梁建章就退出一线，到董事长的位置上去谋划下一代的业务模式。不停地往模式里添加内容是更为持续的工作，所以范敏逐渐挑起大梁。

目前，季琦把如家交给了聘请的经理人打理，自己则开始了新的创业，要打造另一个商务酒店连锁品牌汉庭。沈南鹏受聘全球第一大风险投资商美国红杉的中国区合伙人，成为专为创业企业融资的“找钱专业户”。

梁建章一连用了几个“幸好”来表达对创始人之间能够平滑过渡和交接的欣慰。在他眼里，“幸好”来自几个方面。第一，大家都是愿意做牺牲的人。第二，有各自的专长互补，分工上容易达成共识。第三，至少在当时，各人在各自领域都是最强的。梁建章说，假如能从外界招聘到比创始人更出色的人，“照道理”应该拥有更高的职位，但实际上肯定是“麻烦”的事情。

其实季琦和沈南鹏先后离开携程，是否受到外来挑战这一问题，很大程度上针对着能否接替梁建章执掌CEO权杖的范敏。

在1999年约定创业之前，季、梁、沈已是好友。三人相约进入旅游业后，就决定要找一个旅游业人士加盟。当时季、梁二人遍访上海旅游界的能人，但发现“优秀人才确实不多”，只要看中的就一一登门造访，其中还包括春秋旅行社的创始人王正华。但最后，“真正有激情、冲动和胆量跳出来的也就是范敏一个。”梁建章说。

创业伙伴起点一定要高、宁缺毋滥，这是三人最初的决定，为此并不拘泥于小节。季琦至今仍拿当年的“冷遇”跟范敏说笑。1999年年末第一次去找范敏的时候，“来意不明”的季琦被范敏的秘书挡在门外，坐了几十分钟“冷板凳”。范敏说，幸好季琦没有因一时之气离开，否则自己失去了一个机会，携程也可能就不会这么完美。

现在，刚接替CEO位置的范敏也有了自己的接班人计划，也以培养出一个几十人的中高层管理团队为荣。他给下属灌输一个观点，如果主管能非常安心地在外面休假，而部门还能运转良好，这个主管才是合格的。

范敏说，光靠一个人做到底的公司，是一个没有希望的公司。言谈之间，语气平和。

资料来源：根据 http://v.cyzone.cn/blog/17314 整理。

思考题：

1. 如何理解携程创业团队的“构成最复杂、职位变动和交接最多”？
2. 创业团队在度过初创阶段后会出现什么问题？携程创业团队为何能做到“过渡最平滑”？
3. 从携程创业团队的运作中可以总结出高效创业团队应具备哪些特征？
4. 一个成功的创业者应具备哪些素质？

第 6 章
创业计划制订

核心问题

为什么要撰写创业计划书？
创业计划的作用是什么？
创业计划的核心内容是什么？
风险投资家如何评价计划书？
创业计划书编写应注意哪几个问题？

学习目标

了解计划、创业计划与创业计划书及其类型
了解创业计划的基本格式、规范
掌握创业计划书的主要组成部分
掌握撰写创业计划书的要点

引例

没有计划的蛋糕房

在电视台工作的小张，是北京典型的高级白领，在东三环附近买了一套公寓。由于自己经常加班，所以比较喜欢吃蛋糕、甜点等小零食，每月消费都在 1 000 元左右。看到蛋糕甜点店总是人潮如织，她开始琢磨要在自己住的小区里面开一家蛋糕店，小区里住的也都是年轻人，消费量应该很大，每年应该能挣个四五十万元。她赶紧咨询同事、朋友，他们都非常肯定，说这个项目肯定挣钱。听后，小张备受鼓舞。说干就干，她立即租店面、装修、购买烘烤设备，招聘服务员……经过一番筹备，蛋糕店隆重开业，小张还请了电视台的同事做了个小片花在电视上进行宣传。小张决定，最初一个月顾客购买甜点全部 8 折优惠。

前两天，小区里来询问的人还挺多，可是买的人很少。每天烘烤的面包和甜点由于只有一天的保质期，小张不得不痛心地看着大部分烘烤的甜点被扔掉。就这样整整扔了一个月，小张开始反思自己的创业是否正确？为什么没有达到预期的销售额呢？

白领一族创业的时候总是因为细节的问题，没有把好的创意变成生意，自己没有经营红火的生意短时间内却在别人手中欣欣向荣。在产品和市场条件相同的情况下，失败的创业者可能仅仅因一个错误就加速了生意的失败。

小张开店之所以失败，是因为没有进行充分的市场调研；过分估算市场规模及销售额；关注片面，不能均衡发展。创业不能光凭自己的想象和满腔热血，更需要一个详尽的创业计划。

思考与讨论

1. 高级白领小张为什么创业失败？
2. 你认为编写创业计划书有哪些用途？

一个酝酿中的企业，目标往往很不明确，因此，对新企业来说，创业计划书的作用尤为重要。通过制订创业计划书，创业者能够对企业自身有更清晰的认识。一份好的商业计划书将会使投资者更快、更好地了解该企业，使投资者对项目有信心、有热情，促成投资者参与该企业，最终起到为企业筹集资金的作用。

尽管一些新企业不重视商业计划，甚至不做任何正规计划就开始做生意，但专家们都会强调事先要准备好商业计划。商业计划（business plan）是一份大约 25～35 页的陈述，它描述了新企业意图达成的目标，以及如何实现这一目标。对大多数企业而言，商业计划是一份可用于企业内外两个方面的文件。对企业内部来说，商业计划能帮助企业设计出实施其战略和计划的“路线图”；对企业外部而言，商业计划用于向潜在投资者及其他利益相关者介绍企业试图追求的商业机会以及如何把握机会的行动计划。

不少创业者抱着强烈的创业梦想，并把创业计划作为吸引资金的“敲门砖”。那么，是不是一份撰写专业、包装精美的计划书就是风险投资人所青睐的创业项目呢？为什么有些创业者要花很大精力和时间认真准备商业计划？如果它不只是一种行为“礼节”，那么其真正用途又是什么？“筛选机会”后，进行创业筹划的自我反思工作对编写商业计划又有什么好处呢？本章的主要目的就是帮助你理解什么是创业计划，以及如何写一份有助于获得所需财务支持或其他支持的创业计划。

6.1　创业计划及其作用

6.1.1　创业计划的概念

1. 计划

在我们讨论创业计划之前，对读者来说很重要的一点是要了解商业运行中的计划类型。计划从来都不是一项商业活动的终点。在任何一个新企业的初级阶段，创业者都要准备一个初步的创业计划，这是非常重要的。当创业者对于该新企业的目标市场、将要投放到市场的产品和服务、管理团队及财务需求都有一个很好的认识之后，这个计划才算结束。随着新企业从起步阶段一步一步走向成熟，计划将一直作为追求企业短期或长期目标的一个手段。

对于任何一个给定的机构，都可以找到它的财务计划、营销计划、人力资源计划、生产计划以及销售计划等。计划可以是短期的，也可以是长期的，可以是指导性的也可以是具体性的，可以是战略层面的，也可以是执行层面的。计划在范围上也会有所不同，这取决于企业的类型或者其初始运行期的预期规模。虽然这些计划可能起到不同的作用，但它们都有一个重要的目的，那就是在快速变化的市场环境中，对管理者起到指导作用并使其对商业活动的结构框架有一定的认识。

2. 创业计划

创业计划又称“商业计划”，是由创业者准备的一个书面文件，该文件描述了创建一个新企业所需要的所有相关的外部和内部因素，是对特定商业活动详尽筹划后的系统描述。创业计划不仅应该列出创业企业的战略战术行为、人力资源与财务资源，还应该建立未来的目标。创业计划的价值在于对决策的影响，创业计划将促使创业项目的开展具有计划性、针对性和条理性，增强创业项目成功的几率。通常情况下，创业计划是由营销、财务、生产和人力资源这类功能计划所构成的结合体，是创业经营过程中制定决策的依据和指导方针。因此，创业计划回答了“目前我们在哪里”、“我们将去哪里”和“我们如何到达那里”这些问题。潜在投资者、供应商，甚至消费者都将需要并要求得到一份创业计划。

如果我们把创业计划看做一个路线图，我们可能就更加容易理解它的重要性。让我们想象一下你正在试图决定是否要开车从北京到上海（作为派遣任务或者目标）。存在多种可行路线，不同路线会花掉你不同的时间和费用。像创业者一样，旅行者在准备做一个计划之前，必须要做出一些重要的决定，并收集相关的信息。

一般来说，创业计划被认为是创业者为吸引风险投资家的创业资本而制订的一份报告性文件，事实上以任何形式融资的创业者都需要制订创业计划。因为商业理念本身对于任何一个有能力和有经验的商人来说或许都是可行的，但对于初露头角的创业者，则需要考虑：自己是否真正具备取得成功所不可或缺的技能？自己是否有相关产品或服务的背景知识？是否了解市场？有没有销售经验？是否懂得怎样管理员工，如何授权？是否具备会计记账和信用控制所必需的财务技能？等等。

创业计划不仅可以作为向风险投资家游说以取得创业投资的依据，同时也可以让创业者比较客观地分析创业的主要影响因素，使创业者保持清醒的头脑，并将创业计划作为创业者的创业指南或行动大纲。有了合理的创业计划，才能明确创业的方向，吸引创业资源，凝聚创业团队，甚至获取政府的支持。

3. 创业计划书

创业计划书是用以描述与拟创企业相关的内外部环境条件和要素特点，为业务的发展提供详细路线图和衡量业务进展情况的专业文本。创业计划书解释了创业者的愿景，以及愿景如何被转变为一家盈利的、切实可行的企业。创业计划书的意义在于“计划”，一份精心打造又经过科学论证的创业计划书在企业创办过程中确实能起到指路的作用，因为它说明了拟创企业想完成什么目标，以及为达到这些目标企业将如何去做。拟创企业追求的目标和达到目标所用的方法，是管理者和创业投资者都十分关注的。

创业者撰写创业计划书，不仅仅是为说服别人向他们的新企业投资，也是为了让自己能更清晰地理解进一步前进的最佳方式，其所包含的这些信息异常宝贵。根据创业计划编写目的的不同，创业计划书分为三种类型：争取风险资金投入的创业计划书、争取他人合伙的创业计划书和争取政府支持的创业计划书。此外，以创业计划书的结构和篇幅来划分，可以分为略式创业计划书（概括式）和详式创业计划书（详细式）两类。略式创业计划书是一种比较简明、短小的计划，它包括企业的重要信息、发展方向以及少部分重要的辅助性材料，通常为10～15页。一般来讲，略式创业计划书主要适用于以下情况：申请银行贷款；创业者享有盛名；试探投资者的兴趣；竞争激烈、时间紧迫等。详式创业计划书一般为30～40页，并附有10～20页的辅助文件。在这样的计划书中创业者能够对整个创业思路做一个比较全面的阐述，尤其能够对计划书中的关键部分进行较详细的论述。详式创业计划书有下列几种用途：仔细探索和解释企业的关键问题，寻求大额风险投资等。

6.1.2　撰写创业计划的原因

撰写创业计划有两个主要原因：一是促使企业创建者系统思考新创企业的每个方面；二是为新创企业准备了自我推销文件。

首先，撰写创业计划可以促使企业创建者系统地思考新创企业的各个要素，在创建企业之前理清自己的思路，促使创业团队一起努力工作，全力以赴地解决创业过程中出现的种种问题。很多人都会有这样的感受，自认为想清楚了，写出来不一定清楚；觉得写清楚了，讲给别人听别人不一定听得明白。因此，即使并不试图去迎合风险投资者，创业者也应准备一份创业计划书。当创业者决定把自己的创业想法或技术通过创办企业实现商业化后，一般都会进入编写创业计划书的阶段。

其次，撰写创业计划书为新创企业准备了自我推销文件。它为新企业提供了一种向潜在投资者、供应商、商业伙伴和关键职位应聘者展示自身的机制。试想一下，你拥有足够的资金对某家新企业进行投资，在新企业洽谈会上与几位创业者闲聊后，你打算进一步了解其中两家新企业的详细信息。因此，你与第一位创业者联系并索要他的商业计划复本。他迟疑了一下并告诉你他还没有准备正式的商业计划，但表示愿意与你当面讨论他的创意。接着，你联系第二位创业者并提出同样的要求，而他立刻表示愿意提供一份30页的商业计划以及10张幻灯片的计划概要。10分钟后，你通过电子邮件收到了幻灯片文件，同时邮件还提到商业计划会明天一早送到。你看完幻灯片后，觉得它们轻松愉快又不失重点，非常巧妙地突出了商业计划的优势。第二天商业计划如期送到，其内容也给你留下非常深刻的印象。

那么，哪位创业者会说服你给他的新企业投资呢？在其他条件相当的情况下，答案就很明显了，第二位创业者会赢得你的投资！第二位创业者准备了商业计划的事实，不仅为你提供了有关新企业的详细信息，还让你感到创业者已对新企业的各个方面做了细致思考，并对新企业非常执着，因为他投入了必要的时间和精力来准备商业计划。拥有商业计划，也给投资者做出了反应的依据。投资者很少会挤出时间“倾听”你的新企业创意。他们在愿意投入更多时间和精力之前，倾向于通过浏览商业计划（或商业计划的执行概要）来评价商业创意。

6.1.3 创业计划的作用

1. 创业计划是融资的关键

创业计划书最明显的用途是募集外部资金。银行家和潜在的投资者可能拒绝与那些没有创业计划的创业者会面。你可能有非常独特的创意，但是如果不把它写下来，你几乎不可能找到投资者。撰写一份简明易懂，又能够准确表述市场潜在价值和创业者热情的创业计划是十分必要的。这是外部投资者，尤其是风险投资者了解这一项目的第一途径。实际情况是，现在越来越多的大学或其他社会团体主办的商业孵化机构要求获选企业撰写创业计划书。一份详细的创业计划书将告诉投资者，你已经对如何运营企业以获取盈利有过认真的思考。向投资者提供的资金使用细节越多，投资者的投资意愿就越大。创业计划的财务规划必须是真实、可实现的。面对如此深思熟虑、全面详尽的创业计划，投资者心中只会有一个问题：“我可以投多少钱?”

2. 创业计划是运营指南

无论你是否需要融资，创业计划都是指导企业内部运营的一项重要工具。企业的所有者和经理人通过从自己头脑中生成创业计划并做出书面承诺提高了企业成功的可能性。尽管转化可能不是一帆风顺，因为完成一份连贯的创业计划需要回答各种不同问题。但是，在完成创业计划的过程中，你们团队的愿景、使命、目标将逐渐清晰，这将是驱动你们走向成功、实现团队卓越发展的动力。

3. 创业计划展示企业的愿景和使命

创业计划的另一用途是向潜在员工、现有员工、资助组织、服务商等传播和沟通企业的愿景和使命。创业计划重在研究和介绍如何把具有可行性的市场机会转换成盈利的产品和服务，包括产品开发、营销和企业发展战略的各个层面的计划。这样，在企业创办以前，通过撰写创业计划书向准员工及相关组织传达企业的经营理念和计划是一种有益的做法。

为了实现这些目标，作为创业者，在撰写创业计划书的过程中需要认真、全面地处理许多复杂问题。这些问题围绕如何把创意和愿景转化为现实的过程而展开，如产品如何生产，以何种价格出售，产品如何营销以及销售给哪些人，企业如何与现存的及潜在竞争对手展开竞争，需要何种融资，资金来源于何处，资金如何使用，这些事情由谁负责等。可见，对创业者来说，认真准备一份论证合理的创业计划书，是一次全面了解、学习市场的机会，对于确定业务概念、提出企业发展目标和战略都很有帮助。

6.2 创业计划的基本内容

6.2.1 创业计划的信息需求

在为准备商业计划而投入时间和精力之前，创业者应该对商业创意做一个初步的可行性研究，来判断是否可能存在阻碍成功的因素。可以通过多种途径获得的信息应该更多地关注于营销、财务和产品。下面将要提到的互联网对创业者来说是一个非常有用的资源。在开始进行可行性研究之前，创业者应该明确这个新企业的目的与目标。这些目的与目标也为经营计划、营销计划和财务计划提供了一个框架。

目的与目标如果过于泛泛或者不具备可行性，就会使商业计划难以控制和实施。例如一个创业者想要开一家运动产品商店，主要专注于非传统运动，他做了一份要在开业两年内开 6 家连锁店的商业计划。一个朋友兼商业密友在读了他的这份计划之后，询问该创业者如何以及在何处为这些商店选址。由于该创业者对这些问题的答案没有清楚的认识，他的企业目标需要定得更加合理，计划的营销和战略部分也需要进一步明确。这个商业伙伴向该创业者解释，商业计划很像盖房子，商业计划中的每一步都要与目标或者建筑蓝图保持一致。有了这个经验，创业者重新写了商业计划，以反映更合理的目的与目标。

从这个例子中我们可以看到商业计划的可行性与界定明确的目的与目标的重要性。一旦打好了坚实的基础，战略决策也就可以确定了，从而也就可以一步一步地实现公司的目的与目标。

1. 市场信息

创业者首先需要的信息就是关于市场潜在的产品或服务信息。为了确定市场规模，创业者首先要界定市场。例如，产品的销售对象主要是男性还是女性？是针对高收入群体还是低收入群体？是针对城市居民还是农村居民？是文化教育水平高的人还是文化教育水平低的人？对于新企业来说，先把目标市场界定好了，才能更容易确定市场规模以及随后的市场目标。举例来说，让我们设想在重庆的一位创业者已拥有很成功的企业，他想进军餐饮业，准备提供方便的“快餐”。随着旅游热潮的盛行，创业者可能打算在客流量大的地区开展用一些流动餐车出售凉面和冒菜的业务。

为了建立一个好的营销计划和合理的、可度量的市场目标，创业者需要搜集大量有关行业和市场的信息。很多创业者都认为这很困难，不知道从何处开始。起步的最好方法就是把这个过程看成一个倒金字塔，见图 6—1。这就意味着，我们是从大量基础广泛的数据和信息开始工作的，直到能够确定出一个定位战略和有限数量的目标。所有的信息都会在商业计划的行业分析和营销计划部分用到，这部分内容将在本章后面讨论。

如图 6—1 所示，在这个过程中，我们首先评价一般环境趋势，包括家庭收入趋势、人口迁移趋势、食品消费偏好趋势、旅游和雇用趋势。这些信息可以通过人口调查部门、劳动统计局、商业调查、统计摘要获得。这些信息一部分可以在当地大学图书馆中查到，一部分可以在网上或者当地图书馆查到。

下一步是评估这个国家食品行业的趋势。我们要调查食品销售总额和商业餐馆按食品类别分类的营业额。这些信息可以在政府相关部门、市场投资新闻、行业调查、餐饮业协会等处查到。

注意图 6—1 上面两层的关注点是落在这个国家的整体市场方面，而接下来的两层考虑的是企业将要落户到的当地市场趋势，这部分由当地趋势和当地饮食服务行业评估构成。除了专门涉及当地市场数据之外的其他数据在上面提到的那些信息来源处同样可以找

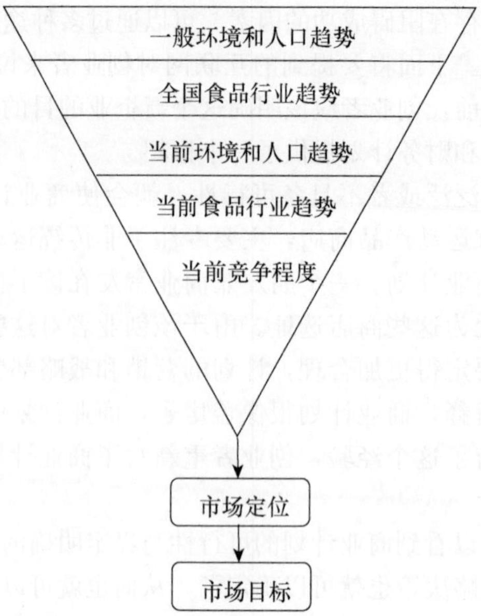

图 6—1　搜集市场信息的倒金字塔过程

到。当地饮食服务行业分析受到当地环境的规章制度影响，每个地区都有不同的有关卫生许可证和食品运输许可证的要求和规定。这些信息同样可以在网上或者当地政府机构找到。

最后一步是对当地竞争环境的分析。在这个例子中，创业者需要识别可能成为竞争者的任何饭店、食品品牌或者提供流动餐车服务的企业。这部分内容可以在黄页或者政府机构中查到，也可以通过观察得到。要对竞争者的优势和劣势进行评估，可以利用市场营销分析来确定；要对竞争者的网站、广告、菜单和地理位置进行评估；而且要查阅当地媒体上出现的公开发表的文章。之后可以做一张表，将竞争者的情况写在第一栏，后面分别列出它们的优势和劣势。

经过这样的分析之后，创业者就可以明确所要推出的产品和服务、在竞争环境中具体的市场定位以及市场营销目标了，这部分内容就是市场营销计划。这部分数据除了为准备市场营销计划做贡献之外，也为财务预测做好了准备工作。

2. 生产运营信息

对生产运营进行可行性研究取决于企业本身的性质。所需要的大部分信息都可以直接从市场调查中获得。创业者可能需要以下信息：

- 地理位置：综合考虑企业与其消费者、供应商、分销商的距离远近，并选定企业的地理位置。
- 生产运营：确定基本机器和组装作业，比如有哪些业务需要外包，并且外包给谁。
- 原材料：确定所需的原材料以及供应商的名称、地址及所需成本。
- 设备：列出需要的设备及其成本，并决定是通过购买还是租赁获得。
- 劳动技能：确定每一项所需的专业技能，以及每一项技能所需要的劳动力人数，并估计在哪里以及怎样获得这些技能。
- 空间：确定总共需要的空间大小，并选择是通过购买还是租赁获得。

- 日常开支：确定维持正常生产任务所需的物品，如生产工具、供应品、薪水等。

上面提到的大多数信息都应该直接包含在商业计划中。每一项信息都需要仔细研究，这类信息对那些将要评估商业计划的人和那些可能为这个计划提供资金的人来说是必不可少的。

3. 财务信息需求

在准备商业计划的财务部分之前，创业者需要对第一年可能产生的收益和支出做出预算，收入部分包括销售收入和可能获得的外部资金（营业外收入）。因此，预算包括资本支出，直接业务费用、非费用项目的现金支出。销售收入一定要以市场数据为基础进行预测。在准备实际的预算时，创业者需要确定行业基准，该行业基准在最终的财务计划中也会被用到。这些基准帮助创业者在考虑到行业的发展历史和趋势的基础上做出更加合理的估计。这是一个可以得到新企业预期费用的有效方法。

我们再回头看那个凉面和冒菜企业的例子。在预计企业的业务费用时，创业者可能会考虑提供这些信息的次级来源。例如，这些来源会提供像食品、饮料、设备、人员和许可证等费用的行业标准。像租金、保险、人员费用等支出同样可以从报纸、广告中获得，或者通过与咨询公司、保险公司、设备供应商、公共事业单位的电话沟通而获得。准备财务数据时所需要的基准和财务比率可以查阅类似的公共竞争对手（上市公司等）的报告来获得。行业协会和贸易杂志同样也会公布一些有价值的数据，在商业计划中这些数据可以作为上面提到的那些来源所提供的数据的补充。这部分数据在第一年需要按月提供，而在接下来的两年需要按季度或者按半年提供。有些投资者要求五年预算，所以创业者需要弄清那些查看商业计划的人的需要。

4. 利用资源工具：互联网

在这个科技迅猛发展的年代，创业者能够更加有效、便捷、省钱地获得企业所需的信息。在准备商业计划中的行业分析、竞争者分析、市场潜力分析等内容时，互联网能够作为信息的重要来源。创业者在后期规划和制定决策时也会发现互联网的巨大作用。除了作为企业情报资源，互联网也为市场营销战略提供了更多机会；通过网页，企业不仅可以提供产品和服务的相关信息，而且可以下订单。

在世界各地，互联网都正在成为最重要的信息载体之一，在某些领域甚至正在成为重要的商品交易平台。据美国零售联合会的网上交易协会称，网上零售商品销售额将继续上涨，并且有望翻一番。在最近的一个报告中，分析家预测，到2010年网上零售品销售额将达到32.9亿美元，而2005年的数字为17.2亿美元。网上购物的人不仅数量不断上升，而且范围也在不断扩大。虽然缺乏完整的数据支持，但当前的情况也足以让我们相信，与此相似的情况正在中国出现，中国上网人数的不断增加以及阿里巴巴这类网上交易平台的兴起都是明显的例证。因此，互联网已经成为获取信息和商业资源不可缺少的工具。

创业者在撰写商业计划的过程中至少能够接触到下面这些搜索引擎之一：百度、谷歌、雅虎、MSN、iAsk或者阿里巴巴。简要地输入一个所要查询的项目就会显示出许多网站、相关的条目，或者是帮助创业者撰写商业计划的信息来源。

创业者应该登录竞争对手的网站，从而更加了解竞争对手的市场战略。互联网服务费用不高，不仅是创业者搜集市场信息、消费者和分销商信息，提高竞争力，进行广告宣传的重要工具，也是企业销售产品和服务的重要途径。

除了网站，创业者还可以通过新闻媒体从专家和消费者那里匿名搜集竞争者和市场需求的信息。网络上的数千家新闻媒体的话题覆盖面极为广泛，这些新闻媒体代表那些在网上关注同一话题的消费者。利用网络，创业者可以通过输入关键词来找出最适合的新闻媒体。这些新闻媒体代表了潜在的消费者，他们可以被问到关于其需求、富有竞争力的产品以及对新企业的产品和服务的感兴趣程度等这样的问题。然后，这些新闻媒体的读者会对问题做出回答，这就为创业者提供了有价值的信息。

与其他信息来源相比，创业者仅仅需要很少的资金来购买硬件和软件，之后便可以利用这些网络服务了。随着互联网的不断改进和完善，它将为创业者创建新企业提供无限的机遇。

6.2.2 创业计划的基本内容

准备一个创业计划有可能花费上百个小时的时间，这取决于创业者的经验和知识储备，以及创业计划所要服务的对象。它应该足够全面，以使潜在的投资者对新企业有一个完整和清晰的认识，而且它应该有助于创业者阐明他对新企业的看法。

很多创业者错误地估计了制订一个有效的计划所需要的时间。然而，一旦开始了这项工作，创业者就会意识到理顺新企业的业务流程有相当大的价值。

创业计划的大纲在表 6—1 中列出，大纲中每一项的详细内容都将在接下来的段落中给出，每一部分的关键问题也将适当地细化。

表 6—1　　创业计划大纲

一、标题页
A. 公司名称和地址
B. 负责人姓名和地址
C. 公司性质
D. 所需资金的说明
E. 保密声明
二、执行摘要——2～3 页的商业计划概述
三、环境和行业分析
A. 未来前景和趋势
B. 竞争者分析
C. 市场细分
D. 行业和市场预测
四、新企业描述
A. 产品
B. 服务
C. 企业规模
D. 办公设备和人事
E. 创业者背景
五、生产计划
A. 生产流程
B. 物质设备
C. 机器设备
D. 原材料供应商姓名

六、运营计划
　A. 企业运营描述
　B. 产品、服务的流程
　C. 技术利用
七、市场营销计划
　A. 定价
　B. 分销
　C. 促销
　D. 产品预测
　E. 控制
八、组织计划
　A. 所有制形式
　B. 合伙人或主要股东的确定
　C. 负责人的权限
　D. 管理团队的背景
　E. 组织成员的任务和责任
九、风险评估
　A. 评估企业的劣势
　B. 新技术
　C. 应急计划
十、财务计划
　A. 条件假设
　B. 预测的利润表
　C. 现金流预测
　D. 预测的资产负债表
　E. 盈亏平衡分析
　F. 资金来源与运用表
十一、收获与退出
十二、时间表和里程碑
十三、附录（补充材料）
　A. 许可证
　B. 市场研究数据
　C. 契约或合同
　D. 供应商的价格表
　E. 团队的简历

1. 标题页

标题和封面需要简要地概括创业计划所包含的主要内容。标题页应该包括以下内容：

- 公司名称（商标图案）和地址。
- 创业者的姓名、电话、传真、电子邮箱和网站地址（如果有的话）。
- 对公司性质的简单描述。
- 资金需求量。创业者可能会提供一个数据包（例如股票、负债等）。然而，很多风险投资家更愿意亲自去搜集这方面的数据资料。
- 关于报告的保密声明。这是从安全角度考虑的，而且对创业者来说是非常重要的。

创业计划书的标题页描述了创业者对于新企业的基本想法。投资者非常看重此页，因为他们可以不用阅读整个计划就可确定该项目是否值得投资。标题页的例子见表6—2。

表 6—2 标题页的例子

苹果医药互动传媒有限责任公司 吉林省 长春市 人民大街 5988 号 130025 (0431) 85095485 www.cleaning.com
负责人：王曦 企业描述： 该企业的主营业务为药品媒体广告及药品互动评论平台。致力于让大众通过搭建的平台交流用药心得体会，并配合医师、药师针对病人自身情况进行的用药指导来实现“理性择药，分享健康”。 资金： 公司初期的融资需求为 1 700 万元，用于在沈阳、长春、哈尔滨规模较大的医药连锁店铺设终端，开展销售业务。融资方式为机构投资、风险融资和自有资金融资。风险资本预计在第三年开始退出。 本报告属于机密文件，并且属于负责人所有，仅供指定人士阅读，在没有得到本公司允许的情况下，禁止复制和泄露报告中的内容。

2. 执行摘要

执行摘要是在整体计划完成之后准备的，长度最好保证在 2～3 页内。风险投资家富有远见，又经验丰富，投资决策往往迅速做出，而且很少反复。这意味着，执行摘要必须能够吸引潜在投资者的注意力，并引起他们的兴趣。衡量创业计划摘要写得好坏的标准，就是看它是否能让阅读者产生兴趣并渴望通过阅读创业计划全文获得更多、更全面的信息。因此执行摘要是商业计划中非常重要的一部分，不应该被创业者轻视。

这一部分内容要求非常仔细和深思熟虑地撰写，摘要的每句话甚至每个词不仅要传达丰富的信息，也要传递创业者的兴奋与激情。要做到在介绍信息时可以使读者对新企业有一个清晰图景的同时，又能十分简洁。优秀的执行摘要在第一时间吸引别人的眼球，而粗糙的执行摘要一般不能简洁地说明企业的价值。

通常执行摘要应该陈述一些话题或问题，这些内容是任何人在第一次拿到这个计划时都想知道的。例如，新企业的经营理念和商业模式是什么；新企业的经营理念和商业模式的独特之处在哪里；如何创立企业；怎样赚钱和能赚多少。

如果新企业有一个很强的发展战略，并且希望在 5 年内进行首次公开发行，那么执行摘要就应该包括一个退出战略。如果新企业最初没有这种想法，则创业者应该在执行摘要中避免讨论任何关于退出战略的问题。

任何对新企业有利的资料，如市场调研的真实数据和法律文件、法律合同等也应该被包含到执行摘要中去。在任何情况下，创业者都应该对计划的每一部分进行概括，而计划的侧重点则取决于阅读计划的人是谁。

要记住的是，执行摘要的目的是强化关键因素，并且激发拿到计划的人继续阅读整个计划。例如创业团队中的一位成员曾经成功创建过其他企业，那么就要对这位成员及其背景进行重点描述。如果新企业已经与一位大客户签订合同，那么也应该在执行摘要中予以强调。

3. 环境和行业分析

环境分析，就是对影响新企业的外部不可控变量进行的评估。对新企业进行环境分析，以确定国内和国际环境的变化趋势是非常重要的，这将对新企业产生重大影响。这些环境因素包括：

● 经济。创业者应该考虑国民生产总值的走势，以及区域内的失业率和可支配收入、竞争程度。

● 文化。评估文化的变化趋势需要从人口统计学的角度考虑人口状况的变化，如婴儿潮或人口老龄化问题的影响。观念的转变，如对安全、健康、营养的态度的转变，以及对环境的关注都将影响创业者的商业计划。

● 技术。技术进步是很难预测的，然而创业者应该考虑相关行业的信息来源或政府官方报告所提供的技术发展和技术进步情况。在市场中，技术的不断发展要求创业者制订详细的短期市场营销计划，以及伴随企业技术发展、影响产品和服务的长远计划。

● 法律。建立一个新企业有许多重要的法律条款。创业者应该对任何可能影响产品、服务、分销渠道、价格和促销战略的未来法律的制定有所准备。对价格、媒体广告的限制规定（如对香烟广告的禁止和对儿童广告的要求）以及产品和包装的安全规定都是影响市场营销计划的法律限定。

上面提到的这些外部因素通常都是不可控的。然而，通过一些信息来源认识并评估这些因素将会给企业提供良好的机遇，并对制订市场计划起到重要作用。像前面我们提到过的（如图 6—1），这个过程可以看做是指导我们制订具体市场计划和目标的一个倒金字塔。创业者一旦完成了环境评估，就应该进行相关行业分析。行业分析是对行业趋势和竞争策略进行的分析。

● 行业需求。相关行业需求可以通过已公布的资料来源获得。识别市场将继续成长还是逐渐衰退、新的竞争者的数量以及可能变化的消费者需求对新企业确定潜在商机是非常重要的。

● 竞争。大多数创业者会面临来自大企业的潜在威胁。创业者必须对这些威胁做好准备，还应该识别谁是竞争者以及其优势和劣势是什么，这样才能实施一个有效的市场计划。

有很多资料来源可以为创业者提供相关行业和竞争者的数据，其中一些来源已经在我们讨论市场信息搜集时介绍过了。此外，我们还可以从当地或大学的图书馆获得这方面的信息，包括《中国互联网产业调查报告》、《灵通产业研究》、中国行业发展调查评价中心等。这些资料来源是针对不同类型的行业和市场的，我们很容易通过网上搜索或者去当地图书馆找到。

商业计划中行业分析的最后一部分应该侧重于具体市场分析，应该包括“消费者是谁”、“新企业所在的具体市场和地理区域的环境状况如何”等信息。影响具体市场的任何因素的差异都要加以考虑，这些信息对于准备商业计划中市场计划这部分内容至关重要。

除了上面提到的那些庞大的资料来源，还有很多市场数据库可以供我们做商业计划时查询。市场占有率和市场规模可以通过下面这些数据库进行评估：《经济普查公报》、《工业普查公报》、《全国地方年度统计公报》等。更多的反映人口趋势和目标市场数量的具体数字可以从下面这些资料中找到：《中国人口统计年鉴》、《人口普查公报》、《人口预测》、中国人口信息网等。最后，区域人口、人口统计和住房数据通常可以从政府的网站上获得。

针对商业计划的这一部分，创业者应该考虑的几个关键问题在表 6—3 中列出。

表 6—3　环境和行业分析的关键问题

1. 国内和国际的主要经济、技术、法律和政治趋势如何
2. 过去 5 年的行业销售总额有多少
3. 本行业的预期增长量有多少
4. 过去 3 年内有多少新公司进入了本行业
5. 最近本行业研发出了什么新产品
6. 谁是最主要的竞争对手
7. 怎样使你的企业运行得更好
8. 主要竞争对手的销售额在上升、下降还是保持稳定
9. 每个竞争对手的优势和劣势是什么
10. 你所在的市场最近存在哪些趋势
11. 消费者情况如何
12. 你的消费者情况与你的竞争对手的消费者情况有哪些不同

4. 新企业描述

新企业描述，即对新企业的产品、服务和运营情况进行一个总体描述。在创业计划的这一部分，对新企业的描述应该被细化，这样才能使投资者了解企业的规模和范围。这部分应该从新企业的任务说明开始。这个说明主要描述企业的性质以及创业者对企业寄予的希望。该任务说明和业务定义将对企业制订长期市场营销计划起到指导作用。在任务说明之后，为新企业提供清晰描述和理解的一些重要因素包括产品、服务、企业定位与规模、所需要的人员与办公设备、创业者背景以及新企业的历史。表 6—4 概述了创业者在准备商业计划的这部分内容时需要回答的一些问题。

表 6—4　新企业的描述

1. 新企业的任务是什么
2. 创业动机是什么
3. 怎样使新企业获得成功
4. 到目前为止已经完成了哪些准备工作
5. 你的产品或服务是什么
6. 描述产品或服务的专利、产权和商标状况
7. 企业位置选在何处
8. 你的房屋是新的还是旧的？需要更新吗（如果需要更新，费用是多少）
9. 房屋是租赁的还是自己拥有的（说明期限）
10. 房屋和场所为什么正好适合你的企业
11. 需要哪些办公设备
12. 哪些设备需要购买或租赁
13. 你拥有哪些经验或者应该拥有哪些经验来成功地实施该商业计划

选址对企业的成功至关重要，对于那些零售业和服务业企业来说更是如此。在评价企业要选择的房屋和场所时，创业者可能需要评估如停车，铁路的便捷，与消费者、供应商、分销商的距离，交货速度，城镇规章制度和地区法规等因素。一张放大的当地地图或许会帮助创业者考虑公路、高速公路以及通道等因素，从而确定企业的位置。

最近，一个创业者打算在某繁华路段的一个小型购物商场对面开一家油炸圈饼店。交通量显示，如果人们在上班途中愿意停下来喝杯咖啡的话，该店将存在巨大的潜在消费者市场。将地图放大之后，创业者注意到早晨的车流情况要求司机们在路口穿行时左转弯到达油炸圈饼店。非常遗憾的是，该路面被一个不可穿越的中心隔离带分割，使得车辆在此无法左转弯，进入这家店的唯一可能办法就是消费者开出 400 米之后掉头。而且，对消费者来说，从小店出来之后如何行驶到正确的方向上仍然是个很大的难题。既然当地政府没有打开此路面的打算，创业者就必须放弃在此开店的想法。

对选址和市场进行这样一个简单的评估，就能够使创业者避免陷入潜在的困境。在地图上标出消费者、竞争对手和房屋的可选位置对评估来说是有很大帮助的。创业者可能问到的一些重要问题如下：

- 需要多大空间？
- 我应该购买还是租赁房屋？
- 每平方米需多少资金？
- 划分的场所是供商用的吗？
- 所在城镇对标志和停车有何限制？
- 房屋需要更新吗？
- 设备便于运输吗？
- 有足够的停车位吗？
- 现有设备有扩充的空间吗？
- 区域的经济和人口概况如何？
- 有足够的可获得的劳动力吗？
- 当地税收情况如何？
- 排水系统和供电系统如何？

如果建筑和选址的决策涉及法律问题，创业者就应该咨询或雇用一位律师。

5. 生产计划

如果新企业是生产制造企业，生产计划就很有必要，且应该描述出完整的生产过程。如果全部生产过程或者其中的一部分要外包出去，那么在这个计划中就应该描述承包方，包括承包方的地址、选择的理由、费用以及已经签订的所有合同。如果生产制造过程全部或者部分由创业者来执行，那么他就应该描述车间设计方案、生产作业所需的机器设备、原材料及供应商的名字、地址和期限，以及生产成本和未来的资本设备需求。在评估财务需求时，讨论这些问题对潜在投资者来说是非常重要的。表 6—5 概述了商业计划中这部分的关键问题。如果新企业不包含生产制造类工作，那么这部分就应该从计划中略去。

表 6—5　　生产计划

如果是生产制造企业：
1. 你将负责生产工作的全部还是一部分
2. 如果一些生产工作是要外包出去的，谁将是承包者（给出名字和地址）
3. 为什么选择这几个承包者
4. 外包出去的生产工作的费用是多少（包括书面合同的复印件）
5. 生产流程的设计方案如何（如果可能，列出具体步骤）
6. 生产制造直接需要的设备有哪些
7. 生产制造需要哪些原材料
8. 谁是原材料的供应者？合适的价格是多少
9. 生产产品所需要的成本有多少
10. 新企业未来有哪些设备需求

如果是零售业或者服务业企业： 1. 从哪里购买货物 2. 库存控制系统如何运作 3. 新企业的库存需求量有多少？怎样提升 4. 货物如何到达消费者手中 5. 按照时间顺序，交易的几个步骤是什么 6. 为了更有效地为消费者提供服务，需要利用哪些技术

6. 运营计划

所有企业（不管是否属于生产制造业）的商业计划都应该包含运营计划部分。该部分不仅包括生产制造过程（当新企业属于生产制造业时），还描述了货物或服务从生产到消费者的流程，可能包括生产出来的产品的库存量、载运、库存控制流程以及消费者支持服务。非生产制造类企业（如零售商或者服务供应商）在商业计划中同样需要这一部分，这样才能解释完成商业交易的依次步骤。例如，一个网上零售运动服装的计划，需要描述产品是从哪里买到以及怎样买到的；它们是怎样被储存的；对库存量是如何管理的；产品是怎样运输的；最重要的是，消费者是怎样下订单并完成交易的。这将便于创业者研究商业交易过程中技术的作用。对于任何一个网上零售企业来说，能更加有效、便捷地完成一项成功的商业交易所需要的技术都应包含在这一部分。

在这里要说明的很重要的一点是，服务与产品之间的主要区别在于服务属于无形的工作，这就意味着服务不能像生产出来的产品那样被触摸、被看到、被品尝、被听到以及被感觉到。航空公司、旅馆、汽车租赁公司、剧场、医院等所依靠的是服务质量。对于这些企业来说，绩效好坏取决于地理位置、便捷性、设计方案和人员等这些能影响服务质量（包括可靠性、响应度和保证性）的因素。传递这种服务质量的过程就是将新企业与其他企业区别开来的过程，因此应该作为运营计划的重点。生产制造类和非生产制造类新企业的一些关键问题已在上面提及。

7. 市场营销计划

市场营销计划是商业计划非常重要的一部分，它主要描述产品或服务如何分销、如何定价、如何促销。市场研究的数据不仅为制定市场营销战略服务，而且有助于对销售额进行预测。对产品或服务的预测是为了进一步预测新企业的收益率。潜在的投资者认为市场营销计划对于新企业的成功是至关重要的。因此，创业者应该认真地准备一份详尽的计划，以使投资者能够清楚了解新企业的目标以及执行什么样的战略来达到这些目标。市场营销计划，创业者每年都要做，并且需要按周或者按月对计划的执行情况进行监控和修改。市场营销计划应该被看做是制定短期战略决策所要参照的目标。

8. 组织计划

组织计划用来描述新企业的所有权结构，即是独资结构、合伙制结构还是股份制结构。如果新企业属于合伙制，则需要包含合伙的形式。如果新企业是股份制结构，则需要详细说明股份占有情况和利益分配情况，以及合伙人的姓名、地址、公司董事和工作人员的履历。除此之外，还要提供一张组织结构图，并介绍各组织成员的职责。表 6—6 概述了创业者在准备组织计划时需要回答的一些问题。这些信息可以帮助潜在投资者了解谁对组织进行控制以及其他组织成员如何有效地执行管理职能。

表 6—6　组织结构

1. 组织的所有权结构如何
2. 如果是合伙制企业，合伙人是谁？合伙协议的条款是什么
3. 如果是股份公司，大股东是谁？他们拥有多少股份
4. 发行什么类型的股票以及表决权股票和非表决权股票各占多少
5. 有哪些董事会成员（给出他们的姓名、地址和履历）
6. 谁有财务审批权和控制权
7. 管理团队有哪些成员？他们的背景如何
8. 每个管理团队成员的任务和职责分别是什么
9. 每个管理团队成员的薪水、住房和其他方面的福利有哪些

9. 风险评估

在特定的行业和竞争环境中，任何一个新企业都将面临一些潜在的风险。对创业者来说，按照下面这样的方式进行风险评估是非常重要的。首先，创业者应该指出新企业的潜在风险；然后讨论如果这些风险实际发生了，会造成何种后果；最后研究采用哪些战略来避免风险，将风险降到最低，以及如何应对风险。新企业的主要风险来自于竞争对手的反应、市场营销、生产和管理团队的劣势，或者由于技术进步而带来的产品更替。表 6—7 概述了创业者在进行风险评估时需要回答的一些问题。

表 6—7　新企业面对的潜在风险

1. 不愿向新企业"俯首称臣"的竞争对手所进行的削价
2. 使新企业产品或服务的吸引力降低或销售减少的不能预见的产业动向
3. 由于各种原因没有完成销售计划，因而减少现金流量
4. 超过预期的设计、制造或运输成本
5. 产品开发或生产进度没能按期完成
6. 由于高层管理团队缺乏经验而引起的问题（例如，缺乏与供应商或顾客进行合同谈判以争取有利条款的能力）
7. 在获取零件或原材料方面，比预期的前置时间长
8. 在获得额外且必需的融资方面发生困难
9. 不可预测的政治、经济、社会或技术趋势或发展

10. 财务计划

与市场营销、生产和组织计划一样，财务计划也是商业计划很重要的一部分。财务计划能确定新企业的潜在投资需求，并显示出商业计划在经济上是否具有可行性。

通常，财务计划需要讨论财务的三个方面。首先，创业者要对至少前三年的销售额和费用进行预测，而第一年需要按月预测，包括对销售额、销售费用以及一般管理费用的预测。

财务信息需求的第二个主要方面，是三年的现金流数据（其中第一年的数据按月预测）。既然资金的投入是在每年的不同时间段，那么确定每月所需现金量就显得非常重要（特别是在第一年）。记住，销售额很有可能是不规律的，消费者的款项也可能被拖延，所以借入短期流动资金就非常必要，以保证员工工资等固定开支。

商业计划需要的最后一个财务方面的内容是资产负债表。它显示了新企业在一个特定时期内的财务状况，包括资产、负债、所有者权益以及累计盈余等项目。对于资产负债表和财务计划中其他项目的设想也应该被列出来，以供潜在投资者估计其可能收益。

11. 收获与退出

任何新企业发展到一定阶段，都存在创业者与投资人的退出及投资回报问题。这一部分需要描述创业者如何被取代，以及投资者退出战略，即他们如何收获投资于新企业所带来的利益。例如，出售业务、与其他企业合并、IPO，或者其他重新募集资金的事件，这些都使得其所有者和投资人有机会套现先前的投资。

12. 时间表和里程碑

创业计划书正文的最后部分应该说明：主要活动何时实施、关键里程碑何时达到。从投资者的观点看，这一部分表明创业者的确仔细关注了企业的运营，并且已经为企业的未来发展制订了清晰的计划。具体如下：新企业的正式组建，完成产品或服务设计，完成产品原型；雇用最初的员工（销售人员或其他），在贸易展览会上做产品展示，与分销商和供应商达成协议，进入实际生产，收到初次订单，初次销售与交付、盈利。

13. 附录

商业计划的附录通常包含那些没有在文件正文中列出而又需要列示的内容。附录中涉及的任何文件都应该包含在计划之中。例如，详细的财务规划以及创建者与高层管理团队其他成员的完整简历等应该出现在附录中。消费者、分销商、次级承销商的来信就是应该包含在附录中的内容。任何信息文件（如影响商业计划中某些决策的原始调研数据或者二手数据）都应该包含在内。签订的租赁契约、合同或其他任何形式的协议同样可以在附录中出现。最后，供应商或竞争对手的产品报价单也可以放到附录中。

6.3 创业计划的编写与展示

6.3.1 创业计划编写的要点

为了使创业者本人及其合作伙伴更好地理解创业者的各种构想和运营计划，便于大家达成共识、集中力量，在编写创业计划的过程中要注意如下几个要点。

1. 结构合理，内容完整

创业计划书中各部分内容需结构合理、排列有序，以此反映出创业者是一位头脑清晰、办事严谨、具有真正管理能力的企业家，或者是具有优秀企业家素质的人才。多年来，创业计划书的结构相对固定。尽管对此没有硬性规定，但创业者不要单纯为了创新而偏离一般结构和格式太多，同时，又不能直接套用一些商业计划书软件包所提供的样本文件。即便这样的确能够使计划变得更加专业化，但是计划书必须基于特定市场调研数据和事实来编写，以充分表明新企业的可预测性以及创业者的激情。

另外，按照上文提到的创业计划书的基本内容逐项检查创业计划书，不能有任何遗漏和错误，以确保其内容完整。比如有些商业计划书竟然在封面上漏掉了联系方式，缺少封面页，或是有明显的排印错误。这样一些小疏漏会使得投资人认为准创业者是粗心的、不负责任的、准备不充分的，进而影响投资方对方案评估速度的减慢，甚至造成融资失败的后果。

2. 条理清晰

条理清晰的创业计划书，可使投资人尽快了解创业者的构思与想法，不仅节省了投资，也增加了创业成功的可能性。

3. 具有明确的针对性

不能用一个模子的创业计划书千篇一律地应用于不同的投资者，因为不同投资者的文化背景不同，对项目或产业的兴趣不同，其投资的侧重点也不同。在编写创业计划书之前，撰写者一定要对投资者的背景有明确的了解，针对具体的投资者写出具体的创业计划。投其所好，才能写出打动人心的创业计划书。

4. 讲究科学性

介绍技术时，要用科学的事实和数据阐明技术的先进性与实用性；介绍设想时，要用充分的市场研究结果阐述想法的合理性和可行性；进行市场分析时，要对未来三年的市场前景进行合理的预测分析，其市场预测分析必须建立在对目标市场的现有信息进行分析的基础上。行文应做到言之有理、言之有据，如果没有第一手材料，可提供类比产品的资料。写作时切忌海阔天空、漫无边际，更不能提供虚假的数据和不实的材料。

5. 文体风格朴实得体

尽量将难懂的想法、程序等以浅显的方式或文字表达出来，尤其当资金来自一群不具有专业知识的投资者时，这种“自我营销”的方式更为有效。在分析市场、介绍自己的团队和财务管理时，要把握分寸，做到不温不火，恰到好处。既要避免文章过于平淡而不能引起投资者的注意，又不能花里胡哨、过分煽动。因为创业计划书既非文艺作品，也非政治动员报告，它只是一篇说明书，应做到实事求是、用词准确、言简意赅。当然，可以采用透明的封面和封底来包装计划书，但不要过度使用文字处理工具，如粗体字、斜体字、字体大小和颜色等，否则会使得计划书显得不够专业。

6.3.2 创业计划编写应注意的几个问题

1. 编写创业计划的误区

（1）许多创业者在风险投资的过程中，往往忽略创业计划书的重要作用，把大量时间和精力放在找关系、寻资金上。即使碰到了感兴趣的风险投资人，也往往因准备不足而错失良机。

（2）创业计划书简单化与过度追求包装。有些创业者在撰写创业计划书时，把创业计划书视为一般的工作计划和项目建议书。而有的创业者则过分追求创业计划书的包装，导致水分太多，经不起投资人的考察。

（3）创业计划中出现了一些与产业标准、常规经验相距甚远的数据。这会使投资者和支持者认为你缺少知识、缺乏经验。

（4）大多数企业容易进入另一个误区，那就是认为只要投投资者之所好，就能拿到风险投资。殊不知创业计划书虽然是创业企业寻找风险投资的敲门砖，但并不是绝对的，创业者还需在其他方面进行努力。

一份好的创业计划书，是创业者寻求到投资后能够基本顺利实施项目的操作计划，投资者关注的要点就是其写作的要点。在审阅创业计划书时，投资者在寻求什么呢？他们关注的要点主要有六个方面：一是技术和商品，即该公司所用技术的创新性与独特性、产品或服务是否可以产生高利润以及未开发的潜能；二是市场，即市场的容量、产品间的相对竞争力和潜在成长力；三是该公司的管理团队是否胜任；四是公司财务增长预测，预测结果不必让人们大喜过望，但也必须打动投资者的心；五是退出计划，在计划中必须明确提出投资者的退出机制，如公司股票上市，股权转让、回购，利润分红等；六是出色的执行概要，它必须能让投资者有兴趣读下去并渴望得到更多的信息。其中，管理团队以及市场机会的价值是投资者关注的两项关键要素。

2. 编写创业计划必须避免的问题

编写创业计划必须避免以下几个问题：

（1）过分乐观。对产品、服务的前景过分乐观，使人产生不信任感。

（2）数据没有说服力。创业计划中出现了一些与产业标准、常规经验相距甚远的数据。

（3）产品或服务导向，而不是市场导向。整个创业活动仅仅面向一种产品，然而在当今社会，单一产品是很难支持一个企业的生存与发展的。

（4）对竞争没有清醒的认识，忽视竞争威胁。任何商业活动都会面临竞争，若忽视竞争威胁，则说明创业者不懂得市场经济的规律。

（5）选择进入的是一个拥塞的市场，企图后来居上。

（6）创业计划书写作不专业，如缺乏应有的数据、过分简单或冗长。

（7）创业计划书的写作风格和分析深度不一致。一份创业计划书通常由几个人一起完成，但最后的版本应由一个人统一完成，以避免写作风格和分析深度不一致。

（8）不是仔细寻求最有可能的投资者，而是滥发材料。

6.3.3 创业计划的展示

完成一份创业计划是整个创业规划过程的一个组成部分。创业计划既可以是针对潜在投资者（利益相关者）的展示活动，也可以作为投资者的决策参考资料。无论是当面展示还是以网站或者其他形式展示，展示企业的发展路线是你向特定观众阐述创意的机会，而且随后还会有一个关于你创意的讨论。

创业计划展示可以是正式的也可以是非正式的，你可以在任何地方花费几分钟到几个小时不等的时间完整地展示并讨论你的创业计划。当然，针对风险投资者的展示可能会被限制在5～20分钟的时间内。无论观众是谁，你的展示都应该表达清晰、深思熟虑、组织有序，而且应该做好预先演练，这样才能表现得完美无缺、体现出相应的专业水平。在你介绍创业计划时，最好是采用概述性陈述方式，这种简明、扼要的方法可以以一种富有吸引力的方式告诉听众你的创意是什么以及他们为什么会感兴趣。这种点睛之论应该限制在15～30秒！一般而言，将整个创业计划浓缩成最精华的几句话比一个面面俱到的展示更具有挑战性。在一个正式的创业计划展示中，你的明智做法是制作一个有吸引力的多媒体文稿，而且在展示中没有错误和过多的搞笑活动。表6—8给出了创业者的一些展示技巧。

表6—8　　创业者的展示技巧

时间	·按时开始 ·合理安排时间，提高时间使用效率
观众	·了解你所面对的观众并相应调整你的展示 ·与观众建立互信的关系
展示风格	·着装得体并保持职业化的行事方式

	•充满热情，但不做作、不傲慢 •使用正确的语言和语调
展示内容	•设计一个"诱饵"快速吸引观众 •抓住关键但不要过多讨论细节 •突出重点、简明扼要，同时避免使用专业技术术语及缩略语，否则会让观众失去兴趣 •使用视觉帮助，例如幻灯片以及产品样本以强化你所要传递的信息而避免观众分散注意力 •强调机会收益，这样观众才会完全理解机会 •结束展示时要向观众致谢
后续工作	•估计并准备回答问题，回答应该深思熟虑、态度积极 •接触每一个观众以使他们对你的目标感兴趣

本章要点

创业计划描述了创建一个新企业所需要的所有相关的外部和内部因素，是对特定商业活动详尽筹划后的系统描述。

创业计划书是用以描述与拟创企业相关的内外部环境条件和要素特点，为业务的发展提供详细路线图和衡量业务进展情况的专业文本。

创业计划是融资的关键，是新创企业的运营指南，它向潜在员工、现有员工、资助组织、服务商等传播和沟通企业的愿景和使命。

许多成功的创业者制订很简单的创业计划书，随后他们依据从实际经营新企业所得来的信息，再修改该计划书。

所有创业计划书均应以概要开始。这个简要部分对"新企业的价值是什么"以及"为什么能成功"提供了简短、清晰、具有说服力的概括。

计划书正文的其他部分应该包括行业环境及行业分析、新企业描述、生产计划、运营计划、市场营销计划、组织计划、风险评估、财务计划、收获与回报、时间表和里程碑、附录。

管理团队以及市场机会的价值是投资者关注的两项关键要素。

重要概念

创业计划　创业计划书　市场信息　生产服务信息　风险投资　执行概要　展示

思考练习

1. 如果一份创业计划的目的是融资，为什么创业者还要在创业计划书中非常详细地指出其面临的主要风险？

2. 撰写创业计划书要做大量辛苦的工作和调研，为什么创业者应该写它呢？如果直接创建企业，会有什么问题？

3. 在创业计划书起始部分的执行概要为什么如此重要？它的首要目标应该是什么？

4. 为什么解释新产品或服务处于生产过程中的哪个阶段是重要的？（例如，是创意阶段、原型阶段，还是生产阶段？）

5. 为什么充分描述新企业管理人员的经验和专业技能对创业计划书是如此重要？

6. 如果读者是潜在员工、现有员工、资助组织、服务商，商业计划的作用分别是什么？

7. 风险投资家认为创业计划评价的快速指示器是什么？

案例分析

苹果医药互动传媒商业计划书

第一部分　执行概要

1.1　公司及商业模式

长春市苹果医药互动传媒有限责任公司，是由吉林大学在校学生联合德国图乐斯科技发展有限公司（投资方）、长春一萌电子有限责任公司（技术合作伙伴），拟创办的有限责任制公司，主营业务为药品媒体广告及药品互动评论平台。致力于让大众通过我们搭建的平台交流用药心得体会，并配合我们的医师、药师针对其自身情况进行的用药指导来实现“理性择药，分享健康”的目的。

1. 盈利模式

公司利润来自液晶终端播放药品广告的收入，终端安放地点设在各大药房。

2. 智能药师

终端包含一个由药学专业人员编写的资料库，用于引导消费者正确服用药品，相当于“智能药师”，同时有体重计、血压计等测量装置。

药品广告占据终端屏幕上方的3/4，用药指导占屏幕下方的1/4，消费者使用终端观看用药指导，测量自身指标的同时可以看到药品广告。

3. 多方互动的商业模式

与药店互动。终端的用药指导功能可以省去药店培训营业员的成本，并且显得更专业，能提升药店形象；公司以此功能为吸引条件，使得药店允许我们进驻，提供播放广告的载体。

与医药企业互动。公司为医药企业播放广告，宣传业务，医药企业则是公司最主要的利润来源。

与药监部门互动。终端另设有药品真伪识别功能，能协助药监部门检查假药，防止其流入社会，有利于构建和谐社会；药监部门可以为我们提供政策支持。

与广大民众互动。公司通过药店终端和网站互动交流平台向大众提供用药指导，解决健康问题；大众消费者的支持所带来的人气让药店与医药企业更乐意与我们合作。

以上述互动为基础，公司打造出一个集苹果传媒、药店、医药企业、政府、广大民众，五位合一的“利益共同体”，以期实现“五方共赢，共创和谐”。

1.2　市场与营销

我国传媒行业发展迅猛，不断涌现出新型媒体。但针对药品零售领域的传媒行业尚不成熟，在全国医药企业都在寻求迅速扩张的时期，具有巨大的发展潜力。公司依托终端的智能药师功能针对利益共同体中其他几方制定了一系列互动营销策略。

药店：免费安装终端，辅助药店营业员解答消费者的用药问题；附带为进驻药店提供宣传广告；与药店形成利益共生关系，使药店允许终端进驻。这种以提供服务而非现金合作的方式，可以尽量节约成本。

医药企业：在药品销售场所播放药品广告，针对性强，同时采取低价策略，并根据不同的客户类型差别定价，短期内打开市场。

消费者：免费提供用药指导，并根据所查药品治疗的疾病提出具体健康建议，吸引大众关注，迅速扩大影响，建立品牌。

1.3　主要风险

公司面临的主要风险是市场进入风险和行业特点决定的覆盖速度风险：该计划均有相应的规避策略。

1.4　融资与财务

公司初期的融资需求为1 700万元，用于在沈阳、长春、哈尔滨规模较大的医药连锁店铺设终端，开展销售业务。融资方式为机构投资、风险融资和自有资金融资。风险资本预计在第三年开始退出，主要退出方式为回购风险股份或股票上市。公司筹建期为半年，计算期为4年，静态投资回收期为1.6年，选取行业平均折现率15%计算得出动态投资回收期为1.8年，净现值NPV为14 315.85万元，内部收益率125%，具有很高的投资价值，且可行性高。

随着市场业务的不断扩张，公司会迅速成长壮大，这棵承载着美好心愿和创业梦想的健康之树定会早日结出累累硕果。

第二部分　公司简介

（这部分内容应包括公司名称、法律结构、成立的背景、发展战略、公司文化、知识产权和团队，部分内容限于篇幅略去。）

2.1　成立背景

在我国现有医疗状况下，存在“重医轻药”现象，消费者在医院和药店内均在一定程度上不能得到满意的药品咨询服务。我们成立苹果互动传媒，目的是为消费者提供专业药品咨询服务，并为其提供分享用药经验的互动交流平台，协助消费者科学理性地选择药品，实现医药结合，为大众的健康事业更好地服务。

2.2　发展规划

2009年：4 000个终端，迅速占领沈阳、长春、哈尔滨各大连锁药店，保证受众量，树立苹果医药传媒品牌，为进入其他市场奠定坚实的基础。

2010—2011年：终端数量增加8 000个，在东北其他大型城市继续铺设苹果医药互动传媒终端，占领东北市场。

2012年：终端数量增加13 000个，在全国各主要城市铺设苹果健康传媒终端，形成品牌优势及市场占有率优势。与药监部门合作建立全国性质的药剂师协会，打造权威媒体品牌。

2.3　知识产权

苹果完全对其网站、硬件技术以及资料库享有自主知识产权，终端技术正在申请专利。

2.4 团队简介

苹果医药互动传媒科技有限责任公司是由来自吉林大学在校研究生和本科生组成的以高科技为先导的创业团队。管理团队成员来自理、医、法、经、管等专业，这种创新和多元的组合，对任何一个创业团队在种子期都是最宝贵的财富。大家在思维的碰撞中产生了苹果医药互动传媒的构想。

第三部分　服务和技术

（对于服务类项目，这部分应包括服务理念、流程、服务内容与特色、完成服务的技术支持，其中重点是服务流程与服务内容。对于产品类项目，这部分的名称往往是产品与服务，其重点内容在于技术来源与可行性、产品工艺与生产流程、产品成本构成、产品售后服务与技术支持。部分内容限于篇幅略去。）

3.1 服务理念

苹果医药互动传媒是国内领先的互动及分众类媒体的研究及开发者，苹果互动传媒将解决分众类广告投放不能互动的问题。将互联网、视频显示终端进行完美结合，为消费者提供终端用药引导和健康建议，提供网上药评及健康社区，打造传媒新概念，实现药厂、药店、消费者、政府的多方共赢。

3.2 服务流程

苹果医药互动传媒的服务围绕资料库展开，当消费者产生买药需求时，可以有两种选择，一种是到药店，对可能购买的药品进行查询或者进行身体指标自测，从资料库获得反馈；另一种是登录网站，参与药品评论或者与医师交流参与互动，获得反馈。如此往复，不断更新资料库，形成一个良性循环（流程图、网站示意图、信息终端示意图略）。

3.3 服务特色

苹果健康传媒的终端不同于竞争对手，具有信息双向交流功能，可以实现不间断无线网络连接，远程调用数据库，可以极大地方便患者购药以及店员卖药。

苹果医药健康网的定位十分明确，即沟通药店与普通用户的桥梁。一方面，网站将实现药店与用户之间的无缝沟通；另一方面，我们将发挥点评的力量，使我们的每一位用户都可以参与到点评中来，引导用户科学购药。

苹果医药互动传媒的终端与健康网站相互独立又相互联系。用户可以直接调用网站后台数据库，查看网站上对药品的评论；也可以查询到加盟终端使用的连锁药店，进行有针对性的选择。

第四部分　市场分析

近年来，我国传媒行业发展迅猛，不断涌现出新型媒体，但针对药品零售领域的传媒行业尚不成熟。

4.1 医药液晶传媒行业分析

公司涉足的液晶传媒行业，属于户外广告的一个分支。中国户外广告市场总量仅次于电视和报纸。有关预测数据显示，户外液晶广告的市场规模在未来几年内呈明显上升趋势，年增长率不低于20%。

伴随我国医药流通体制改革，药品的市场竞争日益激烈。作为有效的营销工具，企业纷纷采取各种各样的广告手法。近年来，药品广告投放额占广告市场总额的比重一直在

10%左右，在2005年达到150亿元。

根据液晶传媒行业的迅猛发展以及各大药企在药品广告方面的激烈竞争情况，可以预测两者的交叉领域——药品液晶传媒业必将拥有良好的发展前景。目前虽已有少数液晶传媒企业将业务扩展到医药领域，但都以医院为主，且播放的均是单项广告。因此，本公司所涉足的医药互动传媒行业基本属于空白领域，极具开发潜力。

4.2　广告客户分析

近年来，东北三省的多家知名药厂发展迅猛，生产的药品品种齐全、质量过硬，规模和实力在不断壮大，年总销售额已达到350多亿元。东北三省的药厂为了进一步发展壮大，必将凭借其雄厚的资金实力投放更多的广告。以某集团广告投放率14.7%估算，三省的广告投放总额将超过50亿元。

4.3　药店渠道分析

东北三省的省会城市均存在多家快速发展的大型连锁药店，具有极大的覆盖面，总数在6 000家左右。规模大、信誉好、发展成熟的大型连锁药店，能够保证本公司发展初期的布点工作顺利、迅速并且能够保证公司的终端在短期内形成较大的覆盖面。

4.4　人口统计学分析

东北三省人口总数接近1.1亿。东北三省居民生活水平逐年提高，人均可支配收入稳步上升，消费者购买力较强。作为老工业基地，东北三省的高端医疗市场比较集中，居民消费水平低，老龄人口居多，居民有病愿到药店买药，故药品零售市场的份额较大。根据全国药品销售总额2 558亿元，以及东北三省总人口占全国13亿人口的比率估算，东北三省的药品销售总额将达到200多亿元。而按30%的零售比率推算，东北三省有60多亿元的药品是在药店销售出去的。

4.5　竞争对手分析

本项目关注两类竞争对手：传媒类竞争对手和网站类竞争对手（具体内容省略，需详细列举主要竞争对手的名称和特点，并分析与本企业相比的优势和劣势）。

第五部分　营销策略

5.1　营销目标及开拓计划

公司的营销目标是在2009年实现总营业收入2 312万元，并在以后的4年中保持198%以上的营业收入增长速度。通过不断的市场开拓，公司力争在进入的各大城市市场中拥有药品零售行业客流量40%以上，占据药店液晶广告市场30%以上份额，并且拥有100家以上稳定客户。在计划期内，公司将把苹果医药互动传媒的品牌知名度扩大到50%以上，并进一步提高苹果医药互动传媒终端的关注度以及使用率。

5.2　药店进入策略

针对传统分众式营销方式的强制灌输，营销效率不高，也无法为产业带来价值的缺憾，苹果医药互动传媒将分别对药店以及消费者采取整套营销方案，占领药店及消费者资源。

1. 苹果店员终端

免费安装的苹果店员终端，能提高药店的工作效率，节约药店培训营业员的经营成本。

2. 苹果消费者终端

免费安装的苹果消费者终端除具有店员终端的全部功能外，还有体重、血压、血糖等消费者健康指标查询功能，并且能为消费者提供相关健康建议。

3. 药店形象广告

苹果医药互动传媒将为所进驻的连锁药店免费播放形象广告，提升其在消费者中的形象，使得药店在药品零售行业激烈的竞争中占据优势。

5.3 销售策略

1. 产品策略

为了满足不同客户的推广需求，苹果医药互动传媒设计了多种软硬结合的媒介产品，客户可以根据自身市场策略，灵活地选择不同搭配，健康传媒为客户提供最佳推广方式（具体内容省略）。

2. 定价策略（内容省略）

3. 营销渠道

公司将采取直接渠道与间接渠道相结合的方式进行渠道营销。在初期，主要采取零级渠道方案，通过公司销售人员直接与药品及保健品企业建立稳定的客户关系。在中期及后期，将在原有直接渠道的基础上建立广告代理中介渠道，进一步开发及挖掘市场，提升客户数量及质量。

第六部分 运营计划

6.1 资料库构建

项目建设初期，聘请药学专业人员为编写资料库实现终端功能，包括用药指导、健康建议等，待资料库完成后，输入终端及网站，完成技术支持。

6.2 业务运营

以终端的用药指导功能为条件，吸引药店允许终端进入，获得药店的准入协约，解决广告的载体问题。

与政府（药监部门）取得联系，以终端的假药劣药查询功能为依托，拟协助药监部门检查假药，以赢得药监部门的政策支持。

在扫清市场准入障碍后，与药厂取得联系，签订广告投放订单。

在药店，实现终端的药品查询、身体检测以及播放广告等功能；在网站，实现提供药品大众点评的功能，以及消费者与药师进行在线交流的功能。同时，统计消费者的买药信息和健康信息，对其进行整理和分析，并将有价值的统计分析资料反馈给药厂、药店和药监部门，使药厂和药店更加了解消费者的健康状况及相关用药需求，从而调整药品的生产和销售计划；使药监部门及时了解各类药品的使用情况，加强对药品的监管及对问题药品和问题厂商的处理力度，从而规范药品的生产和销售，为大众建立起一个更加安全可靠的用药环境。针对消费者的身体状况和买药需求，医药专家及时修改和完善所建资料库，从而使资料库为大众提供更全面的用药指导和健康信息。随着大众对本公司的认可度和信任度的提高，将有更多药店邀请公司进入，更多药厂希望借助终端播放广告。公司根据市场扩张的速度增设终端，并对网络进行搭建和维护，保证公司持续稳健地运营（运营流程图省略）。

第七部分 公司组织结构及管理

7.1 公司组织结构及管理

1. 组织结构

基于分众式互动传媒的经营模式定位，公司根据团队成员的专业特长设计了一套适应分众式互动传媒工作特点，能够有效支持网络化经营模式的组织结构。

公司创建初期：总经理下设运营、市场、财务三个职能部门和行政办公室，并另设法律顾问。运营部下设医药和网络两个部门（组织结构图省略）。

2. 各部门职能（内容省略）

7.2　人才招聘计划

公司为了保证所提供信息的专业性和权威性，以及业务的正常运营，拟在将来聘请医疗医药专家顾问、法律顾问、财务顾问（详细内容省略）。

第八部分　融资需求及使用

8.1　融资需求及使用

根据公司的运营计划——公司首期以东北三省的省会城市长春、沈阳、哈尔滨为试点，共投放 4 000 个终端，财务部经过测算得出：公司首期资金需求总量为 1 700 万元人民币，主要用于公司的开办费用、铺设终端、网站数据库建设以及公司运营资金（资金使用情况表省略）。

计划以 3 个省会城市为中心，在两年内（2010 年、2011 年）迅速增加 8 000（每年增加 4 000）个终端，使终端数目达到 12 000 个，进一步占领东北三省。因此，公司需于 2010 年再融资 825 万元，主要用于铺设终端。

公司的三期计划是向全国一线城市铺设 13 000 个终端，争取以最短的时间占领全国主要一线城市，该期发展所需资金可完全由公司提供，该期不需融资。

8.2　融资渠道

公司发展规划的第一阶段需资金 1 700 万元，主要通过机构投资（600 万元）、风险投资（1 000 万元）及自有资金（100 万元）解决。公司发展规划的第二阶段需资金 825 万元，主要通过以转让 20%股权为条件向风险投资公司进行再融资解决。

8.3　股权分配（内容省略）

第九部分　财务分析

在计算期（4 年）内，该项目的静态回收期为 1.6 年，取折现率为 15%，算得动态回收期为 1.8 年，净现值为 14 315.85 万元，该项目可行，而且内部报酬率达到 125%，明显高于行业水平，项目具有很高的投资价值（详细内容及财务报表省略）。

第十部分　风险分析

公司在成长中将遇到市场风险、行业风险、财务风险和法律风险（具体内容省略）。

第十一部分　收获与退出

苹果健康互动传媒的投资者可选择回购股份或股票上市两个资金退出方案（具体内容省略）。

第十二部分　时间表和里程碑

附录

股东及合伙人的履历、合伙协议、租赁协议、设施布局、市场研究调查结果、附有价格表的营销手册。

思考题：

请结合本章知识点，寻找一个有价值的机会，撰写一份创业计划书。

第7章 新创企业的商业模式设计

商业模式的关键价值在于"自己可以复制自己，别人很难复制你"，这看似相互矛盾，但恰恰是商业模式的魅力所在、价值所在！

核心问题

为什么商业模式设计对企业来说非常重要？
商业模式设计的基本问题是什么？
商业模式包括哪些关键要素？

学习目标

了解商业模式的内涵
学习商业模式的核心构成要素
掌握商业模式的设计方法
掌握商业模式的创新途径及方法

引例

90后CEO王锐旭与"兼职猫"

2015年1月27日上午，在中南海的一间会议室中，国务院总理李克强正在主持召开科教文卫人士和基层群众代表的座谈会。与另外9位与会代表诸如复旦大学校长许宁生、作家王蒙、篮球明星姚明、演员陈道明等"大咖"相比，90后大学生创业者代表王锐旭显得非常稚嫩，但他毫不怯场。

王锐旭刚刚从广州中医药大学毕业半年，他大三时创立的广州九尾信息科技有限公司已顺利拿下了第二轮天使投资和千万级的A轮融资，公司估值过亿元。但很少有人能想到，如今的年轻CEO是曾经的网瘾少年，逆袭后在大学期间学业与事业共赢。从网瘾少年、大学生创业者到总理的座上宾，他的经历就是一本“励志小说”。

王锐旭是来自广东的唯一代表。座谈会上，他是第七位发言者。他结合自身经历对大学生创业提出建议，希望落实大学生创业扶持政策，为大学生创业者创造实现梦想的条件。王锐旭回忆说，总理不仅了解他的创业经历，还鼓励他说“非常欣赏年轻人白手起家”。

对于最年轻的与会代表这一身份，王锐旭认为，自己代表的是广州大学生创业者群体，能够被邀请得益于自己4年大学5次获得奖学金，“兼职猫”创业项目成绩不凡，以及学校、政府各方的助推。

确实，王锐旭有着不一般的“履历”：除了在广州中医药大学期间5次获得奖学金，还曾经荣获“中国优秀科普志愿者”、“千名志愿者”称号，获得首届广州青年创意创业大赛一等奖、“2014挑战杯”广东省创业实践赛金奖、“粤港澳”移动互联网设计大赛一等奖、校药膳大赛一等奖等30多个奖项，并获创新创业训练项目国家、省级立项各一项……他是学业与事业两不误的创业青年典型。

大一时，王锐旭遇到心仪的女孩，因为谈恋爱，生活费明显不够用，当他打电话回家要生活费时，他听出电话那头母亲的失望，家里因破产而债台高筑，“我骨子里有潮汕人的大男子主义，潜意识里会想到要保护好母亲，不能让母亲为我而伤心”。王锐旭痛下决心，要自己赚钱。

一心找兼职的他先后遭遇了“交培训费”、“办100元的工卡”、“交兼职服装费”等五花八门的骗术，被黑中介骗走不少中介费。

正是这些找兼职被骗的“惨痛经历”，催生了王锐旭做“兼职猫”的念头。也正是因此，他于大三时创办了广州九尾信息科技有限公司，研发了一款手机兼职APP“兼职猫”。“兼职猫”是由大学生打造的诚信兼职平台，是国内第一款基于数据挖掘的招聘领域垂直搜索服务手机应用。在兼职猫发布招聘信息和找招聘信息都是免费的，因此吸引了大量用户登录注册，这也为网站带来了大量的流量，同时也使自己的网站获得了大量的免费推广！其收入主要来自以下三个方面。

一是广告收入。“兼职猫”只将本地本行业的商家放在一起推广，在用户有需求时登录兼职猫手机客户端页面就能看到。此类广告对于用户来讲更容易接受。因此对企业的吸引力很大，并且企业也愿意在这上面投放广告，因为在兼职猫上投放广告效果比广泛投放广告效果更好，且可以节省广告费用。

二是用户增值服务付费。只要成功注册为兼职猫的用户都可以享受免费发布信息的一些基本服务项目。但是，如果你要享受一些特殊服务项目，如招聘信息置顶、广告位推广、APP首页广告、APP每日热门兼职推荐、渠道分发等就需要付费才能使用。

三是建立在产品基础上的商家付费。大部分商家的产品信息发布是免费的，并且是按照发布时间的先后顺序排列的。如果你发布的时间较早，很可能会被那些比你晚的商家发布的产品信息覆盖掉，那样如果你不经常在网站上发布自己的产品信息，那就很难被用户发现。如果你经常在兼职猫上发布广告，不仅占用时间，而且还占用自己的人力资源。因此，可以选择成为兼职猫的赞助商，那样就可以显示在网页的上方。当然，这是收费的，但这相对于在电视或报纸上做广告要便宜得多。

在由共青团广州市委举办的首届广州青年创意创业大赛中，王锐旭的“兼职猫”项目不仅获得创业大赛冠军，还获得了第一笔风险投资。

如今，在王锐旭的带领下，“兼职猫”的用户已过百万，并在前段时间顺利拿下了第二轮天使投资和千万级的A轮融资。面对互联网激烈的同质竞争问题时，王锐旭自信地说：“这样反而会更加激发大家的潜能，把这一领域做得更好。”如今，他的第一家分公司已落户北京。在接下来一年内，北京、上海的分公司将陆续设立。公司人员也将从现在的47人扩充到200人。

王锐旭能够从大学生这个群体最实际的需要出发，把创业的服务理念定为“带动毕业生就业，引领大学生创业，坚定公益性事业”，用“真实、贴心”为大学生群体服务，他实在的付出也赢来了市场最实在的回报，百万级的天使投资就是最好的印证。想他人之所想，解他人之所需，从这一点来看，王锐旭及其团队的成功不是偶然，而是“理所当然”。

资料来源：根据 http://finance.sina.com.cn/leadership/sxylk/20090614/01526345645.shtml 和 http://baike.baidu.com/view/2296.html?wtp=55 整理。

思考与讨论

1. 王锐旭创业成功的关键是什么？
2. 王锐旭是否应该采用向用人单位收费？为什么？

商业模式（business model，BM）对于企业创业和发展的意义巨大。初创企业利用商业模式可以更全面地思考创业活动，有效减少匆忙创业所造成的失误，提高创业成功率。商业模式有助于保证企业快速、健康地成长。企业进行商业模式设计与创新，意味着构建特有的、难以复制的资源组合形式，具有巨大的经济潜力，从而为企业快速成长打下基础。创新技术或者创新产品能否为顾客、合作伙伴、企业创造价值，最终取决于它对商业模式的选择，而不仅取决于技术本身的内在特征。许多创业企业的成功并不是因为技术创新性有多强，而是因为开发出了一套切实可行的商业模式。

7.1 商业模式的基本概念

7.1.1 商业模式的内涵

1. 什么是商业模式？

近十几年来，企业界和投资界对商业模式的关注与研究与日俱增，特别是创业者和风险投资者。商界普遍认为，具有一个好的商业模式，成功就有了一半的保证。早在1939年，熊彼特（Schumpeter，1939）就指出：“价格和产出的竞争并不重要，重要的是来自新商业、新技术、新供应源和新的商业模式竞争”，著名的管理学大师德鲁克教授曾强调指出，当今企业之间的竞争，不是产品之间的竞争，而是商业模式之间的竞争。商业模式的概念最早出现于20世纪50年代，但直到20世纪90年代才开始被广泛使用和传播。在此期间，国内外学者都尝试从不同的角度对商业模式进行定义，如表7—1所示。然而，到目前为止，尚没有被学术界和企业界普遍接受的定义。

表7—1　　不同学者对商业模式的定义

学者（时间）	定义或解释
Timmers（1998）	商业模式表示了产品、服务和信息流的架构，是对不同商业参与者及其角色、潜在利益和收益来源的描述。
Stahler（2002）	商业模式描述了企业提供了何种价值给他的顾客，对顾客而言商业模式定义了企业将如何满足顾客以创造价值，也决定了企业要满足顾客的部分是什么，同时还决定了企业将不做什么。
Magretta（2002）	商业模式就是故事，它阐述了企业是如何运作的。一个好的商业模式将回答下面的问题：我们的顾客是谁？顾客心中的价值是什么？我们如何从这个生意中得到收益？解释了"我们怎样才能以适宜的成本向顾客传递价值"这个问题的潜在经济逻辑是什么？
Afuah（2003）	商业模式是企业为了创造卓越的顾客价值并将处于获利的位置上，运用其资源和能力来达到这一目的而进行的一系列活动的集合。
Morris et al.（2005）	商业模式是一种简要的表述，说明了如何运用企业战略、结构和经济中一系列相互关联的决策变量在特定的市场中建立持久的竞争优势。
Osterwalder，Pigneur & Tucci（2005）	商业模式是一种包含了一系列要素及其关系的概念性工具，用以阐明某个特定实体的商业逻辑。它描述了公司能为客户提供的价值以及公司的内部结构、合作伙伴网络和关系资本等用以实现（创造、营销和交付）这一价值并产生可持续、可营利性收入的要素。
Amit & Zott（2001，2010）	商业模式描述了交易的内容、结构和管理，并通过对这三者的设计以达到利用商业机会创造价值的目的，是一个超越企业边界且由相互依存的活动构成的系统。
Teece（2010）	商业模式描述了支持顾客价值主张的逻辑、资料及其他要素，及企业传送该价值的可行收益及成本结构。
Sorescu et al.（2011）	商业模式是由相互依赖的结构、活动和流程整合而成的一个良好的系统，是为顾客创造价值并为公司及伙伴攫取价值的有条理的逻辑。
罗珉、曾涛和周思伟（2005）	商业模式是一个组织在明确外部假设条件、内部资源和能力的前提下，用于整合组织本身、顾客、供应链伙伴、员工、股东或利益相关者来获取超额利润的一种战略创新意图和可实现的结构体系以及制度安排的集合。

从表7—1所列的多种商业模式定义来看，这些定义所强调的内容虽然并不一致，但仍有不少相通之处。总体而言，这些定义存在以下共同点：一是大部分定义都将顾客价值创造作为一个核心成分，常用到"顾客心中的价值"、"为顾客创造价值"等短语；二是收入逻辑在许多商业模式定义中被提及，如"攫取价值"、"收益来源"等；三是许多定义用"合作伙伴网络"、"关系资本"等词汇探讨企业的价值网络；四是各种定义也讨论了资源与能力，如"资源"、"能力"、"活动"等；五是很多定义涉及战略问题，如"战略创新"、"竞争优势"等用词；六是不少定义用了"系统"、"关联"等词语表达了商业模式具有系统、整体的逻辑性。

结合上述讨论，一个较为全面的商业模式定义应该主要阐述以下内容：商业模式体现了企业战略决策，阐述了企业以系统观念整合内外部资源和活动并为顾客、合作伙伴及企业自身创造价值的逻辑。

2. 商业模式涉及的基本问题

根据上述定义，要设计一个成功有效的商业模式必须回答以下三个问题：（1）在价值网络中企业如何进行自身的定位从而为企业创造价值；（2）在价值网络中能为企业带来利润的、区别于其他企业的竞争优势如何建立；（3）企业在价值网络中获取的利润对于企业来说是否足够多?

首先，企业如何在价值网络中定位的问题，其实就是企业的战略定位问题。企业在建立之初，就应该明确企业在价值链或价值网络中的位置。波特认为，"在价值链上定位"是企业经营必须解决的核心问题，因为处于产业价值链或价值网络的不同环节，企业所能创造或获取的价值、利润是不一样的。而对于创业企业来说，创业者在创立企业之初，更要做好市场定位，明确企业所处的位置。一个成功的商业模式构建源于对企业明确、合理的战略定位。

战略管理学认为，企业的竞争优势主要来源于：（1）企业自身所拥有的独特能力或资源；（2）企业在市场中的竞争位势。因此，企业要想在价值网络中建立能为企业带来利润，同时又区别于其他企业的竞争优势，首先必须拥有独特的能力或资源，同时，在价值网络中，还要处于竞争高位。而对于创业企业来说，创业者在创立企业之后，必须时刻注意为自身积累能够区别于其他企业、能为企业带来丰厚利润流的资源和能力，以此使自己在市场竞争中处于高位，从而保证创业企业的生存与发展。

最后，企业在价值网络中所能得到的价值是取决于企业的战略定位及企业的竞争优势的，企业要想获得更多的价值，就必须进行合理的定位，构造独特的竞争优势。因此，创业企业要想获得利润，维持企业发展，在创业之初，就要有合理的市场定位，同时，在企业的发展过程中，不断进行创新，为企业构造有区别的竞争优势。

7.1.2 商业模式与盈利模式

企业商业模式和盈利模式的最终目的都是盈利，但商业模式和盈利模式却有本质的区别，具体如下：

第一，商业模式包括盈利模式。商业模式是由运营模式、业务模式、盈利模式、管理模式等方面组成的，商业模式是企业通过什么途径或方式来赚钱；盈利模式则是企业赚钱的渠道，通过怎样的模式和渠道来赚钱，是企业提供销售或服务所获得利润的手段、方式。

第二，商业模式主要考虑整个企业的持续发展，而盈利模式就是研究与实现如何获得最大利润的方式。盈利模式设计包含三个关键技术：价值发现决定利润的来源；价值匹配决定盈利水平的高低；价值管理决定盈利水平的稳定性。如高利润区、平均利润区、低利润区和无利润区。在不同的利润区盈利模式是完全不同的，自然利润状况也不同；与此同时，企业处于何种利润区是由商业模式决定的。

第三，商业模式的概念和内涵比盈利模式更加丰富。商业模式是一个复合的模式，包括企业做什么产品、定位什么样的客户、用什么市场营销方法；盈利模式只是其中的一个环节，且盈利模式是商业模式的核心逻辑主张之一，它包含于商业模式中，引导经济实体以此逻辑实现商业模式中相关资源的合理配置，最终达成盈利模式这一核心目标的实现。任何企业都有自己的商务结构及其相应的业务结构，但并不是所有企业都盈利，因而并不是所有企业都有盈利模式，所以企业要长久并持续的经营就要从模式上创新。

7.1.3　商业模式与管理模式

商业模式是企业的基础结构，类似于一艘战舰的构造：不同种类战舰的发动机、船舱、甲板、炮塔、导弹等的结构和配置不同，在舰队中的位置和功能也不同。而管理模式类似于驾驶战舰的舰队官兵：舰队的最高长官既需要组织分配好官兵的工作，制定出相应的管理控制流程，并建立官兵的选拔、培养和激励等制度，也需要有能够凝聚舰队战斗力的舰队文化。只有先确定好了整个舰队的配置，构造好每一艘战舰，才能确定需要招募什么样的官兵以及如何提高官兵的战斗力。从这个角度上说，商业模式设计必须先于管理模式设计，商业模式重构的重要性也必然凌驾于战略、组织结构、人力资源等的转型之上。

商业模式是一个企业的运行机制，与人没有直接关系；而管理模式与人有直接关系，是一个企业的执行机制。商业模式调整优化可以从这几个方面的任何一个或者多个方面着手。当然，每一个方面的调整都会引起或者需要其他方面相应地进行必要的调整和优化。商业模式也是不分行业的，在一个行业有效的商业模式如果出现在另一个行业，对于这个行业来说就是商业模式的创新以致重构。

7.1.4　商业模式与价值链

价值链被许多企业和创业者用来识别提升竞争战略的机会。价值链也解释了商业模式如何出现，如何进一步发展。价值链（value chain）是产品如何从原材料阶段，经制造和分销，最后到达最终用户手中的一系列转移活动链条，如图 7—1 所示。价值链由基础活动和辅助活动构成。基础活动涉及产品制造、销售以及产品服务，而辅助活动提供对基础活动的支持。产品通过企业价值链的不同阶段时，各个环节可能增加（也可能不增加）产品价值。最终产品或服务是价值链各阶段贡献的价值总和。而价值链上每项活动的合理性和有效性取决于其对产品价值的贡献。

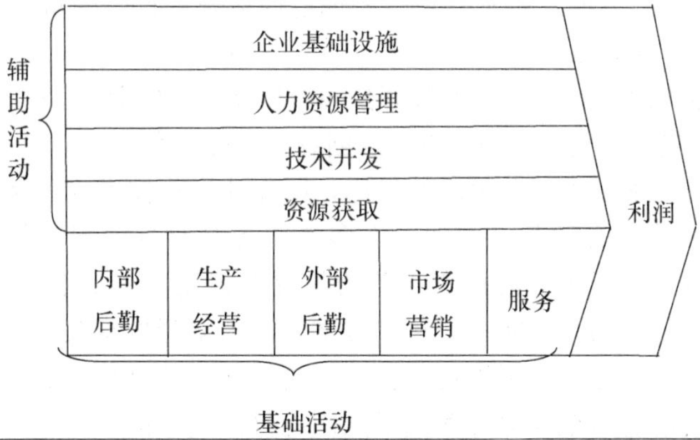

术语定义
内部后勤：包括企业与供应商之间的关系，以及所有接收、储存、运输产品零部件到达最终产品组装地点的活动。
生产经营：包括所有制造产品所必需的活动。
外部后勤：包括所有库存和运送最终产品的活动。

图 7—1　价值链

随着市场竞争的激烈，现在大多数产品或服务是在包含了很多企业而非单一企业的复杂供应链中被生产出来的。这样价值链分析不再局限于单一企业内的供应链活动，而是用来描述产品和服务在“价值网络”或“价值体系”中的生产过程。因此，价值链更多的是按照产品或者服务来加以识别，而不是特定的企业。

通过研究一个产品或服务的价值链，组织能够识别创造附加价值的机会，并评估企业是否有办法实现增值目标。例如，戴尔公司认识到，有些顾客希望得到一天 24 小时每周 7 天的技术支持，并且他们愿意为此多支付一些费用。戴尔意识到，企业可以通过在服务环节增加 24/7 技术支持来实现价值增值。但是，只有戴尔公司拥有足够的训练良好的员工提供技术支持并能因此获利的情况下，它才能够实现这个目标。此外，如果戴尔公司可以提供这种 24/7 技术支持，而它的竞争对手做不到，那么这种 24/7 技术服务就成为戴尔与其他公司区别的利润点。为了给顾客创造更多价值，戴尔公司在 2007 年、2008 年追加资源用于支持服务。这个例子说明，价值链为什么会被当做发展企业战略、分析企业竞争力的工具而被广泛应用。

创业者可以通过审视一个产品或服务的价值链来查明价值链的哪个阶段能够以更有效的方式实现，或者发现价值链的哪个阶段能够以其他更有意义的方式增加“价值”。这种分析可以集中于：(1) 价值链的某项基础活动（比如营销）；(2) 价值链某个部分与其他部分的结合处（如运营和外部后勤之间）；(3) 某项辅助活动（如人力资源管理）。如果一个产品的价值链可以在某一领域内得到强化，它就可能代表着创建一家新企业的机会。例如，全球最大的电子产业专业制造商——富士康公司是苹果公司的代工厂，为苹果公司提供有效的制造服务；顺丰快递公司有效地向最终用户交付产品等都是改善现有产品和服务价值链的创业企业典型实例。

创业者不管集中于价值链的哪一种活动，都要确定自己在整个价值链中的地位和角色，并进一步明确合作伙伴以给新企业提供有效支持。戴尔公司发现已有电脑库存和供应链中明显存在无效率的情况，这一发现说明已有价值链的销售活动存在明显增值空间。而要真正实现这一增值，一方面，戴尔公司需要创造性地确定自己的角色：接受顾客订单，装配零配件，然后将产品直接送到顾客家中。另一方面，戴尔公司还要与优秀伙伴合作，如果没有低成本的运货商（如联合包裹服务公司（UPS）、联邦快递公司）和电脑零配件制造商，戴尔公司直接向最终用户销售电脑的创意就不可能实现。

最后，有些新创企业创建时有明确的目标，即弥补当前技术或经济局限未能实现但具有潜力的价值链中的缺失环节。例如，许多消费者对通过太阳能降低能源成本感兴趣，但是购买、安装太阳能板所需投资与节约的成本相比，使太阳能没有现实可行性。新创企业锐迪太阳能公司的太阳能系统解决方案，能大幅降低安装太阳能板的成本，这种太阳能系统被预先组装起来，可以比其他系统更简易、便宜地安装。如果锐迪太阳能公司能实现它的承诺，公司至少部分解决了太阳能价值链当前遇到的一个重要问题：高额安装成本。

因此，只有新创企业能把价值链或价值网络整合起来，并利用价值链将自己的产品或服务推向市场（即使该市场只是现有产品价值链的略微改进），新创企业才能切实提升或改进产品价值链的某个部分。

7.2 商业模式的设计

7.2.1 商业模式的构成要素

长期从事商业模式研究和咨询的埃森哲公司认为，商业模式至少要满足两个必要条件：必须是一个整体，有一定结构，而不仅仅是一个单一的组成因素；组成部分之间必须有内在联系，并把各组成部分有机地关联起来，使它们互相支持，共同作用，形成一个良性循环。因此，商业模式实际上是一种包含了一系列要素及其关系的概念性工具，用以阐明某个特定实体的商业逻辑，描述公司能为客户提供的价值以及公司的内部结构、合作伙伴网络和关系资本等用以实现（创造、营销和交付）这一价值并产生可持续、可营利性收入的要素。按照这个观点，商业模式应具备五个特征：包含诸多要素及其关系；是一个特定公司的商业逻辑；是对客户价值的描述；是对公司的构架和它的合作伙伴网络及关系资本的描述；产生营利性和可持续性的收入流。

商业模式涉及的三个基本问题是价值创造、价值获取和价值传递，亚历山大·奥斯特瓦德把商业模式分为 9 个关键要素①（见图 7—2）：客户细分、价值主张、渠道通路、客户关系、收入来源、核心资源、关键业务、重要伙伴、成本结构，参照这九大要素就可以描绘分析企业的商业模式。

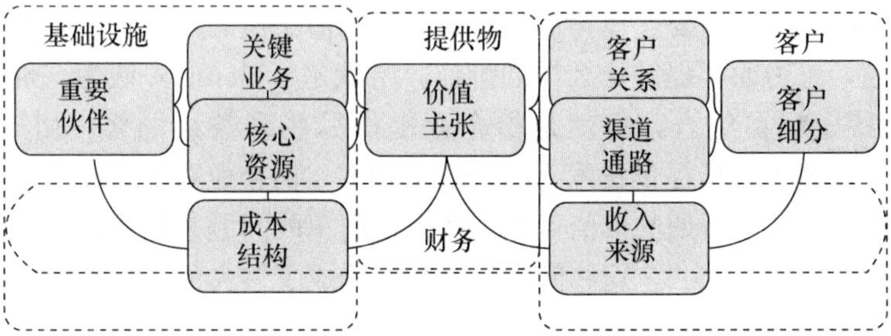

图 7—2 商业模式的设计框架

下面依次对这九个要素进行说明。

1. 客户细分

客户细分是用来描述一个企业想要接触和服务的不同人群或组织，主要回答两个问题：①我们正在为谁创造价值？②谁是我们最重要的客户？

客户构成了任何商业模式的核心。没有（可获益的）客户，就没有企业可以长久存活。为了更好地满足客户，企业可能把客户分成不同的细分区隔，每个细分区隔中的客户具有共同的需求、共同的行为和其他共同的属性。商业模式可以确定一个或多个或大或小的客户细分群体。企业必须做出合理决议，到底该服务哪些客户细分群体，该忽略哪些客户细分群体。一旦做出决议，就可以凭借对特定客户群体需求的深刻理解，仔细设计相应的商业模式。

① 参见亚历山大·奥斯特瓦德、伊夫·皮尼厄：《商业模式新生代》，北京，机械工业出版社，2011。

一般而言，客户群体存在不同的五种类型：①大众市场。聚焦于大众市场的商业模式在不同客户细分之间没有多大区别。价值主张、渠道通路和客户关系全部聚集于一个大范围的客户群组，在这个群组中，客户具有大致相同的需求和问题，这类商业模式经常能在消费类电子行业中找到。②利基市场。以利基市场为目标的商业模式迎合特定的客户群体。价值主张、渠道通路和客户关系都针对某一利基市场的特定需求定制。这样的商业模式常常可以在供应商—采购商的关系中找到。例如，很多汽车零部件厂商严重依赖来自主要汽车生产工厂的采购。③区隔化市场。有些商业模式在略有不同的客户需求及困扰的市场细分群体间会有所区别。例如，某一专门提供外包微型机械设计和生产解决方案业务的微型精密系统公司，服务于三个不同的客户细分群体——钟表行业、医疗行业和工业自动化行业，这些细分群体的客户需求略有不同，而为这些行业提供的价值主张略有不同。④多元化市场。具有多元化客户商业模式的企业可以服务于两个具有不同需求和困扰的客户细分群体。例如，海尔集团生产销售冰箱、洗衣机、空调、彩电、热水器、手机数码、电脑等家电产品，该集团经营业务多样化，以完全不同的价值主张迎合需求完全不同的客户细分群体。⑤多边平台或多边市场。有些企业服务于两个或更多的相互依存的客户细分群体。例如，信用卡公司需要大范围的信用卡持有者，同时也需要大范围可以受理那些信用卡的商家。同样，企业提供的免费报纸需要大范围的读者以便吸引广告；它还需要广告商为其产品及分销提供资金。这需要双边细分群体才能让这个商业模式运转起来。

2. 价值主张

价值主张指的是企业需要选择与价值对象进行价值交换的内容，是指企业要为顾客解决什么样的问题，想为顾客提供什么样的价值。哈默尔（Hamel）认为，价值主张实际是提供给顾客的特定利益组合，也就是指企业提供哪些利益给顾客。切斯布鲁（Chesbrough）认为，价值主张指提供技术上的价值给顾客，而企业需先定义公司要提供何种商品及顾客如何使用产品。所谓的价值可借由两个很简单的问题来回答：其一，顾客会用产品来解决什么样的问题？其二，这些问题对于顾客造成了多大的影响？问题对于顾客的影响程度，与公司为顾客创造的价值有很大的关系。

价值主张随着企业价值定位的不同而不同，企业商业模式的活动也会随之产生不同的差异，通过企业商业模式所有活动的设计与执行，企业将其价值主张传递给顾客，并为公司和个人创造财富。因此，价值主张影响了企业商业模式的价值创造形式，是商业模式中最为重要的因素之一。

具体而言，价值主张用来描绘为特定客户细分创造价值的系列产品和服务，主要回答四个问题：①我们该向客户传递什么样的价值？②我们正在帮助客户解决哪一类难题？③我们正在满足哪些客户需求？④我们正在提供给客户细分群体哪些系列的产品和服务？

价值主张的简要要素主要包括：①新颖：产品或服务满足客户从未感受和体验过的全新需求。②性能：改善产品和服务性能是传统意义上创造价值的普遍方法。个人计算机行业有依赖于这个因素的传统，向市场推出更强劲的机型，但性能的改善似乎也有自身的局限。例如，近几年更快速的个人电脑、更大的磁盘存储空间和更好的图形显示都未能在用户需求方面促成对应的增长。③定制化：以满足个别客户或客户细分群体的特定需求来创造价值。近几年来，大规模定制和客户参与制作的概念显得尤为重要。这个方法允许定制化产品和服务，同时还可以利用规模经济优势。④把事情做好：可通过帮助客户把某些事情做好而简单地创造价值。⑤设计：产品可以因优秀的设计脱颖而出，在时尚和消费电子产品行业，设计是价值主张中一个特别重要的部分。⑥品牌/身份地位：客户可以通过使用某一特定品牌而发现价值。例如，佩戴一块劳力士手表象征着财富。⑦价格：以更低的价格提供同质化的价值是满足价格敏感客户细分群体的通常做法，但是低价价值主张对于商业模式的其余部分有更重要的含义。经济航空公司，诸如春秋航空设计了全新的商业模式，以便使低价航空旅行成为可能。免费产品和服务正开始越来越多地渗透到各行各业。免费提供产品和服务的范围很广，从免费报纸到免费电子邮件、免费移动电话服务无所不包。⑧成本削减：帮助客户削减成本是创造价值的重要方法。例如，软件公司销售在线客户关系管理系统（CRM），这项服务减少了购买者的成本并免除了用户自行购买、安装和管理 CRM 软件的麻烦。⑨风险抑制：帮助客户抑制风险也可以创造客户价值。⑩可达性：把产品和服务提供给以前接触不到的客户。这既可能是商业模式创新的结果，也可能是新技术的结果，或者兼而有之。⑪便利性/可用性：使事情更方便或易于使用可以创造可观的价值。苹果公司的 iPod 和 iTunes 为用户提供了搜索、购买、下载和收听数字音乐方面前所未有的便捷体验。

3. 渠道通路

用来描绘公司是如何沟通、接触其客户细分而传递其价值主张，主要回答六个问题：①通过哪些渠道可以接触我们的客户细分群体？②我们如何接触他们？③我们的渠道如何整合？④哪些渠道最有效？⑤哪些渠道成本效益最好？⑥如何把我们的渠道与客户的例行程序进行整合？

新创企业在把价值主张推向市场期间，发现如何接触客户的正确渠道组合是至关重要的。企业可以选择通过自有渠道、合作伙伴渠道或两者混合来接触客户。其中，自有渠道可以是直销的，例如内部销售团队或网站，也可以是间接的，例如团队组织拥有或运营的零售商店渠道。合作伙伴渠道是间接的，同时在很大范围内可供选择，例如分销批发、零售或者合作伙伴的网站。

虽然合作伙伴渠道导致更低的利润，但允许企业凭借合作伙伴的强项扩展企业接触客户的范围和收益。自有渠道和部分直销渠道有更高的利润，但是其建立的成本都很高。渠道管理的诀窍是在不同类型的渠道之间找到适当的平衡，并整合它们来创造令人满意的客户体验，同时使收入最大化。

4. 客户关系

用来描绘公司与特定客户细分群体建立的关系类型，主要回答四个问题：①我们每个客户细分群体希望我们与之建立和保持何种关系？②我们已经建立了哪些关系？③这些关系成本如何？④如何把它们与商业模式的其余部分进行整合？

一般来说，可以将客户关系分为六种类型：①个人助理：这种关系类型基于人与人之间的互动。在销售过程中或者售后阶段，客户可以与客户代表交流并获取帮助。在销售地点，可以通过呼叫中心、电子邮件或其他销售方式等个人助理手段进行。②专用个人助理：这种关系类型包含了为单一客户安排专门的客户代表。它是层次最深、最亲密的关系类型，通常需要较长时间来建立。例如，新创企业指派销售经理向高净值个人客户提供服务。在其他商业领域也能看到类似的关系类型，关键客户经理与重要客户保持着私人联系。③自助服务：在这种关系类型中，一家公司与客户之间不存在直接的关系，而是为客户提供自助服务所需要的所有条件。④自动化服务：这种关系类型整合了更加精细的自动化过程，用于实现客户的自助服务。例如，客户通过在线档案来定制个性化服务。自动化服务可以识别不同客户及其特点，并提供与客户订单或交易相关的服务。最佳情况下，良好的自动化服务可以模拟个人助理服务的体验。⑤社区：目前各公司正越来越多地利用用户社区与客户/潜在客户建立更为深入的联系，并促进社区成员之间的互动。许多公司都建立了在线社区，让其用户交流知识和经验，解决彼此的问题，也可以帮助公司更好地理解客户需求。⑥共同创作：与客户共同创造价值，鼓励客户参与到全新和创新产品的设计和创作中。

5. 收入来源

用来描绘公司从每个客户群体中获取的现金收入（需要从收入中扣除成本），主要回答五个问题：①什么样的价值能让客户愿意付费？②客户现在付费买什么？③客户是如何支付费用的？④客户更愿意如何支付费用？⑤每个收入来源占总收入的比例是多少？

一般来说，收入来源可分为七种类型：①资产销售：最为人熟知的收入来源方式是销售实体产品的所有权。例如，小米在线销售手机等消费类电子产品。②使用收费：这种收入来源于通过特定的服务收费。客户使用的服务越多，付费越多。电信运营商可以按照客户通话时长计费。旅馆可以按照客户入住的天数计费。顺丰快递可以按照运送地点的距离计费。③订阅收费：这种收入来自于销售重复使用的服务。一家健身房可以按月或按年以会员制订阅方式来销售健身设备的使用权。在线魔兽世界——一款基于网络的电脑游戏，允许用户使用按月订阅的付费方式。④租赁收费：这种收入来源于针对每个特定资产在固定时间内的暂时性排他使用权的授权。对于出售方而言，租赁收费可以带来经常性收入的优势。对于租用方或承租方而言，则可以支付限时租期内的费用，而无需承担购买所有权的全部费用。⑤授权收费：这种收入来自将受保护的知识产权授权给客户使用，并换取授权费用。授权使得版权持有者不必将产品制造出来即可产生收入。授权方式在媒体行业非常普遍，内容所有者保留版权，但是可以将使用权销售给第三方。同样，在技术行业，专利持有人授权其他公司使用专利技术，并收取授权费作为回报。⑥经纪收费：这种收入来自为了双方或多方之间的利益所提供的中介服务收取的佣金。例如，股票经纪人和房地产经纪人通过成功匹配卖家和买家来赚取佣金。⑦广告收费：这种收入来源于为特定产品、服务或品牌提供广告宣传服务。传统上，媒体行业和会展行业均以此作为主要收入来源。在引例中，王锐旭的“兼职猫”允许商家做广告，从而收取广告费用。近几年来，其他行业包括软件和服务行业，也开始逐渐向广告收入倾斜。

6. 核心资源

用来描绘让商业模式有效运转所必需的最重要的因素，主要回答四个问题：①我们的价值主张需要什么样的核心资源？②我们的渠道通路需要什么样的核心资源？③我们的客户关系需要什么样的核心资源？④我们的收入来源需要什么样的核心资源？

一般来说，核心资源可以分为四种类型：①实体资产：包括生产设施、不动产、系统、销售网点和分销网络等。②知识资产：包括品牌、专有知识、专利和版权、合作关系和客户数据库。这类资产日益成为强健商业模式中的重要组成部分。知识资产的开发很难，但成功建立后可以带来巨大的价值。③人力资源：任何一家企业都需要人力资源，但是在某些商业模式中，人力资源更加重要。例如，在知识密集产业和创意产业中人力资源是至关重要的。制药企业，例如康美药业，在很大程度上依赖于人力资源，其商业模式基于一批经验丰富的科学家和一支强大娴熟的销售队伍。④金融资产：金融资源或财务担保，如现金、信贷额度或股票期权池。

7. 关键业务

用来描绘为了确保其商业模式可行，企业必须做的最重要的事情，主要回答以下问题：①我们的价值主张需要哪些关键业务？②我们的渠道通路需要哪些关键业务？③我们的客户关系需要哪些关键业务？④我们的收入来源需要哪些关键业务？

一般来说，关键业务可以分为三种类型：①制造产品：这类业务活动涉及生产一定数量或满足一定质量的产品，与设计、制造及交付产品有关，制造产品这一业务是企业商业模式的核心。②平台/网络：以平台为核心资源的商业模式，其关键业务都是与平台或网络相关的。网络服务、交易平台、软件甚至品牌都可看成平台。京东的商业模式决定了公司需要持续地发展和维护其平台 jd. com 网站。此类商业模式的关键业务与平台管理、服务提供和平台推广相关。③问题解决：这类业务指的是为个别客户的问题提供新的解决方案。咨询公司、医院和其他服务机构的关键业务是问题解决。它们的商业模式需要知识管理和持续培训等业务。

8. 重要伙伴

让商业模式有效运作所需的供应商与合作伙伴的网络，主要回答四个问题：①谁是我们的重要伙伴？②谁是我们的重要供应商？③我们正在从伙伴那里获取哪些核心资源？④合作伙伴都执行哪些关键业务？

一般来说，重要合作可以分为四种类型：在非竞争者之间的战略联盟关系；在竞争者之间的战略合作关系；为开发新业务而构建的合资关系；为确保可靠供应的购买方—供应商关系。

有助于创建合作关系的三种动机：①商业模式的优化和规模经济的运用。伙伴关系或购买方—供应商关系最基本的形式，是设计用来优化资源和业务的配置。公司拥有所有资源或自己执行每项业务活动是不合逻辑的。优化的伙伴关系和规模经济的伙伴关系通常会降低成本，而且往往涉及外包或基础设施共享。②风险和不确定性的降低。伙伴关系可以帮助减少以不确定性为特征的竞争环境的风险。竞争对手在某一领域形成了战略联盟而在另一个领域展开竞争的现象很常见。③特定资源和业务的获取。很少有企业拥有所有的资源或执行其商业模式所要求的所有业务活动。相反，它们依靠其他企业提供特定资源和执行某些业务活动来扩展自身能力。这种伙伴关系可以根据需要主动地获取知识、许可或接触客户。例如，移动电话制造商可以为它的手机获得一套操作系统授权而不用自己开发。保险公司可以选择依靠独立经纪人销售其保险，而不是发展自己的销售队伍。

9. 成本结构

运营一个商业模式所引发的所有成本，主要回答三个问题：①什么是我们商业模式中最重要的固定成本？②哪些核心资源花费最多？③哪些关键业务花费最多？

很自然，在每个商业模式中成本都应该被最小化，但是低成本结构对于某些商业模式来说比另外一些商业模式更重要。因此，区分两种商业模式的成本结构类型会更有帮助，即成本驱动和价值驱动。当然，许多商业模式的成本结构介于这两种极端类型之间。①成本驱动：成本驱动的商业模式侧重于在每个环节尽可能地降低成本。这种做法的目的是创造和维持最经济的成本结构，采用低价的价值主张、最大程度自动化和广泛外包。廉价的航空公司，如美国的西南航空公司、中国的春秋航空公司就是以成本驱动商业模式为特征的。②价值驱动：有些公司不太关注特定商业模式设计对成本的影响，而是专注于创造价值。增值型的价值主张和高度个性化服务通常是以价值驱动型商业模式为特征的。豪华酒店的设施及其独特的服务，都属于这一类。

其实，任何一种商业模式都少不了上述九个要素，任何新型的商业模式都不过是这九个要素按不同逻辑的排列组合而已。每个人的定位、兴趣点和视角都不一样，向各个要素中添加的内容当然也就不一样，于是就有了不同的商业模式。

需要注意的是，商业模式并不是企业的全部，它描述的是企业的各个部分怎样组合在一起构成一个系统。但是，商业模式没有把影响业绩的一个重要因素“竞争”纳入其中。每一家企业都会遇到竞争对手，这只是早晚的问题（经常是早遇到），而应对竞争则是“战略”的任务。竞争战略说明了如何比竞争对手做得更好。战略的全部内容就是如何通过与众不同来做得更好。因此，创业者不能认为有了商业模式就万事大吉，它充其量只是创业成功的一部分而已。

7.2.2 商业模式的设计方法

伴随中国经济结构调整的不断增强，商业竞争也已经从产品竞争、企业竞争、产业链竞争过渡到商业模式竞争阶段。而企业商业模式的超越相比规模超越和技术超越则更易达成，也更容易使企业获得更多市场机会，并通过商业模式的设计把握这些新机会，使企业在商业模式竞争阶段获得先发优势和结构性竞争壁垒。价值是商业模式设计的核心，价值不应该仅局限于顾客价值，还必须满足合作伙伴的价值诉求，有效成功的商业模式必须整合、协调这些价值诉求，使其服务于企业的收入和盈利。商业模式应该以企业及其相关利益者的价值创造和价值获取为目标。一般来说，商业模式的设计方法可以归纳为全盘复制、借鉴提升和整合超越等三种方法。

1. 全盘复制

全盘复制商业模式的方法比较简单，即对优秀企业的商业模式进行直接复制，将较为优秀的商业模式全盘拿来为我所用，当然有时也需要为适应企业情况略加修正。全盘复制的方法主要适用于行业内的企业，特别是同属一个细分市场或拥有相同产品的企业，更包括直接竞争对手之间商业模式的互相复制。

在电子商务领域，亚马逊公司是电子商务企业中是最早做B2C商业模式的，这种模式拥有独立的销售平台，具有成本低、容量大、长尾效益等优点，主要依靠销售商品及服务盈利，解决了传统零售业面临经营成本偏高、店面过度膨胀、零售利润下滑、经营品种受限等问题。由于亚马逊公司的主营业务主要在美国，并未涉及中国市场，所以就给中国企业提供了复制并运用到中国市场的机会，当当网则是国内最早复制模仿亚马逊商业模式的企业，由于当当网最早进入B2C并复制成功，所以当当网目前保持国内B2C的领先地位，在当当网之后卓越网则基本复制了亚马逊和当当网的商业模式，目前也取得了中国B2C市场第二位的定位，当亚马逊想进入中国市场时，发现中国B2C市场已经被当当网和卓越网垄断，以至于亚马逊为进入中国市场只能直接并购卓越网。在中国网络游戏市场，各主要竞争对手之间的商业模式也是互相复制，盛大将网络游戏的商业模式改为免费游玩，各主要竞争对手则完全复制。

全盘复制优秀企业的商业模式有两点需要注意，一是需要快速捕捉到商业模式的信息，谁先复制就可能具备先发优势；二是主要进行细节调整，复制不等于生搬硬套，需要针对本细分市场或企业情况进行适应性调整。

2. 借鉴提升

（1）引用创新点。

通过学习和研究优秀商业模式，对商业模式中的核心内容或创新概念给予适当提炼和节选，再通过对这些创新点的学习，比照本企业的相关内容，寻找本企业商业模式与这些创新点的不足，如果这些创新点比本企业现阶段商业模式中的相关内容更符合企业发展需要，企业就应结合实际需要将这些创新概念在本企业进行应用并发挥价值。引用创新点学习优秀商业模式的方法适用范围最为广泛，不同行业、不同竞争定位的企业都适用。在实际引用中主要是取其商业模式较为创新的一个点，这个点一般会集中在盈利模式，当然产品模式、业务模式、运营模式的创新点也会被引用。

百度初始的商业模式是通过给门户网站提供搜索技术，获取服务费用，当发现为门户网站提供技术服务难以有较大发展的时候，百度对自己的商业模式进行了调整，通过出售应用软件与服务获得经济回报，这个商业模式帮助百度渡过了艰难的创业期。

但是上述商业模式目标人群较小，是对自我技术的出售，不可能做大主营业务和实现持续发展，百度需要找到能够快速发展和做大的商业模式。直到2001年百度才确定了现在的商业模式——基于竞价排名的网络推广方式，而这个创新是百度借鉴Overture公司的竞价排名模式，并将竞价排名作为自己的主要盈利模式。最终百度通过引用国外商业模式的创新点而使自己成功上市。

腾讯的商业模式是通过增加用户黏性，将长尾效应发挥最大价值，使用户自愿花钱购买腾讯的增值服务。在此思想指导上，腾讯实施混合业务，横跨多个业务领域，并不断借鉴行业内其他比较好的商业模式使旗下业务均能实现盈利。销售虚拟填充物和装饰品是腾讯最为成功的商业模式之一，而该商业模式是复制一家韩国企业的商业模式。2002年，一位赴韩国考察当地互联网生态的腾讯员工，被一款名为Avatar的游戏在网络游戏中销售用户虚拟形象的做法触动，这位员工迅速将该商业模式报告给腾讯总部，这种商业模式很快便在腾讯开花结果，比如，它的博客服务（Qzone）就通过销售虚拟填充物和装饰品，成为国内最早盈利的博客产品。

虽然引用商业模式中的盈利模式对企业效益的提升较为明显，但是产品模式、运营模式、业务模式的引用也可为企业带来明显的价值，并提升企业的核心竞争能力和支撑盈利模式实施的能力，所以企业也需不断加强对产品模式、运营模式和业务模式的学习和优化，这点需要引起企业领导层的注意。

（2）延伸扩展。

一个好的商业模式诞生后，这种模式很快会被主要竞争对手复制，但是另一种复制模式则有可能另辟蹊径，并且有可能抢占相关市场的先发优势。具体做法是，通过对最新商业模式的了解，寻找使用这种商业模式的企业所在行业及细分市场，通过穷尽分析和专业分析找到同一行业内尚未开发的其他细分市场，将该种商业模式的主体框架率先运用在同一行业的不同细分市场，使商业模式的应用范围不断扩展到其他细分市场，当然，商业模式在实际运用中需要针对细分市场进行优化和调整。这种学习方法的优点是借助商业模式的研究，寻找到尚未开发的其他有效细分市场，并有机会构建先发竞争优势，且使用范围更为广泛，并适用于行业内的所有企业。如果行业外的企业想多元化发展，寻找新的业务发展机会，也可以直接复制或学习这种商业模式，从而顺利进入该行业。

互联网产业开始时只有获取信息的功能，门户网站当时就满足了大众对于信息获取的需要，互联网后来又延伸出了人际沟通、休闲娱乐、电子商务等几大类其他市场。如果在门户网站盛行之时，将门户网站较为成熟的商业模式复制到其他几大类市场，就有可能构筑先发优势，也可避免2000年门户网站的寒冬，这就是马云那时做阿里巴巴的高明之处。当然延伸拓展的思路还可以在互联网行业几大类市场内不断的细化，如电子商务后来又细分为B2B、B2C、C2C、行业电子商务等市场，如果我们在首先出现B2B的商业模式后，就通过拓展延伸的思维率先进入B2C、C2C等其他细分市场，同样能够取得更为明显的先发优势。当时只需将B2B商业模式的主体框架略加调整，就极有可能获得成功，这就是淘宝网没有进入B2B市场和阿里巴巴直接竞争的高明之处。在传统行业，如产品日益趋同的饮料市场，各企业之间的商业模式基本一致，此时更看重商业模式在细分市场的复制。汇源首先开发了高浓度的果汁，统一则延伸开发了低浓度的果汁，农夫山泉依据品牌的高端定位开发了高端果汁，而康师傅则专注于低价全系列低浓度果汁，业绩证明果汁市场的延伸拓展思路均取得了较好的效果。

延伸拓展在具体实施时有两个难点，一是在于对细分市场的寻找和分析，如何能够找到尚未开发的细分市场；二是原则上进入同一市场内部不同细分市场的商业模式无需做较大的调整，但是如何依据细分市场的特点做针对性调整和优化则是关键。

（3）逆向思维。

通过对行业领导者商业模式或行业内主流商业模式的研究学习，模仿者有意识实施反向学习，即市场领导者商业模式或行业内主流商业模式如何做，模仿者则反向设计商业模式，直接切割对市场领导者或行业内主流商业模式不满意的市场份额，并为它们打造相匹配的商业模式。逆向思维的学习方法主要适用于行业内的挑战者，包括处于行业内前五位的企业，或某细分市场的领导者。

互联网行业领导者微软公司的商业模式比较传统，主要是销售软件、产品以及许可证的传统商业模式，通过提供产品和技术赚钱。微软的主要竞争对手依据逆向思维的办法制定相反的商业模式，并借此打击微软的垄断定位，比如谷歌等有实力的企业已经开始尝试在软件业实施开源软件，即消费者不再掏钱购买软件，为消费者免费使用软件打造另一种商业模式，并且在商业软件领域已经取得进展。与此相似的是中国360杀毒软件也在近期采用了开源模式向消费者免费提供杀毒软件，而360的商业模式转向为客户提供增值的个性化服务。

采取逆向思维的方式学习商业模式时有三个关键点，一是找到行业领导者或行业主流商业模式的核心点，并依此制定逆向商业模式；二是企业在选择逆向制定商业模式时不能简单追求反向，需确保能够为消费者提供更高的价值，并能够塑造新的商业模式；三是防范行业领导者的报复行动，评估领导者可能的反制举措，并制定相应的措施，如上文所提软件开源模式，微软已经开始进行研究和布局，在正式实施过程中谁先拥有先发优势尚不确定。

3. 整合超越

（1）整合创新。

基于企业已经建立的优势或平台，依托消费者对本企业的忠诚度或用户黏度，通过吸收和完善其他商业模式进行整合创新，使自己在本领域拥有产业链优势、混合业务优势和相关竞争壁垒。整合创新模式主要适用于行业领导者或细分市场领导者，其余企业尚不具备整合所需的各项能力和要素。

在传统行业，普通游乐园是通过建立游乐设施、出售门票等方式构建商业模式，而迪士尼则在此基础上，利用世界各地的迪士尼乐园建立的卡通形象的品牌力量，整合影视、图书、玩具、礼品、服装、商业地产等多种产品，通过品牌形象的多层次深入开发和利用，不但保持了迪士尼的领先定位，也实现迪士尼品牌在多领域的溢价和永续发展。

采取整合创新的方式学习商业模式时，需要特别关注企业的现有平台是否具备一定优势，能否承担整合平台的重任，否则整合创新将失去基础，所以整合创新更多地被行业领导者或细分市场领导者所采用。

（2）颠覆超越。

借助行业内技术更新换代的时机，围绕技术变革可能出现的新机会，对现有产品的商业模式进行颠覆性创新，使企业凭借新商业模式实现跨越式超越。

实施颠覆超越的企业显然需要具备超强的技术研发实力，所以颠覆超越模式主要适用于行业内巨头级企业或在新技术背景下拥有核心技术的企业，普通企业即使明确知晓相关可能性，由于技术上的壁垒也很难实施。

在电视机行业，背投时代在行业中领先的是日系企业，三星属于跟随者，而由于电视机技术的发展，行业从背投时代过渡到液晶时代，由于三星的技术领先优势，三星的液晶面板被行业内公认为最好的液晶面板，液晶技术帮助三星实现了颠覆超越。在即将到来的3D时代，索尼已经完成产业链布局和技术研发，如果3D时代真的来临，那么索尼将有可能凭借3D技术而夺取行业领导者的地位。而中国企业比亚迪则凭借电池方面的技术进军汽车产业，其战略意图是在新能源汽车替代现有能源汽车中获得颠覆超越的行业机会。

在实施颠覆超越学习方法时，关键在于对技术未来发展趋势的准确判断，技术发展趋势的判断存在两个关键点，一是新技术是否出现，当年长虹豪赌等离子产业，忽视液晶技术的替代可能，是其落败的主要原因，而3D时代也面临着从专业应用领域向大众领域普及的诸多难题；二是新技术到底来自哪个方向，如果技术储备走错方向，则可能给企业带来不可估量的损失，如当年美国汽车工业将大型车和强劲动力作为产业方向，并依此进行技术研发，忽视了小排量车和经济型汽车的技术开发，在油价高涨、金融危机的外部环境下，美国汽车工业企业的经营集体陷入困境。

设计商业模式时，除掌握以上方法外，我们要遵循商业模式的设计原则。Zott & Amit（2010）认为商业模式是一种整合性的活动系统，并提出以新颖（novelty）、锁定（lock-in）、互补（complementaries）和效率（efficiency）四个内容作为商业模式的设计原则，从而实现对商业模式这一活动系统中各个组成部分的协调和联系。其中，新颖是指企业采用创新的内容、结构或管理，比如苹果将iPod与音乐下载平台iTunes结合起来以实现商业模式的创新。锁定是指企业采取行动以留住商业模式的利益相关者。例如，Facebook 等社交网站通过运作使用户在网站上投入大量的时间与精力并形成了自己的社交网络，这使得用户不会轻易转向其他的社交网站。互补则强调以系统的观点整合各活动所产生的价值比各活动单独运行的价值更大。效率则考虑企业如何通过重新组织活动以降低交易成本从而取得更好的效果。

7.3 商业模式的创新

7.3.1 商业模式创新的内涵

商业模式创新被认为是当前企业经营的重要趋势。产品创新、过程创新、组织创新等原来的创新领域，都是针对企业某个部分的创新；在当前网络化、信息化、全球化、知识化经济条件下，单靠某个部分的创新已经不能实现生存与发展，对企业的商业模式进行创新成为适应经济环境、获取竞争优势的主要方式，对于新创企业更是如此。

亚历山大·奥斯特瓦德把商业模式分为九大关键要素：客户细分、价值主张、渠道通路、客户关系、收入来源、核心资源、关键业务、重要伙伴、成本结构。我们把商业模式的组成要素简单分为"为谁"、"做什么"、"如何做"、"如何盈利"四部分，并认为商业模式创新是指企业商业模式作为一个整体所发生的变化或改进，它可以是由一项或几项关键要素的改变所引发，但其最终结果一定是对于企业商业模式的各个方面产生影响，并使商业模式作为一个整体发生改变。例如，格莱美银行面向穷人提供的小额贷款产品服务，开辟全新的产业领域，提供全新的产品或服务，是前所未有的；亚马逊销售的书和其他零售书店没什么不同，但它销售的方式全然不同。再如，诺基亚由向市场提供化工产品改为提供移动通讯产品时，其资源组合、运作流程以及供应商和分销渠道等关键要素都将不可避免地发生相关改变。所有这些表面看来由单一要素引发的商业模式变化，事实上导致了整个商业活动各个方面的变化，即引发了商业模式作为整体的变化，这时，我们也可以简单地说，这些企业赚钱的方式发生了改变，这就是商业模式创新。

7.3.2 基于商业模式组成要素的创新

一般而言，基于商业模式组成要素的商业模式创新的途径主要有重新定义顾客需求、改变价值主张、改变顾客接触方式、改变收入模式、以顾客价值为中心的协同模式创新五种途径。

1. 重新定义顾客需求

企业要根据目标顾客的需求提出对顾客的价值主张，进而通过合适的产品/服务去满足顾客，首要的任务就是洞察目标顾客的需求。尽管大多数企业都能够明确自己所对应目标顾客的需求，但由于顾客需求时刻发生变化，这就要求企业要从根本上进行商业模式创新，即重新定义顾客需求，提出相应的顾客价值主张，进而获取潜在的利润。

顾客需求往往受到多种因素的影响，比如社会、文化、经济、消费者心理和消费习惯以及竞争对手的动作等。更令企业感到为难的是，这些变化基本上是非线性的，这给企业准确预测顾客需求带来很大困难。所以多数时候，企业对顾客需求的变化会出现判断偏差，由此导致在此基础上进行的商业模式创新失败。然而从另一个角度来说，这种预测的难度给所有参与市场经营的企业提供均等的机会，无论是创业型企业还是成熟企业，谁能够率先发现顾客的潜在需求，或者能够准确洞悉顾客需求的变化趋势，谁就可以在重新定义顾客需求上获得先机，进而在同质化竞争日益严重的细分市场上获得持续竞争优势。

例如，计算机公司改变市场定位，由高端市场定位向下拓展到低端市场，从而使定价方式和生产批量发生变化，即由过去较高的价格和较少的销售量策略，改变为较低的价格与较大的销售量策略，以适应低端市场顾客的价格承受能力。此时公司界面模式的变化可能导致公司在其顾客及公众心目中的形象发生改变，但公司生产计算机所使用的技术与资源并没有发生本质变化，即公司商业模式中的运作流程和资源组合没有改变。因此，可以将界面模式的改变所引发的公司商业模式的创新称为界面创新，并使之与其他要素引发的创新相区别。

2. 改变价值主张

价值主张通过回答企业的产品是什么和企业的顾客是谁这样一些基本问题得以体现，并通过企业的产品向市场传递。正确的价值主张是企业生存发展的基础，也是构成企业商业模式的基础要素。价值主张一旦确定，企业需要生产的产品、产品的属性与特征、生产所需要的各种资源、利用资源进行生产的运作流程以及相关的各种对内对外原则都将随之确定。而价值主张的改变也将不可避免地引发上述各个方面的变化。例如，餐馆将其价值主张由为顾客提供就餐价值，更改为在就餐价值之外还要为顾客提供更多的时间价值、地点价值和便利价值。这种价值主张的改变，表现在产品上可能就是增加外卖。而要增加外卖又将导致其销售的食物的包装（食品要便于包装携带）、运营作业流程甚至是生产设施和装备发生一系列相应改变。过去快餐店所需的物质资源可能只是与快餐制作直接相关的厨房设备和就餐环境以及厨师和餐厅服务员；如果要提供外卖，就需要增加携带餐食的容器、必要的交通工具和送餐人员。由此可见，作为商业模式的核心要素，价值主张的变化与创新，必将导致商业模式的其他各个要素发生一系列变化。在某种意义上，由价值主张变化引发的商业模式变革是企业商业模式最深层次的变革，并将导致商业模式发生根本性变化。

3. 改变顾客接触方式

顾客接触方式是一个企业商业模式运行现状的反映，同时也是企业与顾客之间关系价值的体现。通过改变顾客接触方式进行商业模式创新涉及顾客界面的设计和选择，包括两个基本方面的内容：第一，企业的产品/服务是以何种方式送达顾客的；第二，企业与顾客之间进行信息的传递和沟通的方式是什么。在这两个方面，企业与顾客之间都以不同的方式进行各种接触。

目前，针对顾客接触方式的界面分析已成为商业模式创新研究的一个重要突破点，特别是对最终顾客提供的产品/服务研究。通过加强企业与目标顾客的相互交流已成为企业商业模式创新的主要路径之一。特别是在那些无明显有形特性或容易被竞争者产品替代的产品/服务中，企业与顾客间的接触方式就显得更为重要。比如戴尔公司就是通过改变顾客接触方式，采用直销方式获得巨大的成功。戴尔直销的理念是"消除中间人，以更好的服务、更有效率的方式提供电脑"。直销的商业模式改变了传统的顾客接触方式，更加贴近顾客，进而为顾客提供最富有价值的技术解决方案。正是因为这种优势，戴尔才能够以富有竞争力的价格推出最新的相关产品。

4. 改变收入模式

收入模式是指企业的商业模式取得收入的路径，具体包括三个要素：①收入的介质：即通过哪种产品/服务获得收入；②交易方式：即企业用何种方法和渠道取得收入；③计费方法：即企业如何对收入介质进行定价。

重新定义企业的收入模式可以分别从以上三个要素来考虑，通过改变三个要素来刺激目标顾客的消费欲望，从而提高企业的收入。

首先，企业可以与竞争者采用不同的收入介质获得收入。比如，连锁快餐企业——麦当劳的商业模式就是通过将租来的房产转租给加盟店，进而通过赚取租金差额获得大量收入，这种收入占其总收入的90%以上。

其次，企业可以改变其交易方式，比如采用信用交易，积极推行消费信贷，或者实行竞标形式等。

最后，企业可以改变其计费方法。比如谷歌就是通过"竞价广告"的计费方式实现了企业商业模式创新。具体来说就是，谷歌把顾客购买的关键字，以纯文本的方式放在搜索页面的右侧空白处，然后根据点击广告的次数而收费，从而使搜索引擎变成推广企业的利器，给企业带来了高额利润。

5. 以顾客价值为中心的协同模式创新

以顾客价值为中心的协同模式创新指的是企业围绕顾客价值内容及其实现方式，通过向顾客提供比竞争对手更大的价值来获得持续竞争优势。这种商业模式创新的关键是企业要以客户价值为中心，并通过各种手段与其他企业之间产生协同效应，比如业务外包、产权并购和构建虚拟动态联盟等。比如耐克公司就是基于协作网络模式，即利用外部资源来构建自己的经营框架获得成功的。具体来说，耐克公司只考虑如何设置产品的质量标准以及如何控制其协作方的生产和质量，而将具体的采购、生产环节外包。通过这种虚拟经营的协作方式，耐克公司能够集中精力关注顾客需求的变化，进而围绕顾客需求的变化做进一步的产品设计和市场营销。

7.3.3 基于价值链理论的创新

基于价值链理论的分析是商业模式创新研究的一个重要方法，这种创新的主要思路是企业价值活动的定位、设计与匹配。具体来讲，有四种创新路径可供选择。

1. 基于价值链定位的商业模式创新

基于价值链定位的商业模式创新是指企业从目前的外部环境和自身资源及能力出发，通过分析整个产业价值链和企业价值链，并专注于企业价值链上的某些活动（通常是高利润的活动），确定自己在产业价值链中的有利位置，从而实现商业模式的创新。

业务外包是基于价值链定位的商业模式创新的一种路径选择，具体是指企业将其非核心业务外包交由合作企业完成，而自身只保留那些核心价值活动，从而获得比自身单纯利用内部资源更多的竞争优势。比如，印度电信公司在2002年通过将主要活动定位在企业营销和分销上这一创新举措，将企业的网络职能外包给专门的IT服务供应商，从而有效地增强了企业的核心竞争力。与此相对，OEM（代工生产）即接受其他企业外包的业务活动，也是价值链定位在实践中的一种应用。

2. 基于价值链重组的商业模式创新

价值链重组，是指企业通过对产业价值链进行创造性的重新排列组合，进而实现商业模式的创新，主要途径有价值链分拆、价值链延展和价值链延展与分拆相结合三种。

比如，19 世纪美国屠宰业巨头之一——斯威夫特（Swift）公司通过打破产业原有的“活畜运输——屠宰——销售”的价值活动组织顺序，对产业价值链进行再造，创造了“屠宰——运输——销售”这一商业模式，大大降低了企业在生产和运输过程中的成本，并一举成为屠宰业的领导者。

3. 基于价值创新的商业模式创新

这种商业模式与前两种模式不同，它是一种针对企业价值链上的基础活动而进行的创新，通过形成其他企业难以甚至是无法学习和模仿的核心能力，实现企业商业模式创新。价值创新通常是在几种价值活动间协同进行的，其中既包括技术创新，又包括组织结构、制度安排、价值理念和企业文化等层面的创新。通过价值创新进行的商业模式创新可在企业内部产生很强的协同效应，提高企业的运营效率，增强企业的核心竞争力。

例如，福特汽车将传统汽车组装作业，改变为现代化流水线作业方式所引发的创新，就属于生产经营这一基础活动变化给企业带来的创新。将执行不同任务的不同小组的工人分批次地蜂拥而上围绕位置固定不变的汽车进行组装的作业方式，改变为让汽车移动而不同工序工人的岗位固定不变的方式，这种作业流程的变化看似简单，却极大地提高了生产效率，降低了生产成本。这种流程变化的效果是如此巨大，以至引发了企业目标市场的扩大和销售方式的改变。而正是由于这种流程的变化，使汽车的生产效率迅速提高并最终使汽车这种过去人们心目中只有富人才可以享用的奢侈品进入普通百姓家。由此可见，作业流程的创新不仅可以导致企业商业模式主体层的创新，同时也可能引发界面层营销活动和采购活动的共同创新。

4. 基于构造独特的价值体系的商业模式创新

构造独特的价值体系指的是企业通过构建和整合多个价值优势，形成了企业独有的价值体系，从而实现商业模式创新。比如，美国的西南航空公司就是通过将目标顾客定位于那些对价格十分敏感的顾客，通过一系列降低成本的举措，打造了美国航空业独一无二的价值体系。其中，乘客服务的低成本、飞机的高利用率以及中等城市之间的短途飞行等使西南航空的总体运营成本保持在竞争对手无法企及的低水平上，而高密集且可靠的起降、高效的地勤等保证了公司的产品/服务有相当的竞争力。这个彼此互补和高度整合的价值体系最终形成了西南航空公司的持续竞争优势。

本章要点

商业模式体现了企业战略决策，阐述了企业以系统观念整合内外部的资源和活动并为顾客、合作伙伴及企业自身创造价值的逻辑。

要设计一个成功有效的商业模式必须回答以下三个问题：（1）在价值网络中企业如何进行自身的定位从而为企业创造价值；（2）在价值网络中能为企业带来利润的、区别于其他企业的竞争优势如何建立；（3）企业在价值网络中获取的利润对于企业来说是否足够多。

任何新型的商业模式都不过是九个要素按不同逻辑的排列组合而已。每个人的定位、兴趣点和视角都不一样，向各个要素中添加的内容当然也就不一样，于是就有了不同的商业模式。

商业模式的设计方法可以归纳为全盘复制、借鉴提升和整合超越等三种方法。

即便你已经设计了一个独特的商业模式，也会面临其他企业的快速模仿并利用相似的商业模式与你开展竞争，因此在竞争中设计商业模式显得极为重要。

商业模式的成功往往有赖于创业者是否有能力在模式实施中对其进行调整，甚或进行全面改革。

重要概念

商业模式　盈利模式　管理模式　价值链　收入来源　价值主张　商业模式创新　客户细分　渠道通路　核心资源　关键业务　重要伙伴　成本结构　商业模式设计

思考练习

1. 商业模式所要解决的基本问题是什么？
2. 如何理解商业模式与管理模式？
3. 商业模式与盈利模式有什么不同？
4. 商业模式的关键构成要素是什么？
5. 商业模式的要素如何配置为一个系统？
6. 如何设计商业模式？有哪几种方法？
7. 商业模式创新有哪几种途径？分别有哪几种方法？
8. 读完本章，你认为企业有了好的商业模式就能获得成功吗？

案例分析

Amie Street 音乐网：跨越音乐产业的鸿沟

如果你是音乐爱好者，你就会喜欢上 Amie Street 音乐网（Amie Street）。Amie Street 音乐网提供音乐下载服务，由 3 位布朗大学学生约书亚·鲍彻（Joshua Boltuch）、艾略特·布瑞斯（Elliott Breece）、伊莱亚斯·罗曼（Elias Roman）于 2006 年创建。“Amie Street”取自他们住房所在的街道，位于罗得岛州普罗维登斯市，而且距离布朗大学不远。鲍彻所学专业是英语文学，布瑞斯主修当代文化与传媒，而罗曼是经济学专业学生。

2006 年春天，他们三人正为毕业做准备，也在思考商业创意。他们发现音乐行业中，大部分从互联网下载音乐的人可分为两种类型。第一种人想尽办法免费获得乐曲（合法或非法）。第二种人利用 iTunes 为每首歌要支付 99 美分。他们怎样才能找到跨越这种鸿沟的方法，以帮助人们合法免费下载或少付费下载音乐呢？他们提出的方法是，让非法下载音乐的人们形成有组织的合理体系，并激励他们“试听”免费或近乎免费的新音乐。

当鲍彻、布瑞斯和罗曼严格筛选不同创意时，一个独特的商业模式浮现出来，至今还在发挥作用。Amie Street 音乐网是一家网络音乐商店，也是吸引独立音乐人及其歌迷的社交网站。独立音乐人可以把歌曲上传到 Amie Street 音乐网，而歌曲最初可以免费获得。当人们开始下载这首歌时，歌曲价格开始上涨，直至每首 98 美分。根据歌曲的流行程度，一首歌的价格可以是 10 美分、20 美分或 50 美分。只要音乐人赚到 5 美元之上，他们就能获得收入的 70%。此外，独立音乐人没被要求仅通过 Amie Street 销售音乐作品，同时独立音乐人也能随时删除某一首歌曲。

从顾客方面看，在 Amie Street 购买音乐的人们，拥有一个类似于 Facebook 或 MySpace 的个人信息页面。当你在网站浏览或购买音乐时，多数个人信息可根据你的音乐偏好自动填写好。Amie Street 音乐网最独特的地方是它的音乐推荐系统。在 Amie Street 音乐网，当你推荐某一首歌曲时，你会获得可计入账户的回报。每当你推荐一首歌曲，它的价格就会上涨，你则由于向其他会员推荐歌曲而获得免费下载的资格。Amie Street 音乐网鼓励你谈论所喜欢的音乐，因为这有助于人们发现更多音乐，也能帮助艺术家找到更多听众。

Amie Street 音乐网的核心能力有两个：第一，它提供快速简易的服务，帮助人们发现喜欢的新音乐；第二，它为艺术家和唱片公司产生收益。连同独特的定价策略，Amie Street 音乐网商业模式的关键因素包括合作伙伴和顾客主张。足够多的歌曲将使网站人气飙升，因此 Amie Street 通过三种途径获得音乐作品。第一，独立音乐人向网站上传音乐；第二，合成音乐的分销商与 Amie Street 合作在网站上展示作品；第三，与唱片公司合作，将它们的音乐产品摆放在网站上。Amie Street 音乐网拥有多种合作伙伴，多数都有助于增加网站的流量。在顾客主张上，Amie Street 音乐网投资于顾客体验。2008 年末，Amie Street 网站经过彻底改造，变得更易于操作。用户可以按流派对音乐分类，浏览新发布的音乐，查看最热门的 25 张专辑或 25 首歌曲，获得个人化的推荐（基于过去购买）等。Amie Street 音乐网的社区，有更广泛的歌曲推荐。公司还支持博客和时事通信，能帮助网站会员发现其他地方无法找到的音乐。

Amie Street 的商业模式超出了它的音乐下载服务。AmieTV 是一个贴在公司博客上的每周通报，展示了 YouTube 由 Amie Street 艺术家创作的 8 个流行音乐视频。公司还在现场音乐会中推介它的一些艺术家。

Amie Street 音乐网的商业模式运作得如何呢？尽管公司没有公布财务结果，但亚马逊在 2007 年春天对它进行了投资。公司现有 21 位雇员、150 万首歌曲，远远超过创建者当初在出租屋内的预期。

思考题：

1. Amie Street 是如何盈利的？
2. Amie Street 的收入来源有哪些？

第 8 章
创业融资

核心问题

什么是创业融资？创业融资有哪些特征？
创业者为什么难以筹集资金？
创业者可以在哪里获得资金？
创业融资的渠道有哪些？
创业融资方式选择应遵循的原则有哪些？

学习目标

了解创业融资难的原因
了解创业融资的成本
掌握创业融资的渠道
了解创业融资方式选择的基本原则

引例

阿里巴巴的融资始末

阿里巴巴，中国最大的网络公司和世界第二大网络公司，是由马云在 1999 年创立的 B2B 网上贸易市场平台。2003 年 5 月，阿里巴巴公司投资 1 亿元人民币建立个人网上贸易市场平台——淘宝网。2004 年 10 月，阿里巴巴投资成立支付宝公司，面向中国电子商务市场推出基于中介的安全交易服务。阿里巴巴在香港成立公司总部，在中国杭州成立中国总部，并在海外设立美国硅谷、伦敦等分支机构、合资企业三家，在中国北京、上海、浙江、山东、江苏、福建、广东等地区设立分公司、办事处十多家。

阿里巴巴从成立至今经历了以下几次融资。

(1) 创业伊始，第一笔风险投资救急。

1999年年初，马云决定回到杭州创办一家能为全世界中小企业服务的电子商务站点。回到杭州后，马云和最初的创业团队开始谋划一次轰轰烈烈的创业。大家集资了50万元，在马云位于杭州湖畔花园的100多平方米的家里，阿里巴巴诞生了。

这个创业团队里除了马云之外，还有他的妻子、他当老师时的同事、学生以及被他吸引来的精英。比如阿里巴巴首席财务官蔡崇信，当时抛下一家投资公司的中国区副总裁的头衔和75万美元的年薪，接受马云几百元薪水的聘请。

他们都记得，马云当时对所有人说："我们要办的是一家电子商务公司，我们的目标有三个：第一，我们要建立一家生存102年的公司；第二，我们要建立一家为中国中小企业服务的电子商务公司；第三，我们要建成世界上最大的电子商务公司，要进入全球网站排名前十位。"在某种意义上来说，狂言狂语只是当时阿里巴巴的生存技巧而已。

阿里巴巴成立初期，公司是小到不能再小，18个创业者往往是身兼数职。好在网站的建立让阿里巴巴开始逐渐被很多人知道。来自美国的《商业周刊》和英文版的《南华早报》最早主动地报道了阿里巴巴，令这个名不见经传的小网站开始在海外有了一定的名气。

有了一定名气的阿里巴巴很快也面临资金瓶颈：公司账上没钱了。当时马云开始寻找一些投资者，但他并不是有钱就要，而是精挑细选。即使囊中羞涩，他还是拒绝了38家投资者。马云后来表示，他希望阿里巴巴的第一笔风险投资除了带来钱以外，还能带来更多的非资金要素，例如进一步的风险投资和其他海外资源。而被拒绝的投资者并不能给他带来这些。

就在这个时候，现在担任阿里巴巴CFO的蔡崇信的一位在投行高盛任职的朋友为阿里巴巴解了燃眉之急。以高盛为主的一批投资银行向阿里巴巴投资了500万美元。这一笔"天使资金"让马云喘了口气。

(2) 第二轮投资，挺过互联网寒冬。

更让他意料不到的是，更大的投资者也注意到了他和阿里巴巴。1999年秋，日本软银总裁孙正义约见了马云。孙正义当时是亚洲首富，他直截了当地问马云想要多少钱，而马云的回答却是他不需要钱。孙正义反问道："不缺钱，那么来找我干什么？"马云的回答是："又不是我要找你，是人家叫我来见你的。"

这个经典的回答并没有触怒孙正义。第一次见面之后，马云和蔡崇信很快就在东京又见到了孙正义。孙正义表示将给阿里巴巴投资3 000万美元，占30%的股份。但是马云认为钱太多了，经过6分钟的思考，马云最终确定了2 000万美元的软银投资，阿里巴巴管理团队仍绝对控股。

从2000年4月起，纳斯达克指数暴跌，长达两年的熊市寒冬开始了，很多互联网公司陷入困境，甚至关门大吉。但是阿里巴巴却安然无恙，很重要的一个原因是阿里巴巴获得了2 500万美元的中小企业融资。

那个时候，全社会对互联网产生了一种不信任感，阿里巴巴尽管不缺钱，但业务开展却十分艰难。马云提出关门把产品做好，等到春天再出去。冬天很快就过去了，互联网的春天在2003年开始慢慢到来。

(3) 第三轮中小企业融资，完成上市目标。

2004年2月17日，马云在北京宣布，阿里巴巴再获得8 200万美元的巨额战略投资。这笔投资是当时国内互联网金额最大的一笔私募投资。2005年8月，雅虎、软银再向阿里巴巴投资数亿美元。

之后，阿里巴巴创办淘宝网，创办支付宝，收购雅虎中国，开发阿里软件，直到阿里巴巴上市。

2007年11月6日，全球最大的B2B公司阿里巴巴在香港联交所挂牌上市，正式登上全球资本市场的舞台。随着这家B2B航母登陆香港资本市场，此前一直受外界争论的“B2B能不能成为一种商务模式”也有了结果。2007年11月6日10时，港交所开盘，阿里巴巴以30港元，较发行价13.5港元上涨122%的高价拉开上市序幕。小幅振荡企稳后，一路单边上冲。最后以39.5港元收盘，较发行价上升192.59%，成为香港上市公司上市首日涨幅最高的“新股王”，创下香港7年以来科技网络股神话。当日，阿里巴巴交易量达到14.4万多宗。输入交易系统的买卖盘为24.7万宗，两项数据都打破了工商银行在2006年10月创造的纪录。按收盘价估算，阿里巴巴市值约280亿美元，超过百度、腾讯，成为中国市值最大的互联网公司。

在此次全球发售过程中，阿里巴巴共发行了8.59亿股，占已发行50.5亿总股数的17%。按每股13.5港元计算，共计融资116亿港元（约15亿美元）。加上当天1.13亿股超额配股权获全部行使，融资额将达131亿港元（约16.95亿美元），接近谷歌纪录（2003年8月，谷歌上市融资19亿美元）。

阿里巴巴的上市，成为全球互联网业第二大规模中小企业融资。在此次路演过程中，许多投资者表示，错过了谷歌，不想再错过阿里巴巴。

马云评风险投资：VC永远是舅舅

马云的口才很好。马云说：“跟风险投资谈判，腰挺起来，但眼睛里面是尊重。你从第一天起就要理直气壮，腰板挺硬。当然，别空说。你用自己的行动证明，你比资本家更会挣钱。我跟VC（风险投资家）讲过很多遍，你觉得你比我有道理，那你来干，对不对?”

马云认为：“创业者和风险投资家是平等的，VC问你100个问题的时候，你也要问他99个。在你面对VC的时候，你要问他投资你的理念是什么？我作为一个创业者，在企业最倒霉的时候会怎么做？如果你是好公司，当七八个VC追着你转的时候，你让他们把对你投资的计划和方法写下来，同时你的承诺是什么也要写下来，这是互相的约束，是婚姻合同。跟VC之间的合作是点点滴滴，你告诉他我这个月会亏、下个月会亏，但是只要局势可控VC都不怕，最可怕的是局面不可控。所以跟VC之间的沟通交流非常重要，不一定要找大牌。在与VC沟通的过程中，不要觉得VC是爷，VC永远是舅舅。你是创业这个孩子的爸爸妈妈，你知道把这个孩子带到哪儿去。舅舅可以给你提供建议、给你钱，但是肩负着把孩子养大职责的人是你，VC不是来替你救命的，只是把你的公司养得更大。”

资料来源：根据 http://finance.sina.com.cn/leadership/sxylk/20090614/01526345645.shtml 和 http://baike.baidu.com/view/2296.html? wtp=55 整理。

思考与讨论

1. 阿里巴巴获得资金的渠道有哪些?
2. 如果阿里巴巴没有获得孙正义提供的 2 000 万美元的投资，结果会怎样?

俗话说：“兵马未动，粮草先行”。钱，对于任何一个人尤其是创业者来说它的重要性不言而喻。在创业前期，钱是创业的基础——资本；在创业的中期，钱是创业的血管——流动资产；在创业后，钱则是创业的主要目的之一——利润。对一个企业来说，无论是它的初创，还是它的成长乃至成功，融资都是最重要的助力。怎样在创业前期搞好融资，得到第一桶金对创业者来说是很重要的，也是对于每个创业初期企业的最大挑战。

8.1　创业融资概述

8.1.1　创业融资的含义

从狭义上讲，融资即是一个企业筹集资金的行为与过程。也就是公司根据自身的生产经营状况、资金的拥有状况，以及公司未来经营发展的需要，通过科学的预测和决策，采用一定方式，从一定渠道向公司的投资者和债权人筹集资金，组织资金的供应，以保证公司正常生产和经营管理活动需要的理财行为。公司筹集资金的动机应该遵循一定的原则，通过一定的渠道和一定的方式进行。我们通常讲，企业筹集资金无非有三大目的：企业要扩张、企业要还债以及混合动机（扩张与还债混合在一起的动机）。从广义上讲，融资也叫金融，就是货币资金的融通，当事人通过各种方式到金融市场上筹措或贷放资金的行为。

企业融资是指以企业为主体融通资金，使企业及其内部各环节之间资金供求由不平衡到平衡的运动过程。当资金短缺时，以最小的代价筹措到适当期限、适当额度的资金；当资金盈余时，以最低的风险、适当的期限投放出去，以取得最大的收益，从而实现资金供求的平衡。

创业融资是指企业在创业初期，通过科学的预测和决策，采用一定的方式，从一定的渠道向公司的投资者和债权人那里筹集资金，组织资金的供应，以保证公司正常生产需要，经营管理活动需要的行为。创业融资不是一次性融资，而是包括了整个创业过程的所有融资活动。

创业融资按用途可分为固定资产的筹集和流动资产的筹集；按融资对象可分为向个人、政府、银行、其他企事业单位、保险公司及有关金融机构筹集；按资金来源可分为企业内部资金、国内资金和国外资金筹集；按时间长短可分长期资金、中期资金和短期资金的筹集。长期资金一般指占用 5～10 年以上的资金，主要用于企业固定资产的购建；中期资金一般指占用 1～5 年的资金；短期资金指占用 1 年以下的资金。按资金来源的性质不同可分为债务融资和权益融资，债务融资资金包括商业银行贷款、信用担保体系融资、发行债券融资等，权益融资包括创业投资资金、IPO、天使投资等，表 8—1 是对这两种融资的比较。

表 8—1　　债务融资与权益融资的比较

比较项目	债务融资	权益融资
本金	到期从企业收回	不能从企业收回，可以向第三方转让
报酬	事先约定固定金额的利息	根据企业经营情况变化
风险承担	低风险	高风险
对企业的控制权	无	按比例享有

无论企业规模大小，无论企业经营什么，不同的企业管理者总是通过不同的融资、投资、经营活动来实现“获得最大经济利益”的目标。为此，企业必须首先通过各种融资方式获得一定的资金，然后通过投资活动运用资金，并通过经营管理获得收入，从而使资金增值、获利。因此，可以说融资是筹措资金的行为，投资是运用资金的行为，经营是管理资金或资产的行为。企业能否盈利，能否实现利润最大化的目标，最终取决于这三大基本经营活动的综合效果。在这三个基本经营活动中，融资活动是起点，是企业经营活动中不可或缺的重要组成部分。因此，创业企业必须重视提高自身的融资能力，拓宽融资渠道，更高效率地获得资金，从而实现企业的最终经营目标。

企业融资是企业经常进行的一项经营活动，不仅创办新企业或扩大再生产需要融资，就是维持企业正常的经营活动也需要融资。企业融资对企业生存和发展具有“输血”和“造血”的双重功能。

8.1.2 创业融资的特征

创业企业与一般企业相比，存在着不成熟性、不稳定性和发展的不确定性等特征，而且外部环境和内部条件决定了创业期企业的风险要远大于一般企业，无论是选择权益融资还是债务融资，信用的缺失与地位规模的弱小都导致创业企业在融资市场的资本与信贷的“双缺口”。尤其是那些处于并不吸引人的行业或刚刚起步的新创企业，寻找外部资金支持的确比较困难。首先，创业企业缺少可以抵押的资产，银行不愿意冒更多风险贷款给创业企业。其次，创业企业缺乏可参考的经营情况，创业企业所能提供的不过是一份商业计划书，未来的经营情况具有更大的不确定性。最后，创业企业的融资规模相对较小，创业企业的融资成本平均为大型企业的 5 倍，银行理所当然地愿意向大企业而不是创业企业贷款，这加剧了创业企业融资的难度。

创业融资具有鲜明的阶段性特点。了解不同阶段的特点，做到融资阶段、融资数量与融资渠道的合理匹配，才能有的放矢，化解融资难题。创业企业的发展，一般要经过种子期、初创期、成长期、成熟期等四个阶段。在每个阶段，资金的需求和风险程度有所不同。为了完善创业企业的融资体系，需要根据创业企业的不同发展阶段，发展多种融资形式。在种子期，创业企业处于孕育阶段，需要投入资金进行研究开发，以验证商业创意的可行性。此时资金需求较少，但是由于没有任何收入记录，资金来源有限，面临技术、市场、财务以及创业团队的风险。该阶段对资金的需求主要体现在企业的开办费用、可行性研究费用、部分技术研发费用等方面。在初创期，资金主要用于产品的研制和投入生产，由于技术、市场等不确定性较高，资金的风险很大，这一阶段的成功率是最低的，但单项资金要求最少，成功后的获利最高，呈现出“高风险、高收益”的特征。由于没有产品，企业也处于组建中，因而投资风险太高，风险投资家都会避开这一阶段，因此该阶段所融资金应是非营利性的。这一时期生存是企业的唯一目的，而生存的关键因素是创业者的意志和融资能力。进入成长期后，企业扩大生产规模，需要更多的资金投入，但企业的不确定性程度逐渐降低，风险也随之减少。这一阶段企业的主要问题是稳住顾客，争取更多发展资金。而发展的关键因素仍是资金和企业家的领导才能。进入成熟期，企业经营业绩较稳定，风险也降到最小，此时资金需求稳定，融资较容易。由于不同动机的需要，创业者自身资金的有限性使融资活动显得尤为重要。

创业企业在融资需求上也有别于其他企业。第一，融资市场化。企业创业初期，自我积累的资金有限，不可能满足技术创新的高投入需求，必须从外部市场进行广泛的融资。第二，融资多元化。为了满足技术创新的融资需求，创业企业需要多渠道筹集资金，建立完善的融资体系。第三，融资组合化。创业企业技术创新的风险产生于研究与开发活动的不确定性。这种风险的初始值最大，随着技术创新各阶段的顺利发展而逐渐减少。在一个技术创新过程中，技术风险和投资风险的最大值分别出现在创新过程的初期和中前期，中后期的风险逐步减少。根据技术创新风险收益的阶段性特征，创业企业在融资过程中应当实施有效的组合，合理、有效的融资组合不但能够分散、转移风险，而且能够降低企业的融资成本和债务负担。第四，融资社会化。融资社会化是指创业企业的融资需要社会各方面的力量，特别是需要政府的引导和扶持。

由此可见，无论创业企业处于种子期、初创期、成长期、成熟期的哪个阶段，创业融资都是创业者面临的主要问题之一，要想使创业企业存活并且发展起来，就必须解决好创业企业的融资问题。

8.1.3 创业融资成本

1. 融资成本的含义

融资成本（financing cost）是指取得和占用资金的代价，包括筹资费用和用资费用。前者是企业在融资过程中发生的各种费用（佣金、手续费等）；后者指企业因使用资金而向其提供者支付的报酬（利息、股利）。在不考虑融资费、所得税的情况下，从资金使用者方面看，它是融资者为获得资本所必须支付的最低价格；从资金所有者方面看，它是资金所有者提供资本时要求补偿的最低收益。融资成本或称资本成本是在商品经济条件下，由于资本所有权与使用权相分离而形成的一种财务概念。企业融资是企业为实现其目标而进行的资金筹集活动。企业对融资结构和资本结构的选择，一方面是直接由企业目标驱动和规定的，另一方面，又受到融资成本和融资风险的影响。企业的目标在于实现企业市场价值最大化。在一定的风险约束下，寻求投入成本，包括融资成本最小化的融资结构、资本结构，是实现企业目标的一个重要方面。

2. 融资成本的决定因素

企业融资成本的高低主要取决于两个因素：一是储蓄主体推迟现时消费而要求的时间价值补偿；二是储蓄主体把现时确定收入变成未来不确定收入而要求的风险价值补偿。在市场经济条件下，时间价值量的大小只受时间长短以及市场收益率水平等客观因素的制约，对任何储蓄主体而言都是一样的，因此，通常将时间价值称为无风险价值，而风险价值的大小主要取决于储蓄者的风险规避程度。也就是说，同一风险价值量的补偿因人而异，风险厌恶程度越大，对同一风险要求的补偿就越大。或者说，不同来源资本成本中的时间价值补偿都是一样的，所不同的只是风险价值补偿上的差异。

8.2 创业融资渠道

创业融资渠道是指企业筹措资金的方向和通道，体现了资金的来源和流量。每个人心里都有一个创业梦，在创业简单融资难的时代，创业者要取得成功，就需要广泛收集信息，挖掘一切可能的融资渠道。

创业融资的渠道按融资对象可分为私人资本融资和机构融资。私人资本融资指创业者向个人融资，包括创业者自我融资、向亲朋好友融资和天使资金。机构融资是指新创企业向相关机构融资，包括银行贷款，主要有抵押贷款、投保贷款和信用贷款，创业投资资金，通过发行股票公开上市投资等。

8.2.1 私人资本融资

创业企业具有的融资劣势使它们难以通过传统的融资方式（如银行贷款、发行债券等）获得资金，所以私人资本成为创业融资的主要组成部分。

根据世界银行所属的国际金融公司（IFC）对北京、成都、顺德、温州 4 个地区私营企业的调查表明：我国的私营中小企业在初始创业阶段几乎完全依靠私人资本筹集资金。90%以上的初始资金都是由业主、创业团队成员及家庭提供的，而银行、其他金融机构贷款所占的比重很小。

1. 自我融资

任何新创企业在创立之初都存在创业者的自我融资（bootstrap financing）。其资金来源主要包括：个人储蓄、人寿保险、房屋或汽车抵押等。创业者将尽可能多的自有资金投入新创企业之中，有两个方面的原因：一是可以在新创企业中拥有更多的股份。一旦创业成功，将获得较大的创业回报。这样，个人才能和资产在创业活动中共同创造较大的价值。二是一种有效的承诺。因为自我融资本身就是一种积极的信号，它告诉其他投资者，创业者对新创企业十分有信心。这样就更有可能吸引外部投资者投入资金。一个外部投资者希望创业者投入所有可获得的资产，无论投资是 1 000 元、100 000 元还是 250 000 元，这完全依赖于可获得的资产。创业者应该牢记：外部投资者不是因为钱的数量，而是创业者是否将所有可用资金都贡献出来这样的事实而对创业者的忠诚度感到满意，从而愿意投资。当然，在难以获得外部资金的情况下，自我融资也是不得已的选择。

自我融资也是新创企业的一种重要的融资方式，这种融资方式强调寻找创造性的方法，利用自有资金获取额外的外部资金。即使你不能获得风险投资或者天使投资，你也不要因此而停止前进。许多非常成功的企业都是由一些只有不到 10 000 元的创业者创建的，这些创业者使用各种方法让企业平稳发展。这些方法包括：

- 使用个人储蓄，进行二次抵押，从朋友和亲戚那里获得低息贷款。
- 尽可能减少员工数量。使用临时性服务机构代替员工工作以降低保险和税金开支。

- 租赁设备而不是购买设备。
- 让供应商延长信用条款以延长还款期。
- 利用应付账款时差。
- 在家办公或者租赁办公室以节省固定成本。
- 将利润留存在企业里让企业滚动发展。

当然，对很多投资者来说，自我融资虽然是新企业融资的一种途径，但它不是根本性的解决方案。一般来说，创业者的个人资金对于新创企业而言，总是十分有限的，特别是对先期投入大的行业来说，几乎是杯水车薪。

2. 向亲朋好友融资

在创业者自我融资之后，亲朋好友是新企业获得资金的重要来源。因为他们与创业者的特殊关系，他们很可能投资，这就部分克服了非私人投资者遇到的不确定性问题。考虑到大多数新创企业所需资金数量较少，亲朋好友为新企业提供的股本资金也较少。尽管从亲朋好友那里获得资金相对容易，但与其他资金来源一样，向亲朋好友融资也存在消极的方面。创业者必须明确所获得资金的性质是债权性资金还是股权性资金。

为了将对亲朋好友关系的消极影响降到最小，能够有助于减少出现可能的困境的一种方法是保证经营安排严格的商业化。任何从家人或朋友那里获得的贷款和投资，都应当像对待非私人投资者融资的商业习惯一样对待。任何贷款都应该明确利率、合理的利息和资金的偿还计划。任何未来股息分配的时间都应根据股本投资公开。如果对待亲朋好友同其他投资者一样，潜在的未来冲突就可能会避免。用书面方式预先解决每件事对创业者也是有利的。令人惊奇的是，当有资金卷入其中时，记忆往往会变得很短暂。所有的融资细节必须在资金流入之前考虑到并与相关主体达成协议。诸如涉及资金的数量、资金的期限、投资者的权利和责任以及业务失败的处理等，必须达成共识并记录下来。包括这些内容的一份正式协议会有助于避免将来可能会出现的问题。

最后，在接受亲朋好友投资之前，创业者应该仔细考虑它将带来的影响，特别要关注那些可能导致生意失败的困境。每位亲朋好友都愿意对这一企业进行投资是因为他们认为这是一项好的投资，而并不是因为他们觉得有义务。

3. 天使投资

“天使”一词最初是指一个在百老汇投资建设新剧院的人。天使投资人与创始人共享创业型企业的愿景，并给创业型企业提供支持、建议和资金，从某种意义上说，他们可以为新生命的成长提供翅膀。天使投资人通常对创业型企业进入的行业很感兴趣，并有丰富的个人经验。天使投资已经是新企业融资行业里快速增长的一部分，它对那些资金需求超出朋友和家庭的投资能力但对风险投资公司而言仍然太小、不足以引起其兴趣的新企业来说，是一个非常理想的选择。例如，亚马逊公司在亲朋好友那里筹集资金后，杰夫·贝佐斯又转向天使投资，并成功地从 12 位天使投资人那里筹集到 120 万美元。2004 年，天使投资人共投资了 48 000 家美国的创业型企业，总投资额达 230 亿美元。

天使投资人喜欢投资是因为他们熟悉该创业型企业所处的行业，并被其所带来的机会以及潜在的回报所吸引。他们并不看重企业早期的战略收益，而是喜欢与创业者一起工作。天使投资人对于他们所投资的企业来说，既是投资者又是顾问、指导者。他们帮助新企业建立和改造商业模式，招募顶尖人才，建立业务流程，协助公关，在市场中检验新企业的想法，还帮助企业吸引额外的投资。天使投资人喜欢投资于离家较近的公司，并且其投资一般仅限于处在初期发展阶段的公司。

总之，天使投资是自由投资者或非正式机构对有创意的创业项目或小型初创企业进行的一次性的前期投资，是一种非组织化的创业投资形式。它具有三个方面的特征：一是直接向企业进行权益投资。二是天使投资不仅提供现金，还提供专业知识和社会资源方面的支持。三是投资程序简单，短时期内资金就可到位。

如果新创企业管理有序，创业计划严谨可行，就有可能吸引到天使投资。天使投资的投资额度一般在 100 000～500 000 元之间。天使投资人一般期望能在 5 年后收回 10 倍于投资的收益。

采取这种融资方法需要你找到一位天使投资人，然后看这位天使投资人能否帮助你找到其他潜在的联合投资者。创业者可能很难发现天使投资人。因此，对你而言，最好的方法可能就是要熟悉本地的风险资本网络，这一网络经常会将创业者和天使投资人联系起来。因为天使投资人倾向于投资那些他们经常可以走访的企业，因此，本地的风险资本网络可能有助于你找到天使投资人。你要寻找那些对你的市场或技术感兴趣或者熟悉的人。天使投资人偏爱制造、能源、技术以及一些服务企业，而回避零售企业。

8.2.2 机构融资

1. 商业银行贷款

最初使用“商业银行”这个概念，是因为这类银行在发展初期，只承做“商业”短期放贷业务。放款期限一般不超过一年，放款对象一般为商人和进出口贸易商。人们将这种主要以吸收短期存款、发放短期商业贷款为基本业务的银行，称为商业银行。

向银行贷款是企业最常见的一种融资方式，创业者也可以通过银行贷款补充创业资金的不足。目前，我国的商业银行推出的个人经营类贷款对创业者而言是一个好消息。个人经营类贷款包括个人生产经营贷款、个人创业贷款、个人助业贷款、个人小型设备贷款、个人周转性流动资金贷款、下岗失业人员小额担保贷款和个人临时贷款等类型。但由于创业企业的经营风险较高，价值评估困难。银行一般不愿意冒太大风险向创业企业提供贷款。这类贷款发放时往往要求创业者提供担保。包括创业者拥有个人资产抵押、创业者拥有银行信用额度、政府担保。近年来，为了缓解中小企业融资难问题，我国金融机构推出了许多新的金融产品。表 8—2 选取的有代表性的金融产品，均有自己的业务适用范围和适用群体。创业者们应密切关注银行贷款产品和政策的变化，以选择最适合自身情况的银行贷款。

表 8—2　　中小企业银行融资创新产品

创新产品	贷款方式	银行
知识产权质押贷款	银行要求中小企业以合法有效的知识产权作质押向银行申请贷款	北京银行
“创意贷”文化创意企业贷款	银行支持文化创意企业及文化创意聚集区建设量身定制的特色金融组合产品	北京银行
存货质押贷款	银行要求中小企业以自有或第三人合法拥有的动产为质押的授信业务	深圳发展银行北京分行

续前表

创新产品	贷款方式	银行
银保物流通	银行与担保公司、物流公司合作为中小流通企业提供贷款，担保公司为借款人提供担保，物流公司起到第三方监管的作用	北京农村商业银行
应收账款质押贷款	银行要求中小企业以借款人经营中形成的应收账款为质押向借款人发放贷款	北京农村商业银行
融信达	出口企业凭借各项出口单据、投保信用保险的有关凭证、赔款转让协议等从中国银行得到资金融通的业务	中国银行北京分行
集群联保授信业务	由四个（含）以上互相熟悉、产业关联、具有产业集群特性的企业，自愿组成联保体，共同为联保体成员提供连带责任保证的授信业务	民生银行总行

资料来源：根据中国人民银行《北京市中小企业银行融资创新产品汇编》整理。

2. 信用担保体系融资

由于中小企业经营风险较大，可抵押资产少，建立中小企业信用担保体系是世界各国（地区）解决中小企业融资问题的通行做法，在发达国家已有近百年历史。目前，全世界已有48%的国家和地区建立了中小企业信用担保体系。信用担保可以为中小企业创业和经营融资提供便利，分散金融机构的信贷风险，推进银企合作。这是解决中小企业融资难的突破口之一。

美国中小企业管理局（SBA）对小企业资金支持最主要的一个方面就是提供信用担保。凡申请担保并获批准的小企业，在逾期不能归还商业银行贷款时，中小企业管理局保证支付不低于 90% 的未偿部分（担保总额不超过 75 万美元，担保部分不超过贷款的90%）。日本采用了地方担保和政府再担保的两级信用担保体系，即地方信用担保协会对企业承保后，再由政府的“中小企业信用保险公库”对地方信用担保协会进行再担保，从而极大地增强了中小企业从银行获得资金的能力，目前日本约有50%的中小企业使用该制度。我国台湾地区也设立了由当局主导的中小企业信用保证基金（简称“信保基金”），建立起风险共担的银保合作机制。当局不对贷款实行全额担保，银行机构需承担20%的风险损失，促使商业银行对借款企业经营和财务状况进行持续监测和评估，提高了担保贷款的安全性。同时，银行从信保基金每年获得的理赔金额高达捐助金额的 4～5 倍，且只需承担部分风险，因此参与积极性非常高。由于金融机构、信保基金、中小企业三方很好地实现了互利共赢，使得台湾信保基金成为世界上运作最为成功的信用担保制度之一。

构建并逐步规范、完善我国中小企业信用担保体系，是促进我国创业活动、激发并保持经济活力的重要环节，成为近年来我国政府在解决中小企业融资难问题上的主要着力点。截至 2011 年底，全国共有各类中小企业信用担保机构 4 439 家，全年服务新增受保企业 38 万户，年末在保企业 42 万户；新增担保总额 1.56 万亿元，同比增长 59.28%；担保余额 2.6 万亿元，平均单笔担保额 385 万元。2011 年全年担保总笔数 66.9 万笔，其中单笔 100 万元以下的占 57.9%；单笔 800 万元以下的占 61.5%；单笔 1 500 万元以下的占 81.3%，中小企业信用担保机构在缓解中小企业特别是小微企业贷款难方面发挥了不可替代的作用。

专栏 **慎用债务融资**

商业银行贷款和信用担保体系融资都属于债务融资。已经拥有销售收入和现金流的新建创业型企业，可以考虑利用短期或长期的债务融资进行资金的注入。债务可以为企业提供财务杠杆，并能够使企业增加它的股本回报率，只要企业的收益大于借款的利息，那么财务杠杆的原理就起作用了。当然，如果净收益低于借款的利息成本，那么所有者的权益回报率就降低了。因此，大多数企业在达到稳定的增长状态前都会避免使用财务杠杆。

债务融资通常比权益融资更容易协商，而且常常会更便宜。任何盈利的公司只要愿意支付足够高的利息都可以借到钱，借款人的好处在于不用放弃所有者权益或对公司的控制——除非他们不能偿还利息。同时，支付利息的税收减免政策也降低了债务的有效成本。

但是，利用债务也将公司带入了另一种风险之中。如果它不能产生足够的利润来弥补应偿还的贷款，那么它的生存将有危险。

银行和信用担保贷款会贷款给有资格的公司。资产支持贷款对新建创业型企业来说是可行的一个借款办法；设备租赁也是贷款的一种形式，但相对于放弃更多的股权来说已经很便宜了；资产售后回租也是一种获取现金的方式，它通过出售一项资产——如一幢楼房或一台设备获取现金后再将之租赁使用。

许多新建创业型企业也通过取得一定的信用额度——一种短期贷款形式，以备不时之需，公司则为取得使用贷款基金的权利而支付一定费用。有时候新建创业型企业还可取得银行贷款，但必须有信用机构为其进行担保。如果需要，这些担保贷款对新建创业型企业来说是比较好的。

3. 创业投资资金

创业投资，也称风险投资，最早诞生于美国。1946 年，美国研究与开发创业投资基金的成立，正式拉开了现代创业投资的序幕。自此，创业投资的发展虽然伴随着曲折，但其在第二次世界大战后美国高科技企业的蓬勃发展中扮演了重要角色。尤其是到了 20 世纪 80 年代，在政府的税收改革和美国高技术公司兴起的推动下，美国创业投资大获发展。著名的苹果电脑公司、微软公司等无一不是借助创业投资起家的。一般而言，风险投资家希望在 5 年左右的时间赚取 6 倍于投资的收益，或者获得 45％的年投资收益率。美国在 20 世纪 80 年代起家的许多高技术公司的回报率曾达 100％以上，30％以上很常见。专业的风险投资家一般不会轻易投资一家企业，除非企业的创业计划书显示企业在 5 年内的销售额至少能达到 2 500 万美元。对于风险投资家而言，理想的新创企业应该是企业 5 年内的期望收入达到 5 000 万美元，年增长率应该在 30％～50％，企业的税前边际利润率应该超过 20％。当然，大约有 20％～30％的创业投资几乎是赔本的。创业投资家必须同时投资许多项目，有些成功，有些失败，得失相抵，使最后的平均回报率达到 30％以上。

如果你的创业计划书能够满足这些要求，那么，你的创意可能会吸引风险投资家。风险投资家希望通过投资获得创业企业的股权，他们愿意为获得更高的收益承担更高的风险。有时候，风险投资家希望控股创业企业，这样他们在管理决策中就会有最终决定权。例如，为了给福特汽车公司融资，亨利·福特用75%的公司股权换取了急需的28 000美元。为此，福特经过多年努力后才重新获得公司控制权。尽管如此，许多小企业所有者还是在企业扩张时寻求风险投资的帮助，因为他们无法获得银行贷款。

那么，什么是创业投资？综合各方面专家的观点，创业投资的典型界定如下：

联合国经济合作与发展组织在1983年召开的第二次发达国家投资方式研讨会上指出："凡是以高技术与知识为基础，生产与经营技术密集的高技术产品或服务的投资，均可视做创业投资。"

根据欧洲投资银行的研究，风险资本指为形成和建立专门从事某种新创意或新技术生产的小型企业而以持有一定股份的形式承诺的资本。

按照西方的理解，创业投资是指对具有技术、市场上的高风险，但增长潜力大的高技术企业的投资。

国际创业投资界认为，创业投资并不仅指风险资金或"钱"，其内涵远比这深远得多，其实质上是指高技术产业化中资金有效使用过程中的支持系统，是一种科研、企业和金融有机结合的投资机制。这个支持系统由风险投资公司、风险企业、风险资本和风险技术四个部分组成。风险投资公司是专门筹集和投放风险资本的金融企业。

因此，我们认为创业投资是指为获取高技术成功的巨大收益，而愿承担一定风险将资本以股权形式投入到成长中的高技术创业企业，并参与创业企业的创建和管理，等到创业企业成熟后出售股权、收回投资的一种新型投资机制。

创业投资作为一类投资机制，具有以下与其他融资方式不同的特点：

（1）高风险与高回报并存。

创业投资的高风险源于其投资领域，主要是开发新技术、新产品，投资对象是那些风险大、具有巨大潜在经济效益、掌握最新技术的企业。这些企业是以独有的先进技术通过研制开发转化为新产品的企业。鉴于它们的探索性强、未知数多、成效未卜，因此，在高技术研究和新产品开发应用中，失败、破产、倒闭的可能性非常大。据统计，美国现在每年建立的风险性小企业约有50万家，其中75%在4～5年内会破产、倒闭，其余25%才能在荆棘丛中生存、发展、壮大。然而一旦成功，其所获得的经济效益绝非一般传统产业投资所能比拟的。例如，1995年雅虎在未获得风险投资前，只是杨致远和他的同伴两位穷学生的业余爱好，在网络上提供免费服务，作为一种新兴媒体，当时雅虎的访问总数早已突破百万大关。这样惊人的商业机会使得美国Sequoia风险投资基金合伙人迈克凭借灵敏的商业嗅觉很快认识到雅虎的价值，并对雅虎估价400万美元，以后的事实证明这个估价太过保守。1996年4月12日雅虎正式上市，股票开盘报24.5美元，最高达43美元，当天收盘价是33美元，雅虎市值8.5亿美元，是公司上市一年前400万美元估价的200多倍，风险资本通过上市退出。

（2）一种参股性质的权益投资，也是专家投资。

风险投资投入的是权益资本，获得的是股权，成为风险企业的股东之一，并参加风险企业的董事会，与企业同呼吸共命运，提供管理建议和技术咨询，对风险企业实行资金和管理双管齐下。从一个新创意的形成、公司的"组阁"、新产品研制、市场开发到公司成熟，风险投资家起着一般银行家难以起到的作用。这是风险投资与商业信贷投资方式的不同之处。信贷依据企业的财务报表，以及企业对项目所做的可行性研究报告，只提供资金，要求投资收益，不干涉企业的经营管理，而风险投资者把资金押在风险企业的成功、押在企业的未来上，没有任何担保和抵押，这使得风险投资者在高科技风险企业的创建过程中，从产品开发到商业化生产，从机构的组建到经理人选的确定，从产品上市到市场的开拓、企业形象的策划，自始至终与风险企业家捆在一起，风险同担，患难与共。风险投资者是高科技企业的强有力操纵者，他有权决定对一家新兴企业投资与否，他可以在中途罢免企业的经理，亲自执掌企业大权，直至找到新企业领导人。这一切都要根据技术发展、市场要求、企业经济状况制定决策。因而要求风险投资公司拥有一批风险投资家，他们具有广博的高科技专业知识、管理现代化企业的技能和丰富的社会经验，否则就难当此重任。

（3）风险资本的退出及再循环。

风险投资与传统的股权投资目的不同。传统的股权投资要求长期持有、不退出；风险投资要求变现，要退出。一般的投资公司在企业进入成熟期后才开始投资，遇到经营状况不好时撤回投资，而风险投资公司则是在风险企业最困难时开始投资，如企业成功，则获利退出。创业企业按其技术和产品开发程序，一般可以分为创业期，即以进行高技术研究和开发新技术产品为中心时期；发展期，即促使新产品适应市场需要的时期；稳定发展期。在创业期，企业经常出现亏损，随着产品开发成功，市场开拓，这时由于竞争者少，产品能以较高的价格推销出去，企业可获得高额甚至超额利润；当产品生产进入成熟期时，生产者逐渐增多，超额利润消失，风险投资开始清理资产，撤出资金。风险投资退出后，带着更大的投资能力去寻求新的风险投资机会，扶持高新科技企业。正是由于风险资本的不断循环运作，使高科技企业不断涌现，从而推进高科技产业化的进程，带来经济的繁荣。

4. 首次公开发行

通过首次公开发行（IPO）实现上市，是新创企业融资的一个重要途径。新发行的股票以现金的方式出售给公众中那些有兴趣的投资者。新创企业决定公开上市的原因主要有：第一，IPO是筹集权益资本以资助当前和未来经营的重要途径，为急需资金的创业企业提供了必要的金融支持，有利于促进创业企业的发展。第二，IPO提升了企业的公众形象和知名度。通过IPO，企业可以在全国性市场中树立品牌，使社会公众了解企业，提高企业形象和社会知名度，对人才、技术合作者等产生较强的吸引力，有利于企业的长远发展和市场开拓。第三，IPO是一流动性事件，能为企业股东（包括其投资者）提供将投资变现的机制。第四，通过IPO，企业创造了一种可被用来促进企业成长的流通形式。此外，对新创企业来说，IPO有助于建立现代企业制度，规范法人治理结构，提高企业管理水平，增强企业创业和创新的动力。

尽管IPO有许多优点，但它是一个非常复杂且成本极其高昂的过程。首先，需要聘请一家证券公司（或投资银行）为企业发行证券充当代理商或承销商。在此期间，企业需要与证券公司就企业需要的资本额、股票发行种类、公开上市时的股票价格和企业发行证券的成本等达成一致意见。证券公司必须努力通过许多环节，才能使证监会相信企业上市是合理合法的。在证监会调查期间，证券公司要发布初步招股说明书，向一般公众描述股票发行。证监会批准企业上市后，证券公司或投资银行要发布公开招股说明书，确定股票发行价格及其他事项。除了使企业上市获得批准外，证券公司负责为企业上市争取支持，其中较重要的是安排企业的高层管理团队进行路演。

选择不同的上市地点有不同的优势，对企业也有不同的要求。上市地点的主要选择有国内主板、国内创业板、美国纳斯达克、香港主板、香港创业板、新加坡证券交易所等。例如，新浪、搜狐、网易、亚信、携程等选择在美国纳斯达克上市，蒙牛、中讯、李宁、腾讯等在香港主板上市，金蝶软件、慧聪国际等选择在香港创业板上市，鹰牌陶瓷则在新加坡证券交易所上市。IPO使得公司可以筹集前所未有的、大量的权益资金。它还使得创业者、高层管理团队以及仍持有公司股份的早期投资者可以出售他们的股份。这是创业者和早期投资者热切期盼的事情，因为它是创业者个人职业生涯中最有利的融资机会。据估计，每一次公开发行完成后，公司的价值将会增长30%。

8.2.3 政府背景融资

1. 科技创新基金

国务院于1999年批准设立了科技型中小企业技术创新基金（以下简称科技创新基金）。科技创新基金自成立以来，深入贯彻落实创新驱动发展战略，按照加快发展方式转变和经济结构调整的总体部署，紧紧围绕加快培育战略性新兴产业，强化企业技术创新主体地位，以全面提升科技型中小企业技术创新能力为目标，不断优化技术创新创业环境，充分发挥财政资金的引导作用，引导社会资金和其他创新资源支持科技型中小企业发展，取得了很好的成效。

科技创新基金由科技部主管、财政部监管，通过无偿资助、贷款贴息和资本金投入三种方式，支持科技型中小企业创新创业，已形成了资助种子期、初创期企业的技术创新项目，资助中小企业公共技术服务机构的补助资金项目和引导社会资本投向早期科技型中小企业的创业投资引导基金项目。从本质上来说，科技型中小企业技术创新基金是一种政府专项基金，是用来支持科技型中小企业技术创新项目的。

短例

创新基金助力翰华监控技术直达全球

厦门国家高新技术创业中心孵化企业翰华信息科技（厦门）有限公司自2003年创办以来，在厦门高新技术创业中心的帮助下，先后获得科技部中小企业技术创新基金和福建省科技创新项目立项资助，取得了快速发展，仅用三年时间就已开发出三大类十几种规格型号的全数字化监控报警产品，在军事、交通、能源、银行、海关、司法、医疗、教育等行业和工农业、商场及社区管理等方面得到广泛的应用。该公司刚刚开发出的“手机全球眼”视频监控技术，由具有15年以上国际知名系统工程公司研发经验的留美博士回国自主开发，拥有优化的H.264编解码算法技术，实现完全数字化。其最显著的技术优势在于只需要100～256K这一如此小的带宽就能实现DVD画质的图像快速传输，彻底解决了目前市场上网络摄像机及视频服务器过度依赖大网络带宽而形成的技术瓶颈难题。该系统高度集成，视频监控、安防报警、消防烟感功能齐全，在自主的软压缩技术上具有良好的开放兼容和无限升级发展空间，凸显单线布设、设备一体、链接无缝、使用便捷、性价比高、监控报警随身“带”的优势，完全摒弃了传统模拟和半数字化监控系统设备繁杂、录像模糊、造价高、维护难、不能远程即时监控的弊端。据了解，包括海关总署东莞凤岗物流园、厦门大学本部校区和漳州校区、厦门市交通委办公大楼、厦门市广电大楼等地方都使用了翰华的网络监控技术产品。2006 年，公司购买了厦门软件园二期办公场所，该公司将成为厦门高新技术创业中心孵化成功的又一家优秀毕业企业。

资料来源：http://www.innofund.gov.cn/2/dxal/201312/d2b8bd93069f47d8829dc1329607cc6d.shtml。

2. 创业引导基金

创业引导基金主要由国家级创业引导基金和地方政府引导基金两部分组成。其中，国家级创业引导基金在各个部门组织下先后成立了三只基金。第一只基金是科技部和财政部于 2007 年 7 月共同设立的“科技型中小企业创业投资引导基金”，目的是鼓励和引导创业风险投资机构投资于规模较小、处于前期的企业。直至目前，基金的补助金额达到 2 亿元，共支持了 109 家创业投资机构，对处于初创期的科技型中小企业给予 27 亿元创业投资资金的补助，同时 127 家高成长的初创期科技型中小企业获得了创投机构的辅导和跟踪，这些企业有望获得 3.26 亿元创业投资基金。第二只基金为国家发改委和财政部于 2009 年 10 月共同设立的“新兴产业创投基金”，主要以企业发展的阶段作为选择标准，支持中小企业创业。首先从试点开始，北京、上海等七省市政府以及社会出资者共同发起设立了 20 只创业投资基金。目前，这一批试点基金已经完成设立，并且按照基金章程投入商业运营。第三只基金是由国家发改委、财政部等多个部委于 2012 年设立的国家中小企业发展基金，共 150 亿元，分五年到位，重点用于支持中小企业特别是小型微型企业发展，以期通过这项政策为具有发展潜力的中小企业保驾护航。

3. 地方性优惠政策

各地方政府在支持创业企业发展方面，纷纷推出诸如税收优惠等优惠政策，如重庆针对持“就业失业登记证”从事个体经营的人员在 3 年内按每户每年 9 600 元为限额依次扣减其当年实际应缴纳的营业税、城市维护建设税、教育费附加、地方教育附加和个人所得税。同时，对商贸企业、服务型企业、劳动就业服务企业中的加工型企业和街道社区具有加工性质的小型企业实体，在新增加的岗位中，与当年新招用的在人力资源和社会保障部门公共就业服务机构登记失业 1 年以上且持“就业失业登记证”（注明企业吸纳税收政策）的人员签订 1 年以上期限劳动合同并依法缴纳社会保险费的，在 3 年内按实际招用人数予以定额依次扣减营业税、城市维护建设税、教育费附加、地方教育附加和企业所得税优惠，限额标准为每人每年 5 200 元。全国许多地区都有类似的创业优惠和扶持政策，创业者进入不同地区创业时，应关注并熟悉这些渠道。

除了前面介绍的融资方式外，还有发行债券、典当融资、设备融资租赁、孵化器融资、集群融资、供应链融资等。

8.3 创业融资方式选择

当企业慢慢成长时，它对资金的胃口也会很自然地变大。对于一个创业型企业来说，选择合适的融资方式与选择创业团队及创业型企业的所在地一样重要，这个决定甚至会影响企业的前途。创业融资方式是指创业企业筹措资金所采取的具体形式，体现着资金的属性。企业融资方式一般有吸收直接投资、发行股票、银行借款、商业信用、发行债券、发行融资券、租赁筹资。

寻找所需的资金对创业者来说是一个耗时耗力的过程，非常困难。获得投资并完成投资协议需要3～12个月左右。对大多数创业者来说，最好是先寻找一定的目标消费群体再寻找投资者，找到合适的资金支持者需要一份很好的商业计划及相当多的时间。创业者可能需要不停地讲述创业故事并回答无数的问题。但是，创业者常常因为担心将重要的信息泄露给竞争者，总是不愿意告诉投资者过多相关信息，这也是可以理解的。

企业的融资方式与融资渠道有着密切的关系。一定的融资方案可能只适用于某一特定的融资渠道，但是同一渠道的资金往往可以采取不同的方式取得，而同一融资方式又往往适用于不同的融资渠道。因此，企业融资时必须实现两者的合理配合。

8.3.1　创业融资方式选择的基本原则

1. 收益与风险相匹配原则

企业融资的目的是将所融资金投入企业运营，最终获取经济效益，实现股东价值最大化。在每次融资之前，企业往往会预测本次融资能够给企业带来的最终收益，收益越大往往意味着企业利润越多，因此融资总收益最大似乎应该成为企业融资的一大原则。

然而，“天下没有免费的午餐”，实际上在融资取得收益的同时，企业也要承担相应的风险。对企业而言，尽管融资风险是不确定的，可一旦发生，企业就要承担百分之百的损失。

新创企业的特点之一就是规模小，抗风险能力低，一旦风险演变为最终的损失，必然会给企业经营带来巨大的不利影响。因此新创企业在融资的时候千万不能只把目光集中于最后的总收益，还要考虑在既定的总收益下，企业要承担何种风险以及这些风险一旦演变成最终的损失，企业能否承受，即融资收益要和融资风险相匹配。

怎样才能使融资收益与融资风险相匹配呢？首先测算融资的最终收益有多大，然后列举企业可能支出的融资成本以及可能遇到的风险因素，并用经验预测这些风险一旦转变为损失，损失到底有多大。如果融资的最终收益大于损失，并且企业能够承受这样的损失，那么企业的融资行为就是可行的，也就基本实现了融资收益与融资风险相匹配。当然，风险的接受程度因企业而异，并没有确定的量上的规定，风险和收益怎样才算匹配还需要管理者自己做出判断。

2. 控制融资成本最低原则

融资成本则是指企业实际承担的融资代价（或费用），具体包括两部分：融资费用和使用费用。融资费用是企业在资金筹集过程中发生的各种费用，如向中介机构支付中介费；使用费用是指企业因使用资金而向其提供者支付的报酬，如股票融资向股东支付的股息、红利，发行债券和借款向债权人支付的利息。企业资金的来源渠道不同，则融资成本的构成不同。企业融资成本是决定企业融资效率的决定性因素，对于新创企业选择哪种融资方式有着重要意义。由于融资成本的计算要涉及很多因素，具体运用时有一定的难度。一般情况下，按照融资来源划分的各种主要融资方式的融资成本从低到高的排列顺序依次为：财政融资、商业融资、内部融资、银行融资、债券融资、股票融资。

以上仅是不同融资方式融资成本高低的大致顺序，具体分析时还要根据具体情况而定。比如，财政融资中的财政拨款不仅没有成本，而且有净收益，而政策性银行低息贷款则要支付较少的利息成本。对于商业融资，如果企业在现金折扣期内使用商业信用，则没有资金成本；如果放弃现金折扣，那么资金成本就会很高。再如，对股票融资来说，其中发行普通股与发行优先股的融资成本也不同。

3. 保持企业有控制权原则

企业控制权是指相关主体对企业施以不同程度的影响力。控制权的掌握具体体现在：控制者拥有进入相关机构的权利，如进入公司制企业的董事会或监事会；能够参与企业决策，并对最终决策具有较大的影响力；在有要求时，利益能够得到体现，如工作环境得以改善、有权参与分享利润等。

企业融资行为造成的这种控制权或所有权的变化不仅直接影响到企业生产经营的自主性、独立性，还会引起企业利润分流，损害原有股东的利益，甚至可能会影响到企业的近期效益与长远发展。比如，发行债券和股票两种融资方式相比较，增发新股将会削弱原有股东对企业的控制权，除非原股东也按相应比例购进新发股票；而债券融资则只增加企业的债务，并不影响原有股东对企业的控制权。因此，在考虑融资的代价时，只考虑成本是不够的。创业者开办企业一个很大的初衷就是要把“自己”的企业做大做强，如果到头来“为他人作嫁衣裳”则不是创业者愿意看到的。因此，创业者在进行融资的时候一定要掌握各种融资方式的特点，精确计算各种融资方式的融资量对企业控制权产生的影响，这样才能把企业牢牢地控制在自己的手中。

当然，在某些特殊情况下，也不能一味固守控制权不放。比如，对于一个急需资金的小型高科技企业，当它在面临某一风险投资公司较低成本的巨额投入，但要求较大比例的控股权，而此时企业又面临破产的两难选择时，一般来说，企业还是应该从长计议，在股权方面适当做些让步。其实这种情况在高科技企业并不少见，这类企业在初创时往往拥有的是一个当时并不为人们所接受但是很有发展前景的核心技术、一种前卫的产品，甚至只是一个很好的想法。在这种情况下，通过银行取得贷款发展企业是根本行不通的，此时一些风险投资公司就出现了，既然承担了巨大的风险，风险投资公司一般都会对企业提出较高的要求，取得股权就是一个很重要的要求，而这恰恰影响到企业的控制权和所有权。在这种情况下企业别无选择，要么接受风险投资出让部分控制权和所有权，要么企业破产，一个理性的管理者无疑会选择前者。其实，即使接受了风险投资公司的要求，企业管理者也不必过分担心，风险投资公司投资的目的并不在于最终拥有企业，而是在该企业上市后将其拥有的股权出让取得收益。

4. 确定最佳的融资期限原则

企业融资方式按照期限进行划分，可分为短期融资和长期融资。如何在两者之间选择，主要取决于融资的用途和融资人的风险性偏好。

从资金用途上来看，如果融资是用于企业流动资产，则根据流动资产具有周期快，易于变现，经营中所需补充数额较小及占用时间短等特点，应选择短期融资方式，如商业信用、短期贷款等；如果融资是用于长期投资或购置固定资产，则根据这类用途要求的资金数额大，占用时间长的特点，要选择中长期融资方式，如长期贷款、企业内部积累、租赁融资、发行债券、股票等。

从融资者的风险偏好看，在作融资期限决策时，可以分为中庸型、激进型和稳健型三种类型。中庸型的表现是：对波动性资产采用短期融资方式筹资，对永久性资产则采用长期融资方式筹资。这里，永久性资产是指固定资产和部分流动资产，波动性资产指流动资产中扣除属于永久性资产的流动性资产。中庸型偏好的选择既可以避免因资金来源期限太短引起的还债风险，也可以减少由于过多地介入长期资金而导致的负的高额利息。激进型资产的表现是，企业用长期资金来满足部分永久性资产对资产的需求，余下的永久性资产和全部波动性资产都靠短期资金来融通。选择这种偏好要承担较大的风险，既有旧债到期难以偿还，新债难以借到的风险，又有利率上升，再融资成本升高的风险。当然，高风险能获得高收益，如果企业的融资环境比较宽松，或者企业正赶上利率下调的好时机，则具有更多短期融资的企业会更多的减少利率成本，这也是为什么一些企业愿意采取短期融资的原因。稳健型的表现是，企业不但用长期资金融通永久性资产，还融通一部分甚至全部波动性资产。这样当企业处于经营淡季时，一部分长期资金用于满足波动性资产的需要，在经营旺季时，波动性资产的另一部分资金需求可以用短期资金解决。对于风险性偏好的选择，虽然受到融资环境因素的影响，但主要还是由企业决策者的个人偏好决定的。因为对世界的认识不同决定了每个人都有其独特的风险态度，对风险偏好就有不同的选择。

5. 融资规模量力而行原则

确定企业的融资规模，在新创企业的融资过程中也非常重要。筹资过多，可能造成资金闲置浪费，增加融资成本，或者可能导致企业负债过多，使其无法承受，偿还困难，增加经营风险。而如果企业筹资不足，又会影响企业投融资计划及其他业务的正常开展。因此，企业在进行融资决策之初，要根据企业对资金的需要、企业自身的实际条件以及融资的难易程度和成本情况，量力而行来确定企业合理的融资规模。

6. 把握最佳融资机会原则

所谓融资机会，是指由有利于企业融资的一系列因素所构成的有利的融资环境和时机。企业选择融资机会的过程，就是企业寻求与企业内部条件相适应的外部环境的过程。从企业内部来讲，过早融资会造成资金闲置，而过晚融资又会造成投资机会的丧失。从企业外部来讲，由于经济形势瞬息万变，这些变化又将直接影响中小企业融资的难度和成本。因此，中小企业若能抓住企业内外部变化提供的有利时机进行融资，会使企业比较容易地获得资金成本较低的资金。

8.3.2　创业融资方式选择应注意的几个问题

1. 新创企业所处的阶段与融资类型的匹配

创业融资需求具有阶段性特征，不同阶段的资金需求量和风险程度存在差异，不同的融资渠道所能提供的资金数量和要求的风险程度也不相同。创业者在融资时必须将不同阶段的融资需求与融资渠道进行匹配，才能高效地开展融资工作，获得创业活动所需的资金，化解融资难题。

在种子期和启动期，企业处在高度的不确定环境中，只能依靠自我融资或亲戚朋友的支持，以及从外部投资者处获取“天使资本”。创业投资很少在此时介入，而从商业银行获得贷款支持的难度更大。建立在血缘和信任关系基础上的个人资金是该阶段融资的主要渠道。

企业进入成长期后，已经有了前期的经营基础，发展潜力逐渐显现，资金需求量也比以前增大。成长期前期，在企业获得正的现金流之前，创业者获得债务融资的难度较大，即使获得，也很难支付预定的利息，这时创业者往往倾向于通过股权融资这种不要求他们做出固定偿付的方式来筹集资金。成长期后期，企业表现出较好的成长性，且具有一定的资产规模，可以寻求银行贷款、商业信用等债务融资方式。

企业进入成熟期后，债券、股票等资本市场可以为企业提供丰富的资金来源。如果创业者选择不再继续经营企业，则可以选择公开上市、管理层收购或其他股权转让方式退出企业，收获自己的成果。

总而言之，新创企业由于规模小、风险大、资产少，大多是通过私募的方式来获得创业的初始资本金。因市场需求的不确定性和生产规模有限，难以承担高额负债成本，因而一定要高度重视企业的内部积累，避免过度地负债经营。随着企业生产经营规模逐步扩大，内源融资可能无法满足企业生产经营的需要，此时，外源融资将成为保障企业扩张的主要融资手段。如果企业的管理不够规范、透明度还不高，则间接融资将是新创企业的主要外源融资方式。

2. 新创企业特征与融资类型的匹配

创业活动千差万别，所涉足的行业、初始资源禀赋、面临的风险、预期收益都有较大的差异，不同行业面临不同的竞争环境、行业集中度及经营战略等，创业企业对资本结构的要求是不同的，不同的资本结构产生了不同的融资要求。由于从事高科技产业或有独特商业创意的企业经营风险较大，预期收益也较高，若创业者有良好的相关背景，可考虑股权融资的方式；而从事传统产业类的企业经营风险较小，预期收益较易预测，可主要考虑债权融资的方式。

表 8—3 提供了对新创企业三个一般特征以及适合于每个特征的融资类型的概述。表 8—3 说明了多数新创企业在开始时为什么必须依赖个人资金、亲朋好友和自力更生，以及为什么必须等到后来才能获得权益融资或债务融资。大部分新创企业不具备银行家或投资者要求的那些特征，直到它们能证明自己的产品或服务创意，并获得在市场中成功的确定性评估为止。

表 8—3　　新创企业特征与适当融资类型的匹配

新创企业特征	适当的融资类型
具有高风险、不确定回报的企业 较弱的现金流 高负债率 低、中等成长 未经证明的管理层	自我融资、向亲朋好友融资
具有低风险、更可预期回报的企业 强大的现金流 低负债率 优秀的管理层 健康的资产负债表	债务融资

续前表

新创企业特征	适当的融资类型
提供高回报的企业 独特的商业创意 高成长 利基市场 得到证明的管理层	权益融资

资料来源：布鲁斯·R·巴林格、R·杜安·爱尔兰：《创业管理：成功创建新企业》，北京，机械工业出版社，2010。

实践中，有的中小企业在融资过程中没有明确的计划，盲目性很大，似无头苍蝇一样，抱着侥幸的心理误打误撞，对投资方不加鉴别，没有全面接触，让许多招摇行骗的投资中介或者投资公司有机可乘。结果严重的导致企业蒙受重大损失，影响了企业的正常发展，轻者也使企业浪费了不少的人力和财力。此外，由于有的中小企业对融资的难度缺乏充分的心理准备，一旦几次融资活动受挫，便放弃了融资计划，错失了一些可以成功的融资机会，延缓了企业发展的步伐，颇为遗憾。因此，中小企业在决定融资前，应对自身的优势和劣势有清醒的认识，摆正融资行为在企业经营战略中的位置，对融资的难度和长期性应做充分的估计，然后制订相应的融资计划，使融资行动具有计划性和可操作性，做到有的放矢，增加融资成功的可能性。在融资受挫后，不能灰心丧气，需要总结经验，改进企业经营管理水平，提高企业效率和业绩，采取更为合理的融资策略。

本章要点

创业融资是创业管理的关键内容，在企业成长的过程中和发展的不同阶段，融资是困扰创业者的一个难题。

不确定性和信息不对称从理论上阐释了创业融资难的原因。

创业融资的主要渠道包括：自我融资，向亲朋好友融资，天使投资，向商业银行贷款，通过担保机构融资，创业投资，通过政府的创新、创业基金融资。

债权融资和股权融资各有利弊，创业者应该合理均衡债务融资与股权融资之间的比例。

创业融资应遵循收益与风险相匹配、控制融资成本最低、保持企业有控制权、确定最佳的融资期限、融资规模量力而行和把握最佳融资机会等六个原则。

创业融资应根据创业的不同阶段采取相应的融资方式，也应根据新创企业特征选择相应的融资方式。

重要概念

创业融资　天使投资　风险投资　债务融资　权益融资　融资成本　融资规模　控制权

思考练习

1. 为什么融资成为创业的一大难题？
2. 创业融资需求有什么特点？
3. 从资金的性质来看，主要可以分为几种类型的资金？
4. 创业融资的渠道主要有哪些？
5. 为什么初创企业的资金大部分来自于个人资金？
6. 天使投资与创业投资有什么不同？
7. 债权融资与股权融资各有什么优缺点？
8. 要想顺利地获得创业资金，创业者在平时要注意哪些？
9. 创业融资应遵循哪些原则？注意哪些问题？
10. 如果你是一个创业者，写出你可能的融资渠道。

案例分析

躺在丛林中

有一条古老的中国格言说："凶猛的狮子总是死在丛林中。"意思是一个人最显著的特性常常是他的优点，也是他的缺点。

对于鲍勃·纳尔逊（Bob Nelson）来说，这个特性就是他的活力。纳尔逊笑起来就像是一个木头做的啄木鸟，他曾从事过政治活动，做过推销员和咨询师，现在他是一个创业者。当他几年前正在走路的时候，还没有自己的笔记本电脑，却突然想到可以通过电话来查阅电子邮件。几个月内，他就和一位语音技术专家在他家的地下室里成立了Cross Media网络公司。

Cross Media公司最初的资金来源于纳尔逊的信用卡以及几位富人投入的从10美元到5万美元不等的投资。这笔钱使他们制造了一台样机，客户通过它拨打免费电话，就可以听到计算机用"声音"读出他们的电子邮件。

但是Cross Media公司需要更多的资金——几百万美元来开发他们的技术，纳尔逊似乎已无计可施。他那充满活力的推销吸引了投资者，但是他对创业经营计划的细节问题处理得很马虎，这使他看起来不可能完成这个交易。"我最担心的和最喜欢的，都是你这个人。"一个潜在的投资者告诉他。纳尔逊坚持要进军硬件和语音电子邮件市场，尽管公司内部及外部人士都告诉他应该集中精力在某件事情上，并且从事服务业是他取得成功的好机会。

当Cross Media公司不能按时支付薪水的时候，纳尔逊知道他还欠了其他的账单，他绝望了。他使用了一位投资者提供的资金，尽管他知道Cross Media公司不能满足投资者所提出的要求。在呈交给投资者的关于销售软件产品的创业经营计划中，他把来自服务部分的收入也包含进去了，而这是应该从计划中删去的。他疯狂地寻找各种各样潜在的投资者，纳尔逊的无措部分产生于现在其他的创业者也有了语音电子邮件的想法。

最后，一个被纳尔逊游说了几个月的投资者表现出了极大的兴趣。投资者和Cross Media公司之间的会晤进展顺利，而在此之前，纳尔逊没有提及这个新的天使投资人或和同事讨论过。会面后，纳尔逊承认了他的失误："那么，我们会接到一个拒绝我们的电话。"

10天后纳尔逊把他的管理团队请进办公室。他给Cross Media公司的银行打电话的时候，他们就站在那里。每个人都听到一个空洞的声音说道："我们刚刚收到了转账的50万美元。"这和他们想要出售的技术发出的声音没有太大差别。纳尔逊的投资者为500万美元的承诺支付了订金。

资料来源：马克·J·多林格：《创业学——战略与资源》，北京，中国人民大学出版社，2006。

思考题：

1. 你会给Cross Media网络公司投资吗？给出你的理由。

2. 到目前为止，Cross Media公司主要求助于个人投资者。你认为他们应该寻求其他的融资来源吗？他们会考虑什么样的来源？其优点和缺点各是什么？

3. 如果纳尔逊没有收到投资，他该怎么办？

第 9 章
新创企业的成立

核心问题

什么是新创企业？
新企业生成的标志是什么？
企业的法律组织形式有哪几种？
企业命名要注意哪些问题？
创立新企业要考虑什么问题？

学习目标

掌握新创企业的内涵
了解新创企业生成的衡量维度
了解法律法规对于新创企业生存的重要性
掌握创建新企业的方式

引例

创建新企业需要考虑的法律问题

汤姆、珍妮芙和泰勒都在国际蜂窝电话企业诺基亚公司工作，他们三个人提出一项面向大学生提供手持式设备的计划。该设备与 Palm Pilot 类似，但又有针对学生的特殊功能，如下载 PPT 文件和直接把课堂演讲转化成文字的声音识别系统。这种命名为Study Pales的装置还具备无线上网功能，可供学生之间互相收发电子邮件和紧急信息。三位创业者都迫切地想从诺基亚离职去创业，他们已经想好了新公司的名称——飞玛计算公司（Pegasus Computing），他们甚至已设计出展现公司特色的商标图案——希腊神话中长着翅膀的飞马。

他们采纳了同事的建议，在建立创业企业并开发创意和概念前，决定先拜访律师以便征询意见，并迅速联络一家负有盛名的律师事务所。这家公司向他们推荐了吉姆·布兰森，他专门为创业者提供咨询服务。布兰森倾听了他们的想法，并为他们的到来感到非常荣幸，指出在采取下一步行动前，他们至少必须考虑三个问题，并建议他们在解决这些问题之前，最好不要辞职。

第一，布兰森先生告诉他们，如果离开诺基亚公司，最重要的是采取合乎道德的方式辞职，这样既可以保住名声，也可以避免新企业遭受法律诉讼。布兰森先生还指出，他们在诺基亚（或辞职后的一段时间里）开发新产品创意的合法权利取决于两个因素：一是他们与诺基亚公司签署的合同；二是新式手持式设备与他们在诺基亚生产的产品具有多大程度的相似性。为了弄清这些问题，布兰森先生要求汤姆、珍妮芙和泰勒把他们曾经签署的雇用合同复印件拿来，包括任何形式的非竞争协议和保密协议。珍妮芙问道："你认为会有麻烦吗？"布兰森先生回答道："在阅读你们曾签署的合同之前，我无从知晓。但据我观察，蜂窝电话和便携式设备越来越相似，这可能成为你们的劣势，因为大多数技术公司都要求雇员签署非竞争协议，这意味着在离开公司后的特定时间里，你不可与之竞争。也就是说，如果你们的产品与你们工作期间诺基亚公司的产品存在竞争，那就是很严重的问题。"

第二，布兰森先生询问汤姆、珍妮芙和泰勒，是否已经讨论过如何分配新企业所有权及责任的问题。他指出，多个人共同创建企业时应该起草一份创建者协议，它明确了企业的权益分割，以及如果某位创建者逝世或者退出时的应对措施。他还指出，如果付诸实践，他们还必须讨论最恰当的有关企业所有权的法律形式。汤姆打断道："我们打算从开始就注册为一家公司。"布兰森说："这也许是好主意，但我们暂且把它放在一边，因为还有不同的公司形式。我们还有其他选择，它们都能达到相同的目的，如有限责任公司。在我们走到那一步时，我会向你们解释各种选择，然后你们做出有见地的决策。"

第三，布兰森先生告诫他们不要过分痴迷于选定的公司名称和产品名称，因为他还要进行商标查询，以确认这些名称究竟能否为公司所用。他还告诉他们，在下次会面时需要讨论一系列知识产权保护问题，如专利、商标、版权和商业机密。泰勒一脸诧异地说："我从未想到创业会面临如此多的法律问题。"布兰森说道："你们可能对此知之甚少，但庆幸的是，你们来到了这里。几周前，我的一位客户已经从仁科公司（PeopleSoft）辞职，为创业辛苦奔波了18个月，但换来的却是禁止他开办企业的非竞争协议，这对他打击非常大。至少，你们开始考虑得更早，我会指导你们的创业过程，帮助你们避免任何代价高昂的失误。"

资料来源：布鲁斯·R·巴林格、R·杜安·爱尔兰：《创业管理：成功创建新企业》，北京，机械工业出版社，2010。

思考与讨论

1. 该案例提醒我们在创建新企业之前应注意哪些法律问题？创业者应如何应对？
2. 从上述案例中我们得到什么启发？

什么时候创办新企业最为合适，是所有创业者都关注的问题。在决定创办一个新企业之后，创业者应该及时而准确地了解相关法律知识。对创业者而言，最重要的是认识到这些问题并避免代价高昂的失误。在上述案例中，汤姆、珍妮芙和泰勒如果没有聘请律师以便征询意见而直接创立飞玛计算公司，结果又会怎样呢？要回答这些问题，有必要先讨论新企业创建需要考虑的相关法律问题，以及法律组织形式和新企业生成的途径等。

9.1 新创企业的基本特征

9.1.1 新创企业生存的衡量与界定

新企业（或新创企业）是指创业者利用商业机会并通过整合资源所创建的一个新的具有法人资格的实体，它能够提供产品或服务，一般定义为自成立后至成熟前的早期成长阶段的企业。新企业生成意味着以组织身份参与市场活动并开始实现创业机会价值。如何判断新企业生成，目前学术界还没有达成共识，主要有三个流派（见表9—1）：一是产业组织学学派；二是种群生态学学派；三是劳动力市场参与学派。在产业组织学学派中，判断新企业生成的标准是：获得首笔销售收入、首次雇用员工、首笔联邦社会保障援助金、首笔失业保障金和获得财务支持。在种群生态学学派中，判断新企业生成的标准是：加入当地电话黄页或开通网页、加入行业协会、注册企业经营名称并注册合法实体。劳动力市场参与学派判断新企业生成的标准包括：所有者全职参与创业、首次雇用员工。三个学派从不同角度界定新企业生成，容易出现采用不同标准致使判断结果截然不同的情况，如根据产业组织学学派的观点某一新企业可以视为成功生成，但由于新企业的所有者是兼职创业，劳动力市场参与学派会认定该新企业依然处于孕育阶段。由此可知，在新企业生成研究中，尤其是分析要素与创业绩效之间的作用关系时，谨慎选择合理的判断标准具有重要意义。综合三个流派的观点，一般有三个维度衡量新企业的生成：存在雇用性质的员工关系，产生第一笔销售，注册登记成合法实体。

表9—1 新企业生成的判断标准

学派	判断标准	代表人物
产业组织学	首次雇用员工 获得首笔销售收入 首笔联邦社会保障援助金 首笔失业保障金 获得财务支持	纽伯特（Newhert）；利希滕斯坦等（Lichtenstein et al.）；埃克哈特等（Eckhardt et al.）；德尔马和谢恩（Delmar and Shane）
种群生态学	加入当地电话黄页或开通网页 加入行业协会 注册企业经营名称 注册合法实体	雷特福斯和科尔沃雷德（Rotefoss and Kolvereid）
劳动力市场参与	所有者全职参与创业 首次雇用员工	托尔尼科斯基和纽伯特（Tornikoski and Newbert）；戴维森和霍尼格（Davidson and Honig）

资料来源：龙丹、姚晓芳：《新企业生成研究综述》，载《经济理论与经济管理》，2012（11）。

9.1.2　新创企业成立的条件

创立新企业需要什么条件是创业者普遍关心的问题，但是对于这个问题也没有统一的定论。这里我们分别从内部和外部两个角度分析新创企业成立的条件。

1. 新创企业成立的外部条件

就新企业成立的外部条件而言，有以下两点是重要的：

（1）出现了有利的创业机会。

“谋事在人，成事在天”。若无天赐良机，即创业机会，创立企业多数很难取得成功。时下业界常常赞叹微软、英特尔、戴尔的辉煌，事实上，若无适当的创业机会，这些企业的创业者未必能获得惊人的成功。在国内，一段时间以来，一些IT企业在业界不可一世，就与信息技术发展、传统产业改造带来的创业机会密切相关。

特别地，当出现了某种足以改变世界的新技术时，创新、创业的机会就来了。这时，关键就看你是否愿意和能否把握这个机遇。蒸汽机的出现、微电子技术的出现，都是这类现象的典型例证。近若干年，由于网络、计算机、移动电话、数字广播技术的出现，人类的生活、生产及交易模式出现了天翻地覆的变化，给大量IT企业在市场中翻手为云、覆手为雨创造了机会。以致在一段时间，一些人甚至认为，真正能够长久跻身于全球前1 000名的企业，将是那些懂得IT风云，并能为成千上万名IT技术追随者提供服务的“识时务者”。

（2）具备了创立新企业的外部环境。

创业需要适当的制度环境、政策环境、金融环境、市场环境、科技环境、人文环境等。为什么传统计划经济时期个人无法创业？道理很简单，假如某个人要创业，肯定会背上一个投机倒把的罪名，关键就在于计划经济体制下缺少鼓励个人创业的经济制度环境。目前创业风险投资为什么较少愿意投资于新创企业？关键就在于我们还缺乏创业资本退出所投资企业的资本市场机制，至少是相应的资本市场不健全。为什么微软Windows平台软件进入中国之前中关村不少计算机公司濒临倒闭？关键就在于缺少强有力的共性技术支撑平台。为什么1992年“全球21世纪议程”发布之前中国的环保产业停滞不前？关键就在于政府缺少系统的环保政策，社会缺少普遍的环保意识。由此可见，对于创业，特别是创建新的企业而言，适当的制度环境、政策环境、金融环境、市场环境、科技环境、人文环境等是绝对必要的。

2. 新创企业成立的内部条件

就设立新企业的内部条件而言，以下三点是重要的：

（1）创业者有了强烈的“我要做老板”的意识。

创业有成功的欢乐和喜悦，独立创办企业更有其刺激之处，但也有其困难，甚至是失败的烦恼和沮丧，且往往是后者大于和多于前者。显然，一个没有强烈的“我要做老板”的欲望的人是无法创业的。道理很简单，若某个人没有强烈的“我要做老板”的欲望，他就不可能有应对创业之挑战、机遇、困难、烦恼的足够心理准备。即便他一时冲动创办企业，也可能在碰到困难时从创业中逃逸。

（2）开发了能够直接创造市场需求的产品或获得了某种特许权。

这是多数创业者创办新企业的最直接动力。清华大学在读学生王科、邱虹云、徐中等人创办北京视美乐科技发展有限公司即是一个典型。在相当程度上，王科、邱虹云、徐中等人创办这一公司的直接动因，就是因为邱虹云开发了能创造市场需求的新产品——液晶多媒体投影仪。当然，创业者开发的新产品是否能够直接创造市场需求，还需要进行认真的市场分析。

另外，获得某种特许权，也是创业者创办新企业的另一直接动力。这分为两种情况：一种情况是获得政府授权的某种特许权；一种情况是获得其他企业授予的某种经营特许权。前者如目前的计算机网络安全已成为一个十分凸显的问题，但企业要生产和销售这类产品，需要首先得到政府专业技术认证部门的特许。后者如前几年在中关村攒装、销售计算机的小公司甚多，但几乎很少有小公司越做越大。其中有一家小公司由于拿到了美国数家触摸屏生产企业在中国内地的销售特许权，随后自己开发了配套的触摸软件和硬件，很快在全国 16 家触摸电脑公司中“鹤立鸡群”。

(3) 设立企业有可能形成某种竞争优势。

近年来，业界、政府、学界常常大谈企业竞争优势。特定企业的竞争优势来自其核心能力，特别是其动态的核心能力。某个企业在哪方面有强于别人的核心能力，就有可能形成源于该方面的竞争优势。因此，假如创办一家企业有可能在产品功能、制造技术、服务、营销等某一方面或某些方面形成核心能力，则这家企业就有可能形成某些方面的竞争优势。在这种情形下，创办自己的企业就是理性的，否则，盲目上阵创业就可能在与其他企业的竞争中败北。

这里需要特别说明的是，在不同的创业团队或企业之间，核心能力具有不可模仿性，带有团队或企业的文化特质。另外，在多数情况下，某个创业者或新创企业不可能在各个方面都拥有核心能力，由此也不可能形成多方面的竞争优势。恰恰相反，一个企业只可能在产品功能、制造技术、服务、营销的某一方面拥有自己的核心能力，形成自己的竞争优势。因此，创业者和新创企业只能立足于在个别方面培育自己的核心能力。如果力求样样超过他人，那往往会白费心机。

此外，新创企业成立的内部条件还应该包括创业者有一定的创业能力和素质以及较小的创业机会成本等。

9.2 新创企业涉及的法律问题

9.2.1 新创企业的法律和法规

一个社会的法律规定为该社会的公民能做什么或不能做什么建立了一个框架。这个法律框架同样在一定程度上允许或禁止创业者所做的某些决策和采取的部分行动。显然，创建新企业也会受到当地法律的影响，创建者在创建新企业之前必须了解这些因素。

在企业的创建阶段，创业者面临的法律问题包括：确定企业的形式，设立适当的税收记录，协调租赁和融资问题，起草合同，以及申请专利、商标或版权的保护等。当新企业创建起来并开始运营后，仍然存在与经营相关的法律问题。例如，人力资源或劳动法规可能会影响员工的雇用、报酬以及工作评定的确定；安全法规可能会影响产品的设计和包装，工作场所和机器设备的设计和使用，环境污染的控制，以及物种的保护。尽管许多法律法规可能在某一企业达到一定规模时才适用，但事实上，新企业都追求发展，这意味着创业者很快就会面临这些法律问题。

与创业有关的法律主要有关于知识产权、竞争、质量和劳动等方面的法规，具体包括专利法、商标法、著作权法、合同法等。

知识产权是人们对自己通过智力活动创造的成果所依法享有的权利。知识产权包括专利、商标、版权等，是企业的重要资产。知识产权可能通过许可经营或出售，带来许可经营收入。实际上，几乎所有的企业（包括新企业）都拥有一些对其成功起关键作用的知识、信息和创意。知识资产现在已逐渐成为创业企业（尤其是技术型创业企业）中最具价值的资产，因此对于创业者来说，为了有效保护自己的知识产权，并且避免无意中侵犯他人的知识产权，了解知识产权的内容及相关法律就显得非常重要了。

1. 专利权和专利法

专利权是由国家知识产权主管机关依据专利法授予申请人的一种实施其发明创造的专有权。发明创造被授予专利权以后，专利法保护专利权不受侵犯，任何人要实施专利，除法律另有规定的以外，必须得到专利权人的许可，并按双方协议支付使用费，否则就是侵权。专利权人有权要求侵权者停止侵权行为，专利权人因专利权受到侵犯而遭受经济损失的，还可以要求侵权者赔偿。如果对方拒绝这些要求，专利权人有权请求管理专利工作的部门处理或向人民法院起诉。专利权的地域性限制是指一个国家授予的专利权，只在授予国的法律有效管辖范围内有效，对其他国家没有任何法律约束力。

专利权并不是伴随发明创造的完成而自动产生的，需要申请人按照专利法规定的程序和手续向国家知识产权局专利局提出申请，经国家知识产权局专利局审查，认为符合专利法规定的申请才能授予专利权。如果申请人不向国家知识产权局专利局提出申请，无论发明创造如何重要、如何有经济效益都不能授予专利权。

专利权只在一定期限内有效，期限届满后专利权就不复存在，它所保护的发明创造就成为全社会的共同财富，任何人都可以自由利用。专利权的有效期是由专利法规定的。我国专利法规定发明专利批准以后有效期为从申请日起算 20 年，实用新型和外观设计专利的有效期为从申请日起算 10 年。

我国 1984 年 3 月 12 日颁布了《中华人民共和国专利法》，1992 年 9 月 4 日进行了第一次修正，2000 年 8 月 25 日进行了第二次修正，2008 年 12 月 27 日进行了第三次修正。2001 年 6 月 15 日国务院颁布《中华人民共和国专利法实施细则》，2002 年 12 月 28 日进行了第一次修订，2010 年 1 月 9 日进行了第二次修订。

2. 商标和商标法

商标是识别某商品、服务或与其相关的具体个人或企业的显著标志。图形®常用来表示某个商标经过注册，并受法律保护。图形™表示某个标志是作为商标使用。根据《中华人民共和国商标法》（2013 年修正），任何能够将自然人、法人或者其他组织的商品与他人的商品区别开的标志，包括文字、图形、字母、数字、三维标志、颜色组合和声音等，以及上述要素的组合，均可以作为商标申请注册。商标注册申请人，必须是依法成立的企业、事业单位、社会团体、个体工商户、个人合伙以及符合《中华人民共和国商标法》（简称《商标法》）第九条规定的外国人或者外国企业。

商标是企业的一种无形资产，具有很高的价值。这种价值体现在独特性和所产生的经济利益上。保护和提高商标的价值，可以为企业带来巨大的收益。商标通过确保商标注册人享有用以标明商品或服务，或者许可他人使用以获取报酬的专用权，而使商标注册人受到保护。保护期限为自商标注册公告之日起十年，但期满之后，需要另外缴付费用，即可对商标予以续展，次数不限。我国于 1982 年 8 月 23 日颁布了《商标法》，并于 1993 年 2 月 22 日进行了一次修正，2001 年 10 月 27 日进行了第二次修正，2013 年 8 月 30 日进行了第三次修正。

3. 著作权与著作权法

著作权也称版权，是指作者对其创作的文学艺术和科学作品依法享有的权利。著作权包括发表权、署名权、修改权、保护作品完整权、复制权、发行权、出租权、展览权、表演权、放映权、广播权、信息网络传播权、摄制权、改编权、翻译权、汇编权以及应当由著作权人享有的其他权利等 17 项权利。对著作权的保护是对作者原始工作的保护。著作权的保护期限为作者终生及其死亡后 50 年，截止于作者死亡后第 50 年的 12 月 31 日。我国实行作品自动保护原则和自愿登记原则，即作品一旦产生，作者便享有版权，无论登记与否都受法律保护；自愿登记后可以起证据作用。

我国于 1990 年 9 月 7 日颁布了《中华人民共和国著作权法》，2001 年 10 月 27 日进行了第一次修正，2010 年 2 月 26 日进行了第二次修正。国务院于 2002 年 8 月 2 日颁布《中华人民共和国著作权法实施条例》，2011 年 1 月 8 日进行了第一次修订，2013 年 1 月 30 日进行了第二次修订。

9.2.2 新创企业的法律组织形式

在创建新企业前，创业者应该事先确定企业的法律组织形式。自 1999 年 8 月 30 日中华人民共和国第九届全国人民代表大会常务委员会第十一次会议通过《中华人民共和国个人独资企业法》之后，2005 年 10 月 27 日第十届全国人大第十八次会议和 2006 年 8 月 27 日第十届全国人大第二十三次会议分别通过了《中华人民共和国公司法》和《中华人民共和国合伙企业法》。至此，我国企业法律形式基本上与国际接轨。按中外企业有关法律条款的规定，目前我国企业主要有三种基本的组织形式：个人独资企业、合伙制企业、公司制企业（主要包括有限责任公司和股份有限公司）。

1. 个人独资企业

个人独资企业，也称个人业主制企业，是依照《中华人民共和国个人独资企业法》在中国境内设立，由一个自然人投资，财产为投资者个人所有，投资者以其个人财产对企业债务承担无限责任的经营实体。个人独资企业的特点是：①由一个自然人投资设立，如果由一个法人或两个以上的自然人投资设立，则不能成为个人独资企业。②企业财产为投资者个人所有。③企业的投资者承担无限责任。

根据《中华人民共和国个人独资企业法》的规定，个人独资企业设立的条件是：①投资人为一个自然人；②有合法的企业名称；③有投资人申请的出资，国家对其注册资金实行申报制，没有最低限额；④有固定的生产经营场所和必要的生产经营条件；⑤有必要的从业人员。个人独资企业成功与否依赖于所有者个人的技能和能力。当然，所有者也可以雇用那些有其他技能和能力的员工。

个人独资企业具有以下优点：①企业的独立性强。独资企业的设立、转让与关闭等行为，一般仅需业主向政府工商管理部门登记即可，手续简单；在决定如何管理方面有很大自由，企业经营方式灵活多样，处理问题简便、迅速。同时，独资企业在经营管理上有着完全的自主权，不受他人制约。个人独资企业的强独立性可以使得它对市场的变化迅速作出反应。②企业信息易于保密。在激烈的市场竞争中，有关企业销售数量、利润、生产工艺、财务状况等一切商业秘密，是企业获得竞争优势的基础。个人独资企业由业主负责，除非他自己泄露商情，否则个人独资企业除了所得税表格中需要填写的项目以外，其他均可保密。易于保密的特性可以让企业保持其核心技术的垄断地位和竞争优势。③税收负担轻。企业由个人出资，财产归个人所有，利润也全部归个人所得和支配，不需要和别人分摊。与法人企业不同，个人独资企业只需缴纳个人所得税，不需双重课税，这减轻了企业的财务负担。④企业创建者能够满足个人意愿。个人独资企业可以按照企业创建者自己的方式来经营，将生活与工作融为一体。企业的目标往往也是创业者个人的目标，企业经营的成败与个人荣辱集于一身。对于大多数创业者而言，他们在经营企业中获得的主要是个人满足，其次才是利润。⑤个人独资企业成立或解散的程序简单。在美国，个人独资企业的成立只需缴纳低廉的市府档案费或填写州营业税缴纳申请表，无需其他任何手续。在我国，个人独资企业成立时，仅需到当地的工商行政管理机关登记，并缴纳少许费用，即可领取营业执照。个人独资企业在解散时，只需把债务偿清即可，由自己或委托他人充当清算人，省去了重大议程等程序，既节约了时间也减少了成本。

个人独资企业也有局限性，主要表现为：①由个人负无限财产责任。企业主要对企业的全部债务负无限责任，即当企业的资产不足以弥补企业债务时，法律规定企业创建人不是以投资企业的财产为限，而是要用企业创建人个人的其他财产来清偿企业的债务。企业创建人的全部财产都与企业的经营风险相关，一旦经营失败，就会有倾家荡产的可能。因此，风险较高的行业不宜采用这种企业组织形态。②企业投资规模有限。个人独资企业在发展规模上，受到资金和管理的限制。一方面，个人资金有限、信用有限，企业的发展主要是依靠自身的积累，很难凭借自身的信誉从市场上筹集到较多的资金来扩大生产规模；另一方面，企业创建人一人承担经营管理的全部职能，个人能力有限，超出一定规模，企业经营就难以控制。③企业寿命有限。企业经营完全取决于企业创建人的个人意愿，如果创建人无意经营或因健康状况无力经营，企业的业务就要中断，甚至关闭。这时，企业一般很难由外部人员接管，而且企业创建人的继承人也不一定有足够的经营能力来维持企业的生存。所以，个人独资企业的寿命有限，企业的雇员和债权人不得不承担较大的风险。

2. 合伙制企业

合伙制企业，也称合伙企业，是指依法在中国境内设立的由各合伙人订立合伙协议，共同出资、合伙经营、共享收益、共担风险，并对合伙企业的债务承担无限连带责任的营利性组织。合伙制企业包括普通合伙企业和有限合伙企业两种形式。两者最大的区别在于有限合伙企业有两种不同的所有者：普通合伙人和有限合伙人。其中，普通合伙人对合伙企业的债务和义务负责，而有限合伙人仅以投资额为限承担有限责任，但后者一般不享有对组织的控制权。另外，普通合伙人可以用货币、实物、知识产权、土地使用权出资，也可以用劳务出资。但有限合伙企业的有限合伙人不得以劳务出资。

设立合伙企业还应当具备下列条件：①合伙企业必须有两个以上的合伙人，合伙人应当具备完全民事行为能力，且能够依法承担无限责任。②合伙人应当遵循自愿、平等、公平、诚实信用的原则订立合伙协议，合伙协议应载明合伙企业的名称、地点、经营范围、合伙人出资额和权责情况等基本事项。③合伙人应当按照合伙协议约定的出资方式、数额和缴付出资的期限，履行出资义务。合伙人出资可以用货币、实物、土地使用权、知识产权或者其他财产权利；上述出资应当是合伙人的合法财产及财产权利。合伙人也可以用劳务出资，其评估办法由全体合伙人协商确定。

当企业需要扩大规模时，业主往往会吸收其他业主来创办合伙企业，与个人独资企业相比，合伙企业具有以下优点：①有利于扩大资金来源和信用能力。合伙企业的每一个合伙人都有自己的专长和社会背景，能从多方面为企业提供资金，也容易向外筹措资金，如从银行获得贷款，从供货商那里赊购产品。②有利于提高决策能力和经营管理水平。合伙企业的业主人数多，各有所长，大家可以集思广益，利用众人的才智和经验更好地经营和管理企业，提高企业的市场竞争力。③有利于保护小股东的利益。在进行企业决策时，每个股东都有投票权，因而小股东与大股东地位平等，小股东的利益也就有了充分的保障。

但是，合伙企业也存在以下缺点：①合伙人要承担无限连带责任。合伙企业是自然人企业，普通合伙人不仅要对企业债务承担无限责任，使其家庭财产面临经营风险，而且对其他合伙人还存在一种连带责任关系。因此，合伙关系要以相互之间的信任为基础。②产权流动难度大。根据法律规定，合伙人不能自由转让自己所拥有的财产份额，产权转让必须经过全体合伙人的同意；同时，接受转让的人也要经过所有合伙人的同意才能购买产权，成为新的合伙人。③管理协调成本较高。原则上，全体普通合伙人都有权参与企业经营，都有决策权，因此重要事项要协商一致才能决策。如果产生意见分歧，互不信任，就会影响企业的有效经营。这对于有些需要迅速决策的企业来说，机会成本太高。④企业规模有限。与个人独资企业相比，合伙企业规模也许较大，但与公司制企业相比，其规模仍然有限。如果企业规模过大，任何一个合伙人都无法了解其他合伙人的财产状况和可能承担的债务责任。因其筹资能力有限，所以无法满足企业大规模扩张的要求。

3. 股份有限公司

公司是现代社会中最主要的企业形式。它是以营利为目的，由股东出资形成，拥有独立的财产，享有法人财产权，独立从事生产经营活动，依法享有民事权利和承担民事责任，并以其全部财产对公司的债务承担责任的企业法人。所有权与经营权分离，是公司制的重要产权基础。与传统“两权合一”的业主制、合伙制相比，创业者选择公司制作为企业组织形式的一个最大特点是，仅以其所持股份或出资额为限对公司承担有限责任；另一个特点是存在双重纳税的问题，即公司盈利要上缴公司所得税，创业者作为股东还要上缴企业投资所得税或个人所得税。

根据《公司法》，我国的公司分为有限责任公司（包括一人有限公司）和股份有限公司两种类型。股份有限公司是指其全部资本分为等额股份，股东以其所持股份为限对公司承担责任，公司以其全部资产对公司的债务承担责任的企业法人。大型企业和较大的中型企业一般采取这种组织形式。其法律特征主要表现为几点：①它是典型的资合公司。任何愿意出资的人都可以成为股东，不受资格限制。②股东人数有法律上的最低限制。我国《公司法》第 79 条规定，设立股份有限公司，应当有 2 人以上 200 人以下为发起人，其中须有半数以上的发起人在中国境内有住所。③资本总额均分为每股金额相等的股份。出资多的股东拥有的股票数量多，但不能增大每股的金额。股票数量的多少决定股东应享有的权益，作为普通股，应该是同股，同权，同利。④股东以其认购的股份对公司承担有限责任。公司以其全部资产对公司债务承担责任，但股东只限于其所认购的股份对公司负责。当公司解散或破产清算时，公司债权人只能向公司追偿，无权向任何股东直接提出还债要求。⑤所有权与经营权分离。随着股份有限公司股权的多元化和分散化，股东投资于企业，但并不一定参与企业的经营活动。事实上，由于股东投资份额不同，持有不同比例股份的股东也并非享有同样的股东权利。公司通常推选熟悉业务、有管理才干的人担任董事，组成董事会，由董事会聘任总经理（可以不是股东）负责公司的日常经营管理工作。股东大会与董事会、董事会与公司经理之间形成相互制衡的委托—代理关系，通过规范公司治理结构实现股东财产所有权和企业经营管理权的有效分离。

我国《公司法》对股份有限公司设立的条件作了明确的规定，主要包括以下几点：①发起人符合法定人数。应当有 2 人以上 200 人以下为发起人，其中须有半数以上的发起人在中国境内有住所。②股份有限公司采取发起设立方式设立的，注册资本为在公司登记机关登记的全体发起人认购的股本总额。公司全体发起人的首次出资额不得低于注册资本的 20%，其余部分由发起人自公司成立之日起 2 年内缴足；其中，投资公司可以在 5 年内缴足。在缴足前，不得向他人募集股份。股份有限公司采取募集方式设立的，注册资本为在公司登记机关登记的实收股本总额。股份有限公司注册资本的最低限额为人民币 500 万元。法律、行政法规对股份有限公司注册资本的最低限额有较高规定的，从其规定。③股份发行、筹办事项必须符合法律规定。股份有限公司的每一股金额应当相等。股份有限公司的股份以公开的方法，依法定程序，实行公开、公平、公正的原则，向社会公开招募。④必须有发起人制定公司章程，并经创立大会通过。⑤必须有公司名称，建立符合股份有限公司要求的组织机构。⑥有固定的生产经营场所和必要的生产经营条件。⑦依法登记。股份有限公司的企业法人登记，必须按照《公司法》和《中华人民共和国企业法人登记管理条例》的规定，申请取得政府授权部门的批准，在召开创立大会 30 天内，由董事会向工商行政管理部门递交登记申请书、有关主管部门的批准文件、公司章程等文件，申请办理登记手续。待批准后，公司即取得法人资格。

股份有限公司是最典型的现代企业组织形式，是现代企业组织形式的高级形态，产权关系明晰、权责界定明确，具有规范的公司治理结构和良好的运行机制，与其他组织形式相比，有更大的优越性。第一，股份有限公司是迅速聚集资本的最便利的形式。它可以向社会公众发行股票或者债券，更广泛地吸收社会小额闲置资金。若无法律明文禁止事项，任何人都可以通过购买股票成为股东。这就使得股份有限公司更易于大规模地吸收社会闲置资本以筹集资金，使企业迅速发展壮大。第二，股票易于转让，股份具有良好的流动性。一方面，股东只按投资份额承担有限的财产责任；另一方面，股东可以比较方便地转让股份，而且股份有限公司有可能挂牌上市，成为国内或国外上市公司，在广阔的资本市场上通过资本运作，优化资源配置，提高企业经营价值，以此加速公司产权的流动与重组。第三，股份有限公司所有的信息公开，有利于社会监督，提高企业的经营效率。股份有限公司，尤其是上市公司，必须坚持公开性原则，使公司全部经营活动置于社会监督之下。公司财产所有权与经营管理权分离，由各方面的专家从事公司的经营管理工作，从而进一步提高企业的经营效率，更易于适应竞争激烈、多变的市场环境。

但是，与其他企业组织形式相比，股份有限公司的设立手续比较复杂，组建费用较高，公司股东也要交纳双重所得税。尤其是上市公司要公开披露企业经营业绩和公司财产状况，接受更多的法律、法规的制约和监督，在资本市场上也有被其他公司接管的可能性。

4. 有限责任公司

有限责任公司是经政府相关部门批准，由股东共同出资设立，股东以其出资额为限对公司承担责任，公司以其全部资产为担保对外承担责任的法人组织。公司股东作为出资人按投入公司的资本额享有所有者的资产收益、重大决策和选择管理者等权利。公司享有由股东投资形成的全部法人财产权，依法享有民事权利、承担民事责任。

有限责任公司这种企业组织形式一般适合于中小企业，其主要的法律特征是：①有限责任公司的股东，仅以其出资额为限对公司承担责任。有限责任公司是以股东出资为基础建立起来的法人组织，股东只对公司负以其出资额为限的有限责任，对公司的债权人不负直接责任。②有限责任公司的股东人数有最高人数的限制。如我国的《公司法》规定，有限责任公司由 50 个以下股东共同出资设立。有限责任公司的股东，不限于自然人，法人和政府都可以成为其股东。③有限责任公司不能公开募集股份，不能发行股票。我国《公司法》规定公司设立的方式有两种：一种是发起设立；另一种是募集设立。对于有限责任公司来说，只能采取发起设立的方式，即公司总股本全部由发起人认购，公司由股东共同出资设立，不向发起人之外的任何人募集股份，也就是不能向社会公开募集股份。有限责任公司成立后，股东所持有的是证明其出资额的权利证书——出资证明书。这种出资证明书，不能像股票那样在证券市场上买卖。④有限责任公司兼有人合性和资合性。有限责任公司是将人合公司与资合公司的优点综合起来的公司形式。

创业者设立有限责任公司，除了要有固定的生产经营场所和必要的生产经营环境之外，还应具备下列条件：①股东符合法定人数。根据我国《公司法》第二十四条规定：有限责任公司由 50 个以下股东出资设立。②股东出资达到法定资本最低限额。一般有限责任公司注册资本的最低限额为 3 万元，而一人有限责任公司的注册资金最低限额为人民币 10 万元。法律、行政法规对有限责任公司注册资本的最低限额有较高规定的，从其规定。股东可以用货币出资，也可以用实物、知识产权、土地使用权等可以用货币估价并可以依法转让的非货币财产作价出资，但法律、行政法规规定不得作为出资的财产除外。且全体股东的货币出资金额不得低于有限责任公司注册资本的 30%。③股东共同制定公司章程。法律对有限责任公司章程有明确的要求，要求应当载明的事项包括：公司名称和住所；公司经营范围；公司注册资本；股东的姓名或者名称；股东的权利和义务；股东的出资方式和出资额；股东转让出资的条件；公司的机构及其产生办法、职权、议事规则；公司的法定代表人；公司的解散事由与清算办法；股东认为需要规定的其他事项。④有公司名称，建立符合有限责任公司要求的组织机构。

创业者成立有限责任公司有以下优点：①投资人风险有限，资本相对集中。出资人只以出资额为限承担公司的经营风险，出资额以外的财产不受赔偿的影响。公司可以吸收来自多个投资人的资本，促进资本的有限集中，在一个比较大的规模上从事生产经营活动。②产权主体多元化，有助于形成有效的公司治理结构。产权主体多元化，各投资方就会要求按照投资比例享有权利、承担义务，就会重视公司章程的制定，要求建立有效的公司治理结构，促进公司决策的科学化与民主化。因此，有限责任公司一般要设立股东大会、董事会和监事会，在决策、执行和监督环节上形成委托代理和相互制衡的运行机制。③公司经营稳定，有利于企业扩张和保持连续性。在有限责任公司中，由股东会选举和更换董事，由董事会聘任或解聘公司经理，公司财产所有权与经营权的分离使公司的存续不受某些股东出让股份影响，因此能够保证公司经营的稳定和企业的长远发展。④设立程序简单，内部机构设置灵活。有限责任公司发起设立的程序比较简单，一般有两个以上的发起人发起即可，不必发布公告、公开账目和资产负债表等；在公司内部机构设置上，可设几名或一名董事；股东较少、规模较小的公司还可以不设监事会，甚至不设股东大会；股东大会的召集方法和决议方法也简便易行。

不过，创业者成立有限责任公司也有缺点，主要体现在以下几个方面：①双重纳税。双重纳税是指有限责任公司的盈利首先要上缴公司所得税，当红利以股息的形式派给股东后，股东还要就投资收益部分或个人所得额上缴企业（投资）所得税或个人所得税。这种双重纳税的制度会加重企业的财务负担。②企业规模有限。由于不能公开发行股票，有限责任公司筹集资金的范围和规模一般不会很大，难以适应大规模生产经营的需要。同时，由于股权不能充分流动，企业兼并收购等资产运作方式受到很大限制。

5. 一人公司

一人有限责任公司（简称“一人公司”）其实是有限责任公司的一种，是在2005年10月27日第十届全国人大第十八次会议通过的新《公司法》中新增加的。2005年《公司法》规定，一人公司是由一个股东出资筹建的承担有限责任的公司，注册资本最低限额为人民币10万元。其基本特征是：一个投资者是公司的唯一股东，是特殊有限责任公司，公司对债务承担有限责任；投资者是企业法人，而不是自然人；公司财产与个人财产严格分开，投资者只以投资额为限对公司承担责任。

一人公司的合法化给创业者带来了很多方便，成为创建新企业的重要形式，在很大程度了激励了创业企业的形成。首先，一人公司允许和鼓励个人创业，从一定程度上说降低了公司创立的门槛，开辟了就业领域，扩展了就业门路。其次，创业者创业存在很大的风险，与个人独资企业不同，一人公司承担有限责任，降低了投资者的风险。一人公司作为有限责任公司与业主制和合伙制不同，业主制的主体是自然人，而一人公司的主体是公司，只承担有限责任，这样就可以化解投资者的风险，使投资者与债权人共担风险。再次，一人公司结构简单，经营机制灵活，从而增加了企业的柔性。一人公司既不存在股东大会和董事会，所有者和经营者合一，也不存在代理成本，从而有利于企业决策迅速灵活，更好地应对复杂多变的市场需求和外部环境变化。最后，一人公司有利于人力资本价值的实现，激励创新。一人公司的知识产权可以作为投资人入股等规定，主要是鼓励有科学技术和管理经验的知识分子创业，在很大程度为技术型创业提供了土壤。当然，一人公司也存在筹资功能不足、缺乏科学的决策机制等缺点，因此创业者在选择时也不能太过盲目，尤其是当首次创业，缺乏一定的公司管理经验和资金实力时，更应谨慎地选择一人公司。

一人公司与个体工商户、个人独资企业等形式有一定的相似之处，容易混淆。其实它们在责任承担、税收、注册资本等方面还是存在明显差异的。总体来看，个体工商户的优点是门槛低，没有注册资本要求；缺点是经营者对债务承担无限责任，风险较大，此外，有无收入均需纳税。个人独资企业的优点是无收入时无需纳税，缺点是需安置财务人员处理日常记账报税等会计工作，投资人对债务承担无限责任，风险较大。一人公司的优点是企业无收入时无需纳税，股东承担有限责任，风险较低；缺点是需安置财务人员处理日常记账报税等会计工作，公司具有最低注册资本10万元的要求。

9.2.3 新创企业的名称设计

1. 企业命名的基本要求

企业名称与自然人名称相对，企业名称是作为法人的公司或企业的名称，该名称属于一种法人人身权，不能转让，随法人存在而存在，随法人消亡而消亡。企业名称必须经过核准登记才能取得，需要遵守《企业名称登记管理规定》和《企业名称登记管理实施办法》，到工商行政管理部门申请注册。创业者为新创企业命名时，要注意以下要求：

（1）企业名称力求创新，突出与众不同。这是为了突显名称的标志性和识别功能，如果一条街上有几家公司分别叫“福林”、“美林”、“南林”，相信没有几个人能区分。而且对公司本身而言，这既没有突出个性，也没有让人对其产生独特的印象，这种名字实在是一大败笔。

（2）企业名称要字义和谐，易读易记。企业名称要念起来符合社会的语言习惯，有一定的含义，表层的或深层的都可以。发音富有美感，让人说得顺口，记得牢固。同时，起名时最好能够名副其实，由表及里，内外统一。有人说，玫瑰如果叫的是别的名字就没那么芳香了。同样的道理，你的企业名称要让人看得到，闻得到，想得到。

（3）企业名称应简洁为好，易读易记。公司名称不能太复杂，否则会引起反面作用。比如有的公司喜欢采用繁难字作为公司名称，顾客不仅不认识，也读不出来。而像万客来、半分利、合口味等公司名称，则简洁明白，易于传播。

（4）企业名称必须反映经营者的经营特色，或反映主营公司的优良品质，使消费者易于识别店铺的经营范围，并产生购买欲望。比如同仁堂、德仁堂，作为老字号中药店已是家喻户晓，“堂”作为中药铺已成为约定俗成的识别标志，故人们一看同仁堂招牌或某某堂招牌，就知道是卖中药的。

（5）企业名称必须新颖，能迅速抓住消费者的视觉。公司起名必须新颖，能引起消费者的兴趣，吸引他们光顾公司，如一口鲜、大三元、狗不理之类公司名称，都使消费者产生兴趣和好奇心。

企业命名除了企业名称外，还包括产品名称、企业域名、企业商标和品牌名称等。产品命名方法有效能命名法（如减肥茶）、成分命名法（如人参蜂王浆）、工艺命名法（如二锅头）、外形命名法（如蝙蝠衫）、比喻命名法（如长寿面）等。品牌名称是某一企业生产的该类产品中某一品种的标志，企业可以拥有多个品牌，例如宝洁公司的海飞丝、飘柔和潘婷等。另外，知名度高的品牌还可以进行适当的扩展，如海尔的品牌已从冰箱逐步扩展到了手机、电视、电脑甚至医药等多个领域。常用的品牌命名方法有象声命名法（如娃哈哈）、双关命名法（如富康汽车）、谐音命名法（如盖天力）、创词命名法（如索尼）、数字命名法（如三九胃泰）等。此外，随着信息化的不断发展，企业网络域名也日趋重要，企业要注意域名的编码规则、域名的一般格式、域名的申请途径、域名的法律保护以及域名的命名方法等。

2. 企业命名的方法和途径

企业名称的命名技巧和常用的方法较多，我们简单介绍几种：

(1) 人名地名命名法。由于人名和地名具有特殊的含义，因此往往以人名和地名命名的公司和企业名称，看起来朴素简洁，但是名称响亮大方，寓意也十分丰富。根据地名命名的企业名称有长江集团、青岛啤酒、燕京啤酒、山西汾酒、贵州茅台等。根据人名命名的企业名称有王麻子剪刀、张恒春制药、戴尔电脑、希尔顿酒店、李宁体育用品等。

(2) 寓意法。寓意法的核心主要关注企业的名称寓意，大多运用寓意美好的字词，如祥、康、福、泰、恒、兴、庆、和、富、德、隆等字词。如北京“全聚德”烤鸭，上海“老凤祥”银楼都是运用这些吉祥美好的词语。而在长期的命名过程中，也有逐渐形成的一些行业习惯，如药店多用“仁”和“堂”等。

(3) 谐音取名法。运用这种方法取名，看似偶尔偶合，实属别有专心，让人读来别具趣味，如一位上海老板郁屏翰取店名为“郁良心药店”，从语音上刚好与“有良心”谐音，从而让公众产生老板做生意不赚昧心钱的诚意。

(4) 俗语取名法。俗语较为民间口语化，运用俗语定名的企业公司，其名称能被大多数公众所接受。如天津“狗不理”包子，陕西“老孙家”牛羊肉泡馍，陕西“平娃”烤肉，“大娘水饺”，“好吃来”瓜子大王，“鲜得来”排骨等叫得响亮的名字给人一种亲切感。

(5) 吉语取名法。“兴”、“隆”、“源”、“茂”、“发”等字在旧时店铺的招牌上常常出现，这是旧时生意人喜欢讨个吉利，讲究口彩，如老字号“月盛斋”开办于 1775 年，店名为“月盛斋”，就有“月月兴盛”的意思；国人开办的第一家啤酒厂北京的双合盛五星啤酒厂是以山东人张阁与郝升为主集资开办的，取名“双合盛”，就有“双方合办，财路茂盛”之意。

(6) 段式命名法。具体包括“一段式”(姓氏，如周记)、“二段式”(姓氏＋行业，如王氏车行)、“三段式”(地名＋序号＋行业，如天津第一棉纺厂)、“四段式”(行政区划＋字号＋行业＋组织形式，如北京义利食品有限公司)。

9.3　创建新企业的三种方式

创业者决心投入创业行列时，需要考虑采取何种创业方式。通常创业者可以采用三种方式建立新企业：创建一个全新企业；收购现有企业；特许经营。每种创业方式的选择都有有利因素和不利因素。为此，创业者要将自己的经营能力、可使用的经营资源与可能的创业方式做慎重的评估，根据自己的创业目标与创业条件最后做出决定。

9.3.1　创建一个全新企业

新建一个企业是指从零开始创建一个企业，是与创新和企业家精神密切联系的一个概念。在现代社会，随着技术进步的加快和技术周期的缩短，在一个人的有生之年，完全有可能经历“从理论研究到应用研究，再到研究开发和创建企业”这一技术创新成果商业化的全过程。因此，个人创业成为一种十分平常的现象。更多具有创意的人士，往往通过工艺创新、市场营销创新等非技术创新而成功地创建企业。

多数创业者都认为创业的最好方式是开办一个新的企业，而不是购买一个现成企业。这种方式给予创业者最大的满足感，但同时也意味着要承担比购买现成企业高得多的风险。

开办一个新企业最有效的方法之一就是创建一种独特的产品或服务，即当前市场上还没有提供的产品或服务，如果你能够提供，将会有很大的市场需求。第二个方法就是对当前市场上的产品进行改进，或者将产品扩展到其他新的领域中。

（1）在以下三种条件下，可以组建新企业，而不必购买现有企业或获得特许经营权。

①新建企业以新发明、新产品或新服务为特征。

②新建企业能充分利用理想的地址、设备、产品或服务、雇员、供给方和银行方面的优势。

③新建企业可以避免不理想的先例、政策、程序以及现有公司的一些法律契约限制。

创建新企业有很大好处。具体来说，开始创立一个企业的前期花费要比收购一个企业的费用低，而且在开发一个独特的产品时能充分发挥创业者的独创天赋，可以从一个全新的市场开发；可以自己做主选址，创建自己的管理模式和方针，不会有在收购现有企业时一同购进企业的麻烦和缺陷等问题。

当然，创建新企业也会有一定的风险，创业者必须从零开始做起。创业者有责任选择合适的厂址、合理的企业结构和内部资产营运系统。创业者必须申请并获得营业执照和经营许可证，发展自己的基本客户群、开发企业管理和组织体系以及市场营销计划。有时，这些会让创业者望而生畏。

大部分人都是在他们比较熟悉的行业创建自己的企业。创业者应用自己的才能和创造力开发出一些独特的资源，他们生产制作、供应和销售一种非常好的产品或提供一项完善的服务。然而，成功的企业家必须能够在提供好的产品或服务的同时了解企业是如何运作的。

（2）创建新企业就意味着要花大量的时间用于制订新企业的计划，并要对产品或服务的潜在市场进行研究。市场分析可以帮助创业者确定是否存在特定的产品和服务需求，需求是否足够大，以至于说明启动企业经营是否合适。市场分析的方法包括以下几个步骤：

①尽可能清晰的问题陈述；

②收集关于问题的所有必要事实；

③对事实进行组织和分析；

④制定一种或多种行动方案，分析各种方案的优点和缺点；

⑤选择并实施最佳的方案；

⑥观察这一方案的实际进展情况，根据需要进行调整。

9.3.2 收购现有企业

企业收购是企业法人在平等自愿、等价有偿的基础上，以一定的经济方式取得其他法人产权的行为，是企业进行资本运作和经营的一种主要形式。客观地看，创业不外乎是培育某种财富生产能力，为自己创造利润，为社会提供税收和就业岗位。因此，投入资金，通过产权交易直接变他人的财富制造能力为自己所有，也不失为创业的可行途径。第二次世界大战以前，世界主要跨国公司的国外生产性子公司中有37%是通过收购而建立的。1946—1958年，这一比例上升到44%，到20世纪60年代则达到了55%。统计资料表明，在美国通过收购而建立子公司的数量仍呈上升趋势。

1. 收购的主要类型

(1) 按照支付方式分类。按照支付方式，收购主要有两种类型：资产收购和股份收购。资产收购是指买方购买另一家公司的部分或全部资产。股份收购则是指买方直接或间接购买另一家公司的部分或全部股份，从而成为被收购公司的股东，相应地承担公司的债务。在股份收购的情况下，按照收购方所获得的股权数量（比例），又可以分为三种情况：一是参股收购，即收购方购得被收购公司的部分股权，在这种情况下，收购方仅以进入被收购公司的董事会为目的。二是控股收购，即收购方购得被收购公司达到股权比例的股权。所谓控股股份，在理论上是指持有具有投票权的股票（普通股）的51%。但在被收购公司有相当大的规模，而股权又比较分散的情况下，往往控制30%左右的股权，有时甚至25%就足以有效地控制整个公司，达到控股的目的。三是全面收购，即收购方购得被收购公司的全部股份，被收购公司成为收购公司的全资子公司。第二种和第三种收购行为是创业者比较青睐的方式。

(2) 按收购双方行业关联性分类。主要分成三类：横向收购、纵向收购和混合收购。横向收购是指同属于一个产业或行业，生产销售同类产品的企业之间发生的收购行为。实质上，横向收购是两个或两个以上生产或销售相同、相似产品的公司之间的收购，其目的在于消除竞争，扩大市场份额，增加收购公司的垄断实力或形成规模效应。纵向收购是指生产过程或经营环节紧密相关的公司之间的收购行为。实质上，纵向收购是处于生产同一产品、不同生产阶段的公司之间的收购，收购双方往往是原材料供应者或产成品购买者，所以对彼此的生产状况比较熟悉，有利于收购后的相互融合。混合收购又称符合收购，是指生产和经营彼此没有关联的产品或服务的公司之间的收购行为。

(3) 按持股对象是否确定分类。主要包括要约收购和协议收购。要约收购指收购人通过向目标公司的股东发出购买其所持该公司股份的书面意见表示，并按照依法公告的收购要约中所规定的收购条件、价格、期限以及其他规定事项，收购目标公司股份以达到控制权的收购方式。协议收购是指由收购人与上市公司的股票持有人就收购该公司股票的条件、价格、期限等有关事项达成协议，由公司股票的持有者向收购者转让股票，收购人支付资金，达到收购的目的。

2. 收购方式的优点

国内外大量案例实践表明，收购企业具有如下优点：

(1) 迅速进入。新创企业进入市场时总会遇到这样或那样的障碍，诸如技术壁垒、规模壁垒、市场分割壁垒、政府许可壁垒等。收购方式最基本的特性就是可以省掉很长的时间，迅速获得现成的管理人员、技术人员和设备。可以迅速地建立一个产销据点，有利于企业迅速做出反应，抓住市场机会。如果被收购企业是盈利企业，收购者可以迅速获得收益，从而大大缩短了投资回收年限。

(2) 迅速扩大产品种类。收购方式可以迅速增加母公司的产品种类，尤其是原有企业要跨越原有产品范围而实现多样化经营时，如果缺乏有关新的产品种类的生产和营销方面的技术和经验，显然采取收购方式更为稳妥。

（3）选择性大。目前，我国不少行业的生产能力是过剩的。如在轻工行业，某些产品的生产能力超过了市场需求的25%，有些甚至超过了100%。其他一些行业也有类似的情况。这就给购买他人的生产能力提供了较大的选择空间。创业者关键是要在可能的购买对象中作出恰当的选择。

（4）利用原有的管理制度和管理人员、技术。采取收购作为直接投资的方式可以不必重新设计一套适合当地情况的经营管理制度。这样可以避免对该领域或该地区的情况缺乏了解而引起的各种问题。收购技术先进的企业可以获得企业的先进技术和专利权，提高公司的技术水平。

（5）采用被收购企业的分销渠道。这样可以利用被收购企业已经成形的市场分销渠道以及企业同经销商多年往来所建立的信用。

（6）获得被收购企业的市场份额，减少竞争。市场份额的增加会导致更大规模的生产，从而实现规模经济。企业可以收购作为竞争对手的企业，然后将它关闭来占据新的市场份额。

（7）获得被收购企业的商标。收购一些知名企业往往可利用其商标的知名度，迅速打开市场。

（8）廉价购买资产。一种情况是，从事收购的企业相对于目标企业来说更了解目标企业所拥有的某项资产的实际价值。例如目标企业可能拥有宝贵的土地或按历史折旧成本已摊提的但在账簿上还保有的不动产，目标企业有时低估了某项资产的限期重置价值，使得收购者廉价地收购目标企业。另一种情况是，收购不盈利或亏损的企业可以利用对方的困境压低价格。

（9）迅速形成自己的财富生产能力，加快市场进入的速度。在新经济时代，要求企业对市场变化、市场竞争有更快的响应速度。如果新建一种财富生产能力，往往要花费数月甚至数年。等到生产能力建成之时，市场机会早就被他人抢走了。而购买他人现有的生产能力，只需进行必要的技术改造即可迅速提供市场需要的商品，实实在在地抓住某些盈利良机。

3. 收购方式的缺点

尽管如此，收购方式也存在一些内在的缺点，表现在：

（1）价值评估难。究其原因，一是有的目标企业为了逃税、漏税而伪造财务报表，有的财务报表存在各种错误和遗漏，有的目标企业不愿意透露某些关键性商业机密，加大了评估难度；二是对收购后企业的销售潜力和远期利润的评估困难较大；三是企业的资产还包括商誉等无形资产，这些无形资产的价值不像物质资产的价值那样可以轻易地用数字表示。

（2）失败率高。失败有很多原因，一个重要的原因是被收购企业的原有管理制度不符合收购者的要求，如果原有的管理制度好，收购企业可以坐享其成，无须很大的改变；如果原有的管理制度不符合要求，收购后对其进行改造时问题就出现了。习惯原有经营管理方式的管理人员和员工往往对外来的管理方式加以抵制，母公司在被收购企业内推行新的信息和控制体系常常是一个困难而又缓慢的过程。另外，企业虽然可以通过收购方式获得市场份额和产品技术，但如对被收购企业的产品种类过于缺乏经验，可能无法进行有效的管理，这也会导致收购的失败。

(3) 现有企业往往同它的客户、供给者和员工存在某些已有的契约关系或传统关系。例如现有企业可能同某些老客户具有长期的特殊关系，该企业被收购后，如果结束这些关系可能在公共关系上成本很大，然而继续维持这些关系可能被其他客户认为存在差别待遇。同样地，与供给者之间的关系也可能会碰到类似的情况。

(4) 转换成本。收购对方的生产能力后，一般要对所购入的生产能力进行某些技术改造，这就涉及转换成本问题，包括技术改造成本、原有某些设备提前报废的损失、原有人员进入新岗位的培训费用增加等。这是购买现有企业生产能力时不得不考虑的问题。

(5) 选择收购对象是个难点。恰当地选择目标企业并不容易。通常在选择收购对象时，创业者应该考虑如下问题：目标企业目前的市场地位、未来的市场地位；目标企业目前的技术能力、技术能力的成长性；目标企业的负债情况；目标企业目前的经营业绩；目标企业要求的出资方式及其便利性；购买后技术改造需要的增量投资；可能随之增加的企业社会负担等。

(6) 原有企业的包袱会随着收购而被带入新公司。我国目前正处于经济制度转轨时期，计划经济时期遗留的“企业办社会”问题仍困扰着企业，政府从稳定社会的角度出发，往往也显得无可奈何。创业者如果收购某个企业，常常不得不随之承担目标企业原本应承担的某些社会义务。

收购也可能导致人力资源管理上的麻烦。现有企业被收购以后，由于企业的整顿往往会产生大量剩余人员，在安置这些人员及支付报酬时，创业者需要从经济、道义和法律方面综合考虑，如何妥善地处理这些问题，对创业者是一个挑战。

4. 收购过程注意事项

在收购过程中，个人理念、良好的商业感觉以及对每个机会谨慎乐观的探索都是必需的。有人提出成功收购一个企业的框架，必须经过确认目标、价值评估及交易谈判三个步骤。

(1) 在收购企业前，必须对被收购的企业进行认真的考察。

①对被收购企业的体制进行彻底的检查与分析。

②考虑收购者自身的经营实力能否经营自如，例如，对被收购企业所属产业是否有所认识，整顿企业应有的具体指示是否足够。

③企业长期发展预测及准确深入的收益成本分析。

④被收购企业的权利与义务、债权与债务是否清楚。

(2) 在决定收购某个企业之前，创业者还需要回答以下几个问题：

①收购的必要性。即与独创、合伙企业相比，作为创业者，你真的需要收购某个既有企业吗？收购的利弊有哪些？

②收购后改造目标企业的可能性。一般情况下，同意被创业者收购的企业往往存在着这样或那样的问题和困难。特别是一些企业创新能力差，生产技术落后，整体技术能力提升速度大大落后于社会技术进步的步伐。这就涉及对企业进行技术改造是否可行，如果不可行还不如自己新建一个企业。

③扭转现有企业的低回报的能力。现实中，收购者收购的企业往往只有很低的收益水平与规模，这就需要创业者扭转企业的低回报状态。因此，创业者应当思考自己是否有能

力扭转该企业目前的业绩状态。

④运营现有企业的经验。在创建新企业的过程中，创业者可以逐步积累运营企业的经验。但一下子买进一个企业，创业者受其知识、经验能力的限制，往往无力运营企业，甚至使一个原本较好的企业的经营状况变坏，使一个原本较糟的企业的经营状况雪上加霜。因此，在收购某个企业之前，创业者一定要询问自己：我有运营这个企业的能力和经验吗？时间允许我去积累经营这个企业的经验吗？

⑤对方有无隐形债务。显然，即使对方要价很低，创业者也需要好好考察对方的债务状况，以免背上一堆不明不白的债务。

虽然通过收购企业进行扩张有很多优点，但是收购企业也有不利之处，创业者在收购过程中也可能陷入一些误区。因此，创业者必须将收购与其他扩大规模的方法相比较，必须仔细衡量这种方式的优点和缺点。

在创业史上，收购者在收购企业之后励精图治，付出更多心血去经营，缔造佳绩的典型当属美国克洛克先生收购麦当劳并使之成为世界性汉堡王国。购买知识产权投入新产品开发及新商品推销成功，当属日本索尼公司购买西方电气公司的晶体管专利。今天，很多创业者参加加盟连锁店，借助连锁总公司的经营指导、统一采购及其他协助开始创业。

很多学有所长的经营者都喜欢收购体制不良但有发展潜力的企业，在既存基础下，经营者经过彻底的经营诊断，通盘寻找企业经营的问题以对症下药，进而借助专门的企业经营知识及经营创意对企业经营做出系统的、重点的、持续的整体改善，使企业起死回生，再造辉煌业绩。企业成功之后，创业者或继续经营，或高价出售企业，功成身退，静享创业成果。

创业方式虽然很多，但是创业者必须具有丰富的创业管理知识，并在创业活动中认真地做好创业管理才有可能创业成功。

9.3.3 特许经营

1. 特许经营的概念

特许经营是目前在全世界流行的一种新型组织经营形式。特许经营是指特许人将自己拥有的商标（包括服务商标）、商号、产品、专利和专有技术、经营模式等以合同的形式授予受许人使用，受许人按合同规定，在特许人统一的业务模式下从事经营活动，并向特许人支付相应的费用。特许经营由三个要素组成：一是特许人；二是受许人；三是包含全套经营方式、管理技巧、无形资产等在内的特许协议。

2. 特许经营的特点

现代意义上的特许经营始于麦当劳公司。一般而言，特许经营有如下特征：

（1）特许经营是特许人和受许人之间的契约关系；

（2）特许人允许受许人使用自己的商号、商标或服务标记、经营诀窍、技术方法、持续体系及其他知识产权；

（3）受许人对特许人的业务进行投资，并拥有其业务；

（4）受许人向特许人支付费用；

（5）特许经营是一种持续性关系。

3. 特许经营的优势

特许经营是一种程序化、指导经营关系的协议。特许是围绕着双方签订的合法特许协议的一种市场营销活动。被许可一方有权以个人所有者身份经营企业，但要根据特许权人一方所限定的方式进行经营。特许公司通常给系统或加盟成员提供企业名称、商标、产品、专利或技术、经营程序等方面的使用权。

特许经营提供了一种独特的创业机会。进行特许经营，成为受许人，对创业者而言是一个很好的选择。它可以帮助创业者增加收益，而无须很高的启动资金，可以利用现有的技术和渠道，而无须为初期的开拓费尽脑筋。特许经营的好处在于它能使创业者以一个公众已接受的品牌和商标开展业务，可以得到培训的机会和行业专家给予的经营指导，同时还可以得到特许人的财务支持。有些公司会指导新企业的日常经营，帮助新企业成为行业专家。有些公司会连续不断地提供经营咨询服务，通常包括帮助记录内部经营业务资产账目，还有些公司参与的区域或全国性促销活动可促进新加盟企业的业务开展。国际市场上通过特许经营取得巨大成功的企业比比皆是，如麦当劳、肯德基、可口可乐、沃尔玛、富士、通用、福特等公司。

具体来讲，创业者采用特许经营模式有很多好处：

（1）得到培训与支持；

（2）拥有标准化产品和服务；

（3）拥有全国性广告；

（4）拥有强大的采购能力，在价值链上有较强的谈判能力；

（5）有强大的财务支持：常见的有总公司内部的建设贷款、给予补偿特许经营费用的短期贷款；

（6）有正规科学的区位选择并得到总公司的区位保护；

（7）拥有的是已经被证实的有效运作的商业模式，少走弯路。

4. 特许经营的劣势

我们也应该了解特许经营的一些不足之处，由于公司实行的是标准化经营，受许人不能凡事都按自己的意愿去做，通常会受到一定的制约，在很多事情上无法自己做决定。一方面，特许公司通常以总销售额的一定比率收取特许使用费，而该笔特许使用费最终不能算作受许人的利润。另外，特许人通常不会分担你的损失。你在制定销售价格、介绍新产品或服务、退出不赚钱的产品时都可能会受到限制，因此，新企业的竞争能力受到一定的削弱。由于特许人会要求受许人递交明细报告，受许人必须抽出时间和精力来准备这些烦琐的报告。

具体来说，特许经营的缺点包括：

（1）较高的加盟费和特许权使用费；

（2）必须强制性的标准化，不能按照自己的意愿做事；

（3）采购和产品线方面的要求很严格，必须从固定地方采购；

（4）培训项目参差不齐，创业者要谨慎选择加盟方；

（5）面临着市场饱和的危机，由于只要交钱即可加盟，因此有些地方的加盟店已经随处可见；

（6）独立分店之间的协调能力比较弱，每个分店在服从总体的基础上还是有一定空间的自主权，如独立宣传，这样会产生“溢出”效应，降低了单个加盟商与他人协调行动的激励作用，也降低了企业的总体效率。

总之，通过特许经营创业的好处是可以降低白手起家创办企业的整体风险，可使创业者从特许经营系统的所有成员积累的经验中获益。对创业者不利的方面主要体现在特许权费用和收入按特许权提成，经营独立性差，发展受到限制。

以上分析了三种创业方式的有利条件和不利因素，无论选择哪种创业方式，最终都需要有效的计划来运作。任何新企业都要以明确的经营模式为根本，它是新创企业起步、发展和壮大的蓝图。无论是创办自己的企业，还是收购现有企业或是购买特许经营权，创业者都要认清企业发展所需的关系，然后计划好每项工作，使自己获得成功，创业计划能帮助创业者对企业的正常运转做出合理有效的决定，因此创业者可以通过制订周密细致的创业计划来提高创业成功的可能性。

短例

麦当劳的特许经营

早期的特许经营是商品商标型特许经营，在这一阶段，特许商向加盟商提供的仅仅是商品和商标的使用权，作为回报，加盟商需定期向特许商支付费用。例如，通用汽车公司、福特公司、埃克森石油公司、壳牌公司、可口可乐公司、麦当劳公司等都采取这种方式从事经营，这种特许经营也被称为“第一代特许经营”。

但是，“第一代特许经营”在实践中遇到一系列问题，麦当劳公司也一样。麦当劳兄弟 1937 年从创办汽车餐厅起家，通过改进厨房设备与生产程序，使汉堡生产制作速度大大提高，吸引了大量顾客。20 世纪 20 年代初，麦当劳利用特许经营形式建立了自己的经营体系。一开始，他们采取的是“第一代特许经营”方式，即只在开业之初指导店铺外观和外送服务的细节，以后就两不相干了。这种“大撒把”的方式造成了危机，许多加盟商按照自己的理解改变了汉堡口味，有的甚至增加了许多复杂的品种，这是对麦当劳经营方式的“腐蚀”。麦当劳看到这一点。1955 年麦当劳在芝加哥东北部开设了第一家“样板店”，并建立了一套严格的运营制度——QSCV 运营系统，即优质服务、质佳味美、清洁卫生、提供价值。麦当劳借助这样的经营模式推行了“第二代特许经营”，全世界所有麦当劳使用的调味品、肉和蔬菜的品质均由公司统一规定标准，制作工艺也完全相同，每推出一个新品种都有一套规定。麦当劳正是依靠这样的经营获得迅速发展的。

本章要点

判断新企业生成主要有三个衡量维度：存在雇用性质的员工关系、产生第一笔销售、注册登记成合法实体。

新企业生成的途径和市场进入模式主要有三个：建立全新的企业、特许经营和收购现有企业。

新创企业可以选择的法律组织形式有很多种，在我国主要有个人独资企业、合伙企业、有限责任公司（包括一人有限责任公司）和股份有限公司。

创业者在创建和经营企业的过程中，必须了解和遵守有关法律法规，以确保自身和他人的利益没有受到非法侵害。与创业有关的法律主要包括专利法、商标法、著作权法、反不正当竞争法、合同法、产品质量法、劳动法等。

新企业名称的确定至关重要。企业的名称系统包括企业名称、产品名称、企业域名、企业商标和品牌名称等。

特许经营作为一种商业组织形式，是创业者进入市场的一种风险较小的方式，具有享受现成的商誉和品牌、避免市场风险、分享规模效益、获取特许商多方面支持等优势。

当创业者已看好并确定要进入某一市场，在有资金、无技术或有资金、有技术却无市场渠道时，可以通过收购方式进入市场。收购遵循一定的标准和程序。同时，收购有多种类型，各种类型具有不同的优点和风险。

重要概念

新创企业　个人独资企业　合伙制企业　公司制企业　一人公司　收购　特许经营　企业命名

思考练习

1. 企业不同的法律组织形式各自有哪些特点？分别适合什么类型的新创企业？
2. 创建新企业需要了解哪些法律法规？它们对新企业有哪些影响？
3. 如何给企业命名？
4. 特许经营为什么会发展得如此迅速？
5. 收购有哪些类型？相对于创建一个全新的企业而言，收购有哪些优缺点？
6. 特许经营与连锁经营、传销、战略联盟、许可证交易、商业代理等其他商业形式之间有何联系和区别？

案例分析

RealKidz：因伦理和法律而赢在起跑线

RealKidz 的创业和初期成功历程是一个暖人心扉的故事。该公司的创办者梅里尔·格拉（Merrill Guerra），一位9岁超重女孩的母亲，经常为女儿找不到合身的衣服而苦恼。格拉与其他面临类似问题的母亲交谈。RealKidz 的创意在于，创办一家为年轻女孩销售超码衣服，同时为她们找回自信和尊严的公司。在美国，有不少公司为中年妇女提供超码衣服，但针对5～12岁女孩的超码衣服尚属空白。格拉的目的就是要创办一家填补这个空白的公司。

2006年秋季，格拉参加了密歇根大学的 MBA 培训课程。尽管创办 RealKidz 的想法存于心中，但它仍只是一个创意。在培训课程期间，两个经历促使格拉将想法转变为现实。首先，她收到了来自密歇根大学校友托德·苏利文（Todd Sullivan）的鼓励，他邀请格拉到自己的互联网公司工作，这家公司主要在网上销售印有密歇根大学标志的产品，这一工作经历让格拉学会了如何利用互联网从事零售生意。第二次经历也与苏利文有关，在他的敦促下，她学习了由吉姆·普莱斯（Jim Price）讲授的创业课程。在课堂中，学生要提出自己的商业创意，一旦该创意吸引了5位学生的注意，这些学生就自动组成一个团队来撰写正式的商业计划。格拉在课堂上陈述了 RealKidz 的创意，引起不少学生的兴趣并组建了一个团队。撰写商业计划驱使格拉开展市场调查来进一步检验其创意可行性，结果表明可行性非常强。同时，撰写的商业计划也赢得了2007年密歇根大学商业计划大赛亚军。借此，格拉又赢得了几个奖项，并获取了创办 RealKidz 必需的启动资金。

2007年2月，RealKidz 正式注册成立，计划在2007年秋季返校期间销售第一批衣服。公司最初的目标市场是5～12岁的体重超标女孩。销售方式主要是利用互联网的产品目录展开。网络营销是一种直销手段。除了销售衣服，格拉还计划建立一个网上社区，为体重超标女孩家长提供交流平台，共享信息，交流与孩子成长有关的饮食、思维等方面的建议和意见。

从一开始，格拉就为 RealKidz 打造了坚实的伦理和法律基础。公司网站上“关于我们”栏目中列出了其使命、理念和价值观。RealKidz 的使命是：“通过为女孩提供合身衣服来为其找回自尊，通过倡导积极健康的生活方式帮助孩子找回自信。”公司的价值观也阐述得非常清楚，并在其销售手段中有着直观体现。格拉的首要目标是要让 RealKidz 给年轻人带来积极的生活价值观。

合法创办是创业的第一要务。对此，格拉尽其所能。格拉聘请的第一位律师建议注册为C型公司，经过反复思考，格拉认为注册为S型公司更为合适。因为两种所有制形式在税收方面存在很大差异，这对 RealKidz 来说并不是小数目。经他人推荐，格拉聘请的第二位律师在费用方面给予格拉很多方便和优惠。为了获取必需的商标，格拉与另一位律师合作。格拉所经历的最关键的法律问题就是与服装设计商之间的签约过程。这一过程让格拉更清楚地认识到获取专业建议在建立合作关系中的重要性。

格拉目前正忙于执行 RealKidz 的商业计划。在找寻推动 RealKidz 发展必需资金方面，她经历了不少挫折。但在2008年11月14日结束了第一轮融资。与公司社会责任相一致的价值观促使 RealKidz 正试图与密歇根监狱签订合同生产服装。

资料来源：布鲁斯·R·巴林格、R·杜安·爱尔兰：《创业管理：成功创建新企业》，北京，机械工业出版社，2010。

思考题：

1. 格拉在创建 RealKidz 的过程中遇到哪些法律问题？
2. 格拉在创建 RealKidz 的过程中如何解决相关的法律问题？

第 10 章 新创企业的生存

核心问题

新创企业具有什么样的特殊性?
新创企业为什么死亡率很高?
新创企业的管理重点在哪里?

学习目标

了解新创企业死亡率高的本质原因
掌握新创企业进入缺陷的原因
学习创业营销的基本工具和方法
掌握现金流管理的重要技术

引例

亿唐网为何沦为拍卖品

在互联网行业，一家公司的诞生和死亡很难引起人们的注意力，但这家公司无疑是个例外：它是曾经的新贵，高调诞生；它又一事无成，落魄到连域名都被拍卖。这家公司就是亿唐（etang. com）。

1999 年，第一次互联网泡沫破灭的前夕，刚刚获得哈佛商学院 MBA 学位的唐海松创建了亿唐公司，其“梦幻团队”是由 5 个哈佛大学 MBA 和 2 个芝加哥大学 MBA 组成的。凭借诱人的创业方案，亿唐从两家著名的美国风险投资公司 DFJ、SevinRosen 手中拿到两期共 5 000 万美元左右的融资。直到今天，这也是中国互联网领域数额最大的私募融资案例之一。

亿唐宣称自己不仅是互联网公司，也是一个“生活时尚集团”，致力于通过网络、零售和无线服务创造和引进国际先进水平的生活时尚产品，全力服务于所谓“明黄 e 代”的 18～35 岁之间、定义中国经济和文化未来的年轻人。

亿唐网一夜之间横空出世、迅速在各大高校攻城略地，在全国范围快速“烧钱”：除了在北京、广州、深圳三地建立分公司外，亿唐还广招人手，并在各地进行规模浩大的宣传造势活动。2000 年底，互联网的寒冬突如其来，亿唐的资金烧光了大半，仍然无法盈利。2001—2003 年，亿唐不断通过与专业公司合作，推出了手包、背包、安全套、内衣等生活用品，并在线上线下同时发售，并悄然尝试手机无线业务。此后两年，依靠 SP 业务苟延残喘的亿唐，唯一能给用户留下印象的就是成为 CET 四、六级考试的官方消息发布网站。

2005 年 9 月，亿唐决定全面推翻以前的经营模式，而向当时风靡一时的 Web2.0 看齐，推出一个名为 hompy.cn 的个人虚拟社区网站。随后，除了亿唐邮箱等少数页面保留以外，亿唐将其他全部页面和流量都转向了新网站 hompy.cn，风光一时的亿唐网站就这样转型成为一家新的 Web2.0 网站。2006 年，亿唐将其最优质的 SP 资产（牌照资源）贱卖给奇虎公司换得 100 万美元，试图在 hompy.cn 上做最后一次尝试。不过，hompy.cn 在 2008 年已经被关闭。亿唐公司也只剩下空壳，昔日的“梦幻团队”在公司烧光钱后纷纷选择出走。

2009 年 5 月，etang.com 域名由于无续费被公开竞拍，最终的竞投人以 3.5 万美元的价格投得。

亿唐生得伟大，死得却不光荣，只能说是平淡，甚至是凄惨。其他死掉的网站多多少少会有些资产被其他公司收购，在休养生息之后也许还有重出江湖的机会，但亿唐却沦落到域名无人续费而被拍卖的下场。亿唐对中国的互联网产业可以说没有做出任何值得一提的贡献，也许唯一贡献就是提供了一个极其失败的投资案例。亿唐网是含着金汤匙出生的贵族，几千万美元的资金换来的只有一声叹息。

资料来源：根据 http://xueyuan.51zjxm.com/shibaianli/20111002/98.html 改编。

思考与讨论

1. 中国互联网行业融资额最大的亿唐网为何以失败告终？
2. 从上述案例中我们得到什么启发？

10.1 新创企业进入缺陷

新企业具有较高的死亡率，受到进入缺陷的制约，与既有企业相比，在自身资源、组织体系、外部关系等方面存在明显不足，其生存与成长过程非常艰难，如果无法实现成长，将面临倒闭的风险。已有的研究显示：在年均创建 70 万家新企业的美国，只有 3.5% 的新创公司能够成长并发展为大企业，其他大部分新企业都以失败告终，或者止步不前，停滞在初创阶段的水平。因此，新企业为了获得生存能力需要追求和实现快速成长，这一点有别于为了巩固和维持自己的生存能力而谋求发展的成熟企业。

新进入缺陷这一概念最早由 Stinchcombe 于 1965 年提出，是指新企业刚成立时自身所存在的功能缺陷，如初始资源匮乏，组织体系尚未建立等，类似于新生儿因刚出生没有发育齐全而出现的功能障碍或缺陷。Stinchcombe 致力于探索“为什么新企业失败率偏高？是什么因素影响了新企业的生存和死亡？”等问题，指出了新企业相对于既有企业面临的客观问题，比如：缺乏行业经验和稳定的客户关系；需要承担更多的企业内部与外部的新角色、新任务；难以建立投资者信任关系；在开发新角色和建立外部关系时需要承担更多的心理冲突以及企业运行短期无效率等。

10.1.1　烧钱率

在初创阶段，企业会面临支出高于收入的情况。例如，一些生物科技公司需要在研发方面投入大量资金，每个月都可能会出现高达上百万的负现金流！需要在你的创业计划中测算好初创阶段的现金赤字，那样你才能准备好足够的项目启动资金以支付这些费用开支。

由于初创企业可面临支出大于收入的情况，那么，你需要解决的问题是，在这种情况下，你能维持多久？对该问题的回答将建立在你投入的资金和赚取的收入基础上。

在产生正现金流之前，企业消耗创业资金用以支付日常开支的速度称为烧钱率。烧钱率一般用月度现金支出表示。每月 10 000 美元的烧钱率意味着企业每个月都要花费 10 000 美元来支付房租和其他运营费用。如果企业拥有 20 000 美元现金而且每月的销售额为 2 000 美元，那么企业能维持多长时间呢？

$$\text{现金耗尽前月数}=\frac{\text{现金}+\text{收入}}{\text{负现金流量/月}}$$

初创企业在最初几个月出现负现金流量十分正常，销售收入多但没有利润的情况也是很正常的。但长期下去则无法生存，因为烧钱的速度实际上很快。

10.1.2　新创企业进入缺陷

新进入缺陷指的是新企业的运营需要从无到有的展开过程，包括开始建立相应的内部流程并获得外界认可，该过程中的任何环节出现问题都会带来难以估计的麻烦，因而比既有企业会遭遇更高的失败率。

“新进入缺陷”这个概念来源于组织生态学。组织生态学把组织演化视为一种自然选择过程。在这个过程中，新的组织（包括企业）往往要面临很大的自然选择压力，因此，新组织的失败率要大大高于成熟组织。这一观点得到了学术界的普遍认可，并迅速引发了大量的实证研究。与新进入缺陷相对应的概念是老年缺陷，是指成熟企业无法适应环境的变迁，尤其是在组织惰性的作用下，企业的战略与结构已在早期的经营环境下锁定，无法适时地应对环境的变动，因此失败风险不断增加。

与新进入缺陷紧密相关的另一个概念是小企业缺陷。这个概念意味着企业规模小也会影响企业的生存。首先，小企业缺陷主要是因为规模小的企业一般更加缺乏财务资源，也更难从外部获得财务支持造成的，因此，规模小的企业较难通过市场和契约关系得到缓冲。其次，管理者缺点也会导致小企业的失败，或者提高小企业的失败率。这里的管理者缺点主要包括管理者个人的特质缺陷（如缺乏远见和应变能力）、工作缺点（任人唯亲、不善用人、不愿放权或授权）以及经营方面的不足（如投资不足、现金流不足、会计记录不全、经营不善、定价出错、目标市场不明确、信息不充分等）。最后，与提供长期就业和职业生涯发展机会的大企业相比，小企业很难吸引合格的人力资源。

从组织内部转换过程和外部环境选择过程两个视角出发，分析新创企业进入缺陷产生的原因。①

1. 内部缺陷

（1）对目标和使命认识不足。人们创办新企业的一个重要动机，就在于“找到或学到并利用更好的做事方法”。新企业往往需要运用“更好的做事方法”来对它们要扮演的新角色、拟实现的目标和需完成的使命进行定位。这种定位不仅涉及对角色的界定，还关系到物色适当的员工来填补部门和岗位角色空缺，注意各种角色间的协调和连贯问题。然而，新企业一方面缺乏认识产业关键要素的能力，难以清晰识别竞争的焦点问题，另一方面要为完成新角色所涉及的新任务和获得所需的新知识支付学习成本，因而有可能存在所谓的“无知缺陷”。

（2）过程不确定性高。这里的过程是指一组有关确定新目标和完成新任务的流程，与企业内部价值链有一定的相似之处。新企业虽然不能在创建初期就形成波特所说的价值链，但至少可形成一组用以支撑新角色扮演者完成任务的流程结构或过程。不过，这个过程充满了由以下两个原因造成的不确定性：首先，过程中蕴含的“更好方法”只是新企业创立前的一种构想，并没有经过市场的检验，因而存在市场认可风险。其次，新企业能否通过这个过程来克服创业时遭遇的困难，并创造足以收回投资的收益，还是未知数。因此，在这个过程中必须付出时间、精力和暂时性低效率等代价，从而导致新企业相对于成熟企业处于不利地位。

（3）组织结构的可再生性低。根据种群生态学的观点，应该遵循自然选择的思路来研究组织种群的规模变化问题。自然选择是一个适者生存、优胜劣汰的过程，而最终的“优”主要表现为：结构可靠性、承诺水平较高、绩效差异较小、理性行为能力较强。要想取得这种“优”的结果，组织结构必须具有很强的可再生能力，或者说必须具有结构化能力（即在一定时期内保持稳定）。随着时间的推移，组织成员会逐渐相互信任和协调，掌握组织专用知识和常规知识，而组织的结构化能力也随着自身的成长不断提高。因此，成熟企业处于自然选择过程的中间阶段，因而具有较高的结构化能力和组织惯性以及较低的失败率；而新企业处于自然选择过程的起点，还没有形成具有可再生性的结构，因而结构化能力和组织惯性都不及成熟企业。新企业结构化能力低的主要表现就是结构不稳定和业务发展不平衡，这两点也是构成新进入缺陷的重要因素。

（4）资源不足。新企业通常会面临资源不足的问题，而新进入缺陷观的核心思想就是新企业的初始资源基础薄弱，并缺乏组织资本。企业不能实现自己的财务目标就意味着失败，因此，倘若企业取得了较好的绩效，或者积累了比较丰富的资源，就能够避免失败。从这个意义上讲，资源不仅包括财务资源和物质资源，而且包括市场定位、分销系统、生

① 参见韩炜、薛红志：《基于新进入缺陷的新企业成长研究前沿探析》，载《外国经济与管理》，2008（5）。

产设备和技术能力等组织层面的资源和能力。此外，资源的范畴还应该扩大到树立积极进取的信念、获得员工和顾客等的信任以及心理承诺等精神资源的能力，而且这种能力对于新企业具有更加重要的意义。无论是财务资源、组织资源抑或是精神资源，新企业都相对比较缺乏。除此之外，新企业还缺乏获得初始资源的渠道以及积累资源的经验和时间。新企业通常要依靠创业者及其个人关系获得初始资源，因此，新企业的成长和生存取决于它能否在初始资源和能力用完之前获得或开发出新的资源，特别是关键性资源。

（5）内部关系与信任方面成本高、效率低。从企业内部看，员工人数的增加是衡量新企业成长的一个关键变量。在新企业创立之初，员工之间的关系通常比较松散，因此，新企业要为建立内部学习机制和信任以及协调人事关系而花费很多的时间和妥协成本。为了解决个人与组织之间的目标设定一致性、相互信任和沟通问题，新企业同样要承担协调和妥协成本。关系缺陷是新进入缺陷的一个重要构成因素。如果新企业在准备和积累初始资源时就能够处理好个人与个人以及个人与组织层面的关系，那么，关系破裂的风险就会比较小，而遭遇失败的概率也会相应下降。值得注意的是，积累较多的初始资源并不能保证关系的长期维持，而只能降低在新企业创立之初关系就破裂的几率。可见，关系破裂的几率是初始资源水平和关系持续性的函数。

2. 外部缺陷

（1）适应小生态环境的能力较低。任何一家企业都必须在其外部环境中谋求生存，而小生态环境是指与企业生存关系最为密切的外部环境。具体来说，小生态环境是指由客户、供应商和其他利益相关者所构成的微观环境，与波特在“五力模型”中描述的环境类似。新企业适应小生态环境的能力，将直接影响到它们的生存。新企业在成立之初就要面对设法让客户、供应商和其他利益相关者理解和认识自己的产品、服务或经营模式，以及为自己的创业活动获得合法性的问题。特别是在某家新企业以一种全新的组织形式或经营模式进行创业时，产业内的投资者、客户和其他利益相关者对新企业的信任度和认可度往往都很低，其他新企业也不太可能进行模仿。因此，这家新企业只有很低的几率获得合法性，而且从它所处的小生态环境中最多也只能获得很少的资源。在这种情况下，即使新企业所处的小生态环境密度很小，即竞争不激烈，新企业的组织形式或经营模式也会受到形式构造合法性的约束，而新企业的生存能力也因此而受到威胁。

（2）嵌入大环境的能力较低。组织生态学研究显示，新企业与其外部更为广泛的大环境之间的关系，对于新企业的生存也具有十分重要的意义。新企业通常无法有效地嵌入其所在的大环境，因而在环境要素面前表现得非常脆弱。而新制度理论认为，组织或个人的活动都受到制度框架的限制。因此，创业者在评价资源和机会时也受到由规范、认知、信念等构成的制度因素的影响，最终只能做出经济上的次优决策。根据新制度理论，组织社会学的研究重点就在于组织的社会政治合法性。组织常常会面对很多可能影响其生存机会的外部社会政治因素，其中最重要的当数组织在公众心目中保持正面形象的能力，把这种能力称为“社会政治合法性”。政府或相关部门对新兴行业的管制和规范就属于这种合法性，而且是社会政治合法性的集中体现。新企业通常缺乏这种合法性，因而必须设法在既有的社会规范和制度框架下让政府或相关部门和一般公众接受并承认自己的创业活动，也就是获得社会政治合法性。

（3）外部信任与关系不稳定。社会网络理论认为，包含个体与组织的社会网络有助于增加新企业的价值，并提高新企业的生存几率。究其原因，社会网络能够帮助新企业获得在没有社会网络的情况下难以获得的资源，同时还能为新企业提供与其他组织或个人建立关系的机会。事实上，在创立和早期成长阶段，新企业还没来得及建立广泛的外部关系网络，也没顾上开发与其他组织的交换关系，而主要是通过创业者的朋友、亲属等社会关系获得资源。因此，在初创阶段，新企业的社会网络嵌入性、信用级别和被信任程度都比较低。随着自身的不断成长，新企业才能腾出时间和精力来发展与其他组织的关系，努力成为社会力量的一分子，并令竞争对手不敢轻视自己。

上面我们对新进入缺陷产生的原因进行了详细的论述，在表10—1中归纳了新进入缺陷产生的原因。

表10—1　　新进入缺陷产生的原因

维度	新进入缺陷	说明
内部缺陷	对目标和使命认识不足	新企业，特别是属于新类型或具有新模式的企业，往往要涉及确定角色定位、设定新目标或使命，从而要求企业进行学习和探索
	过程不确定性高	实现新目标和完成新任务的过程（犹如价值链）充满着不确定性，而且具有高成本和低效率的特点
	组织结构的可再生性低	组织结构的可再生性是一种组织结构化能力，随着组织的成长而增强，在新企业初创阶段往往处于较低水平
	资源不足	资源包括财务资源、物质资源、组织资源和精神资源，新企业往往缺乏足够的资源来实施其战略
	内部关系与信任方面成本高、效率低	处理组织内部个人与个人之间的关系以及个人与组织层面的关系会产生协调成本，新企业在处理这两种关系时往往表现出高成本和低效率的特点
外部缺陷	适应小生态环境的能力较低	新企业适应小生态环境的能力较低；即使在密度很低的小生态环境中，新企业也会面临形式构造合法性的约束
	嵌入大环境的能力较低	新企业还无法有效地嵌入其所处的大环境，因而缺乏社会政治合法性
	外部信任与关系不稳定	新企业必须与陌生的外部人建立社会关系，主要是组织间关系。因此，新企业的外部信任与关系相对于成熟企业而言比较不稳定

10.2　保障新创企业稳定的现金流

现金对于企业的生存犹如血液对于生命体的作用一样重要，有经验的创业者都明白“现金为王”的道理。现金是保持企业运转的能量，就像电让电灯工作的原理一样。企业没有现金会迅速倒闭。没有现金，你将连一些最基本的款项都不能支付。对创业者来说，最大的幸福在于正现金流。实际上，在创业者的人生中，最愉快的日子莫过于企业开始产生正现金流的那一天。

10.2.1　新创企业现金流特征

现金流是指企业在一定会计期间按照现金收付实现制，通过一定经济活动（包括经营活动、投资活动、筹资活动和非经常性项目）而产生的现金流入、现金流出及其总量情况的总称，即企业一定时期的现金和现金等价物的流入和流出数量。现金流是新创企业的血液。通过提高现金流，企业在成长过程中能更好地避免现金危机，并且避免受到难以应付的债权人或投资者的支配。一旦现金流出现赤字，企业就将发生偿债危机，可能导致破产。企业如果没有充足的现金就无法运转，更可能危及企业的生存。

结合我国新创企业的发展现状来看，新创企业的现金流一般具有以下特征：

（1）新创企业初创期现金流出量很大，现金流入量较小，现金的流入流出难以匹配。因为在新创企业初期，其品牌知名度尚未形成，而其品牌知名度则决定着其市场占有率的大小，市场占有率又直接影响着其现金流入量的大小，所以初创期现金流入量较小，而品牌知名度的形成则是需要以一段时间的大量现金流出为基础的。此外，随着我国市场集中度不断提升，要形成品牌的难度也会不断增加，可见新创企业初创期现金的流入流出将更加难以匹配。

（2）新创企业现金流的波动性强。新创企业的行业环境变化十分迅速。以新创的电商企业为例，我国电商市场连续 5 年呈现超过 20%的交易规模增长率；电商市场交易规模结构变化迅速；移动电子商务成为电商热点，其发展势头强劲而且影响电商格局。上述具体表现都可以解释新创的电商企业现金流较强的不确定性。可见新创企业的现金流波动幅度较大，波动时间难以预测。

（3）新创企业需拥有较大数量的现金余额。新创企业现金流的波动性强，且往往可供抵押的有形资产比重偏小，财务环境生疏，各种财务关系尚未疏通，信用程度相对较低，从债权人的角度来看，不愿意冒险向新创企业提供贷款，新创企业的外部融资能力有限。可见，新创企业需留有充足的现金余额以维持企业运营的灵活性，同时也要求其能够有效平衡现金的流动性与收益性。

10.2.2　现金流管理策略

根据新创企业初创期的现金流特征，有效防范和控制资金风险的重点在于：一方面，在创业初期，资金需求量大，企业一般把内源融资作为资金的主要来源，但是由于对内源融资认识不足，自我积累的资金难以弥补经营资金的不足，造成经营资金的暂时性短缺。目前我国企业融资渠道主要包括银行贷款、发行股票或债券、金融租赁及风险投资等多种形式，新创企业规模小、资信力差，进入证券市场的门槛高，所以发行股票或债券融资的可能性很小，银行贷款仍是新创企业主要的外部融资渠道，新创企业财务管理的水平较低，财务相关信息严重失真，甚至有的中小企业信用意识淡薄，银行贷款难度较大，所以一定要合理配置筹资渠道和方式，保证企业现金流的良好循环；另一方面，在创业阶段，企业的组织结构不健全，各项规章制度也不完善，一定要做好日常现金预算，合理规划现金流入及现金流出，保证所筹资金得到有效利用，确定最佳现金持有量，确保经营现金流不短缺，保持企业的持续发展。在这一阶段，企业需尽可能扩大经营活动现金净流量。由于自身规模小，外部融资能力差，只能靠增强日常经营活动的变现能力来增加净现金流，在经营活动中，扩大经营活动净现金流主要有以下几种策略。

1. 做好财务预算

在创业初期，创业者应该做好一份详尽的财务计划，了解公司何时能够得到资金，有多少资金，资金投向何处，有多少资金可用，公司未来的财务状况如何等。这为预算提供了短期基础，能够帮助创业者避免现金短缺。在创业成熟期，也要做好经营规划与资本预算、损益预算和现金流量预算等财务预算，根据公司的经营情况，合理安排和使用资金。对公司实现的盈余，不要盲目分配，应根据公司未来的资金使用计划，恰当保留一定的盈余，防止因盲目分配而造成资金短缺。例如，花店在母亲节和情人节前后将会有大量现金流入，但是在秋天可能就没有什么收入。大学校园书店将在开学前花费大量现金购买新书，并且在学生买书上课时获得大量现金流入。这就是那些想生存下来的企业一定要时刻盯住现金流的原因所在。政府部门和投资者不会考虑你未来三个月都没有收入，他们希望按月得到他们的账款。因此，当你在进行财务预算时，应描述对现金流季节性变化的估计，并说明你将如何管理现金以应对这些变化。

2. 节省各种费用支出

企业的费用可分为酌量性费用和约束性费用两种。约束性费用与企业的生产能力维持相关，降低空间往往有限。酌量性费用是指费用本身虽不直接与产量变动相关，但在支出数量上却受企业管理当局决策行为的影响的费用，如广告费、研究与开发费、职工培训费等，有很大的可调整性。企业应通过建立严格的内部控制制度来控制酌量性费用，避免不必要的浪费。

3. 采取赊购方式采购物品

应付账款的偿还期也会影响到资金的周转速度，应付账款的偿还期越长，采购行为的资金占用期越短，资金周转速度会越快，但企业可能享受不到现款采购的折扣优惠，因此也需权衡采购成本与资金成本的影响。而在控制成本费用支出方面，初创期企业销售水平低，管理水平落后，但企业勤俭节约意识较强，加上规模小，通过加强管理，实现成本费用的控制能够取得较好的效果。

4. 加速收回应收账款

在大多数情况下，现有资产的变现是公司最直接的潜在现金来源。其中首先应考虑应收账款，从过期账开刀，甚至要采取一定的政策，做好未到期账款的收账管理。一个正在与现金流量问题作斗争的公司不能怜悯那些拖欠货款的客户，过期账款理应收回，对过期账户应该穷追不舍。当然，也可采用现金折扣的方法鼓励客户提早付款，这样可以提前收到能够维持公司生存所必需的现金。

5. 处理变卖存货和其他闲置资产

部分创业企业可能会因为疏忽或过度购买而堆积起过量的储备。对于面临现金流量短缺问题的创业公司，那些多余的存货往往就可成为一种即时的现金来源。如向支付现金的客户提供大额折扣就可将过度的储备转变成现款，从而保持公司的支付能力。当然，现金有时也会闲置在公司的其他资产上。一个需要现金的公司应该出售其所有的非必需资产。

6. 寻找愿意购买公司股权的投资者

当公司面临现金短缺时，公司应该尽力去寻找愿意以现金购买公司部分产权的投资者。市场上有许多投资者，比如专业的投资公司、规模较小的投资基金、天使投资和一些非正式的投资人。公司通过出让一部分股权，当然也要保留自己的控制权，可以解决现金短缺问题，同时也可扩大公司的实力，为下一步借贷现金打下基础。当公司面临现金短缺而股东自己有一定的闲置资金时，可以由股东直接以现金的形式向公司增资。此外，新创企业可以设法让员工购买公司的产权。

7. 现金贷款

一个试图解决现金流量问题的公司在从现存资产中凑了所有可能的现金以后还可用借入资金来克服其所面临的棘手问题。初看起来这似乎是天方夜谭，因为一个陷入财务困境的公司往往意味着贷款无望。然而，事实并非如此，这些公司常常发现它们目前的债权人就是一个实际的现金来源。事实上，债权人，不管是供应商还是银行，通常都遵循这样的逻辑：只要陷入财务困境的公司有复苏的现实可能，它们就会愿意向其提供现金。因为一个遭遇麻烦的公司的失败往往意味着债权人只能收回很少的债权，有时债权人甚至会一无所得；只有当公司继续经营时，债权人才有可能得到全部付款。这样，现金贷款就成了一种真正的来源。

10.3　新创企业的营销活动

新创企业通常资源比较匮乏，在开展营销活动时一定要清楚，企业的首要任务是生存下来，并迅速积累资金。因此，新创企业不可能像成熟的大企业那样依赖已有的经验法则、公式化的思维方式、重心放在营销策略的组合使用上为现有的市场服务，而必须积极整合各种资源，以超前的认知和行动积极从事产品和市场的创新，并依赖创造性的营销手段，迅速打开局面。本章我们只关注新创企业面临的迫切需要解决的问题。首先，我们要探讨如何进行市场定位；其次，分析如何开展 4P 营销活动来实现市场定位的经济效益。

短例

曲美健身中心：服务于未被充分满足的市场

20 世纪 90 年代早期，美国的大部分健身中心定位于 20～30 岁人群，专注于健身和运动，一般提供运动和有氧运动课程，配备的服务从毛巾、淋浴到信息、游泳池与婴儿托管。大多数健身中心向会员出售年票和月票，取得会员资格的价格比较高，达到 1 800 美元/年，最好的健身中心要超过这个价格。

但黑文（Gary Heavin）和他妻子对此持有完全不同的理念。他们打算开办一家健身中心，面向未被充分满足的市场：超重的女性。1992 年，他们在得克萨斯州创建了第一家曲美健身中心。从一开始曲美健身中心就是一个与众不同的健身中心。黑文认为，很多 30 岁以上的妇女都十分关心她们的健康和外表，但他们并不想加入一家到处都是健康会员的健身俱乐部。黑文夫妇还认为，如果健身中心非常方便并且价格不高，将能够鼓励中年妇女进行尝试。

黑文的创意与市场非常吻合。从第一家曲美健身中心开张到现在，这家公司已经成为美国成长速度最快的特许经营企业之一。目前在美国、加拿大等 8 个国家共有超过 5 400 家的曲美健身中心，年收入约 7.5 亿美元。而且，特许经营店以 200 家/月的速度增长。

究竟是什么促成曲美健身中心及其创始人的成功？

第一，通过将愿景设定在明确定义的潜在顾客群上，黑文为曲美健身中心选择了一个未被服务过的市场。曲美健身中心吸引了目标顾客市场上妇女的注意力，并赢得众多的积极口碑。事实上，到目前为止，该公司几乎从未做过广告。大多数新成员都是由老成员推荐而来的。

第二，曲美健身中心对其目标市场具有强大的感情号召力。通过将市场定位于30岁以上体型欠佳的女性而非20～30岁的年轻女性，曲美健身中心传达的思想是“我们理解你们的感受。如果你对自己的外形感到尴尬，我们知道你不愿意走入健身中心。你非常重要，因为我们为你们创建了这家企业。我们非常在意你。”通过这种定位，30岁以上的妇女成为曲美健身中心的拥护者，而其他健身中心则在年轻人群中进行竞争。“曲美健身中心的所作所为只是打破了这样一种认识——如果你要进入健身房，你必须健康、身体足够协调和苗条，”国际健康、网球和运动协会的研究会主任赫尔德（Bill Howland）说，“他们定位于一个从未有人服务过的利基市场。”

第三，曲美健身中心的产品满足了顾客的需求。它的健身方法简单但十分有趣，非常适合核心客户的时间和预算。曲美健身中心的健身房规模小，只提供一种服务：一种在8～12个运动器材上严格结构化的30分钟运动。运动器械围成一个圆圈，录音机告诉你何时移动到下一个器械上。

由于健身中心较小，你若需要帮助，将会及时得到解决。这里不提供淋浴、信息和水果饮料。从你走进健身房做完运动，到你走出去，只需半个小时的时间。这种方法不会浪费忙碌的顾客很多时间，使得她们在自己的家中不受干扰地淋浴、换衣服。

这种方法同时降低了会员和曲美健身中心特许经营店的成本。会员的费用为每月29～49美元，具体价格视健身中心的位置而定。一家曲美特许经营店的开张大约需要3.5万美元，低于特许经营的一般标准。“几年前，这家称为曲美健身中心的企业开始出现在我们的名单上。”《创业者》杂志的执行主编玛丽亚·安顿说，“我们惊讶，‘这家企业是从哪里来的？’”

10.3.1 选择市场，建立定位

要获得成功，新企业必须回答如下重要问题：谁是我们的顾客？我们该如何吸引他们？管理完善的新创企业，一般按照以下三个步骤回答上述问题：市场细分、选择目标市场和在目标市场中建立独特定位。

1. 市场细分

市场细分（market segmentation）是根据顾客需求的差异性按照一定的细分标准，把总体市场划分为若干市场的过程。它实质上就是对顾客的需求分类，而不是对产品分类，它充分体现了市场营销观念中以市场为核心的思想。例如，曲美健身中心首先根据顾客类型来细分市场，即以30岁以上体型欠佳的女性为目标市场顾客。

企业一般会选择最有可能进入的细分市场，这个市场与其核心竞争力最兼容。在市场细分过程中，企业应努力实现四个重要目标：其一，市场细分过程应在打算进入的产业中，根据购买者的需要和需求识别出一个或多个相对同质的预期购买者群体。其二，企业选择的细分市场，其内部差异应小于细分市场之间的差异。其三，细分市场应该足够独特，以便于识别出来。市场一旦被识别出来，企业就可以通过广告和促销来专门吸引目标市场顾客。最后，企业应该能够确定细分市场的规模，以便在积极向前推进时知道潜在市

场有多大。如果细分市场太小，即使细分市场上的顾客对其产品和服务十分满意，企业的成长很快也会出现停滞。

尽管市场细分非常重要，但常被创业者忽视。忽视这种重要活动可能会导致对新产品或服务的潜在市场规模的错误评估。例如，2015 年中国智能可穿戴设备市场规模将达到 135.6 亿元人民币。如果一个新企业打算面向智能可穿戴设备，那么认为该产品的整个市场潜力是 135.6 亿元肯定是错误的。很明显，市场机会需要被更好地界定。新企业需要识别 135.6 亿元的智能可穿戴设备市场中的不同细分市场，这样才能服务于自己具有独特优势的目标市场。

当然，企业进行市场细分是有一定标准的，一般需要综合考虑地理变量、人口变量、心理变量、行为变量等诸多影响因素之后再做出准确划分。因此创业者的任务就是了解顾客生活中不时会出现并可能借助本企业产品来完成的各项工作。创业者若能了解这些工作，设计出能完成这些工作的产品以及相关的购买和使用体验，并在产品宣传中强化产品的特点用途，那么顾客一旦发现自己需要完成此项工作，便会购买这一产品或接受某项服务。例如，一家航空公司对从未乘过飞机的人很感兴趣（细分变量：社会阶层）。而从未乘过飞机的人又包括害怕乘飞机的人，对是否乘飞机抱无所谓态度的人，以及对乘飞机持肯定态度的人（细分变量：态度）。在持肯定态度的那些人中，又有高收入和有能力乘飞机的人（细分变量：收入）。于是，这家航空公司可能决定把目标选定在那些对乘飞机持肯定态度，只是还没有乘过飞机的高收入人群身上。

2. 选择目标市场

企业将市场细分后，下一步就是选择目标市场。目标市场的选择就是企业通过市场细分，选择一个或几个细分市场作为自己的目标市场，以便开展有针对性的市场营销活动。目标市场必须具有足够的吸引力，而且企业要有能力满足这个市场。一般来说，新创企业不会以全部细分市场为目标市场，因为很多细分市场规模过大，企业难以成功地满足其需求。相应地，许多企业定位于细分市场中的某个利基市场。利基市场（niche market）是指在细分市场内，具有相似兴趣的较小顾客群占有的市场空间。例如，在广阔的手机市场上，不同的企业定位于几个较小的利基市场。创业者可以定位于这样两个特定的利基市场：一个是专门为老年人设计的，另外一个则是专门针对 6～12 岁儿童设计的。通过聚焦于界定清晰的市场，企业能够成为市场专家，这样就可以向顾客提供高水平的价值和服务。这种优势是世界著名营销专家菲利普·科特勒（Philip Kotler）所谓的“利基市场有财富”的一个原因。有时企业会犯这种错误：选择某个市场后草率进入，却没有充分地理解市场和顾客。有时候，企业会试图同时吸引多个市场从而将自己延伸得太广，以至于不能成为任何市场上的专家。决定聚焦于单个利基市场的企业，更有可能成为这个市场上的专家并收获相应回报。

通过对目标市场的选择，可以系统地考察每个细分市场，更好地挖掘市场机会，增强企业决策的可靠性。研究各个细分市场的大小和需求被满足的水平、竞争对手的活动等情况可以确定本企业在细分市场的销售潜力，可以发现哪些细分市场竞争激烈，哪些细分市场有机可乘。通过目标市场选择，可以判断将来的市场收益是否大于投入，如果企业资源有限，可以集中力量于一个很有潜力的市场开展营销活动，反之，如果企业资源丰富，可进行大规模投入，开发深度和广度较大的产品组合。

综上我们不难发现，新企业在选择目标市场时面临的最大挑战是，选择一个具有足够吸引力和差异性的市场，从而避免使自己与其他企业拥挤在一起。新创企业选择的目标市场，还必须与其商业模式、创始人和其他人员的背景和技能相一致。此外，新创企业还要持续地监测目标市场的吸引力。社会偏好不断发生变化，尽管企业自身没有犯错，但目标市场仍然可能会失去吸引力。

3. 建立独特定位

在选择目标市场后，企业的下一步是在市场内建立一个“定位”以同竞争者相区别。定位指相对于竞争者，企业处于什么位置。在某种程度上，定位是市场或企业宣称属于自己的细分市场的一部分。人们可以通过研究企业产品或服务的特征来理解企业的市场定位。例如，宝马（BMW）在轿车市场上的定位（奢侈品）不同于雪佛莱（Chevrolet）（功能性）。很明显，这些产品在很多方面都不相同。即使在豪华轿车市场上，宝马的定位（运动驱动导向为主）也不同于雷克萨斯（Lexus）（豪华的外部特征导向为主）。现在，汽车厂商在寻找节油市场上的不同定位。这些定位的例子包括混合动力（如丰田普瑞斯）和电动车（如雪佛莱的 Volt）。从营销的角度来讲，这可以看成是企业想让顾客感知企业的方式，以及回答目标市场顾客购买我们而非竞争对手产品和服务的原因。当然，一旦企业以某种方式进行自我定位后，必须能够利用其产品坚持到底，实践最初的梦想。

市场定位的实质是使本企业与其他企业严格区分开来，使顾客明显感觉和认识到这种差别，从而在顾客心中占据特殊的位置。其关键在于要突出企业和产品特色，使其在众多的产品中脱颖而出，给顾客留下深刻印象，因此，新创企业市场定位的依据主要有以下几个方面：

（1）根据产品属性和顾客所获得的利益定位。产品本身的属性以及由此获得的利益能使顾客体会到它的定位，企业通过广告促销等措施，在顾客心目中强化使用该产品所获得的利益，通过顾客的使用，在他们头脑中留下鲜明形象。例如，在汽车市场上，德国大众汽车享有“货币的价值”美誉，表明产品物超所值，日本丰田汽车则侧重于“经济可靠”，瑞典的沃尔沃汽车则讲究“耐用”。在一般情况下，新产品更应该强调它的基本属性。

（2）根据商品的使用用途定位。这主要针对一些老产品，由于科技进步，它们逐步被新产品替代，市场逐渐丧失，这时需要对老产品进行重新定位，开发其新的用途，也能将老产品推向新的销售高峰。例如，小苏打曾一度被许多家庭作为刷牙剂、除臭剂、烘焙配料等，后来许多新产品从使用用途上取代了上述功能，某家厂商对这种产品从用途上重新定位，把它作为冰箱除臭剂和垃圾除臭剂出售，取得了意想不到的效果。

（3）根据使用者定位。创业者们常常试图把他们的产品推荐给适当的使用者或某个细分市场，以便根据该细分市场创建恰当的形象。罗尔斯-罗伊斯公司就采用这种定位方法，它们把劳斯莱斯轿车定位为有身份的上流社会人士的专用车，对购买者是否有购买资格进行审查，只有具备购买资格的人才能获得购买权，该公司主要通过汽车的颜色来区分不同身份的购买者，如黑色轿车只提供给英国王室和贵族使用，曾任美国总统和北约盟军总司令的艾森豪威尔想购买一辆黑色劳斯莱斯轿车也未能如愿以偿，只买到一辆黄色劳斯莱斯轿车，通过这种方法，该公司维持了该车的产品形象。

（4）根据产品档次定位。定位时强调与其他同档次产品的差异特点，通过这种定位方法可以加深产品在消费者头脑中的印象。

（5）根据竞争定位。产品还可以定位为与竞争直接相关的不同属性和利益，例如国外某汽车公司围绕着“我们是老二，我们想奋起直追”的口号，设计了一次整体广告运动，暗示要比居第一位的汽车公司提供更好的服务。

10.3.2　新创企业营销组合

一旦企业确定了目标市场并在市场上建立了定位，它就要开始制定营销组合的细节。企业的营销组合（marketing mix）指一组可控的战术性营销工具集，被用来在目标市场上产生企业预期的反应。多数营销人员将营销组合分为四类：产品（product）、价格（price）、促销（promotion）和渠道（place）（或分销，distribution）。这四种营销方法一般被统称为 4P。

企业销售和分销产品的方式会显著影响企业的营销计划，这种影响意味着企业必须做出的第一个决策就是销售产品或服务的整体方案。即使企业相似，营销组合也可能存在很大差异，这要视企业的经营方式而定。例如，软件企业可以通过网站或零售店直接销售产品，也可以授权某个企业以本企业品牌名称进行销售。计划直接向大众销售产品的新企业所建立的营销计划，会明显不同于计划授权其他企业销售本企业产品的企业。企业的营销计划应与其商业模式和整体商业计划相一致。

1. 产品

在营销组合中，企业的产品是指它提供给目标市场的产品或服务。产品是企业技术的结晶，是企业研究基础、专业背景和专业方向的集中体现，是企业技术水平的直观反映，是企业牵引和满足客户专业技术需求的直接工具；在牵引需求的同时，产品将客户需求导入企业技术体系。许多创业者是基于新的产品创建企业。当开发新产品时，企业必须保证顾客未满足的需求被实现了——也就是说，存在真实的顾客价值主张。新企业需要了解哪些产品属性是顾客认为重要的，以及顾客在每一种属性上是如何评价本企业产品和竞争性产品的。

确定产品或打算出售的产品，是企业整个营销活动的关键所在。产品最重要的特性是为目标顾客增加价值。要使目标市场接受这种产品，企业必须构思一个明确的理由。通过比较维生素和止痛药，让我们思考一下上述观点。哈佛大学教授亨利·切萨布鲁夫（Henry W. Chesbrough）对此做了清晰阐述：

> 我们都知道维生素对身体有益，因此我们应该服用它们。然而，我们多数人并不是有规律地服用维生素。在短期内，对于是否服用维生素，我们并没有感觉获取或损失多少维生素所提供的利益，因此人们相对较少购买维生素。相比而言，人们知道何时需要止痛药。他们知道现在就需要，而不是以后。他们还能很容易地说出止痛药是否有效。人们愿意在止痛药上花费的金钱大大高于在维生素上的支出。在这种情况下，止痛药比维生素提供了更强有力的价值主张，因为这种需求更明确，利益更大、更容易被感知。

该例至少在一定程度上说明投资者倾向于资助那些可能拥有突破性产品企业的原因，比如从事研发消除垃圾邮件软件的企业或正在为某个疾病研制药物的生物技术企业。这些产品是止痛药而不是维生素，因为它们的利益能够被迅速地强烈感知。相比之下，一个新餐馆或新零售店可能是激动人心的，但这类企业更像维生素而非止痛药。这些企业的利益不能被强烈地感知。

当企业打算销售产品时，应该重点区分核心产品和有形产品。核心产品可能是一张装有杀毒软件程序的CD，而有形产品则是顾客所要购买的，可能包括五个特征：质量水平、外部特征、设计、品牌名称和包装。例如，诺顿杀毒软件程序是有形产品，它的名称、外部特征、保证、升级能力、包装，以及其他一些属性，组合起来传递产品利益：保护计算机及其内容免遭破坏，保护计算机用户的工作免受中断。当第一次向市场导入产品时，创业者不仅需要确保核心产品正确，还需要注意有形产品——外部特征、设计、包装等，因为有形产品构成了顾客最终打算购买的利益集合。任何曾经试图将产品从令人烦恼的坚硬塑料包装中取出来的人都知道，产品的包装形式也是产品的一部分。产品质量不应该因其他方面的错误而受到损害。

首次展示是销售新产品的关键时期。所有新企业都面临它们不知道的挑战，也将面临向第一批购买其产品的顾客做出承诺带来的挑战。有些新企业通过使用参考客户来应对这种挑战。参考客户（reference account）是企业产品的早期使用者，他们愿意根据自己的产品使用经验提供证明。例如，若苹果公司的发言人认为苹果公司使用了一家新的计算机硬件企业的产品并对其性能很满意，请想象一下这会产生何种效果。这种证明会为这家新企业的硬件销售人员铺平道路，减少了顾客对新企业的下述担忧，即这家企业在销售未经测试、效能不佳的产品。

为了得到参考客户，新企业必须经常向最初那些顾客免费或低价提供产品或服务，以换取他们试用产品的意愿和反馈。只要所有事情都是光明正大的并且创业者没有间接“支付报酬”给某些人以换取积极认可，就没有什么事情不合适。可是，很多创业者不愿意赠送产品，甚至交换潜在认可。但是，得到强烈认可有以下几个好处：同类顾客的信任，愿意向新闻界谈论产品的企业外部拥护者，用于企业手册或广告中的例子。

2. 价格

价格是消费者购买产品所支付的货币数量。它是营销组合中唯一产生收入的因素，而所有其他因素都代表成本。价格是营销组合中极其重要的因素，因为它最终决定了企业能赚多少钱。企业对产品索要的价格也向目标市场传递了明确的信息。例如，奥克斯利公司把太阳镜定位于创新性的高级产品，质量高而且外观好，这个定位表明奥克斯利公司产品索要的是溢价。如果奥克斯利公司建立了前述市场定位而索要低价，这将会向顾客传递混乱的信号。它的顾客将会质疑“奥克斯利太阳镜到底是不是高质量的”？此外，低价也不会产生奥克斯利公司所需要的收入。正是靠这些收入，奥克斯利公司才能为顾客创造价值并将自己与竞争对手的产品区分开。

多数创业者使用两种定价方法中的一种制定产品价格：成本定价法或价值定价法。

(1) 成本定价法。

在成本定价法（cost-based pricing）中，价格是在产品成本的基础上增加一定百分比的加价。加价百分比可能是产业内的标准，也可由创业者自行决定。这种方法的优势在于直截了当，较容易解释产品或服务的价格。它的劣势在于产品成本并不容易估计出来。而且，价格一旦确定就很难提价，即便是企业的成本不可预测地上升了。此外，成本定价法基于企业认为自己应该得到多少而制定，并没有考虑市场认为产品或服务的价值是多少。考虑到顾客现在利用网络比较各家商店的报价以寻找对自己最有利价格的能力，企业向顾客规定价格变得越来越难。

（2）价值定价法。

在价值定价法（value-based pricing）中，价格是在估计消费者购买产品愿意支付的金额基础上制定的。消费者愿意支付的价格，取决于他对产品价值的感知以及在市场上能够得到的选择数量。有时，为了做出决定，企业必须通过测试来确定顾客愿意支付的价格。企业可通过定位、品牌和其他营销组合因素影响顾客的价值感知。多数专家推荐价值定价法，因为这种方法取决于产品或服务的感知价值而不是在成本基础上加价，成本定价法忽视了顾客。在高科技产业中，60%～80%的毛利润（企业净销售收入减去销售成本）比较普遍。售价 300 美元的英特尔芯片，其成本可能只有 50～60 美元。这种溢价反映了芯片的感知价值。如果英特尔公司使用成本定价法而非价值定价法，索要的价格可能会比较低，赚取的利润也会较少。

很多专家还警告创业者，要抵制索要低价以扩大市场份额的诱惑。这种方法可以提高销售量，但产生的利润很低。此外，大多数消费者在考察产品或服务的价格时，会进行价格—质量归因（price-quality attribution）。这意味着消费者会很自然地认为高价产品也是高质量产品。如果企业对产品定价较低，顾客由此得到的信息就是产品质量较差，尽管事实上可能并非如此。

由此可见，企业能够索要的价格主要取决于两个因素：产品或服务的客观质量；企业在顾客脑海中创造的相对于市场上竞争性产品的感知价值。这些都是企业在制定其定位和品牌战略时应该考虑的问题。

3. 促销

促销主要是指企业针对目标客户，运用广告、人员、公共关系等传播手段，向客户传递心理暗示和心理攻势，以马斯洛需求层次为指引，走进客户的内心世界，为客户带来多种复杂的心理感受，促使客户尽快决策，完成销售任务，其最终目的在于说服人们购买产品。由于新创企业资源有限，因此在选择采用的促销活动之前必须仔细研究促销活动。创业者进行促销时，可以采用以下促销活动。

（1）广告。

广告（advertising）使人们知道某种产品和服务，并希望说服人们购买。广告的目的主要包括：提高顾客的产品意识、解释产品的比较利益以及创造产品和某种生活方式之间的联系。这些目标可以通过许多媒介来实现，包括直邮、杂志、报纸、广播电台、电视和展台。最有效的广告应该是那些能够被顾客记住并且支持一种产品的品牌的广告。

然而，广告也有以下几个主要缺陷：可信度低；可能很多看到广告的人不会产生兴趣；信息群集（指人们在听到或看到太多广告后，会停止接收信息）；与其他促销形式相比，成本较高；人们认为广告不具有真实性。

由于广告具有这些劣势，加上新创企业资金有限，很多新创企业不对产品或服务做大量广告。相反，新创企业倾向于节俭和警惕。

创业者应该清楚，构思差的广告有激怒目标市场受众的风险。实际上，作为对广告的直接回应，消极术语已经成为标准语言的一部分，如“兜售信息”、“垃圾邮件”和“电话销售”（“电话销售”一词本身并不消极，尽管很多人将其与打扰相联系）。电视遥控器的“静音”键就是用来使广告没有声音的。广告商也有很多方法来应对这些挑战，但他们指出了确保广告精心策划、与企业要传达的品牌形象一致、与目标市场相适合等方面的重要性。

(2) 公共关系。

增强人们的产品意识，成本效率最佳的一种方式是公共关系。公共关系（public relation）指建立和维持企业公众形象的活动。公共关系与广告的主要区别在于公共关系不用直接付费。企业公共关系的成本在于建立与记者及其他人的关系网络，并努力吸引这些人谈论或撰写一些对公司及产品有利的东西。

有很多适合公共关系定义的技能，包括：①新闻稿。新闻稿是企业散发给新闻界传播的公告。当发生一些积极事件时，如推出新产品或聘请了新总裁，企业一般会发布新闻稿。②媒体报道。多数情况下，新企业都努力寻求正面的媒体报道。媒体报道包括在印刷媒体（如报纸和杂志）或广播媒体（如无线电或电视）上提及企业。③产业杂志或期刊的文章。企业非常喜欢这种方式，因为它的读者群就是那些已经对新创企业参与的产业非常感兴趣的人。④博客。⑤记者招待会。记者招待会是企业对受邀媒体现场发布新信息。企业可能会召开新闻发布会，以宣布突破性的新产品或服务创新。⑥每月简讯。很多企业通过发行月刊或季刊性质的简报与顾客保持联系。这些简报应该包括企业产品的更新，以及更加一般性的让顾客感兴趣的信息。此外，企业应该避免分发仅是对自己的产品进行吹嘘的简报。⑦市民、社会和社区参与。企业经常要求员工参与市民俱乐部及其活动，如行业协会等，这样可以创造正面的组织形象。

许多新创企业对公共关系的重视程度甚于广告，主要原因在于公共关系成本较低而且有助于建立企业可信度。在发布新产品时，最好先启动公共关系而不是广告，因为人们把广告看做是企业渴望销售产品的自私性表达。新企业可以通过很多方法引起媒体的注意。一种方法是准备宣传资料袋，里面装有企业的背景信息和最近取得成就的清单。这种资料袋一般分发给记者，而且可以在线获得。另外一种方法是参加产业商贸展览会或其他活动。商贸展览会是展示或演示特定产业产品或服务的活动。媒体记者通常会参加商贸展览会以获得最新的产业新闻。很多新创企业等到商贸展览会召开时，才宣布它们最激动人心的产品，这样做在很大程度上是因为展览会上有大量渴望有趣新闻故事的媒体观众。

(3) 人员推销。

人员推销是指创业者通过与顾客直接互动销售产品或服务的活动过程。一提到营销，人们一般会想到做广告、打造品牌等，而这些方面通常在新创企业相对较晚的阶段才得以运用。在起始阶段，企业营销的着力点多放在劝说顾客购买新产品上。人员推销是新创企业初创阶段营销的主要方式。

销售人员应该知道初次与客户交往时如何会见以及如何向客户问候，使双方的关系有一个良好的开端，其中包括销售员的仪表、开场白和随后谈论的内容。销售员所穿的衣着应尽量与顾客的衣着相似；对待顾客要殷勤而有礼貌；避免做一些使人分心的动作，如在地板上踱来踱去，或者盯着对方看等；开场白要明确，如“张先生，我是 ABC 公司的王五，我们公司和我本人都非常感谢您对我的接见，我将尽力使这次访问对您和贵公司都有所裨益。”接下来便可讨论某些主要问题和恭听，以了解购买者和他们的进一步需要。

销售人员可以按照“争取注意，引起兴趣，激发欲望，见诸行动”的模式向购买者介绍该产品的“故事”。在整个过程中推销员应以产品性能为依据，着重说明产品对顾客所带来的利益。这里的利益是指各种各样的特点，例如成本较低或者节省劳力；性能是指产品的某种特点，如重量和尺寸大小。在推销过程中销售人员常犯的一个错误是过分强调产品特点（产品导向），而忽视了顾客利益。

顾客在产品介绍过程中，或在销售员要他们订购时，几乎都会表现出抵触情绪。这些抵触有些是心理原因，有些是逻辑上的原因。心理抵触包括：对外来干预的抵制；喜欢自己已经养成的习惯；生性对事物漠不关心；不愿意放弃某些东西；对别人不愉快的联想；反对让别人摆布的倾向；预定的构思；不喜欢作决定；对金钱的神经过敏态度。出于逻辑原因的抵触可能包括对价格、交货期，或者是对某些产品或某个公司的抵制。要应付这些抵触情绪，销售人员应采取积极的方法。请顾客说明反对的理由，向顾客提一些他们不得不回答的持有反对意见的问题，否定他们意见的正确性，或者将对方的异议转变成购买的理由。销售人员应当受到广泛的谈判技巧的培训，而如何应付反对意见只是谈判技巧的一部分。

（4）其他与促销相关的活动。

有很多其他活动可以帮助企业促进销售。例如，有些企业免费赠送产品样品。制药企业通常使用这种方法，让医生把免费药品分发给合适的病人。很多食品企业把免费样品分发给杂货店和折扣店。类似方法是提供免费试用，比如 3 个月杂志订阅或两周的健身俱乐部会员资格等，通过直接向潜在顾客展示产品或服务来吸引他们。

另一种方法是活动赞助。很多企业赞助运动会，在游行中打出标语，或赞助公共活动（如音乐会巡回演出），以便将企业名字与目标市场感兴趣的事物联系在一起。这些方法是否划算通常并不明确，因为很难确定企业赞助音乐会巡回演出的收益。

最近，引起大量关注的一种新方法是病毒式营销（viral marketing），它促进并鼓励人们传递有关特定产品或服务的营销信息。病毒式营销最有名的例子是 Hotmail 网站。当 Hotmail 开始分发免费电子邮件账户时，Hotmail 用户发出的每封邮件上都写着“申请 Hotmail 免费邮件”的提示语。在不到一年的时间内，公司就拥有了几百万用户。经由 Hotmail 系统发出的每封电子邮件都是 Hotmail 的一个广告。病毒式营销的成功率取决于人们之间的传递率。很少有企业能够用病毒式营销取得 Hotmail 那样的成功。然而，设计一种鼓励企业现有顾客向未来顾客推荐企业产品或服务的促销活动，非常值得考虑。

一种同时与病毒式营销和创造口碑相联系的技术是游击营销。这是一种低预算方法，依靠创造力、聪慧和惊奇而不是传统方法。关键是要创造对企业及其产品的认知，这就需要反常规、让人记忆深刻的方法。游击营销这个术语由杰伊·康拉德·莱文森（Jay Conrad Levinson）创造，非常适合新创企业，因为新创企业通常预算紧张，但是富有创造性、热情和激情。

短例

去寺庙推销梳子

有四个营销员接受任务，到庙里向和尚推销梳子。第一个营销员空手而回，说到了庙里，和尚说没头发不需要梳子，所以一把梳子都没卖掉。第二个营销员回来了，卖了十多把梳子。他介绍经验，他告诉和尚，头皮要经常梳梳，可以止痒，头不痒也要梳，可以活络血脉，有益健康。念经念累了，梳梳头，头脑清醒。这样就卖掉一部分梳子。

第三个营销员回来，卖了百十把梳子。他说，我到庙里去跟主持讲，您看这些香客多虔诚呀，在那里烧香磕头，磕了几个头起来头发就乱了，香灰也落在他们头上。您在每个庙堂的前面放一些梳子，他们磕完头烧完香可以梳梳头，会感到这个庙关心香客，下次还会再来，从而一下就卖掉百十把梳子。第四个营销员说他卖掉几千把梳子，而且还有订货。他说，我到庙里跟主持说，庙里经常接受香客的捐赠，得有回报给香客，将梳子送给他们是最便宜的礼品。您在梳子上刻上庙的名字，再刻上三个字"积善梳"，告诉香客可以保佑他们，作为礼品储备在那里，谁来了就送，保证庙里香火更旺，从而一下就卖掉几千把梳子。市场是可以创造的。如果总是想"和尚没有头发要什么梳子呀"，那么市场的大门永远不会向你打开。

4. 渠道

渠道（place）或分销（distribution）包括企业产品从生产地转移到顾客手中的所有活动。分销渠道（distribution channel）是产品从生产地到最终用户经过的路线。建立营销渠道对新创企业而言是极为困难的，因为新创企业的产品或品牌缺乏一定的知名度，尤其是在资金上有局限性，这就很难获得分销商的认可。

在分销渠道方面，企业必须做的第一项决策是产品直接还是通过中间商（如批发商和零售商）销售给消费者。在多数产业里，两种选择都可以实现，因此决策一般取决于企业认为目标市场愿意用哪种方式购买产品。例如，面向青少年市场的唱片企业，生产数字唱片并通过网络直接销售就很有意义。大多数十几岁的青少年经常接触计算机，并知道如何在网上下载音乐。相对而言，如果面向退休人员市场的唱片企业使用同样的渠道销售唱片，意义就不大。因为退休人员很少接触计算机，也不知道如何从网上下载音乐。在这种情况下，制造 CD 并通过退休人员经常光顾的零售店出售更有意义。

图 10—1 表明了直接销售和通过中间商销售的差异。让我们看看每种方法的优缺点。

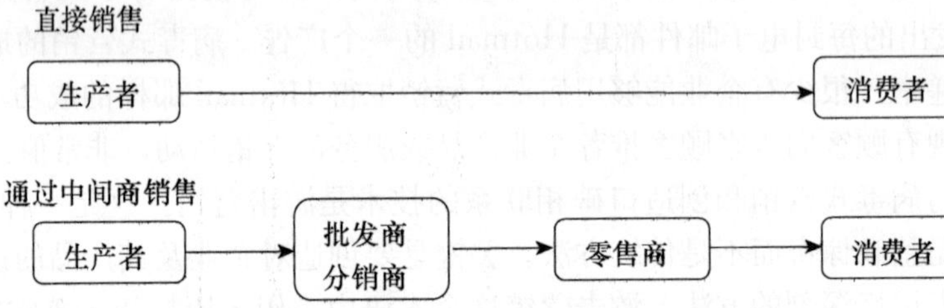

图 10—1 直接销售 vs 通过中间商销售

（1）直接销售。

很多企业直接向消费者销售产品。直接销售的主要优势是能够控制产品从生产地转移到最终用户的整个过程，而不必依赖第三方。直接销售的例子有，只通过企业自有商店销售服装的 Abercrombie & Fitch 公司，只通过自己的网站销售运动和睡眠监测设备的 Fitbit 公司。

直接销售的劣势在于企业的大部分资本将与固定资产相联系，因为企业必须拥有自己的销售渠道，或必须雇用庞大的销售队伍销售产品，或必须支持一个电子商务网站。进行直接销售的企业还必须亲自而不通过分销商寻找买主，而分销商能够为企业产品持续地寻找新出路。

网络的出现为直销企业创造了新机会。许多以前只通过零售店出售产品的企业现在也通过网络直接销售产品。减少中间商（如分销商和零售商），直接向顾客销售产品的过程称为去中介化（disintermediation）。这是一个较难处理的过程，特别是在企业想同时通过网络和传统销售渠道销售产品时更是如此。例如，如果企业以前通过电器商店销售产品，现在也希望通过网络销售，那么电器商店就可能拒绝库存产品或坚持要求产品的网上售价必须和商店内的产品价格保持一致。这个问题被称为渠道冲突。当两个或多个独立营销渠道（如网络销售和零售）在销售企业产品或服务的角色上产生冲突时，渠道冲突（channel conflict）就会发生。

（2）通过中间商销售。

通过中间商销售的企业一般将产品运送给批发商，批发商再将产品置于零售渠道进行销售。这种方法的优势在于企业无须拥有自己的大部分销售渠道。例如，如果一家企业制造智能可穿戴设备并通过诸如苏宁和国美进行销售，就可以避免建立和维护零售店的成本。它还可以依靠批发商来管理与诸如苏宁和国美的关系并寻找新的产品零售渠道。使用这种方法的谋略是要找到呈现企业产品的批发商和零售商。新企业必须经常向批发商和零售商兜售自己以获得他们的支持和合作，就像向投资家兜售自己以获得资金支持一样。

通过中间商销售的劣势在于企业丧失了对产品的控制。企业并不能保证诸如苏宁和国美零售店像自己的零售店一样赞美产品并努力推动产品的销售。有时通过批发商进行销售可能要比直接销售付出的代价高，因此最好仔细权衡各种可能的选择。例如，如果一家企业在网上销售产品，定价 100 元并赚取 50 元的利润，如果同样的产品放在零售店销售可能只赚取 10 元利润，另外 40 元则代表分销商和零售商的利润。

创业者通过中间商进行销售，会遇到渠道数量选择问题。选择的渠道越多，企业成长得越快。通过多渠道进行销售存在两个问题，特别是在企业的早期阶段。首先，企业会对产品如何销售丧失控制权。零售商越多，其中一个或多个零售商就越有可能不按企业要求的方式进行展示。其次，企业使用的渠道越多，渠道冲突的可能性就越大。如果购物商场中的流行服饰店和城市边缘折扣店都在销售同一品牌的服装，而后者的价格只为前者价格的一半，你认为购物商场中的流行服饰店会不愤怒吗？

本章要点

新企业创建代表着组织的创立与诞生，但也是企业生命周期中最危险、失败率最高的阶段。

新企业的运作需要一个从无到有的展开过程，包括一切从零开始建立相应的内部流程到获得外界认可，该过程中的任何环节出现问题都会带来难以估计的麻烦。

在与既有企业的竞争中，先天居于劣势的新企业必须通过正面竞争之外的其他途径抵消新进入缺陷的不利影响，克服初创期的高失败风险，维持企业的存续与发展。

许多成功的创业者都是依靠创造力，而不是金钱，在激烈的市场环境中创造出引人注目的形象。

现金流是企业生产经营活动的第一要素，意味着企业账单到期时的偿付能力。

你无法控制经济环境，但是可以控制好自己的现金流，帮助企业顺利渡过难关。

如果希望开发出受顾客欢迎的产品，创业者应该把顾客希望完成的工作而不是顾客本身作为市场细分的基本单位。

重要概念

新进入缺陷　小企业缺陷　老年缺陷　创业营销　市场定位　现金流　应收账款　病毒式营销　游击营销

思考练习

1. 新企业为什么比既有企业的失败率高？
2. 针对新进入缺陷产生的原因，你能否提出相应的克服机制？
3. 合法性的本质是什么？新企业通常面临的合法性问题有哪些？
4. 新企业现金流为什么更容易中断？结合第1章对创业活动的分类，能否分别说明不同类型的创业活动发生现金流危机的可能原因？
5. 为什么新企业面临的营销挑战有其独特性？谈谈成熟企业的营销活动与新企业有何不同？
6. 假设你创办了一家蛋糕店，从4P的角度谈谈你营销产品的思路。
7. 你理解了大学生创业失败率高达99%的原因了吗？

案例分析

长春拓维有限公司的营销管理

长春拓维有限公司是专业从事企业管理软件开发的高科技企业。公司的创业团队创建于2001年，目前公司拥有总资产200万元，员工20多人。

公司最初的主营产品是“轻松开店管理系统软件”，主要是面向餐饮行业、大中小型美容美发店、洗浴店、干洗店等服务业，用以解决店铺中收银、商品、员工、客户、财务等管理问题，为店铺管理者提供一个信息化的平台。经过5年的不断发展和完善，企业在中国及亚太地区等已经有了十多万用户。软件开发业是一个风险大、回报高、竞争激烈的行业，企业要在林林总总的软件公司中生存下来并非一件易事。

公司注册时，创业者还是一名在校大学生。他学习的管理学知识使其对管理业务流程有了充分的了解和掌握，为之后管理信息系统软件的开发打下了坚实基础。在校期间，他曾在学校计算机中心做兼职，接触并自学了软件编程知识，其中，楼盘策划软件在他毕业前就已获得版权，这些经验为其积累了计算机技术知识。

创业者具有敏锐的市场洞察力和经济头脑，他认为软件业永远是站在时代前沿的行业，要创业就要把握时代的脉搏，于是他将拓维公司定位为从事企业信息化管理软件、网络工程项目建设的高科技公司。

创业者通过一系列市场调研，抓住自身产品在技术研发、程序编辑方面拥有较低成本的特点，最终把目光投向了餐饮、干洗以及美容美发这些需要小型软件系统支持，且不被大型软件公司所关注的行业。

同时为了保证自己的成本领先，在促销方式上公司主要利用报纸软性广告、新闻及网络宣传来提升自己的形象，降低促销费用。

另外，公司通过引入竞争机制，增强与其他企业的合作，使企业更专注于自身的核心业务，将非核心的工作交给更专业的外包合作伙伴，从而进一步降低成本，减少不必要的开支，使其在与其他软件开发商的竞争中，始终保持着价格方面的优势，提高了自身的竞争力，增强了在小型服务业继续发展壮大的基础。

公司的销售渠道主要以经销商销售为主，企业提供各种优惠政策吸引经销商的加入。如企业为经销商提供一个专业的宣传型企业网站、区域内排他性的销售权、代理折扣、进行免费技术培训、提供软件二次开发、远程安装、远程培训、远程服务等。这一行为吸引了大量经销商，打开了销路。

在售后服务方面，公司强调“主动服务”的概念。把被动的服务变为主动的服务，是拓维软件赢得全国范围内广大客户信赖的重要原因。拓维软件的产品销到哪里，其服务就跟到哪里。公司强调的主动服务不仅是做一两件售后服务方面的工作，而是将服务贯穿于产品的设计、生产、销售的全过程。在产品生产中就把好质量关，将问题解决在产品出售之前。

同时，将服务送到客户面前，为客户提供多元化、全套的服务是拓维软件优质服务的又一个突出特点。拓维软件依靠其先进的技术和丰富的经验，为客户提供了从售前介绍、推荐、专业咨询、策划设计到售后产品的安装、维护支持、用户培训等一系列配套服务。

拓维公司售出的不仅是一个软件产品，还包含企业的服务承诺。公司承诺：作为我们的客户，在产品售出的那一天并非您与我们关系的结束，而是更好服务的开始。公司以用户为中心，通过规范的管理和技术实力，使用户不仅能得到公司提供的高质量产品，还能享受到公司提供的优质服务。

在取得良好的业绩以后，公司并没有满足于现状，而是努力寻求技术上的突破和开发新产品。长期以来，公司一直致力于企业信息化的市场调研，针对不同行业业务管理的特殊性，为其制定完善的企业管理解决方案。同时，将传统的管理方式与现代的信息管理系统相结合，从而全面提升企业内部的管理水平，使其在激烈的市场竞争中具有更强的生命力。

公司现已研制出适合不同行业的企业管理软件系统。主要有两大系列软件产品：

(1) 轻松开店系列经营管理系统软件。行业囊括：餐饮、宾馆、干洗、擦鞋、美容美发、彩扩冲印、中介、足疗足浴、培训行业、桑拿洗浴等。

(2) 轻松办公系列信息管理系统软件。如智能办公自动化信息管理系统（OA)、客户关系管理系统（CRM)、售楼管理系统等系列企业应用系统。

经过不断的技术开发和经营运作，公司已能为用户提供计算机软硬件技术开发、系统集成、企业管理咨询及企业 IT 信息培训等服务，并能在售前支持、售后服务、用户培训和系统维护等各个环节为用户提供完善的服务。

拓维公司还提出在全球信息产业蓬勃发展的 21 世纪，公司愿以高新的技术、可靠的产品、真诚的服务与您共同成长、共同进步。

思考题：

1. 分析公司如何解决现金流短缺的问题。

2. 分析公司所选择的销售渠道是否合理？除此之外，公司可以采用什么样的销售渠道？

3. 总结该公司的营销理念，这对你有什么启示？

第 11 章 新创企业的成长

核心问题

企业成长的本质
企业成长的生命周期及第一个生命周期
影响企业成长的内外部因素
新创企业与成长点
新创企业的成长途径

学习目标

掌握企业成长的本质以及成长的生命周期
把握影响企业成长的内外部因素
掌握企业成长的成长点及其成长途径

引例

巨人般庞大，婴儿般脆弱——成败在谁？

三株奇迹离不开“奇人”吴炳新。吴炳新最初以 200 元起家，资本的原始积累从生豆芽开始，承包过糕点厂和商店。1987 年，吴炳新与儿子吴思伟注册淮南大陆公司，销售昂立一号。1994 年，创办山东三株实业有限公司，吴炳新任总裁，此时他的另一个身份是三株医药生物研究所的首席科学家，推出了后来名誉天下的“三株口服液”。1994 年，三株莺啼初试，销售额达 1.25 亿元，1995 年飞跃至 23 亿元，1996 年则达到惊人的 80 亿元。这三年称得上是三株的黄金时代。在一些城市，人们因买三株排起了长龙，二三十元一瓶的价格曾被哄抬至七八十元，人称“卖疯了”。支撑这个销售奇迹的是三株惊人的营销网络。吴炳新说：“除了邮政网以外，在国内我还不知道谁的网络比我大。”三株在全国所有大城市、省会城市和绝大部分地级市注册了 600 个子公司，在县、乡、镇有 2 000 个办事处，拥有 15 万销售人员。这个销售大军在中国大地上纵横，于是人们看到了无处不在的三株的传单、招贴、标语和横幅。在多次会议上，吴炳新强调：三株公司的信条是“人是第一财富”，“人才是企业的命中之命”。在市场营销方面，吴炳新的武器是毛泽东的军事思想。他曾把全国划分为东北、华北、西北、华南四大“战区”，四区设立“战区经理”，由总部协调指挥。在《吴炳新文集》中，我们可以看到三株是如何“打天下”的——“我们将毛泽东军事思想运用于市场营销。我们创造了一系列战术，如迅速抢占市场的闪电战术；先打周边，锻炼队伍，取得经验后再打中心城市的战术；启动市场，在广告宣传上集中优势兵力打歼灭战的战术；人员使用上的‘扩大民兵预备役’战术等”。在后期，吴炳新建立了市场前线委员会，在各省建立了市场指挥部，实行军事化管理，并进行了战略转移，改打农村市场，然后“农村包围城市”。在实施中，三株投入了巨额的广告费用。吴炳新曾在 1996 年新年大会上批评说：“1995 年我们的广告费投入 3 个亿，起码浪费了 1 个亿。”而当年的标王孔府宴酒全年广告投入才几千万元。据三株的一位销售经理回忆，1997 年有一个月三株的广告费就达 1.4 亿元，而该月的销售收入却只为 1.2 亿元。

如此“打天下”的并非三株一家，回过头来看看中国民营企业的发展史，就会发现历史是惊人地相似。1995 年，巨人集团进军保健品市场，总裁史玉柱发动“三大战役，成立总指挥部，下设 8 个方面军，其中 30 多家独立分公司改编为军、师，战役采取集团作战方式，直接和间接参加的有几十万人”。“总攻令”下达以后，巨人产品的广告同时跃然于全国各大报端，单在生物工程上广告费就达 1 个亿，覆盖全国。“奇迹”产生了，15 天内产品订货量突破 3 亿元。但好景不长，由于管理上的种种漏洞，巨人集团四面楚歌。沈阳飞龙集团的发迹也如出一辙。总裁姜伟以毛泽东解放全中国的战略思想指导广告大战，使“延生护宝液”占领东北市场后，又成功地进行了淮海、平津两大战役。时过境迁，姜伟将当年的秘诀和盘托出：一是广告轰炸；二是人海会战。经过一番沉寂之后的姜伟向新闻界自省了他的二十大失误。他有一段话说得很诚实：“从某种角度上，民营企业的发迹大多是抓住一两个好的产品，瞅准一个市场空当，然后押宝于市场促销，一举成功。这种偶然性的成功渐渐成为民营企业家的一种思维定式，在决策时带有极强的赌博性。但一两个产品赌赢了，并不意味着所有产品都可以如法炮制。现在，我们意识到，企业的发展首先要有一个扎实稳定的基础，然后创造一个逐渐发展的趋势，并保持住这种可持续发展的能力。”

资料来源：王国红、唐丽艳：《创业与企业成长》，北京，清华大学出版社，2010。

思考题：

1. 巨人集团为何倒闭？
2. 如果是你，为使巨人集团持续成长，你会采取哪些做法？

跨国咨询巨头贝恩公司的近期研究表明，只有 1/3 的公司能获得持续的盈利性增长，像巨人集团一样短命的企业是较常见的。尽管如此，大多数企业都在努力追求成长，并将其看作维系成功能力的重要组成部分。如何保持企业的持续发展，是所有新创企业需要解决的问题。这就需要正确认识企业成长的规律，了解新创企业的影响因素，把握新创企业成长点及其成长途径，通过企业转型、管理创新，推动企业的持续成长。

11.1　企业成长的本质

11.1.1　企业的多学科视角认识

企业成长是一个复杂的问题。要讨论企业成长问题，首先要搞清企业究竟是什么。换言之，首先要弄明白“企业”是怎样一类“客观存在”，然后才可能搞清企业成长的本质所在。

1. 企业及其性质

企业即指依法设立的、以营利为目的的、从事商品生产经营和服务的独立核算的经济组织。企业在一定程度上是对市场的部分替代。从经济学角度来看，不断有人将企业视为市场的替代物。科斯（Coase）就是其中之一。科斯在其 1936 年发表的论文《企业的性质》中认为，企业是市场交易机制的替代物。企业部分地替代市场之时，由于简化了交易主体之间的签约过程，企业能够以节约市场交易费用的优势部分地取代市场，这部分被节约的交易费用就是企业形成并存在的基础。

进而，科斯提出了“企业的边界”问题。在科斯看来，企业作为一种组织形态具有部分地替代市场、实现相关交易和资源配置的功能，故企业具有不断扩大的倾向，直到由于规模扩大所增加的企业内部管理交易费用等于市场交易费用时，企业才会终止规模的扩大。由此可见，市场交易费用与企业内部管理交易费用的均衡水平决定着企业的组织边界，进而决定着企业的规模边界，而节约市场交易费用是企业组织不断扩大的基本动力。

2. 企业属性的多样性及管理要求

企业具有法律形式上的多样性，而且不同学科对企业也有着不同的理解。

管理学认为，企业是一类由“理性的经济人”和“感性的社会人”融为一体的社会组织。于是，企业管理就要讲人的需求，讲对员工的激励，讲组织内部的协调，讲企业与组织外部的协调。

经济学认为，企业是市场竞争的主体，企业存在的目标是获得最大化的利润。获得利润的唯一途径是为客户创造并提供价值。新古典经济学干脆将企业看做是一种“生产函数”。相应地，在管理上，企业只有构建有效的生产函数，才能为客户创造并提供最佳、最大的价值。

从法理学上看，企业是若干组契约关系的组合，包括投资人与投资人之间的契约关系，投资人与经理人之间的契约关系，经理人与经理人之间的契约关系，经理人与员工之间的契约关系，以及员工与员工之间的契约关系等。一些契约关系是法律规定的，一些契约关系是企业章程规定的，一些契约关系则是特定合同规定的。一些契约关系是文字化的，一些契约关系则是心理契约。既然企业是若干组契约关系的组合，那么从公司治理结构来看，就应同时有公司内部治理结构和公司外部治理结构。公司内部治理结构指公司内部各种权力的配置；公司外部治理结构则指市场竞争的规范化和政府监管的规范化。

从商学的角度看，企业是一大类商业模式。凭借这样一类商业模式，投资者可以借助于企业的商业平台，实现企业之外的其他商业模式所不能从事的商业活动，进而实现规模化的商业收益。既然企业是一种商业模式，那么在企业管理上，就要讲流程，也就是必须优化企业的业务流程和管理流程，进而才可能实现最大化的商业利益。

更有人将企业的“企”字形象化地解析为“人止”，故一些社会学学者认为，企业是各式各样的人的集合，是一种社会单位。既然企业是一种社会单位，那么在企业管理上就得讲企业的社会责任。诸如企业必须接纳一定数量居民就业的责任，依法向政府纳税的责任，在生产经营中必须保护环境的责任，扶贫济弱的责任等。

如果从其他学科的角度审视，我们还可以发现企业的其他特征。既然企业是这样一种充满多样性的“客观存在”，那么要有效地经营一个企业，并让它尽快成长起来，自然是十分困难的事情。因此，在创办和经营企业的过程中，必然会有“引无数英雄竞折腰”的悲壮场面。

11.1.2 企业成长的含义

成长这一概念的英文是 growth，中文可译为生长、发育、发展、成长、增长、增加、增大等。成长起源于生物，一般是指生物体从无到有、从小到大发展的机制和过程。目前，业界和学术界对企业成长的界定还没有统一。

古典经济学认为，分工使更高的产量以更低的成本获取，单个企业的成长与分工的程度正相关，而且随着分工的自我繁殖，新企业将不断形成，因此，企业成长包括单个企业规模的扩大和企业数量增加两层含义。

新古典经济学认为，企业成长取决于外生力量，是企业调整产量达到最优规模水平、实现利润最大化目标的过程，或者说是从非最优规模走向最优规模的过程。

新制度经济学认为，企业成长是指企业边界扩大的过程，成长的动因在于节约市场交易费用，起因于企业以更低的成本把一些以前通过市场进行的交易活动纳入企业内部进行。

彭罗斯认为，企业是依据某一个管理框架而结合在一起的资源聚合体，企业成长体现为单个企业的内生成长，是由企业能力特别是企业管理能力和企业创新能力所决定的，企业拥有的资源状况是决定企业能力的基础，建立了一个“企业资源——企业能力——企业成长”的分析框架。

杨杜认为，企业是一个由多种具有不同特性的经营资源构成的集合体，企业成长不仅是这些经营资源的蓄积、扩张过程，而且是其结构调整和特性革新的过程。

尹义省认为，现代企业成长是指现代企业在利润性和社会性相统一基础上的多目标结构引导下，为了生存和发展，与企业的经营结构、组织结构、空间结构和技术结构等结构发展变化相适应的企业规模增长的机制和行为。

企业成长是企业素质不断提高的过程，体现为企业内部总体机能所具有的生存、应变及创新能力不断增强。因此，企业成长，不仅包括了量的成长，体现为企业生产规模、资本规模的扩张，市场占有份额、产品产值及员工数量的增加等，也包括质的成长，体现为企业内部总体机能所具有的生存、应变及创新能力不断增强。

企业成长应是质与量的统一，同时也是质与量的互动。一方面，质的提高是量的增长的基础。企业素质是企业长期持续稳定增长的源泉，离开企业质的提高，片面强调量的增长，对于企业来说是十分危险的。我国很多新创企业就是这样，它们特别注重诸如生产和资本规模及市场份额的“量的增长”，而忽视企业素质、免疫能力及核心能力的提高。另一方面，量的增长不仅是质的提高的体现，也是质的提高的条件。因为没有量的增长，企业不能积累或积聚进一步成长的资源，质的提高就失去了物质基础的保障。

一般而言，企业成长应该具有以下三个特点。一是成长的过程性。企业成长首先是市场经济中的一种“企业行为过程”。当然企业成长主要表现为一种“结果”，例如，在某个时期，企业的生产经营规模的扩大、经营业绩的改善以及内在素质的提高等，但这些结果是要靠一定“过程”实现的。不经历这个“过程”，就无所谓“结果”。在很大程度上，“过程”比“结果”更重要。二是成长内涵的层次递进性。企业成长体现为量的增长和质的提高，而企业质的提高就是企业成长内涵不断提升。随着企业成长过程的不断演进，企业核心技术能力、管理能力及市场能力将不断得到提升，企业生存能力、应变能力及创新能力将不断增强，从而使企业的成长内涵层次递进。三是成长过程的复杂性。这是由企业作为一类“客观存在”的“多面性”所决定的。由于企业兼有“一类组织、一种创造利润的机器、一种契约关系、一种商业模式、一种人的集合”的多面性，因而它的成长也具有每一方面的专有特点，且各个方面之间既可能相互促进，也可能相互制约。因此，企业成长需要兼顾各种各样的问题，而不能一味追求某一方面或某些方面，更不能只追求业绩的成长。

11.1.3　企业成长的本质

企业成长也可以说是企业由不会做事到会做事、由幼稚走向成熟、由没有竞争优势到具有竞争优势的过程。这一过程具体表现为企业内在素质的逐步形成与提升，外部价值网络的逐步形成与优化，选择并实施合理的商业模式与有效的竞争战略，进而阶段性地赢得某些方面的市场竞争优势的过程。

形象地看，可以将企业成长的过程理解为搭建一扇“门”的过程。其中，企业内在素质的形成与提升是这扇门左边的支柱；外部价值网络的形成与优化是这扇门右边的支柱；合理的商业模式与有效的竞争战略是这扇门的门顶；阶段性地赢得某些方面的市场竞争优势则是飘扬在这扇门上的红旗。

换言之，内在素质得以形成与提升，企业就有了能力做事；外部价值网络得以形成与优化，企业就有了资源做事；有了合理的商业模式与有效的竞争战略，企业就有了把事做好的适当的思路与方法。有了以上三点，企业便可能甚至必然会赢得某些方面的市场竞争优势。

客观地看，阶段性地赢得某些方面的市场竞争优势，是企业成长的本质所在。而企业由没有竞争优势，到有一定程度的竞争优势，本质上是企业搭建一扇“优势门”的过程，财务业绩持续增长仅仅是企业获得竞争优势的结果，是企业实现了本质成长之后的必然结果，是企业成长的外在表现（如图 11—1 所示）。

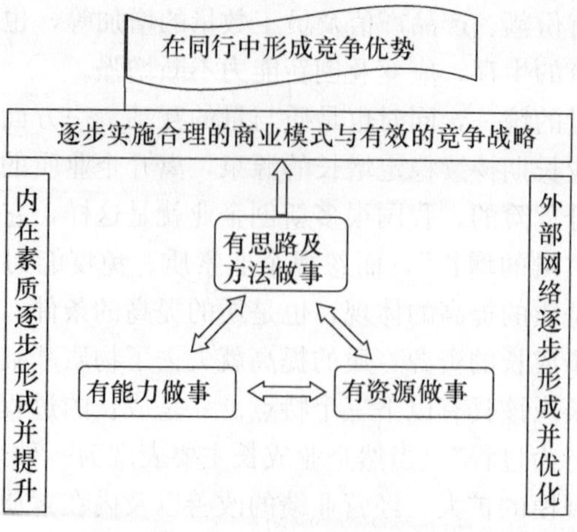

图 11—1　企业成长的门形结构

需要说明的是，近年来不少人（特别是媒体）常常将企业成长简单地理解为就是“做大做强”，这是十分错误的，因为企业成长是一种过程，是企业永远感觉到自己不够伟大而渴望伟大、走向伟大的过程。企业大到某个规模、实力强到某种程度，都是企业前一阶段成长的结果，而不是企业成长本身。如前所述，企业成长更多地指的是“过程”，而不是“结果”，并且规模大的企业并不一定就具有某些方面的市场竞争优势。因此，谈到企业成长，一定要认识到它是一种过程，是搭建一扇“优势门”的过程。这扇门搭得越大、越结实，企业获得的财务收益才可能增长得越快。

企业成长是企业内在素质提升，外部价值网络优化，凭借有效的商业模式、企业战略及策略赢得某些方面的市场竞争优势，进而实现企业业绩增长的过程。这至少有三个层面的含义：

一是指企业内在素质的成长（提升）。内在素质的核心是企业的核心能力。核心能力是企业在市场中赢得竞争优势的源泉。如无内在素质，特别是核心能力的提升，企业无论如何是不可能在市场中长久生存与发展的。

二是指企业外部价值网络的成长（建立与优化）。任何企业创造的价值，并不仅仅是企业本身的努力，而是由一个以该企业为核心的价值网络创造的。为该企业提供各种要素的供应商，为该企业销售产品的销售商，为该企业提供各种服务的服务商，都是该企业价值网络上的成员。企业只有不断培育、调整、提升、优化这个网络，才可能为社会提供更多的价值。所以，企业成长必然有价值网络建立与优化的含义。

三是指企业经营业绩的成长（增长）。这是常人最能感受到的企业成长，但它往往是一种表象。因为即便内在素质很差的企业，如果敢于违规经营，也可能实现较好的经营业绩，甚至有可能实现业绩的快速增长，如厦门远华公司。

11.1.4　企业成长的逻辑

企业成长的逻辑包括企业成长的五环循环和企业成长的三阶递进两个方面。

1. 企业成长的五环循环

企业成长本质上是搭建一扇“优势门”的过程。搭建这扇“优势门”，在逻辑上是一种“五环循环”的过程（如图 11—2 所示）。其中，根据企业的主导业务来培育和提升自己的内在素质是第一位的。企业只有培育和提升自身的内在素质，才有能力去做事。但要想做成事，还需要企业外部价值网络的配合。这时，建立并持续优化企业的外部价值网络就成为必须努力的事情。而企业一旦培育了适当的内在素质、建立了适当的外部价值网络，又需要考虑怎样做得更好。这时，企业就需要根据自己的主导业务、内在素质及外部价值网络来设计自己的商业模式了。有了适当的商业模式，企业就需要结合市场竞争态势来构建自己的市场竞争战略，并努力实践自己的市场竞争战略。这些事情都做了，且做得恰如其分，企业才有可能阶段性地实现某些方面的竞争优势。

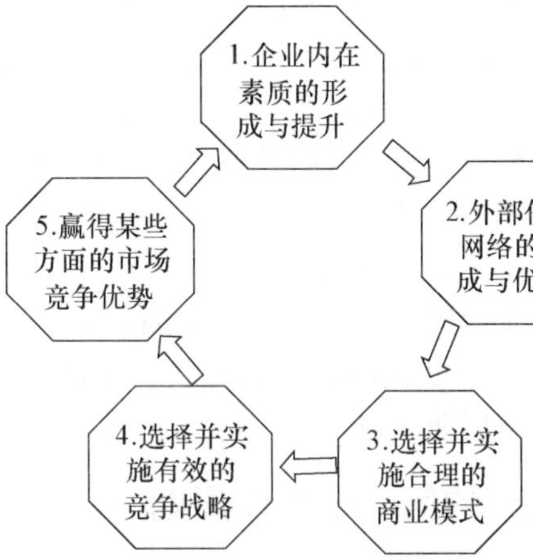

图 11—2　企业成长的五环循环

但客观地看，对于一个持续追求竞争优势的企业来说，仅仅通过一个“五环”是不可能将企业推向期望的成长水平的。只有通过多个这样的循环，企业才可能实现期望的成长。因此，企业成长的逻辑过程首先是一种“五环循环”的过程。

2. 企业成长的三阶递进

企业成长本质上是搭建一扇“优势门”的过程，逻辑上是一种“五环循环”的过程（如图 11—2），同时也是一种“三阶递进”的过程（如图 11—3 所示）。

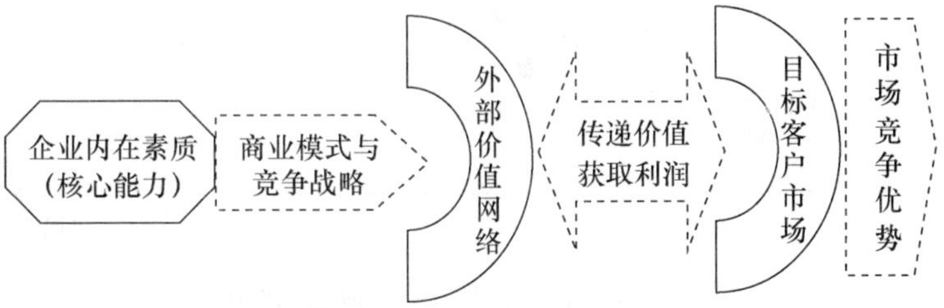

图 11—3　企业成长的三阶递进

在这个“三阶递进”过程中，“第一阶”是企业借助适当的商业模式及竞争战略将企业的内在素质与外部价值网络联结起来；“第二阶”是借助外部价值网络，将企业独特的产品及服务所体现的价值传递给目标客户；“第三阶”是企业在同行市场中形成某种程度的竞争优势。如果某个企业难以实现这种“三阶递进”，那它就不可能真正地成长起来。

11.2 企业成长的生命周期

企业是有生命的，是一种生命体，也会经历创立、发展、兴盛、衰落等状态。一些企业会业绩常青、长寿百年，一些企业则可能时运不畅、很快夭折。平均地看，目前世界500强企业的平均寿命仅40～50年，欧美不少大型跨国公司的平均寿命也仅为11～12年。日本和欧洲企业的平均寿命约为12.5年。美国62%的企业的平均寿命不到5年，能超过20年的企业只占企业总数的10%，只有2%的企业能存续50年以上。北京中关村地区企业的平均寿命仅为3.5年。因此，企业总体上呈现高死亡率、短寿命期的特征。

当然，当今也不乏一些优秀的企业能够摆脱这种"宿命"。中国有同仁堂、全聚德等百年老店。瑞士劳力士、美国杜邦、德国西门子等公司的寿命都超过了200年。它们为何能够如此长寿？其中自然有其道理。基于这些现实，这些年便有学者开始关注企业的生命周期问题。典型的例证是，美国学者伊查克·艾迪斯用20多年时间来研究企业发展、老化和衰亡的问题，提出了企业生命周期的思想。格林纳提出了组织成长的生命周期论；我国也有学者提出了"新创企业第一成长周期"的观点。我们要研究、思考企业的成长问题，自然也需要关注企业的生命周期问题。

11.2.1 新创企业成长的第一个生命周期

如前文所述，据对国内若干新创企业的考察，新创企业的第一个成长周期可以分为初创期、学习调整期、快速发展期、相对稳定期四个阶段（如图11—4所示）。

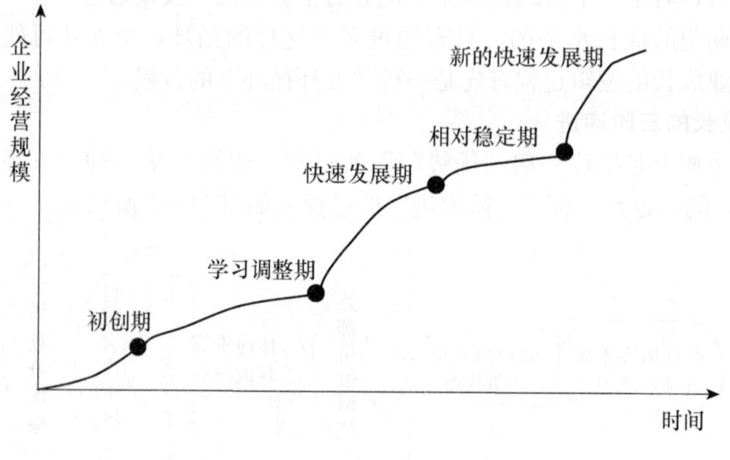

图11—4 新创企业第一个成长周期图

1. 初创期

初创期一般为企业注册后的前几个财政年度。在这一阶段，企业面多的关键问题是如何"活下来"，故其基本目标宜为"尽快实现盈亏平衡，争取正的现金流"。例如，联想创业初期，创业者卖过菜、卖过冰棍，原因就在于他们首先需要实现正的现金流、解决生存问题。联想生存下来了，才有了其后的成长和现在的发展。

一般而论，初创期企业的主要任务是：

第一，千方百计活下来，不要被其他竞争企业所“消灭”。简单的道理是，尚难生存，何谈发展？很难想象一个小企业亏损了数年还会有信心、有耐心、有能力继续经营。在 20 世纪末期网络创业热中，不少企业“烧”了一两年钱后，没钱可烧了，只好破产，便是一个例子。

第二，千方百计合法地积累资金。这一阶段企业一般规模较小，很难有长期经营的战略计划，一切经营活动都应围绕“获取利润、积累资金”这一目标。相应地，这就要求企业经营者要周期性地评估本企业的财务能力。

第三，选择一种适合新创阶段的商业模式与管理体制。因为商业模式决定企业能否做成事、做好事、能否做出效益和效率。管理体制影响创业团队的凝聚力和企业的运行效率，并且企业一旦形成某种不适当的商业模式或管理体制，日后的变革成本很大。

第四，培育某些方面的资源优势。诸如，①技术优势或某种专业技能优势；②资金优势；③定位于产业链特定环节的优势；④与某一客户群体的密切联系或市场分割优势；⑤经营场所或区位优势。获得并认清自己的资源优势后，企业就需要最大限度地发挥自己的优势，并利用这些优势获取最大化的利润。

第五，发现有可能在哪些方面形成自己的核心能力。如联想创立一段时间后，争取到了为中科院进口 500 台 IBM 计算机和维护人员培训的任务，赚取了 70 万元利润，此后用这笔钱开发汉卡。柳传志终于发现联想有可能“依靠中科院计算所的技术优势，在计算机服务方面形成自己的核心能力”。进而，联想开始培育自己在计算机服务领域的核心能力。

2. 学习调整期

经过初创期，企业总算“活下来了”，这一阶段面对的关键问题是“如何为下一步的发展准备条件”。故在这一阶段，企业的主要目标宜为“建立快速发展的基础”。如果真能实现这一目标，才会有下个阶段的快速发展，否则一切皆是枉然。

在学习稳定期企业的主要任务应是：

第一，培育某些方面的主导业务。在初创阶段，新创企业必须“饥不择食”，而一旦生存下来了，就需要为“建立快速发展的基础”做点事情。其中最为紧要的就是选择和培育某些方面的主导业务。问题是哪些业务宜于作为度过初创期的企业的主导业务。企业一是需要细分与自己相关的市场，选择一个处于成长期的细分行业；二是需要往前看若干年，对自己进行 SWOT 分析，明确自身的优势、劣势和机会、威胁；三是需要往前看若干年，将自己视为一个“初步进入者”，假定自己将发展某类或某几类业务，然后在相应行业进行“五力分析”，审视本企业未来在相应业务上会不会有竞争力。显然，只有在某个有前景的细分行业，企业才可能形成相对优势和机会，进而形成有竞争力的业务，才适于将某个细分行业作为自己的主导业务。

第二，围绕主导业务，设计并选择适当的商业模式，维持正的现金流。一旦选择了主导业务，企业就需要选择与主导业务相适应的商业模式，以求将企业的产品与客户的需求有效地衔接起来，以实现并维持正的现金流。当然，业务不同，“适当的商业模式”自然不同。以销售为例，有关单位在 1998 年前后曾对三个城市的数百家高新技术新创企业进行了一番调查，结果发现，如果用营业额、毛利率、资金周转天数三个指标来测度企业的经营绩效，一般而言，几种经营方式并用的企业的经营绩效较好。如同时从事批发、零售、开发、生产的企业的年营业额超过千万元的达到57.14%，年营业额在500万～1 000万元之间的占42.86%，这些企业的毛利率也高于单一经营企业。在资金周转方面，多种经营企业的运行比较平稳。

第三，围绕主导业务，强化企业的资源优势。企业经营的业务不同，需要的资源必然不同。如对研发、生产生物制品的企业来说，人才和设备是第一位的；对研发、组装电子产品的企业来说，人才和关键元器件的供货渠道是第一位的。为此，企业一是需要对选择的主导业务进行详尽分析，搞清究竟需要哪些资源；二是要搞清各种资源分别在何处、何时、以何种方式得到；三是要甄别出既关键又难得的资源，围绕这些资源，设计和选择适当的资源获取途径与方式，培育并强化本企业的资源优势。

第四，围绕主导业务，强化企业的核心能力。企业选择的主导业务不同，面对的市场竞争也必然不同，需要的企业核心能力更不相同。例如，要想率先成为某类电子产品的生产商，研发能力和制造能力是至关重要的。假设可以OEM，那么企业就只需要培育和强化自己在研发和销售方面的核心能力。要想成为某类高技术服务的提供商，服务设计和提供能力则是同等重要的，因此企业就需要同时在服务的设计和提供方面培育并强化自己的核心能力。为此，企业一是需要对选择的主导业务进行详尽分析，搞清经营和发展这些业务究竟需要哪些方面的能力；二是要搞清哪些能力是自己必须拥有的，哪些能力是可以借用他人的；三是要搞清在自己必须拥有的能力中，自己的哪些能力还有缺陷，有无可能尽快强化，怎样进行强化。其中，那些本企业必须拥有、目前尚有缺陷且又可能强化的能力，就是企业核心能力强化的方向。当然，为强化企业在某些方面的能力，培训员工往往是极为必要的。要让员工通过“干中学”和“学中学”的方法来学习和积累更多的技术，经营、管理知识和经验。

第五，围绕主导业务，优化企业的组织结构和管理模式。不同的业务会对企业的组织结构和管理模式提出不同的要求。例如，研发生产实体产品，既可以实质性地研发和生产，也可以使本企业仅仅是一个研发生产的组织者，即所谓虚拟研发和制造。二者的组织结构和管理模式是不同的。故企业一旦选定了主导业务及其商业模式，就需要优化企业的组织结构和管理模式。至少企业的组织结构和管理模式要有助于实施企业所选择的商业模式，而不能抑制商业模式的实施和主导业务的发展。为此，企业一是要按照主导业务和商业模式的要求，重新设计企业的组织结构和管理模式；二是要尽可能地将所设计的组织结构相对稳定化，将设计的管理模式制度化，且应规范企业的日常管理工作，特别是要解决好企业内部激励问题和企业内部信息流通问题，否则企业组织运行和经营管理就可能陷入无序和随机的状态。

第六，为进入快速发展期寻找机会。经过一段时间的“学习—调整”，新创企业建立了“快速发展的基础”。能否适时进入“快速发展期”，虽然企业本身掌握的资源、形成的能力是基础，但还需要市场机会，因此在这个阶段的最后时段，企业就需要详尽考察和分析市场，努力寻找进入快速发展期的市场机会。

3. 快速发展期

经过学习调整期，企业总算有了较为明确的主导业务，甚至形成了围绕主导业务的具有自身特色的商业模式、核心能力组织模式与管理体制，故这一阶段面对的关键问题就是如何使新创企业尽快成为创业者心中企盼的企业，目标应为抓住机遇，寻找突破口、快速发展。

相应地需要完成以下任务：

第一，寻找、发现并抓住新的商业机会。创业是从发现、把握、利用某个或某些商业机会开始的，新创企业的成长也一样。这里关键是要从企业现有的基础出发，在众多新的商业机会中发现并抓住真正有利于新创企业快速发展的机会。

第二，再次明确、准确定位。即从新创企业现有基础出发，深入研究分析进而确定新创企业应长期进入的细分行业市场和目标客户群，以及应实现的市场地位。

第三，充分发挥学习调整期企业培育的资源优势和核心能力，成为所定位细分市场领域的“小霸王”。有些市场规则和竞争格局主要是由既有大企业主导的，新创企业多是小企业，无法按现有市场规则与已有大企业竞争。故新创企业要想在市场中有所作为，就要勇当所定位市场领域的“小霸王”。国内外不少新创企业快速成长的实践表明，似乎唯有敢于在这一阶段充当“小霸王”并敢于“折腾”者，才有机会真正成长起来，否则将永无出头之日。当然，新创企业要想成为某个细分市场领域的“小霸王”，还要靠自己独特的产品创新、差别化和服务创新以及特有的技术类或商业模式等自我保护机制，才可能有效地打破现有市场规则和竞争格局。

4. 相对稳定期

经过前段时间的快速发展，随着与新的商机对应的细分市场被众多企业所分割，且短期内没有更新、更好的商业机会，以及企业本身的资源优势发挥到极限，新创企业的成长就可能进入到一个新的阶段，即所谓的相对稳定期。这一阶段企业面对的关键问题就是“如何使企业维持在一个相对高的经营平台上”，相应的目标应为稳健经营，持续发展。

正如海尔集团的“精神领袖”张瑞敏所言，企业经营犹如“小球爬坡”，不进则退。在这个阶段，如不能使企业“维持在相对较高的经营平台上”，前一阶段的成长成果就可能丧失，企业就可能摔下“坡”来。

为此，在这一阶段，新创企业主要需要完成以下任务：

第一，实施差别化战略。即充分发挥学习调整期形成的核心能力，通过产品差别化、服务差别化、价格差别化等，以差别化吸引客户，尽量维持快速发展期形成的市场地位。

第二，实施基于价值链的管理。在既有市场领域延伸和复制企业已经形成的价值链，在已经进入的行业领域创造新的市场空间，为自己的产品寻找新的应用领域。

第三，努力成为行业细分市场上某一方面的领导者。诸如产品技术范式的领导者，或产品技术标准的倡导者或领导者。如果能够成为二者之一的领导者，新创企业就能够在一定程度上掌控市场。故不少企业家说：“三流的企业卖产品，二流的企业卖技术，一流的企业卖标准。”

第四，要随时观测、分析市场，为下一个快速发展期寻找、发现及选择新的市场机会。一旦预期或发现了新的市场机会，企业便需要为之研发新的产品，开发新的服务，甚至要调整企业经营的商业模式和竞争战略，为下一个快速发展期培育优势资源和核心能力。

11.2.2　格林纳的企业成长模型

哈佛大学教授拉里·格林纳（Greiner）提出的五阶段模型认为，企业每个阶段都由前期演进部分和后期的变革或危机部分组成。这些变革和危机加速了企业向下一个阶段的跃进。每个阶段的演进期都有其独特的管理方式，而变革期则由公司面临的居支配地位的管理问题形成，其模式如图 11—5 所示。

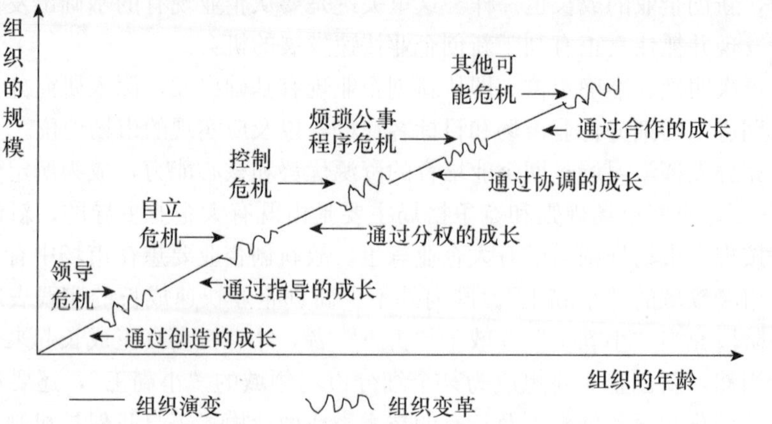

图 11—5 格林纳的企业成长模型

格林纳认为，一个企业的成长大致可分为创业、聚合、规范化、成熟、再发展或衰退五个阶段。每个阶段的组织结构、领导方式、管理体制和员工心态都有不同的特点。每个阶段最后都面临某种危机，且需要采取相关策略来化解这些危机，只有这样才可能使组织有一定程度的成长和较长时间的存续。

1. 创业期

从组织变革角度来看，格林纳提出，在创业期，企业的成长源于创造力。这时，创业者的素质与能力决定着企业的命运。如果创业者缺少足够的创造力，就可能导致组织的危机。

2. 聚合期

格林纳认为，在聚合期，企业成长源于明智的决策。这时，企业初步取得成功，组织扩张，高管集权，中下层要求授权，如果集权或分权不当，企业就难以成长起来。

3. 规范化期

格林纳认为，在规范化期，企业成长源于合理的授权。这时企业已有一定规模，管理需要授权。但如果过度授权，就可能出现各自为政、本位主义的失控危机。

4. 成熟期

格林纳认为，在成熟期，企业的成长源于协调。为防止失控危机的出现，企业会制定诸多规章制度，但也可能形成官僚主义和信息不畅、决策迟滞等现象。

5. 再发展期或衰退期

格林纳认为，在再发展或衰退期，企业的成长源于合作。企业会面临新的机会和选择，但如果企业对机会的选择不当或改革不力，企业就可能衰退。

格林纳的成长模型显示，在企业成长的过程中，一方面，随着企业更富有经验，逐渐走向成熟，并伴随着规模的扩大，呈现出有利于成长的健康态势；另一方面，推动企业成长的动力与阻碍企业成长的阻力相互作用，使企业在各个阶段表现出成长状态。往往推动企业在现阶段成长的动力又是阻碍企业在下一阶段进一步成长的最大障碍。因此，能否突破这种阻碍是企业能否进入下一阶段而达到成长目的的关键。通过对那些生死攸关因素的变革，企业获得再次发展的新生。这种演进和变革相互作用的成长历程是该模型的主要特征之一。

11.2.3　艾迪斯的企业成长模型

美国学者伊查克·艾迪斯（Ichak Adizes）博士曾用 20 多年时间研究了企业如何发展、老化和衰亡的问题。在《企业生命周期》（1988）一书中，她认为企业与生物体一样会经历出生、成长到死亡的生命历程，她把企业的生命周期初步分为十个阶段，即孕育期、婴儿期、学步期、青春期、盛年期、稳定期、贵族期、官僚化早期、官僚期及死亡期（如图 11—6 所示）。基于这一细分，她又认为，随着企业灵活性的逐渐降低和可控性的逐渐增强，以及日后的逐渐减弱，企业可分为成长、再生与成熟及老化三大阶段。

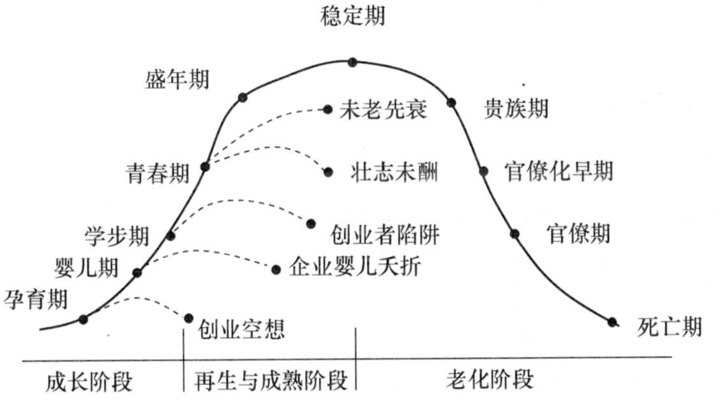

图 11—6　艾迪斯的企业成长模型

1. 成长阶段

艾迪斯认为，企业成长阶段包括三个细分阶段：一是孕育期，强调企业创业的意图和可能性，企业需要勇于承担风险的创业者；二是婴儿期，强调“做”而不是“想”，需要以结果为导向的创业，但资本不足通常是该阶段的最大问题；三是学步期，这个时期企业解决了资金不足的问题，视一切为机会，被机会所驱使，重点应转向销售导向，但内部管理会日渐困难，需要根据企业的实际管理需求调整层级授权关系。

2. 再生与成熟阶段

再生与成熟阶段包含两个细分阶段：一是青春期，青春期的显著特征是企业行为的矛盾性增强且缺乏连续性，这时就需要引入职业经理人，需要建立、健全企业管理的相关规章制度；二是盛年期，在盛年期企业的自控力和灵活性达到平衡，富有进取性，规章制度对企业管理发挥了实质性作用，但这一阶段企业需要谨防自满情绪的产生，排除“窝里斗”的现象。

3. 老化与消亡阶段

老化与消亡阶段包含四个细分阶段：一是稳定期，稳定期可能是企业停滞、衰退的转折点，灵活性下降，企业会变得墨守成规，团队创新精神下降；二是贵族期，贵族期容易注重形式而非实质内容，缺乏创新精神与作为，企业虽然资金充裕，但注重短期目标，不考虑外界变化，有可能成为潜在的被并购对象；三是官僚化早期，这个时期企业文牍主义盛行，甚至内讧不断，发生权力之争；四是官僚化与死亡期，这个时期制度繁多，与世隔绝，死气沉沉，企业甚至丧失可控力，等待死亡，即使有"空降兵"出现亦无可奈何。

在生命周期的不同阶段，企业存在不同的问题，有其特殊性。在每一个阶段向另一个阶段转换时，问题就产生了。为了学会新的行为方式，企业就必须放弃旧的行为模式。当企业花费精力努力从旧的行为模式转变到新的行为模式时，企业的各种问题都是正常的。企业凭借自己内在的能量就可以解决正常性的问题。不正常的问题则需要外部干预。企业成长意味着具备了处理更大、更复杂问题的能力。创业家的职责就是对企业进行管理，使之能够进入下一个更富有挑战性的生命阶段，将企业引向盛年，并保持盛年。

11.3　影响新创企业成长的内外部因素

11.3.1　新创企业成长的内部影响因素

企业成长是企业内外部众多要素关联作用的过程与结果。由此引出的问题是：哪些要素对企业成长的影响更大？自有了关于企业成长的研究以来，一些学者分别从不同角度揭示了企业成长的影响因素。但是，考察的角度不同，揭示的企业成长的影响因素也不相同。首先讨论影响企业成长的内部因素。

基于对我国企业现实的考察，基于相关案例研究与问卷调查所得的数据分析，当今我国企业成长主要受到七类内部因素的影响，即企业理念及领袖决定着企业的创新精神与经营战略；愿景及目标设定决定着企业成长的原动力，对企业成长具有引领与激励的作用；在产业链上的定位决定着企业经营的市场空间和利润空间；业务聚焦程度决定着企业做事的专心程度，进而决定着企业的核心能力；商业模式的有效性决定着企业做事的方式方法，进而决定着企业运营的成败与效率高低；信息链与资金链决定着企业能否正常经营；整体行动力决定着企业对于内外环境变化的反应速度和效率。同时，这些因素之间的相互作用，形成了它们对于企业成长的整体性作用。

1. 理念及领袖：决定企业的创新精神与经营战略

经营理念是企业经营的基本思想，它决定着企业的创新精神、经营战略和经营行为。常言道："理念决定思路，思路决定行为，行为决定发展。"故大凡杰出的企业都会有自己独特的经营理念。

例如，著名电信设备制造商华为公司的核心理念是"聚焦、创新、稳健、和谐"，基于此，华为公司"聚焦"于通信网络中的交换网络、传输网络、无线及有线固定接入网络和数据通信网络及无线终端产品，为全球通信运营商及专业网络拥有者提供硬件设备、软件设备、服务和解决方案。

企业的理念在相当程度上是企业领袖的理念。企业领袖是从精神上主导企业经营与发展的企业领导人，是企业经营思想的构建者、企业的领路人、企业创新的主要推动者、企业文化的培育者，甚至是企业之"神"！在中国的文化环境下，没有"神"的企业是难以成长起来的。例如，张瑞敏、任正非、柳传志、倪润峰等分别是所在企业的精神领袖。如果没有他们，就不可能有这些企业的成长。张瑞敏缔造了海尔，任正非缔造了华为，柳传志缔造了联想，倪润峰缔造了长虹。假如没有这些企业领袖，也就不会有这些企业的今天。这在中国已是不争的事实。

当然，企业领袖也可能将企业引领到失败的境地。在中国这类例子着实不少。企业领袖之所以是企业的领路人，就在于企业的经营理念更多的是企业领袖的经营理念。每一次企业领导者更换，企业经营理念便会发生一次变化，这就是一个佐证。换言之，企业领袖的经营理念决定企业的经营理念，企业的经营理念决定企业的行为方式和经营风格，进而决定着企业对于成长途径及其战略的选择。

专栏　**海尔集团的相关理念**

海尔的核心价值观：创新。

海尔精神：敬业报国，追求卓越。

海尔的生存理念：永远战战兢兢，永远如履薄冰。

海尔的用人理念：人人是人才，赛马不相马。

海尔的质量理念：优秀的产品是优秀的人干出来的。

海尔的营销理念：先卖信誉，后卖产品。

海尔的竞争理念：浮船法——只比竞争对手高半筹。

海尔的市场理念：只有淡季思想，没有淡季市场；只有疲软的思想，没有疲软的市场。

海尔的售后服务理念：用户永远是对的。

海尔的出口理念：先难后易。

海尔的技改理念：先有市场，再建工厂。

海尔的技术创新理念：创造新市场，创造新生活。

海尔的职能工作服务理念：您的满意就是我们的工作标准。

海尔的资源理念：不在于拥有多少资源，而在于利用多少资源。

资料来源：海尔集团网站（http://www.haier.net/cn/about_haier/）。

2. 愿景及目标：对员工的引领与激励

愿景即人们所向往的前景，是人们为之奋斗进而希望达到的图景，囊括了人们为之奋斗的未来目标、使命及核心价值，是人们希望最终实现的图景。企业愿景是企业成员一致的共识，不专属于企业负责人，企业内部每位成员都应参与构思制定愿景，达成沟通共识，只有通过制定愿景的过程，才可使企业的愿景更具有价值。基于此，也有人认为，企业愿景是企业根据现阶段经营与发展的需要，对企业未来发展方向的一种期望、预测、定位，并由此有效整合企业内外信息，以此来规划企业未来的发展方向、核心价值、原则、企业精神等抽象的观念。

企业目标是关于企业对某个阶段发展的整体性安排，具体表现为企业素质提升、外部价值网络优化、竞争优势、财务业绩、市场价值等方面要达到的阶段性水平。也有学者认为，企业目标是在企业目的框架中，为企业和员工提供的努力方向，有特定的完成时间。目标所规定的时间期限越短，目标具体内容的数量便越多。通常，企业目标由四部分组成：一是目的，这是企业期望实现的标志；二是衡量实现目的的指标；三是企业应该实现的指标，或者企业有望越过的障碍；四是企业实现指标或越过障碍的时间表。

专栏　　若干优秀企业的愿景

苹果公司——让每人拥有一台计算机。

腾讯——成为最受尊敬的互联网企业。

索尼公司——成为最知名的企业，改变日本产品在世界上的劣质形象。

毕博公司——为顾客创造真实持久的价值，为员工创造发展的机会，为我们的投资者创造长期的价值，成为全球最具影响力、最受尊敬的商业咨询和系统集成公司。

AT&T 公司——建立全球电话服务网。

华为公司——丰富人们的沟通和生活。

迪士尼公司——成为全球的超级娱乐公司。

戴尔计算机公司——在市场份额、股东回报和客户满意度三个方面成为世界领先的基于开放标准的计算机公司。

联想公司——未来的联想应该是高科技的联想、服务的联想、国际化的联想。

海尔——创中国的世界名牌，为民族争光。

中国移动通信——创无限通信世界，做信息社会栋梁；追求客户满意服务。

波士顿咨询公司——协助客户创造并保持竞争优势，以提高客户的业绩。

福特公司——汽车要进入家庭。

麦当劳——控制全球食品服务业。

TCL——创全球名牌、建国际企业；企业使命：创新科技、共享生活。

华侨城集团——是企业家创新的舞台，是明星企业的孵化器，是创业者梦想成真的家园，是具有高成长性和鲜明文化个性的国际化企业。

强生公司——强调人类健康信条。

3. 企业在特定产业链中的定位：决定企业的成长空间

产业链是一个包含价值链、企业链、供需链和空间链四个维度的概念。这四个维度在相互对接的均衡过程中形成了产业链。这种“对接机制”是产业链形成的基础，它像一只“无形之手”调控着产业链的形成。

企业在某个特定行业产业链上的位置，决定着该企业的市场空间和利润空间。其中的道理很简单，一方面，在特定产业，某些环节的市场空间或利润空间天生较大，某些环节的市场空间或利润空间天生则较小。显然，如果企业选择了市场空间或利润空间天生较小的环节，则其成长的空间就小。相应地，企业要想获得较大的成长空间，就应选择市场空间或利润空间天生较大的产业链环节。例如，在 IT 制造行业，企业如果选择从事元器件、集成电路的研发与生产，它的服务对象将是大量的下游企业，它的市场空间或利润空间就较大，从而成长空间就可能大些。但若它选择了下游中低档整机产品的研发与生产，它的市场空间或利润空间和成长空间自然就可能小一些。

另一方面，企业的市场空间或利润获取能力既取决于企业实际创造的价值，也取决于企业对于上下游企业的讨价还价能力。极端而言，即便某个企业并没有创造多少价值，但如果上游企业的产品只有卖给该企业才能实现自己的价值，下游企业只有购买它的产品才能生产出自己的产品，那么这家企业就可能因为在行业价值链中的优势地位和对自身外部价值网络的高度影响力，而获取最大限度的利润，从而这样的企业也就能够实现最大限度的成长。

基于此，大凡追求持续成长的企业，都需要谋求最为有利的产业链位置，即将自己定位于某个有利的产业链环节，并付诸有效的努力。例如，在计算机制造行业，英特尔生产CPU，生产整机的企业多数需要购买它的 CPU，故英特尔就具有极大的市场空间和极强的利润获取能力。在办公软件行业，其他软件企业的产品要想在微软软件平台上嫁接使用，自然就得受制于微软，从而微软也就有极强的利润获取能力。由上述例子引发出一个令我们不悦的反例，就是在国内计算机行业，我们用的芯片是英特尔的，用的软件是微软的，国内大型计算机公司充其量是在自动线上组装整机，一方面附加价值低；另一方面受制于英特尔的芯片和微软的软件。这样，国内多数计算机公司自然就难以有较强的利润获取能力。

另一个典型的例子是，我国国内代工企业制造的芭比娃娃（中国出口玩具中的一种）价值 1 美元，但芭比娃娃在美国沃尔玛超市的零售价格是 9.99 美元。从 1 美元升值到近 10 美元的过程当中，这 9 美元的价值从何而来？在任何行业的产业链中，除了加工制造，还有六大环节，即产品设计、原料采购、物流运输、订单处理、批发经营和终端零售。正是这六大环节创造出了 9 美元的价值，同时这六大环节也是整条产业链中最有价值、最能赚钱的环节。

当然，某个企业能否占据有利的产业链环节，并不是一厢情愿的事情，这至少取决于以下两个因素。一是该企业具有什么样的核心能力。有特定的能力，才有能力做相应的事情。二是该企业想占据的产业链环节上是否有较强的竞争者。如果没有较强的竞争者，那么该企业能否依靠自己的核心能力以及对市场的高度敏感而捷足先登。这样，某个企业能否占据有利的产业链环节，最终又取决于自己的核心能力。

4. 企业的业务聚焦程度：决定企业的核心能力

企业在特定行业产业链上的定位，决定着企业的市场空间和利润空间；而企业的业务聚焦程度，则决定着企业能否培养自己独特的核心能力，决定着企业能否凭借独特的业务和核心能力在同行中赢得竞争优势。故一个企业要想赢得细分市场的竞争优势，获取最大限度的利润，聚焦于适当的业务领域，即是有效成长的重要因素。

（1）业务聚焦程度。

所谓业务聚焦，即企业将自己的经营范围锁定在极为有限的产品领域之内。在企业的经营实践中，业务聚焦程度决定着企业经营的专心程度，进而决定着企业能否真正培养起自己的核心能力，决定着企业能否凭借独特的业务和独特的核心能力在同行中赢得独特的市场竞争优势。因此，在激烈的市场竞争中，不少企业都将恰当定位前提下的业务聚焦视为影响企业成长的重要因素。

中国中远集装箱公司聚焦于集装箱制造领域，从而赢得了全球巨大的市场份额。深圳万科集团 20 世纪 80 年代业务种类庞杂，但 90 年代后期逐渐集中于房地产，随后迅速成为中国地产界的龙头企业。相反，我国也有不少企业几乎是无所不能，结果没几年就偃旗息鼓、销声匿迹了，其中一个重要原因就是这些企业的业务领域过于分散，没有培养起自己独特的核心能力，结果只能在竞争中败北。由此不难看到业务聚焦对于企业成长的重要性。因此，一家企业如果将自己的业务聚焦在较小的领域，则其花费较少的资源就可以培育起企业独特的核心能力和业务，从而在同行市场中赢得竞争优势。

（2）业务聚焦的实现：细分市场。

企业要聚焦于特定的独特业务，前提是要对市场进行细分，关键是要发现利己的细分市场需求或新的商机，进而围绕独特的细分业务培养企业独特的核心能力，最终为所聚焦的细分市场提供细分的产品和服务。

市场细分是一个“切豆腐”的过程，即从不同角度将市场划分为若干部分，甚至通过若干层次、纵横交错的划分，找出适合本企业为之提供产品和服务等客户价值的市场领域。通常，消费品市场的细分角度可如表 11—1 所示，企业用品市场的细分角度可如表 11—2 所示。

表 11—1　　消费品市场的细分角度

市场细分角度	进一步具体细分
按地理细分	国家、地区、城市、农村、气候、地形
按人口统计细分	年龄、性别、职业、收入、教育、家庭人口、家庭类型、家庭生命周期、国籍、民族宗教、社会阶层、生活方式、个性
按购买行为细分	购买时机、所追求利益、使用者地位、使用率、忠诚程度

表 11—2　　企业用品市场的细分角度

市场细分角度	进一步具体细分
按统计角度细分	所属行业、企业规模、投资者关系、客户地理位置等
按运营角度细分	企业技术水平、技术能力、生产工艺水平、生产能力、设备现状、管理模式和水平、资金状况、企业价值观、产品采购与使用历史等
按采购角度细分	采购部门组织结构、权力结构、买卖关系性质、采购标准、采购方式等
按采购环境细分	订单的紧迫程度、产品使用环境、订单大小、对现场服务的依赖程度、客户产品的最终使用者的需求等

在对市场进行细分的基础上，企业需要在特定细分市场中发现商机。特定商机是否适合某个企业，取决于企业可提供的产品及服务能否与该商机匹配。但商机不可能主动与某个企业的供给相匹配，而只能依靠企业自身的产品创新和服务创新去寻求这种匹配关系。

5. 商业模式：决定企业运营的成败与效率

在企业进行适当的产业链环节定位和细分市场定位的前提下，商业模式就是通向“理想彼岸”的“桥”和“船”。因此，商业模式适当与否，决定着企业运营的成败、效益与效率的高低，甚至决定着企业能否正常运行。故德鲁克说：“当今企业之间的竞争，不是产品之间的竞争，而是商业模式之间的竞争。”商业模式即企业为客户创造并提供价值，甚至使用户享受消费者剩余，进而使自己获得商业利润的逻辑化的方式方法，其本质是相关经济活动中利益相关者之间的交易关系。商业模式的核心是企业获取资源、整体运行、为客户创造并提供价值和为企业获取经营收入（含利润）的一整套商业逻辑，具体涉及经营内容（产品或服务）、服务对象（目标客户等）、企业内部价值链上各个环节的运作模式（诸如资源获取模式、研发流程与组织模式、生产制造组织模式、产品营销模式、客户服务模式等），以及企业获取经营收入的方式等。

商业模式即作为人们从事商业活动的最为基本的逻辑化的方式方法，始终决定着企业运营的成败与效率的高低。故时代华纳前首席技术官认为，在知识化的现代商业时代，与其说企业缺少有效的技术，倒不如说企业更缺少有效的商业模式。因此，一个追求成长的企业，需要设计和选择有效的商业模式。

有效的商业模式应具有以下六个特征：一是有效的商业模式能够有效地将市场信号传递给企业；二是在为客户创造并传递更大价值的同时，这样的商业模式也能够为企业创造尽可能多的利润；三是企业的核心能力和外部价值网络能够支撑该商业模式的实施；四是这样的商业模式能够有效地规避相关风险或者使相关风险最小化；五是这样的商业模式具有动态适应性，能够适应企业内外环境的实际变化；六是竞争对手难以简单地复制该企业的商业模式。

6. 信息链与资金链：决定企业能否正常经营

（1）信息链与企业经营。

企业经营的核心是决策和运行，即需要间歇性地就企业经营和成长中遇到的各种问题进行决策，并通过运行将所作决策付诸实施。正因为这样，美国管理学大师西蒙甚至认为，管理就是决策，经营就是决策。

企业无论是就成长中的重大问题做出决策，还是去运行一项业务，都需要多方面的信息。管理者缺少必要的信息，不但难以有效地经营企业，而且很容易将企业带入死地。

企业经营所需的信息，要靠企业内外的组织体系来采集与传递，组织体系包括企业外部价值网络中的各个组织单元，以及企业内部价值链上的各个组织单元。其中每个组织单元都是企业信息网络上的节点。企业只有形成了合理的信息网络，才可能及时获得所需要的完备信息，从而为企业决策和运行提供信息支持。企业的信息链条是嵌入在企业的组织网络之中的，只有企业的组织体系合理有效，而且企业领导人重视信息采集与运用，才可能保障企业所需信息的持续供给，进而才可能保障企业决策的正确与运行的有效。

（2）资金链与企业经营。

经营是企业获取、使用并转换生产要素，进而为客户创造并传递价值的过程。在企业使用的三类不可或缺的生产要素（人力、资金、技术）中，资金是十分重要的生产要素。企业的相关经营决策需要资金的配套，企业的运行也需要资金的支撑，企业决策及运行贯穿着一系列资金的筹集、配置和使用活动。

企业能否掌控并实际支配足够的资金，决定着企业能否沿价值链形成合理的资金链。如果企业没有足够的资金，即便有再好的经营思路、商业模式和竞争战略，它也难以在市场竞争中胜出，甚至难以有基本的生存能力。

7. 整体行动力：决定企业能否有效行动

企业的整体行动力决定着企业能否协调一致地有效行动，进而趋向企业的愿景和目标。所谓企业整体行动力，即企业全员及整个组织依据企业使命，执行企业任务，趋向企业愿景与目标的能力。决定着企业全员能否协调一致地有效行动，即能否坚持自己的理念、有效地实施自己的商业模式，展开自己的战略、推进自己的业务，也决定着企业怎样趋向成长的愿景与目标。

在市场竞争中，企业之间的博弈同样依赖于企业的整体行动力。华为、海尔、联想、长虹、中远集团等企业之所以能在同业市场中获得竞争优势，它们有强于同行的整体行动力就是一个重要因素。进一步看，企业的整体行动力又是由企业文化对内的凝聚力、企业品牌对外的影响力、企业机制对内对外的协调力三者共同决定的。如果没有企业文化对内的凝聚力，企业员工就没有行动的灵魂，就可能是一盘散沙。如果没有企业品牌对外统一的影响力，企业不同类型的产品特别是新产品的市场拓展就需要付出高昂的边际交易费用。如果没有合理的企业机制对内对外的协调力，企业就需要借助非制度性机制的力量协调企业内外关系，这同样会迫使企业付出高昂的边际交易费用，甚至会发生一定程度的损失。因此，要培育企业的整体行动力，需要从培育企业文化对内的凝聚力、企业品牌对外的影响力、企业机制对内对外的协调力三者入手。

11.3.2 新创企业成长的外部影响因素

新创企业成长的外部影响因素包括两大类型：一是细分产业两类环境因素，即产业竞争环境和产业创新体系。二是五类宏观环境因素，即政府政策、经济运行与发展态势、科技进步、社会发展以及生态环境。

在两个细分产业环境因素中，一是产业竞争环境，它决定着企业生存与成长环境的规范性，决定着行业内企业成长的市场空间，也决定着企业能从细分市场中获得多大市场份额；二是产业创新体系，该体系的技术基础和系统效率共同决定着企业的创新努力能否得到产业范围的相关支持，进而决定着企业的创新能否有效地得以实现。

在五个宏观环境因素中，一是政府政策，它决定着企业旨在成长的努力能否得到政府的政策性认同和支持；二是经济运行与发展态势，它反映现时经济运行状态和未来经济发展趋势能给企业提供多大的成长空间，特别是企业的产出能在多大程度上被更大范围的市场所接受，并能给企业提供多大回报；三是科技进步速度和水平，它决定着企业的技术努力在整个国民经济的范围内能得到多大程度的支持；四是社会发展，它决定着企业的相关努力能否得到社会发展程度的推动和支持，特别是教育的发展，它决定着企业能否得到适当的劳动力供给，以及人口的规模及其增长，它决定着企业未来可能面对多大的消费者需求；五是生态环境，它决定着生态状况对企业相关成长活动的承载能力和允许空间。

11.4 新创企业的成长点及其成长的途径

11.4.1 新创企业可能的成长点

对于追求成长的企业而言，除了要恰当认识企业成长的本质，把握企业成长的生命周期，了解企业成长的影响因素之外，还需要善于发现可能的成长点。

所谓企业可能的成长点，即有助于企业为客户创造并传递新的价值的细分领域、有价值的机会、有效的着力点等。对企业而言，如果找不到自己可能的成长点，那将不知从何处谋求发展。寻找企业可能的成长点，就是要发现企业能够为客户创造并传递有价值的并且客户愿意接受的你的价值领域、机会和着力点。

所谓发现企业的成长点，一是要为企业寻找尽可能多的可能的成长点；二是要在尽可能多的成长点中，发现对本企业而言可操作的成长点；三是要在可操作的成长点中，发现对客户而言价值较大的企业的成长点；四是要在对客户而言价值较大的企业成长点中，发现企业也能获得满意成长效果的成长点。

一般而言，企业可能的成长点依次是：甩包袱、改进、创新、扩展以及新的机会。

1. 甩包袱的成长

所谓甩包袱，就是要舍得、敢于并善于甩掉那些对企业成长价值不大甚至产生负效益的业务。甩掉了那些对企业成长价值不大甚至产生负效益的业务，企业就有可能将这些业务节省下来的资源用于加强对于企业成长更有价值的业务，促进那些更有价值的业务加快成长，进而促进企业整体上更为理想的成长。

短例

关于 A 企业应甩掉喜糖业务的分析

A 企业创立于 20 世纪 40 年代，是一家糖果食品企业。在近 70 年的生产经营中，曾创下年产 7 千吨糖果的业绩，创利润 4 倍于固定资产的佳绩，开拓了集休闲、保健、营养于一体的功能性糖果的消费市场，开发了百余种产品的工艺技术。该企业现有产品主要包括鲜奶糖、喜糖、喉糖、咖啡糖、水果糖、软糖等，其年销售情况和市场份额如表 11—3 所示。

表 11—3　　A 企业产品类别和相关信息

产品名称	销售额（万元）	相对市场份额（%）	同比增长率（%）
功能性软糖	2 300	1.1	18
喜糖	700	0.4	1.5
喉糖	600	0.6	16
水果糖	3 200	1.3	9
咖啡糖	3900	1.6	6
鲜奶糖	2 500	1.8	14

根据表 11—3 可以看出，相对市场份额和同比增长率都很低的是喜糖，如果企业将资源投入到喜糖身上，其成效不大，为避免浪费资源，A 企业应适时放弃喜糖产品业务。

2. 基于改进的成长

做得再好的企业都存在需要改进的空间，诸如企业自身存在的缺陷、企业与同行存在的差距、企业的惯例、企业冗余的资源。企业只有改进了缺陷，缩短了差距，打破了惯例，充分使用资源，才可能使企业实现新的成长。企业的三种改进性空间主要有：

第一，企业现存缺陷的可改进空间。任何企业都不可能是十全十美的，即便是微软、英特尔、西门子这样的全球巨无霸企业，即便是海尔、华为、联想这样的中国明星企业，都会存在这样那样的缺陷。多数事物也都有其两面性，存在缺陷固然不利于企业运营，但如果企业能够发现缺陷，进而努力去克服这些缺陷，就可能使企业在某些方面实现某种程度的成长。

第二，与同行差距的可追赶空间。在任何行业，既有龙头企业，又有中游企业，还有落后企业，后者与前者总有一定程度的差距。如果后进企业能够发现自己与先进企业的差距，进而采取有效的措施来缩小差距，后进企业就可能实现某种程度的成长。因此，有学者认为，假如一个企业没有其他新的成长机会，该企业与同行先进企业的差距就是它“最大的成长空间”，经过努力可以缩短的差距即是可追赶、可成长的空间。

第三，改进现有业务与管理，用足企业的冗余资源。企业现存的某些冗余资源如能得到更为充分的利用，由此即可能给企业带来成长的可能性。企业面对的冗余资源主要有三种情况。①冗余的核心能力。不管是行业核心能力，还是板块核心能力，只要企业善于通过寻找新的市场机会使这部分核心能力得以发挥，就可能实现新的成长。②冗余的市场机会。机会也是资源，“企业经营在一定程度上就是经营机会”。如果一些企业面对着较大的市场机会，诸如较大的新生市场需求，但现在市场中还没有企业能够满足这些市场需求，则对这些企业而言，实际上就存在着冗余的市场机会。如果企业能够发现冗余的市场机会，开发出适当的产品、业务及商业模式，并采取适当的市场策略，去占领尚未得到满足的市场需求，它就可能实现某种程度的新的成长。③冗余的政策环境。国家法律和政府政策是环境，也是资源。不少企业往往不善于研究国家法律和政府政策，对于法律允许、政策鼓励且企业有能力开展的某些业务和经营方式，企业并没有有效地开发和实施。但事实上，如果企业用足了相关法律与政策，开发了相关产品和商业模式，开展了相关业务，它同样有可能实现新的成长。

3. 基于创新的成长

创新的本质是建立新的生产函数：“$y=F(K, L, T)$”，目的是为客户创造新的价值、为企业创造新的优势。诸如产品创新、工艺创新、原材料创新、流程创新再造、商业模式创新等，它们对于企业的成长都具有独到的本质上的作用。

4. 基于扩展的成长

即以某种方式扩展企业的业务，诸如做精产业链上的某个环节，或者是做宽产业链上的某个环节，或者是前向或后向做长产业链，以及向与企业核心能力亲近度高的领域扩展。随着业务的扩展，只要市场接受企业的产品，企业就可能实现一定程度的成长。

5. 基于新机会的成长

即寻找未被挖掘的市场机会，或者是利用新形成的市场机会，或者是创造新的市场机会，而为企业创造成长条件，进而使企业得以成长。

11.4.2 新创企业成长的内涵途径

企业成长的途径大致分为两类，一类是内涵型成长途径，即企业通过内部努力而实现的成长；一类是外扩型成长途径，即企业通过新的拓展而实现的成长。据对国内外相关文献的分析，以及对国内典型企业的考察，对多数企业而言，可行的内涵型成长途径主要有五种情况：一是紧跟两类大客户；二是业务归核化；三是技术创新的持续化与集群化；四是实施有效的服务创新；五是敢于和善于打破企业习以为常的惯例。

客观上，如果企业的行业领域不同，业务类型不同，产品结构不同，内在条件特别是核心能力不同，成长的阶段不同，所处的商业环境不同，可取的成长点不同，期望的成长效果不同，相应地，它们可以选择的成长途径也必然是不同的。因此，很难一概而论地说哪类企业适合哪类成长途径，而只能具体情况具体分析，根据企业独特的主客观条件，选择适合特定企业的独特的成长途径。且随着一定时期主客观条件的变化，企业还需要阶段性地调整自己的成长途径。

1. 紧跟两类大客户

对企业而言，客户就是市场，紧跟客户就是紧跟市场。客户的需求规模及其增长趋势决定着企业的业务发展速度与极限。有了大客户，企业才会有大市场。紧跟大客户，伴随着客户业务的发展，企业才能够得到相应成长。

在市场中，大客户有两类，一类是单一的大客户，可称为单一型大客户。这类客户自身业务规模大，对某些产品的需求也很大，且增长很快。企业紧跟这类大客户，就会有大市场。例如，中国五大国有控股商业银行的金融业务很多，故其对有助于银行提供金融服务的配套产品的需求量也很大。那些紧跟这些商业银行，并为之提供配套产品和服务的企业就会有较大的市场机会。

在市场中，另一类大客户是由产品需求同质的众多小客户聚集而成的大客户，可称为聚毛成捆型大客户。这一类客户单个需求很小，多数是一个自然人或一个家庭，但如在市场中有众多的自然人和家庭对同一类产品有共同的需求，则能为这类客户提供同质产品的企业即面对着巨大的市场机会。典型的是，海尔等家电企业正是随这类大客户成长起来的。每家每户各买一台冰箱，全国加起来就是几亿台冰箱的市场。海尔等优秀冰箱制造企业紧随千家万户，自然能获得某种程度的成长。

如果某家企业有机会、有能力紧跟两类大客户之一，则市场力量就会要求该企业对客户需求进行以下分析：客户的需求到底是什么？客户的需求是显性的还是隐性的？客户的需求是上升的还是下降的？客户的需求是有现实购买力的还是缺乏现实购买力的？客户需求的分布如何？是否会有其他厂家也来迎合客户的同一需求？它们会采取何种竞争策略？

2. 业务归核化

业务聚焦，对老企业而言，重要的就是归核化。所谓归核化，即业务多元化的企业为提升自身的核心能力和竞争地位，将其经营重点集中到少数核心业务领域，以谋取更大的竞争优势。归核化的前提是企业存在不适当的多元化；目标是通过向少数核心业务回归和集中资源，提高企业的整体竞争力。

由国内外一些企业“单一化—多元化—归核化”的历史，我们不难发现，一家企业在其主营业务范围内的经营时间越长，越注重培养自己的核心能力，便越易形成一定程度的竞争优势；而在非主营业务范围内，则会因为缺少核心能力、资源有限等而难以谋求竞争优势，甚至被挤出市场。故对绝大多数企业而言，应在竞争中扬长避短，专注于少数产品的研发与生产，由此才可能在培育核心能力、形成主导业务的基础上，形成自己独特的竞争优势。

归核化主要针对还没有形成核心业务即走上多元化道路的企业，这类企业要谋求长足成长就必须归核化。企业归核化涉及三项内容，即明确核心业务，剥离非核心业务，强化核心业务；三者相辅相成，与归核化的效果息息相关。

短例

万科归核化成为地产业领跑者

1984 年深圳成立了一家名为“现代科教仪器展销中心”的机构，1988 年该中心更名为“深圳万科企业股份有限公司”（简称万科），1991 年万科在深圳证券交易所挂牌上市。

1988 年，万科从事五花八门的进出口业务，还从事过金银首饰中外合资加工。随后涉足深圳房地产业务，1991 年进入上海房地产市场，很快在地产业初战告捷。进而基于对中国经济社会发展趋势的分析，王石等企业决策层 1993 年决定将住宅开发作为万科的核心业务。

为将住宅开发培育成核心业务，万科一是明确产品定位，选择将“主流住宅”作为主攻的细分市场；二是明确区域布局，决意依次进军珠三角、长三角、京津和其他中心城市；三是在“谋近”的基础上“虑远”，2005 年启动万科第三个十年发展规划，全面实施“3＋X”区域发展布局；四是调整非核心业务，通过向海外投资者发行 B 股，2000 年华润成为万科第一大股东，2001 年万科转让了住宅零售业务。

为着力打造地产核心业务，万科不断创新经营理念。1999 年 5 月提出了住宅服务于人居的“城市空心化”概念，1999 年发起并组织了“中国城市房地产开发商协作网络”，2000 年 6 月倡导和推动了“新住宅运动”。

由于核心业务明确、经营理念清晰，万科日益在市场中得到认同。截至 2004 年年底，万科已为 58 000 户家庭提供了住宅，占全国同期 1.06％的市场份额。经过 10 余年的市场历练，万科已成为业内公认的地产品牌与物业品牌。2004 年，万科客户的老业主重复购买（含推荐购买）率为 42％。同年，万科获得“中国最受尊敬企业”和“最佳企业公民”的称号。

1990—2008 年，万科经营业绩持续增长，主营业务复合增长率达到 31.4％；净利润复合增长率达到 36.2％。2008 年，公司完成新开工面积 523.3 万平方米，竣工面积 529.4 万平方米，共销售住宅 42 500 套，实现销售金额 478.7 亿元，结算收入 404.9 亿元，净利润 40.3 亿元，净资产收益率 13.24％。在全国住宅市场的占有率从 2.07％提升到 2.34％，其中在深圳、上海、天津、佛山、厦门、沈阳、武汉、镇江、鞍山 9 个城市排名首位。

资料来源：参考万科公司网站（http：//www.vank.com/）相关资料编写。

3. 技术创新的持续化与集群化

领先的突破性技术创新、面向主流需求的技术创新、业务流程创新三者是企业重要的成长点。如果这三类创新在时间维度上具有持续性，在空间维度上呈集群化，它们就能够成为企业成长的重要途径。

“创新是创造性的毁灭。”不适当的创新也可能毁掉一个企业，诸如企业缺乏技术基础的创新以及“与市场需求不相匹配的创新”。从长期趋势看，只有那些能与市场需求很好匹配的技术创新，才可能给企业带来长期的市场利益。从技术角度看，企业的创新应符合相应领域技术发展的趋势，这样的企业创新才可能有较长的市场生命周期。创新有独到之处，才能与他人形成差别。从需求角度看，创新符合当前和今后一段时间市场的主流需求，才会有较为持久的大市场。反之，如果一项创新有悖于相应领域技术发展的趋势，或者不符合一段时间国内外市场的主流需求，那么这样的创新就可能给企业造成巨额的“沉没成本”，或者是巨大的“机会成本”，而不可能给企业带来较大的收益，甚至有可能使企业因此而倒闭。特别地，如果企业实施了貌似有商业价值的 A 创新，而放弃了有实际商业价值的 B 创新。由此，B 创新原本可能实现的商业价值即是企业实施 A 创新的机会成本。基于此，追求成长的企业必须努力规避这类机会成本。另外，企业也需要关注用户体验创新，如果只有企业的创新，而用户感受不到新的体验，则这样的创新也得不到市场回报。

4. 实施有效的服务创新

服务创新是企业为了提高服务质量和创造新的市场价值而发生的服务要素的变化，是对服务系统进行有目的、有组织地改变的过程，核心是在服务过程中应用新的思想和技术来改善现有服务流程和产品，提高服务的质量和效率，从而为顾客创造新的价值，最终形成企业自身的竞争优势。

服务创新有助于企业成长，主要是因为它有可能为客户创造新的价值，甚至是消费者剩余，进而可能为企业吸引更多的客户、开拓更大的市场。随着经济社会进入后工业化社会，客户越来越关注被服务的质量。基于此，有学者说：“21 世纪是服务创新的世纪。”

服务创新对于企业成长十分重要，企业实施服务创新，需要从四个维度进行相关思考。一是构思新的服务概念，即企业应以怎样的概念来吸引新老客户；二是要搞清客户界面，即企业应该怎样与客户衔接相关的平台及相互间的交易；三是要明确服务传递的方式、方法和途径，即企业怎样才能有效地向客户传递所创造的价值；四是合理选择相关技术，即怎样开发适当的技术并应用于服务系统之中。

在搞清这四个维度相关问题的基础上，企业的服务创新至少有五种途径：一是借助服务理念的突破和技术变革，创造全新的服务，这通常产生的是全新的服务；二是构思新的服务理念，或发明新的服务技术，以改善既有的服务结构，进而使自己所提供的服务与竞争者所提供的服务形成明显的差异，这通常会产生局部创新的服务；三是实施形象再造，即企业通过建立新品牌、改变服务环境和调整服务结构来塑造新的服务形象；四是实施改型变异，即通过对市场的重新定位，创造出在质量、档次、价格方面有别于既有服务的新的服务项目，但核心技术不发生根本变化；五是外部引入，即通过购买新的服务设备、聘用更为专业的服务人士，从而将他人成熟的服务引入到本企业所提供的服务之中；六是将服务嫁接到企业的已有业务甚至融入到企业的既有业务内。

5. 敢于和善于打破企业习以为常的惯例

美国学者小乔治·斯托尔克在《企业成长战略》一书中指出，在企业经营中常常有不少人们习以为常的惯例会阻碍企业视野的开阔、思维的开发和创造性的提高，进而成为抑制企业成长的障碍，而不少企业经营者恰恰忽视了这些惯例对企业成长的影响。他认为，企业如果善于发现并敢于打破某些惯例，就可能赢得某些成长的机会和空间。这些惯例包括企业内部管理的某些惯例，企业对待客户和供应商的某些惯例，某些行业性经验和思维定式，对行业性商业模式的盲目认同，甚至是陈旧的行业技术经济规范，这些惯例会从不同的方向制约企业的成长。

在小乔治·斯托尔克看来，企业内部管理的某些惯例，例如，不能善待员工，往往会伤害员工的积极性。“员工积极性是企业成长之本。”显然，如果员工缺乏积极性，何谈企业成长？再如，企业内部业务流程低效、管理流程不完善，假如管理者对此置若罔闻，则企业就必然有居高不下的运行成本或管理成本。相应地，在一个企业，如果管理者敢于并善于发现哪些惯例抑制了员工的创造性、积极性和企业的效率，那么就应及时地予以调整。企业对待客户和供应商的某些惯例，也会制约企业的成长。诸如不能善待客户或供应商，那就可能破坏企业外部的价值网络，或者使外部的价值网络缺乏效率，或者使企业在既有的价值网络中处于劣势地位。这样，即便企业已形成了较好的内在素质，也很难在市场上形成独特的竞争优势。如果企业固守某些行业性经验，盲目认同某些行业性商业模式，甚至是采用陈旧的行业技术经济规范，均可能抑制企业创新，从而制约企业的成长。这就要求企业要敢于和善于突破这些类型的常规与经验。

要打破企业内部不适当的惯例，一是要经常反思“我们的企业是否存在业务流程和管理流程方面的问题”；二是要定期分析企业现有业务流程和管理流程，以求发现其中的缺陷，诸如环节阻塞、冗余环节和流程混乱的问题；三是一旦发现前述某些问题，就应尽快实施“流程再造和优化”。企业流程再造的要旨，就是要通过对业务流程和管理流程的重新梳理，发现并剔除冗余的业务环节和岗位设置，发现并补设短缺的业务环节和岗位设置，并借助新的管理理念、方法和手段，使企业的业务流程更为合理、顺畅，缩短业务周期，提高业务效率，降低运行成本特别是管理成本，进而提升企业的运行绩效。

11.4.3 新创企业成长的外扩途径

企业既可能通过内涵型途径实现某种程度的成长，也可能通过外扩型途径实现某种程度的成长。所谓外扩型成长，就是企业将业务触角、价值链、外部网络等在既有基础上向外延伸，具体途径有：向技术亲近度高的领域扩展、公司内部创业、充分借助联盟的力量来发展自己、理性的兼并收购、企业国际化并融入国际产业链，以及在全球范围开发新的利基市场。外扩型成长就是扩展业务门类或范围，或者扩展资源来源，或者扩展市场领域与范围。

1. 向技术亲近度高的领域扩展

所谓技术亲近度，即不同技术之间在原理上或构成要素及结构上的接近程度。如在专利技术分类中，属于同一子类的专利技术之间的技术亲近程度，一般比属于不同子类的专利技术之间的技术亲近度更高。如果企业从事某种新的业务所需要的技术能力，与企业从事已有业务所需要的技术能力相近或相似，就有可能低成本、高效率、高收益地做成做好新的业务。所谓向技术亲近度高的领域扩展，就是企业通过发展与企业已有产品在技术上高相关的产品而进入新的市场，进而实现新的业务与新的市场的同步发展。

企业向技术亲近度高的领域扩展，一般有以下五种形式：

第一，向上游产品领域扩展。即以已有的技术能力为基础，向有技术关联关系的上游业务或产品领域扩展。如钢铁生产企业向冶金设备制造领域扩展。

第二，向下游产品领域扩展。即在已有的产品技术基础上，通过深加工向下游业务或产品领域延伸。如电子显像管生产企业向电视机或计算机生产领域延伸。

第三，向相近工艺领域渗透。即企业利用已掌握的工艺技术，根据市场需要向工艺相近的产品生产领域渗透。这种渗透的转换成本较小，只要市场信息准确，多数企业容易取得成功。如飞机制造企业利用其在飞机设计和生产中形成的工艺技术积累，向车辆、铝型材、合金材料等民用产品领域扩展。

第四，向有互补关系的产品领域扩展。即企业为促进已有产品的产销，向在功能上或销售上与已有产品有互补关系的配套产品生产领域扩展。如计算机硬件生产企业向软件开发方面发展，软件种类和数量的增加有助于企业赢得更多的用户，进而也可能促进硬件销量的增加。

第五，向基本使用本企业现有技术能力的行业渗透。如房地产开发企业向小区物业服务领域扩展，二者共同需要的技术能力是客户服务能力；咨询企业向培训行业扩展，二者共同需要的是知识的生产和传播能力。

2. 公司内部创业

公司内部创业又称为内部创业或公司创业，即某个公司已有较为合适的业务方向，且这些业务发展得很好，但又在市场上发现了新的商机，于是公司以创业的思维和组织形态，利用现有的资源开发新的业务。而企业一旦开发了新的业务，就可能促使企业实现新的成长。

公司创业往往有以下几个特点：第一，该业务不在公司原有的业务方向上。但该业务未来有可能成为公司的另一个优势业务，且不会影响公司已有业务方向的可持续发展。当然，企业原本打算放弃的业务除外。第二，主导该业务的人员，是公司内部具有创新能力的创业者或企业家意识的员工。创业是他们首先发动的，但其后得到了公司高层的认同和支持。这些人往往被称为“内企业家”。这些人在为公司开发新业务的同时，也为公司和自己创造了新的高管岗位，甚至使自己跃升为企业家或经理人。第三，公司高层支持以类似于独立公司的组织架构运作该业务，且提供内企业家所需要的资源和公司的现有平台。这就使得公司内部创业比员工离开现有企业而独立创业的困难要小一些，且有助于员工为企业实现新的成长作出贡献。第四，公司创业在技术性公司中尤其重要。一方面，以内部创业的方式发展新业务，其效率往往高于仅仅以创新的方式发展公司的新业务。另一方面，人类进入知识经济时代以来，各个技术领域的发展都十分迅速，一家技术型企业要想在原有业务领域内保持长期优势，往往是很难的，这就需要以内部创业的方式来开发新的优势业务。基于此，不少技术型企业都将内部创业视为企业成长较为重要的组织模式之一。

3. 充分借助联盟的力量来发展自己

战略联盟即多个企业或机构之间为达到某种共同的战略利益与目标而建立的合作关系。早在若干年前，建立利益共识的战略联盟已成为企业加快成长进程的重要途径。

第一，战略联盟必须是两个或两个以上独立实体在利益共识、契约达成前提下的合作。尽管参加特定联盟的企业或机构（简称联盟伙伴）都有各自的目标，但只要加入了某个联盟，它们就必须遵守共同的契约，为共同的利益目标而努力。

第二，战略联盟是以互利为基础的，但各个联盟伙伴从特定联盟中得到的利益并不一定对等。于是，一些联盟伙伴就可能存在“搭便车”或“抽逃”的行为。基于此，联盟需要建立一套联盟治理机制，以抑制背离联盟伙伴共同利益及目标的冲动。

第三，联盟是有时间有效期的。即特定的联盟仅仅存在于一定的时间段内。一旦联盟的目标达到了，或者既定的联盟时间到期了，联盟就自然解体。

4. 理性的兼并收购

“并购”在英语中为 mergers and acquisitions（可简写为 M&A），即两家或两家以上的独立企业合并为一家企业，通常由一家处于优势地位的企业吸收另一家或几家企业。并购有两方面含义：一是兼并（merger），兼并后被吸收的企业即被取消法人资格；二是收购（acquisition），收购后被吸收的公司一般保留其法人资格。两种情况合称为并购，并购也是企业成长的重要途径之一。

合理有效的兼并收购通常有助于提升企业的内在素质，优化企业的资产结构，丰富企业的产品线，改善企业的外部价值网络，甚至拓展企业的成长空间。但具体的并购活动能否产生前述效果，还取决于企业对特定并购活动的具体把握程度，其中首先取决于并购的理性化程度。

一般而论，理性的并购有以下五类情况：

第一类，旨在增强企业核心能力的并购。这类并购的基本理论依据是核心能力竞争论。即认为企业之间竞争的本质是核心能力的竞争，只要特定并购有助于提升企业的核心能力，那么这样的并购即有助于企业成长。

第二类，旨在改善企业战略资源掌控状况的并购。这类并购的基本理论依据是战略资源竞争论，认为只要是有助于改善企业的资源掌控状况的并购，都有助于企业成长。

第三类，旨在增强业内分工、企业各自集中或丰富产品线的并购。这类并购的基本理论依据是交易费用理论，认为只要有助于企业降低市场交易费用，同时有助于企业业务归核化的并购，都有助于企业成长。

第四类，旨在优化企业外部价值网络或提升自身在特定价值网络中的地位的并购。所谓优化企业外部价值网络的并购，即当企业发现自己置身的外部价值网络效率不高，且调整供应商或销售商也不能提高网络效率时，便可通过并购某些供应商或销售商，将与这些供应商或销售商的“外部市场交易”转变为“内部管理交易”，才有可能提高本企业的网络效率时所实施的并购。

第五类，有助于企业整体改善、提升的并购。前述分类在一定程度上有点绝对化。实际上，一个企业并购另一个或数个企业，其理性的目的往往并不是单一的，甚至效果也不是单一的。有可能在力求达到某一效果的同时，实现了另外一些效果。

5. 企业国际化：融入国际产业链

当企业成长到一定程度，要想实现更大程度的成长时，就需要走出国门，开拓海外商品市场和要素市场。其中的道理十分简单，进入国外商品市场，有助于企业学习国际经验、辨识国际市场的主流需求，在更为广泛的市场领域中经受竞争历练，激励企业提升内在素质、改善外部价值网络，进而有助于企业施展更为宏大的战略目标。进入国外要素市场，有助于企业在更为广泛的要素市场中获得生产要素、跨越市场进入壁垒，在外部治理结构的“调教”下规范企业内部法人治理结构，从而使脱胎于计划经济的“工厂”真正转变为市场经济中的现代化公司。这些问题都被解决之时，那些走出国门的企业才可能真正实现长足的成长。

近年来，我国不少企业走出国门，开拓海外商品市场并取得了显著成效。例如，中国电信（美国）公司在美国获得国际电信业务运营牌照，可提供中美之间的国际电话、专线、数据、电视传送和商用业务。中兴、华为等国内通信设备制造商在开拓国际市场方面已小有成就，产品和技术也已走进不少国家和地区。TCL 集团经过改制重组、引进国际化管理人才，近年来先后在美国、俄罗斯、新加坡、越南、印度尼西亚、菲律宾、印度等国家和中国香港地区建立了商务机构，并在越南、印度尼西亚、菲律宾等地设立了工厂。东方通信及 TCL 集团各自并购了一家美国通信企业和一家德国知名电器公司，从而为其产品打开该国商品市场奠定了基础。

6. 在全球范围开发新的利基市场

企业成长在相当程度上依赖于能否占有或创造新的市场需求，开发利基市场是企业开发和创造新的市场需求的重要方法。于是，开发利基市场即成为企业成长的重要途径之一。

利基市场通常是指那些被市场统治者（即有绝对优势的企业）忽略的行业细分市场。基于对利基市场的认识，企业可选择一个很小的产品或服务领域，集中力量进入该市场并成为领先者，从当地市场到全国市场再到全球市场，同时建立各种壁垒，逐渐形成持久的竞争优势，例如，海尔小小灵童洗衣机的研制与市场开发。

通常，利基市场有四大特征：一是产品专用性强，比如产业统计目录中四位数以下的行业，诸如专用电池、专业计算机、专用电机等；二是市场容量“貌小实大”，多数呈狭小的产品领域，但有广阔的市场，由此具有一定的市场消费规模；三是市场的地域性显著，诸如工业生产用的中间产品，或个人最终消费品，市场需求往往在厂商周围；四是市场竞争不激烈，大企业看不上，小企业做不尽。

对特定企业而言，它的利基市场在哪里？相关研究认为，企业可基于以下角度发现利基市场：

一是自然利基市场。即现有企业在竞争中自然留下的市场空隙。大企业一般采用少品种、大批量的生产方式，进入这类市场对大企业来说不可能形成“规模经济”，于是就为中小企业留下了大企业难以或不愿涉及的“空隙地带”。

二是协作利基市场。即基于企业间协作关系而产生的市场。大企业为了谋求利润最大化或节省成本，需要与其他企业协作，这种协作关系即为中小企业提供了市场机会。

三是替代利基市场。即现有企业在满足消费者的某些需求时，所采取的商业模式与消费者可接受的方式存在差异，这为其他企业提供了“取而代之”现有企业的市场机会。

四是专利利基市场。即由于企业拥有某种专利技术而形成的被保护市场。企业多数可以运用知识产权来预防其他企业侵蚀自己的专利技术产品市场，这就形成了这些企业的专利利基市场。

11.5　新创企业传承

11.5.1　传承形式

企业尽管有生命周期，随着转型的实现，也可以持续地经营下去，但人的寿命是有限的，特别是随着人生理上的衰老以及精力的下降，就会难以继续经营企业，这时就需要将企业传承下去，使创业者创建的事业得以保持和延续。不管企业经营得多么成功，创业者终究会从所创建和经营的事业中退出，而由他人来继承和发展。企业传承的主要方式有选择子女（或家人）继承、管理层收购、员工持股计划等。

1. 传递给子女

这是一种最为普遍的形式。特别是对于家族企业，首选的形式是继承。正如方太的董事长茅理翔所言，“在目前中国职业经理人与企业家之间的双向信用体系还没有十分完善的情况下，可能在相当长的一段时间里都应该大胆地交给儿子。”因此，家族企业将事业传承给子女显得更可靠。

以子女继承方式可以通过几种途径来完成。创业者可以逐渐地与所选择的继承人分享权力，如“带三年，帮三年，看三年”。或者，他们可以组建一个有限合伙企业将大部分股份转移给这个成员，创业者作为一般合伙人，仍然继续控制着这家企业的日常业务运营。另外，也可以建立各种类型的信托基金，即创业者与受托人（一般是银行的职员或代理人）之间的协议安排，由此，受托人将得到财产（例如，企业股票）的法定权利，并为信托基金的受益人（例如，创业者的子女）持有财产。在这种情况下，创业者在有限的时间内继续控制着这家企业，之后，受益人将得到这些股票的所有权并对企业进行控制。

目前我国改革开放后的第一代创业家多数已年近花甲，精力、知识结构、对市场的灵敏度开始逐步退化，全国性的家族企业“交接班时代”已经悄然来临。实际上，我国的家族企业都为代际传承做了一定的准备，但准备程度相对不高。同时，子女接班意愿对传承计划的制订和实施具有重要影响，家族成员的参与反而会增强企业对战略性问题的思考。

2. 高管团队收购和员工持股计划

企业的高层管理团队最了解企业的产品、财务、结构以及前景。所以，当创业者决定要离开时，高层管理团队往往是购买这家企业的合适买主。如果他们有足够的资金，他们就可直接购买企业，或者商定一个先支付一部分费用而在一段时间后再全部付清的协议（现金加合约的安排）。另外，他们还可以组织杠杆收购。通过这种方式，有意购买企业的管理者将从金融组织那里借贷，以支付给所有者一个商定的价格。新的所有者以他们的股票作担保来借贷，或者在条件允许的情况下，贷款人也可以作为企业的股东以抵消全部或部分贷款。由于在杠杆收购中购买者就是运营这家企业的管理者，因此，这种方式使企业破产的可能性达到了最小化的程度。

员工持股计划（ESOP），即将企业的股票作为奖金发给员工，而奖金的多少则依赖于企业的盈利程度。ESOP 有三种类型：第一，一般 ESOP。在这一类型中，创业者往往建立一个信托基金（员工持股信托基金，ESOT），并将企业每年薪金的 15％以现金或股票的形式提供给这个基金。如果采取现金形式，那么基金将会以公平的市场价格来购买企业股份；如果采取股票形式，那么这些股票将由基金会为员工保存下来。通过这种方式，创业者（企业的当前所有者）逐渐将股票转移给了员工。对创业者来说，这种方式的一个好处就是提供给信托基金的薪金部分将免除税收，从而减少了盈利企业的纳税义务。第二，杠杆计划。员工持股基金会通过从金融机构借款来购买企业的股票。企业保证将在未来几年向 ESOT 提供足够的现金或股票以支付借款的本金和利息。企业支付给 ESOT 的款项（包括利息和本金）将全部免除当前的税收。这一方法有利于加快向员工转移所有权的速度，这是因为 ESOT 可以通过筹借足够的资金购买大宗股份。第三，ESOP 还可以采用所有权转移计划的形式。即企业向 ESOT 提供现金，以供 ESOT 从现有股东手中（如创业者及其家庭成员）而不是在公开市场上购买企业的股份。

11.5.2　接班人的培养

对于接班人的培养，如果是家族企业，可以首先从子女中选拔；如果是公司制企业，可以选择从内部培养和外部选聘接班人的形式。

1. 子女接班

对于家族企业来说，如果子女有意愿继承父业，那么可以选择子女来接班。由于血缘关系，这种事业的传承风险小，相对稳定，一般不会出现大的波动。而要顺利地实现子女的接班，就需要及早培养他们管理企业的能力和水平。这在我国南方许多著名的家族企业中已经有了很成功的先例。通常做法是，首先送子女去国内外名牌大学学习经营管理知识，为接班打好基础。毕业后，在企业内部进行锻炼，逐步培养其管理企业的实战经验。最后扶持其成为真正的接班人。

短例

康奈的传帮带

温州某大型制鞋企业的董事长郑秀康，将大学毕业刚刚参加工作的女儿郑莱莉从深圳一家会计师事务所劝说回家与父亲一起干事业。郑莱莉回来后，父亲安排其先是从车间的第一道工序——剪皮料开始，在一年多的时间里，郑莱莉将做鞋的 280 道工序干了个遍。在实践过程中，郑莱莉发现了管理上的问题和漏洞，提出并采用了一套现代化的企业资源管理系统，取得了很好的效果。后来，她又在巴黎这个时尚之都的繁华地段开了康奈的旗舰店，使温州鞋也进入了高档鞋的行列。

在父辈的传帮带中，子女得到了锻炼和成长，为今后顺利接班打下了基础。

2. 内部培养接班人

从企业内部培养接班人有利于公司战略的延续，有利于企业的稳定发展。通用电气公司（GE）在这方面做得就非常成功。

短例

GE 接班人的选拔

GE 选拔杰克·韦尔奇的成功案例值得大家思索。韦尔奇无疑是当今最优秀的 CEO 之一。韦尔奇的前任雷吉·琼斯用了 7 年时间才挑选了韦尔奇，这一选择被称为 GE 发展史上最成功的决策。1981—2001 年，韦尔奇将 GE 这样一家以传统产业为主的百年老店，改造成充满生机与活力的全球最强大的企业。韦尔奇领导的 GE 已连续两年在《福布斯》杂志全球500强排行榜上位居榜首，使GE这家有百年历史的老牌公司成功实现了“中兴”。韦尔奇的变革精神、领导才能、管理方法和竞争策略，为全球工商界人士树立了楷模，世人皆称为“世纪经理人”。从1994年韦尔奇59岁时，GE就开始着手考虑接班人问题，历时七载。可见，通用对选拔接班人是多么重视。正因为CEO继任是企业最重大的战略决策，因此要把选拔接班人当作公司头等大事来抓。这次GE的最后3名候选人，年龄最大的罗伯特·纳达利54岁，1971年加入GE；詹姆斯·麦克罗尼和伊梅尔特均是1982年加入GE。GE没有论资排辈，选任年长、资深的纳达利为接班人，而是从战略角度，从GE的前途出发，选任年龄最轻的伊梅尔特为正式接班人。

3. 外部选聘接班人

外部选聘接班人，人们又称为“空降兵”，或职业经理人。由于外来的“空降兵”具有较强的专业知识和较高的专业素养，一般具有广博的知识背景，对于企业创新和变革具有积极的促进作用。外部接班人往往开始时对企业的文化不熟悉，对企业的既有战略有一个认识过程，所以会产生一些冲突。因此，需要尽快使外部选聘的职业经理人熟悉企业的环境和文化，在现有的文化和战略基础上不断变革和创新，保持企业的持续和稳定发展。

本章要点

新创企业的第一个成长周期可以分为初创期、学习调整期、快速发展期、相对稳定期四个阶段。

企业生命周期理论认为企业诞生后，一般要经过培育期、成长期、成熟期和衰退期四个阶段。

葛雷纳的成长模型显示，在企业成长过程中，一方面，随着企业在经营过程中更富有经验，逐渐走向成熟，并伴随着规模的扩大，使企业的成长过程呈现出有利于成长的健康态势；另一方面，通过对企业在成长各阶段过程中存在的，推动企业成长动力与阻碍企业成长阻力之间相互关系的协调与解决，使企业在各个阶段表现出成长状态。

艾迪斯将企业的成长过程划分为成长阶段、再生与成熟阶段和老化三大阶段，共十个时期，其中成长阶段从孕育期开始，经历婴儿期、学步期。再生与成熟阶段包括青春期和盛年期，直到稳定期。老化阶段包括贵族期、官僚化早期、官僚期及死亡期。

影响企业成长的内部因素：企业理念及领袖决定着企业的创新精神与经营战略；愿景及目标设定决定着企业成长的原动力，对企业成长具有引领与激励的作用；在产业链上的定位决定着企业经营的市场空间和利润空间；业务聚焦程度决定着企业做事的专心程度，进而决定着企业的核心能力；商业模式的有效性决定着企业做事的方式方法，进而决定着企业运营的成败与效率高低；信息链与资金链决定着企业能否正常经营；整体行动力决定着企业对于内外环境变化的反应速度和效率。

影响企业成长的内部因素：一是细分产业两类环境因素，即产业竞争环境和产业创新体系。二是五类宏观环境因素，即政府政策、经济运行与发展态势、科技进步、社会发展以及生态环境。

企业可能的成长点依次是：甩包袱、改进、创新、扩展以及新的机会。

企业成长的内涵途径主要有：紧跟两类大客户，业务归核化，技术创新的持续化与集群化，实施有效的服务创新，以及敢于和善于打破企业习以为常的惯例。

企业成长的外扩途径主要有：向技术亲近度高的领域扩展，公司内部创业，充分借助联盟的力量来发展自己，理性的兼并收购，企业国际化并融入国际产业链，以及在全球范围开发新的利基市场。

企业传承的主要方式有选择子女（或家人）继承、管理层收购、员工持股计划等。

重要概念

企业成长　企业成长的本质　新创企业的第一个成长周期　新创企业可能的成长点　新创企业成长的内涵途径　新创企业的外扩途径

思考练习

1. 试思考新创企业的第一个成长周期的不同阶段及其主要任务。
2. 根据企业生命周期理论，企业成长一般要经过哪些阶段？每一阶段的特点是什么？
3. 在格林纳的企业成长模型中，为什么说“推动企业成长的动力往往是阻碍企业进一步成长的最大障碍”？
4. 试思考企业成长的内涵途径的基本内涵与主要特征。
5. 试思考企业成长的外扩途径的基本内涵与主要特征。
6. 尝试思考现实中是否存在书中所言的内外部途径之外的成长途径？

案例分析

JGoods 定制鞋店：精心准备成长

当你看说唱歌手 Cam-Ron 或 Jay-Z 的演出时，你肯定会注意到那些精心设计的耐克鞋，这就是乔纳·古德曼（Jon Goodman）为顾客定制化鞋子的杰作，他是一名专门从事为顾客定制鞋子的创业者，这些歌手只是他的一部分顾客而已。

当古德曼读高中时就开始定制化篮球鞋，先是为自己，然后为他人。他花费大量时间为篮球鞋和其他皮革制品鞋寻找涂料及其他原材料。定制化鞋子背后的想法是让人们拥有特殊的外观或身份，就如同定制化服装、珠宝等。你可以在古德曼的网站 www. Thejg-customs. com 上看到他的作品。例如，他为 Cam-Ron 定制化的鞋子拥有黑紫、暗紫、灰色和白色的水平条纹，并且鞋跟的颜色由深紫逐渐变为亮白；为 Memphis Bleek 定制的鞋子则拥有红色、黑色、灰色以及白色的水平条纹；为 Pharrell Williams 定制的鞋子看起来像是传统冰激凌店的内部。

2003 年，古德曼将兴趣变为商业，并成立了 JGoods Customs 公司。此后，他开始逐渐发展企业——把自己的时间在 JGoods 与大学学习之间进行平衡。JGoods 出售两种产品——定制化的鞋子以及顾客可以在家中自我定制所需的 44.95 美元的工具箱。这个工具箱包括颜料、刷子以及其他定制鞋子需要的材料，并且有一个古德曼撰写的 26 页的说明指南。古德曼最感兴趣的两件事是多数顾客会优先选择哪些东西放在鞋子上以及所有领域的定制化倾向。例如，耐克发起了 Nike ID 的首动性，顾客可以定制化自己在专卖店购买的耐克鞋。Zazzle 等网站则允许人们定制化 T 恤、毛衣、帽子等大量商品。

古德曼计划于 2009 年毕业，并开始筹划发展企业的最佳方法。一种选择是雇用员工并发展定制化鞋子业务。古德曼仍旧出售定制化的每一双鞋子。尽管平均售价为 900 美元，但这是一个耗时和专业化的过程。发展这项业务的最大挑战是发现并培训所需的员工。定制化鞋子的市场潜力巨大并且盈利性很高。例如，企业目前探索的一个市场是专为婴儿鞋进行定制化。为了测试这种类别的产品，古德曼最近推出了一款独一无二的耐克气垫 VSTII 儿童鞋（称为 Baby Goods），定价为 450 美元/双。

第二种选择是通过扩展工具箱和配件业务来发展 JGoods。古德曼并不亲自生产工具箱，而是由合同制造商负责。一家分销商已经与古德曼接触并表达了分销其工具箱的兴趣。这些工具箱将被放在鞋店或手工艺品专卖店里，如 Michaels。但首先必须能够证明这些工具箱有销路。特别是，手工艺品专卖店极其规避风险，只接受那些已经在其他渠道取得较好销路的新产品。古德曼坚信他当前的制造商能够发展自己的业务并生产他所需要的工具箱。但是，发展这种业务的关键在于找到最初的商店来销售自己的产品并借此建立成功的信用记录。

古德曼对成长需要花费的金钱和资源这件事是非常敏感的。他愿意以稳定的速度发展 JGoods。迄今为止，JGoods 还没有要求投资资本来促进成长。古德曼相信，成功发展 JGoods 的关键是找到促进成长的正确人员，不管是员工、分销商、投资者，还是其他人员。

资料来源：布鲁斯·R·巴林格、R·杜安·爱尔兰：《创业管理：成功创建新企业》，北京，机械工业出版社，2010。

思考题：

1. 你认为如何确保 JGoods 持续成长？
2. 看完此案例，你有何启示？

参考文献

1. 布鲁斯·R·巴林格，R·杜安·爱尔兰. 创业管理：成功创建新企业. 北京：机械工业出版社，2010.

2. 罗伯特·巴隆，斯科特·谢恩. 创业管理：基于过程的观点. 北京：机械工业出版社，2005.

3. 亚历山大·奥斯特瓦德，伊夫·皮尼厄. 商业模式新生代. 北京：机械工业出版社，2011.

4. 杰弗里·康沃尔. 步步为营. 北京：机械工业出版社，2009.

5. 张玉利. 创业管理. 北京：机械工业出版社，2014.

6. 雷家骕. 企业成长管理学. 北京：清华大学出版社，2012.

7. 王国红，唐丽艳. 创业与企业成长. 北京：清华大学出版社，2010.

8. 雷家骕，王兆华. 高技术创业管理：创业与企业成长. 北京：清华大学出版社，2008.

9. 张晓梅. 创业管理. 北京：高等教育出版社，2011.

10. 武春友. 创业管理. 北京：高等教育出版社，2008.

11. 赫里斯等. 创业管理. 北京：机械工业出版社，2009.

12. 韩炜，薛红志. 基于新进入缺陷的新企业成长研究前沿探析. 外国经济与管理，2008（5）.

13. 林嵩，张帏，姜彦福. 创业机会的特征与新创企业的战略选择——基于中国创业企业案例的探索性研究. 科学学研究，2006，24（2）.

14. 陈震红，董俊武. 创业机会的识别过程研究. 科技管理研究，2005（2）.

15. 付志勇. 以商业模式突围制胜. 销售与管理，2011（3）.

16. Shane S. , Locke, E. A. & Collins C. J. Entrepreneurial Motivation. *Human Resource Management Review*, 2003, 13 (2): 257-279.

17. Timmons J. A. New Venture Creation—Entrepreneurship for the 21th Century, 5 edition. Irwin, McGraw-Hill, 1999.

18. Alvarez S. A. & Eiuselntz L. W. The Entrepreneurship of Resource-based Theory. *Journal of Management*, 2001, 27 (6): 755-775.

19. Kirzner, I. M. *Competition and Entrepreneurship*. Chicago and London University of Chicago Press, 1973.

20. Kirzner, I. M. *Perception, Opportunity and Profit: Studies in the Theory of Entrepreneurship*. University of Chicago Press, 1979: 212-217.

21. Murphy, M. Property Rights and Growth Management in Florida: Balancing Opportunity and Responsibility in a Changing Political Climate. *Pace Environmental Law Review*, 1996.

22. Sarasvathy, S. D. Causation and Effectuation: Toward a Theoretical Shift from Economic Inevitability to Entrepreneurial Contingency. *Academy of Management Review*, 2001, 26 (2) : 243-263.

23. Baker, T. , Nelson, R. Creating Something from Nothing: Resource Construction through Entrepreneurial Bricolage . *Administrative Science Quarterly*, 2005, 50 (3): 329-366.

24. Bhide, A. Developing Start-up Strategies. *The Entrepreneurial Venture: Readings Selected*, 1999.

25. Smith, B. R. , Matthews, C. H. , Schenkel, M. T. Differences in Entrepreneurial Opportunities: The Role of Tacitness and Codification in Opportunity Identification. *Journal of Small Business Management*, 2009. 47 (1) : 38-57.

26. Garud R, Karn E P. Bricolage Versus Breakthrough: Distributed and Embedded Agency in Technology Entrepreneurship, *Research Policy*, 2003, No. 32, 277-300.

图书在版编目（CIP）数据

创业学/饶扬德，刘万元，邓辅玉编著. —北京：中国人民大学出版社，2016.2
通用经济系列教材
ISBN 978-7-300-22265-3

Ⅰ. ①创… Ⅱ. ①饶… ②刘… ③邓… Ⅲ. ①企业管理-高等学校-教材 Ⅳ. ①F270

中国版本图书馆 CIP 数据核字（2015）第 316452 号

通用经济系列教材
创业学
饶扬德　刘万元　邓辅玉　编著
Chuangyexue

出版发行	中国人民大学出版社		
社　　址	北京中关村大街 31 号	**邮政编码**	100080
电　　话	010－62511242（总编室）		010－62511770（质管部）
	010－82501766（邮购部）		010－62514148（门市部）
	010－62515195（发行公司）		010－62515275（盗版举报）
网　　址	http://www.crup.com.cn		
	http://www.ttrnet.com(人大教研网)		
经　　销	新华书店		
印　　刷	北京密兴印刷有限公司		
规　　格	185 mm×260 mm　16 开本	**版　　次**	2016 年 2 月第 1 版
印　　张	18.75	**印　　次**	2016 年 2 月第 1 次印刷
字　　数	447 000	**定　　价**	35.00 元

人大版